Market Research and Forecasting
Theory, Technology and Practice

市场调查与预测
理论、技术与实务

吕 燕 ◎ 编著

机械工业出版社
CHINA MACHINE PRESS

图书在版编目（CIP）数据

市场调查与预测：理论、技术与实务/吕燕编著．—北京：机械工业出版社，2022.10
高等院校市场营销系列教材
ISBN 978-7-111-72540-4

I. ①市… II. ①吕… III. ①市场调查-高等学校-教材 ②市场预测-高等学校-教材
IV. ①F713.52

中国国家版本馆CIP数据核字（2023）第010588号

"市场调查与预测（技术）"是工商管理和人力资源管理等管理专业的专业基础课，具有与多种学科交融综合的特点，本教材主要系统介绍市场调研与预测基本理论、方法和技术，同时注重通过市场调研实训项目为读者提供调研实务、数据分析和调查报告撰写的实践指导。作者将近二十年相关课程教学的经验和思考体现在教材中，不仅让读者知道技术和方法，而且能让读者较轻松地理解其本质和原理。另外，作者已按教材初稿在中国大学MOOC上建设完成SPOC，并已应用于教学实践。

本教材适合管理专业高年级学生学习，也适合企业管理人员和其他希望了解市场调查和预测的人学习。

出版发行：机械工业出版社（北京市西城区百万庄大街22号 邮政编码：100037）
策划编辑：张有利　　　　　　　　　　　责任编辑：张有利
责任校对：张爱妮　王　延　　　　　　　责任印制：李　昂
版　　次：2023年6月第1版第1次印刷　　印　　刷：河北鹏盛贤印刷有限公司
开　　本：185mm×260mm　1/16　　　　印　　张：25.25
书　　号：ISBN 978-7-111-72540-4　　　　定　　价：55.00元

客服电话：(010) 88361066　68326294

版权所有·侵权必究
封底无防伪标均为盗版

前言 PREFACE

"市场调查与预测"作为工商管理专业的核心专业课,它既是一门理论课,也是一门方法工具课程,具有多学科跨界融合和应用领域广泛的特点,对学生未来职业行动能力培养和职业素养养成起到很大的作用。中国特色社会主义市场经济建设急需大量掌握"调查先于决策"理念和科学调查方法的管理人才,"市场调查与预测"课程有利于培养学生实事求是的价值观、"先调查后决策"的职业素养,以及提高学生系统开展市场调查、预测和解决企业市场决策问题的实践能力,有利于他们养成自觉运用客观理性思维来理解、解读与分析世界和中国现实市场、经济问题的能力。

经济全球化使得企业面临的环境不确定性和复杂性增强,中国企业要想在国内大循环和国内国际双循环相互作用的发展新格局中寻找并抓住机遇,就需要有基于强大管理决策能力的决策自信。企业决策自信的根源是知己知彼的能力,而这种能力的可靠基础是企业能够坚持实事求是的原则,运用先进的市场调查和预测技术充分获取市场信息,并能从纷繁复杂、动态变化的信息中萃取与提炼出高价值市场信息的能力。然而现实中的企业在这些方面还有很长的路要走。在企业管理实践中,也许人们只是把市场调查研究看成一项项具体的活动,甚至认为是"易如反掌"的事情。面对严谨科学的市场调查理论和先进调研技术指导下的专业调研报告,人们往往会大为感慨:花那么大的代价就买了几个数据或结论,却很少将企业决策失误所导致的损失与之相比较。市场调研本质上是一种意识和价值观,调研技术是尊重客观、理性对待事实观念的具体手段,企业应当将市场调研作为一种实事求是的价值观和理念融入企业的管理决策当中,从而更好地驾驭市场并基业长青。

学生的需求是教师持续探索与完善教学内容和教学方式的不竭动力,现实企业的需求是管理研究者努力的目标。在我十多年为高等学校工商管理等专业讲授市场调查与预测的过程中,发现很难找到能够很好地融合中国调查理论和实践贡献、具有中国特色的市场调查与预测教材,现有教材普遍存在"重方法轻理论""重西方轻本土"的问题。这促使我想编写一本能够让学生们更喜欢、更有兴趣学习和实践的教材。我把这个想法和教材构思与学生们分享,他们普遍反映这样的教材结构新颖合理,思政引领显著,教材能够紧扣当下时代主题，是他们想要的教材。非常值得高兴的是，出版教材的想法在2020年得到了机械工业出版社的支持，特别是在编辑的专业指导下教材得以顺利出版。

本教材的编写希望能达到以下目标：让读者了解市场调查与预测所依据的基本理论和原则，既有市场调查与预测技术是如何建立在这些理论和原则之上的，这些技术在实践中是如何应用和发展的。这里，理论和原则是"根"，既有技术是"法"，它不可能覆盖所有的情况，尤其是在现代市场经济条件下调查预测技术和实践都在不断地变化和发展，技术不能是僵化的，学习者要有能力在理论和原则的指导下灵活应变，创造性地探索和发展新技术，从而具有市场调查与预测方面的"创新竞争力"。因此，本教材在编撰过程中，本着实事求是的科学态度，以"理论原理-方法与技术-实训与实践"为主线构建教材结构框架，融合中西方市场调查与预测的理论和方法体系，克服了同类教材"重方法轻理论""重西方轻本土"的不足，将基于中国本土发展起来的调查理论、方法和实践案例作为教材体系的有机组成，将方法与技术学习建立在理论原理之上。本教材既有理论深度又具有趣味性和实践性；既能帮助学生快速了解并掌握市场调查的流程和关键技术，又能为学生体验市场调查情境和实践提供条件，还能为学生学习创新调研技术提供理论基础。

本教材的特色及创新点主要体现在以下三个方面：

1. 思政引领与专业学习相结合。实事求是是贯穿市场调查全过程的基本原则，也是中国革命和建设成功的经验总结。本教材不仅要系统讲解中西方市场调查与预测的理论和方法体系，更要将实事求是的科学态度内化到整个教材之中，将基于中国本土发展起来的调查预测理论和方法，以及立足于中国本土的市场调查预测实践案例准确地写入教材。

2. 理论基础与技术学习相结合。一方面，本教材系统介绍市场调查与预测的理论与技术，让中国本土建立的理论与实践案例成为市场调查与预测课程体系的有机组成，将技术学习建立在专业理论基础之上，为读者提高对市场调查与预测技术的应用和创新能力打下坚实的基础。另一方面，教材运用思维导图将知识体系以可视化方式呈现，提高了读者对市场调查与预测知识体系认知的系统性。

3. 情境创造与体验实践相结合。将理论知识与实际应用案例紧密结合，让学生有更多的实训和解决问题的机会，可持续激发和促进学生的学习兴趣和成就感。教材中选用的案例提供了很好的管理情境，实训任务是理论学习的延续，能够为学生模拟开展团队合作、市场调查项目实践、准确赏析调查报告提供体验材料。

从教学的角度考虑全书的布局，使正文和各要素协调，让读者可以更舒服、更高效地学习。具体的安排有：

学习目标　目标导向，让读者清晰了解本章学习要达到的基本要求。

本章导图　利用思维导图展示本章核心概念和术语、主题，以及它们的逻辑关联，让读者清晰把握本章的理论-技术-实务关系。

引例　选用真实典型的案例，通过具体鲜活的实践故事帮助读者更好地理解晦涩、抽象的概念或理论，增强体验感，提供模仿学习的条件。

本章小结 精练的概述和有益的评论，让读者对本章内容有准确的理解与把握，指导并提醒他们应该将注意力集中到哪些方面。

实训项目 设计实训任务，让读者个人或团队成员合作，运用所学知识进行模仿或真实完成调查或预测活动。一方面可以学以致用，另一方面可以培养团队合作精神和能力，因为调查预测在实践中很少是个人独自完成的。

复习思考题 帮助读者检验本章学习的效果、对核心内容掌握的程度，让读者能应用所学解决实践问题。

阅读材料或案例分析 在完成本章学习之余，让读者拓展视野和体验学习，也能启发他们新的思考或实践。

图表 直观形象地展示核心概念或操作细节等内容，帮助读者在脑海中形成形象思维，更好地掌握理论和技术。

本书的出版首先要感谢机械工业出版社的编辑，他对本书的建议使之增色很多！其次，要感谢本书所参阅文献的作者们，虽然无法将他们一一列入参考文献，但在我心中始终对他们充满了敬意和感激，是他们"无形"的温暖陪伴让我在教学和写作的过程中始终充满激情和力量，在此特向他们表示我衷心的感谢！再次，要感谢我的同事和学生们，是他们的支持和鼓励让我在教学和写作的路上并不感到孤单！最后，要感谢扬州大学各相关部门对本书的资助和支持：扬州大学第四批重点教材立项建设项目、扬州大学出版基金和扬州大学广陵学院 2020 年教学改革研究重点课题。

本教材适合管理专业高年级学生学习，也适合企业管理人员和其他希望了解市场调查和预测的人学习。

写书是快乐的，但也是磨人锐气的，因为想把书写得更好的念头总是萦绕在心头。虽然尽了最大努力，但因作者水平有限，时间也稍仓促，书中难免存在缺憾和不足，敬请读者不吝指正，我将在再版时认真修改。

吕 燕

2022 年 12 月于扬州

目 录 CONTENTS

前 言

第一篇　市场调查与预测原理

第1章　市场调查与预测概述 ………… 2
学习目标 ……………………………………… 2
本章导图 ……………………………………… 3
1.1　市场调查与预测的概念及关系 ……… 4
　　1.1.1　市场调查的概念界定 …………… 4
　　1.1.2　市场预测的概念界定 …………… 8
　　1.1.3　市场调查与市场预测的关系 …… 10
1.2　市场调查的类型、程序与原则 ……… 11
　　1.2.1　市场调查的类型 ………………… 11
　　1.2.2　市场调查的程序 ………………… 13
　　1.2.3　市场调查的原则 ………………… 16
1.3　市场预测的原理、精度与价值、原则及步骤 …………………………………… 18
　　1.3.1　市场预测的基本原理 …………… 18
　　1.3.2　市场预测的精度与价值 ………… 19
　　1.3.3　市场预测的基本原则 …………… 20
　　1.3.4　市场预测的步骤 ………………… 22
1.4　市场调查行业的发展 ………………… 23
　　1.4.1　市场调查行业在全球范围的发展 …………………………………… 23
　　1.4.2　中国市场调查行业的发展 ……… 25
1.5　市场调查行业职业道德 ……………… 28
本章小结 ……………………………………… 29

第二篇　市场调查课题确定

第2章　市场调查课题确定 …………… 32
学习目标 ……………………………………… 32
本章导图 ……………………………………… 32
2.1　市场调查课题的类型和意义 ………… 33
　　2.1.1　认识市场与市场信息 …………… 33
　　2.1.2　市场调查课题的类型 …………… 35
　　2.1.3　确定市场调查课题的意义 ……… 36
2.2　市场调查课题确定的原则和程序 …… 37
　　2.2.1　市场调查课题确定的原则 ……… 37
　　2.2.2　确定市场调查课题的程序 ……… 38
2.3　市场调查课题范畴 …………………… 40
　　2.3.1　市场研究 ………………………… 40

2.3.2	消费者研究	41	4.1.1	市场调查方案设计的概念 59
2.3.3	生活形态研究	42	4.1.2	市场调查方案的作用 60
2.3.4	产品研究	42	4.2	市场调查目的 61
2.3.5	品牌或企业形象研究	42	4.2.1	探索性调查 61
2.3.6	广告研究	43	4.2.2	描述性调查 62
2.3.7	促销研究	43	4.2.3	解释性调查 62
2.3.8	营销环境研究	44	4.3	时间框架 63

本章小结 44

4.4 分析单位 64
  4.4.1 定义与特点 64

第3章 文案调查法 47

  4.4.2 与分析单位有关的两种谬误 65

学习目标 47
本章导图 47

4.5 市场调查方案的主要内容 66
4.6 市场调查方案的可行性分析 70
  4.6.1 市场调查方案可行性研究 70

3.1 文案调查法的定义、特点与功能 48
  3.1.1 文案调查法的定义 48
  3.1.2 文案调查法的特点 48
  3.1.3 文案调查法的功能 49

  4.6.2 市场调查方案的评价 72

本章小结 73

3.2 文案调查资料来源 50
  3.2.1 企业内部资料 50
  3.2.2 企业外部资料的收集 51

第5章 抽样设计 76

学习目标 76
本章导图 76

3.3 文案调查法的程序与方法 51
  3.3.1 文案调查法的实施步骤 51
  3.3.2 文案资料调查的方法 53

5.1 调查对象选择方法介绍 77
  5.1.1 普遍调查 78
  5.1.2 抽样调查 79

3.4 文案调查法的优点与局限性 54
  3.4.1 文案调查法的优点 54
  3.4.2 文案调查法的局限性 55

  5.1.3 典型调查 80
  5.1.4 重点调查 81
  5.1.5 个案调查 82

本章小结 55

5.2 抽样调查方案设计概述 83
  5.2.1 抽样调查的概念与作用 83

第三篇 市场调查设计技术

  5.2.2 常用专业术语 84
  5.2.3 抽样方案设计 86

第4章 市场调查方案设计 58

5.3 随机抽样方法 87
  5.3.1 简单随机抽样 87

学习目标 58
本章导图 58
4.1 市场调查方案设计的概念与
    重要性 59

  5.3.2 系统抽样 89
  5.3.3 分层抽样 92
  5.3.4 整群抽样 94

5.3.5 多阶段抽样 ⋯⋯⋯⋯⋯⋯⋯⋯ 95
　　5.3.6 PPS 抽样 ⋯⋯⋯⋯⋯⋯⋯⋯⋯ 97
5.4 非随机抽样方法 ⋯⋯⋯⋯⋯⋯⋯⋯ 98
　　5.4.1 方便抽样 ⋯⋯⋯⋯⋯⋯⋯⋯⋯ 98
　　5.4.2 判断抽样 ⋯⋯⋯⋯⋯⋯⋯⋯⋯ 98
　　5.4.3 配额抽样 ⋯⋯⋯⋯⋯⋯⋯⋯⋯ 99
　　5.4.4 雪球抽样 ⋯⋯⋯⋯⋯⋯⋯⋯⋯ 99
5.5 样本容量与抽样误差 ⋯⋯⋯⋯⋯ 100
　　5.5.1 调查误差的种类和来源 ⋯⋯ 100
　　5.5.2 样本量的确定 ⋯⋯⋯⋯⋯⋯ 101
本章小结 ⋯⋯⋯⋯⋯⋯⋯⋯⋯⋯⋯⋯⋯ 102

第6章 问卷设计与问卷调查法 ⋯⋯ 104

学习目标 ⋯⋯⋯⋯⋯⋯⋯⋯⋯⋯⋯⋯⋯ 104
本章导图 ⋯⋯⋯⋯⋯⋯⋯⋯⋯⋯⋯⋯⋯ 104
6.1 问卷的作用与结构 ⋯⋯⋯⋯⋯⋯ 105
　　6.1.1 问卷及其类型 ⋯⋯⋯⋯⋯⋯ 105
　　6.1.2 问卷的一般结构 ⋯⋯⋯⋯⋯ 106
6.2 问卷设计的原则和程序 ⋯⋯⋯⋯ 109
　　6.2.1 问卷设计的基本原则 ⋯⋯⋯ 109
　　6.2.2 调查问卷的设计流程 ⋯⋯⋯ 111
6.3 调查问卷设计要求与技巧 ⋯⋯⋯ 113
　　6.3.1 问题的主要类型 ⋯⋯⋯⋯⋯ 113
　　6.3.2 设计问句的基本要求 ⋯⋯⋯ 114
　　6.3.3 问题与答案设计技巧 ⋯⋯⋯ 116
6.4 问卷调查法 ⋯⋯⋯⋯⋯⋯⋯⋯⋯ 121
　　6.4.1 自填问卷法 ⋯⋯⋯⋯⋯⋯⋯ 121
　　6.4.2 结构性访问法 ⋯⋯⋯⋯⋯⋯ 122
本章小结 ⋯⋯⋯⋯⋯⋯⋯⋯⋯⋯⋯⋯⋯ 122

第7章 态度测量设计 ⋯⋯⋯⋯⋯⋯ 124

学习目标 ⋯⋯⋯⋯⋯⋯⋯⋯⋯⋯⋯⋯⋯ 124
本章导图 ⋯⋯⋯⋯⋯⋯⋯⋯⋯⋯⋯⋯⋯ 124
7.1 测量的概念与层次 ⋯⋯⋯⋯⋯⋯ 125

　　7.1.1 测量的概念 ⋯⋯⋯⋯⋯⋯⋯ 125
　　7.1.2 测量的层次 ⋯⋯⋯⋯⋯⋯⋯ 126
7.2 概念的操作化 ⋯⋯⋯⋯⋯⋯⋯⋯ 129
　　7.2.1 概念、变量与指标 ⋯⋯⋯⋯ 129
　　7.2.2 操作化 ⋯⋯⋯⋯⋯⋯⋯⋯⋯ 129
　　7.2.3 操作化的案例 ⋯⋯⋯⋯⋯⋯ 130
7.3 市场调查中的常用量表 ⋯⋯⋯⋯ 131
　　7.3.1 量表的概念 ⋯⋯⋯⋯⋯⋯⋯ 131
　　7.3.2 量表的类型 ⋯⋯⋯⋯⋯⋯⋯ 131
　　7.3.3 常用量表 ⋯⋯⋯⋯⋯⋯⋯⋯ 132
7.4 量表质量评价 ⋯⋯⋯⋯⋯⋯⋯⋯ 139
　　7.4.1 信度的概念 ⋯⋯⋯⋯⋯⋯⋯ 140
　　7.4.2 测量的效度 ⋯⋯⋯⋯⋯⋯⋯ 140
　　7.4.3 提高信度和效度的主要途径 ⋯ 141
本章小结 ⋯⋯⋯⋯⋯⋯⋯⋯⋯⋯⋯⋯⋯ 142

第四篇　市场调查资料收集技术

第8章 访谈法 ⋯⋯⋯⋯⋯⋯⋯⋯⋯ 146

学习目标 ⋯⋯⋯⋯⋯⋯⋯⋯⋯⋯⋯⋯⋯ 146
本章导图 ⋯⋯⋯⋯⋯⋯⋯⋯⋯⋯⋯⋯⋯ 146
8.1 关于定性调查方法的思考 ⋯⋯⋯ 147
8.2 焦点小组访谈法 ⋯⋯⋯⋯⋯⋯⋯ 148
　　8.2.1 焦点小组访谈法的含义与
　　　　　特点 ⋯⋯⋯⋯⋯⋯⋯⋯⋯⋯ 148
　　8.2.2 焦点小组访谈法的操作程序 ⋯ 149
　　8.2.3 焦点小组访谈法的访谈技巧 ⋯ 153
　　8.2.4 焦点小组访谈法的优缺点与
　　　　　应用情境 ⋯⋯⋯⋯⋯⋯⋯⋯ 154
8.3 深度访谈法 ⋯⋯⋯⋯⋯⋯⋯⋯⋯ 155
　　8.3.1 深度访谈法的含义与特点 ⋯⋯ 155
　　8.3.2 深度访谈法的实施步骤 ⋯⋯⋯ 156
　　8.3.3 深度访谈法的技术与技巧 ⋯⋯ 157

    8.3.4 深度访谈法的优缺点和适用场合 158
  本章小结 159

第9章 观察法 162
  学习目标 162
  本章导图 162
  9.1 观察法的含义与基本要求 163
    9.1.1 观察法的含义 163
    9.1.2 观察法的基本要求 164
  9.2 观察法的类型 165
  9.3 观察法的操作程序 167
  9.4 观察法的记录技术 168
  9.5 神秘顾客法 170
    9.5.1 神秘顾客法的基本流程 171
    9.5.2 神秘顾客法的操作技巧 171
  9.6 观察法的优缺点与应用场景 172
  本章小结 173

第10章 投影技法 177
  学习目标 177
  本章导图 177
  10.1 投影技法的含义与特点 179
  10.2 投影技法的类型与具体操作方法 179
    10.2.1 联想技法 179
    10.2.2 完成技法 180
    10.2.3 结构技法 181
    10.2.4 表现技法 181
  10.3 投影技法的优缺点与适用情境 182
  本章小结 182

第11章 实验法 184
  学习目标 184
  本章导图 184
  11.1 实验法的含义 185
    11.1.1 实验法的界定 185
    11.1.2 实验法的关键术语 186
  11.2 因果关系的证明 187
  11.3 实验法的操作程序与实验设计 188
    11.3.1 实验法的操作程序 188
    11.3.2 实验设计 189
  11.4 实验法的优缺点与应用场景 192
  本章小结 192

第五篇 市场调查实施与报告

第12章 市场调查实施 196
  学习目标 196
  本章导图 196
  12.1 市场调查实施的组织构建 197
    12.1.1 实施主管 197
    12.1.2 实施督导 198
    12.1.3 调查员 199
  12.2 市场调查实施的人员培训 199
    12.2.1 培训内容与培训方式 199
    12.2.2 调查实施的基本技巧 201
    12.2.3 调查实施中的面访工作指南 204
  12.3 市场调查实施的管理与质量控制 205
    12.3.1 调查实施的经费预算 205
    12.3.2 进度安排 206
    12.3.3 调查实施的监督管理 206
  本章小结 211

第13章 市场调查资料整理分析概述 213
  学习目标 213

本章导图 ………………………………… 213
13.1 市场调查资料整理和分析的作用与
 类型 ……………………………………… 214
 13.1.1 市场调查资料整理的意义 …… 215
 13.1.2 市场调查资料分析的意义 …… 215
 13.1.3 市场调查资料分析的类型 …… 216
13.2 市场调查资料整理分析的基本
 条件与步骤 …………………………… 216
 13.2.1 市场调查资料整理分析的基本
  条件 ………………………………… 217
 13.2.2 市场调查资料整理分析的基本
  步骤 ………………………………… 217
13.3 市场调查资料审核的内容、方式
 与步骤 ………………………………… 217
 13.3.1 资料审核的内容 ……………… 218
 13.3.2 资料审核的方式 ……………… 220
 13.3.3 资料审核的步骤 ……………… 220
13.4 市场定量资料的整理 ………………… 222
 13.4.1 定量资料数据的编码与
  录入 ………………………………… 222
 13.4.2 定量资料的统计预处理 ……… 231
 13.4.3 数据分析任务书设计 ………… 238
本章小结 ………………………………… 243

第14章 定性市场调查资料分析 …… 246
学习目标 ………………………………… 246
本章导图 ………………………………… 246
14.1 定性分析工具与资料范围 ………… 248
 14.1.1 定性分析的内涵与分类 ……… 248
 14.1.2 定性分析工具 ………………… 249
 14.1.3 定性分析的资料范围 ………… 251
14.2 定性分析的程序和要求 ……………… 253
 14.2.1 定性分析的程序 ……………… 253
 14.2.2 定性分析的基本要求 ………… 254
14.3 定性资料分析：组织与联结 …… 256
 14.3.1 定性资料的组织方式 ………… 256
 14.3.2 定性资料分析的操作流程与
  方法 ………………………………… 259
14.4 定性分析实务与案例分析 ………… 267
14.5 定性分析软件简介 …………………… 270
本章小结 ………………………………… 270

第15章 定量市场调查资料分析 …… 273
学习目标 ………………………………… 273
本章导图 ………………………………… 274
15.1 数据的图表展示 …………………… 276
 15.1.1 统计图表编制的基本要求 …… 276
 15.1.2 定类数据的整理与展示 ……… 278
 15.1.3 定序数据的整理与展示 ……… 291
 15.1.4 数值型数据的整理与展示 …… 292
15.2 数据的描述性统计 ………………… 303
 15.2.1 集中趋势的度量 ……………… 304
 15.2.2 离散程度的度量 ……………… 307
 15.2.3 偏态和峰态的度量 …………… 308
 15.2.4 数据的相对程度分析 ………… 308
 15.2.5 数据的动态分析 ……………… 309
 15.2.6 数据概括性度量的软件
  操作 ………………………………… 309
15.3 数据的推断统计 …………………… 310
 15.3.1 单变量的推断统计 …………… 310
 15.3.2 多变量的推断统计 …………… 311
本章小结 ………………………………… 341

第16章 市场调查报告 ………………… 343
学习目标 ………………………………… 343
本章导图 ………………………………… 343
16.1 调查报告的重要性与撰写步骤 … 345

16.1.1　调查报告的重要性 ………… 345
　　16.1.2　撰写调查报告的基本原则与
　　　　　　步骤 ………………………… 345
16.2　调查报告的类型与基本框架 …… 346
　　16.2.1　调查报告的类型 …………… 346
　　16.2.2　调查报告的基本框架 ……… 347
　　16.2.3　撰写调查报告的注意事项 … 349
16.3　市场调查结果的口头报告 ……… 350
　　16.3.1　口头报告的特点 …………… 350
　　16.3.2　口头报告成功的基本要素 … 350
本章小结 …………………………………… 351

第六篇　市场预测技术

第17章　定性市场预测方法 ………… 354

学习目标 …………………………………… 354
本章导图 …………………………………… 354
17.1　定性市场预测方法概述 ………… 356
　　17.1.1　概念和特点 ………………… 356
　　17.1.2　定性市场预测和定量市场预测
　　　　　　之间的关系 …………………… 356
17.2　经验估计法 ……………………… 357
　　17.2.1　定义和类型 ………………… 357
　　17.2.2　经验估计法的常用方法 …… 357
17.3　德尔菲法 ………………………… 362
　　17.3.1　定义与操作流程 …………… 362
　　17.3.2　特点与策略 ………………… 363
　　17.3.3　数据统计汇总方法 ………… 364
17.4　生命周期预测法 ………………… 365
　　17.4.1　定义 …………………………… 365
　　17.4.2　具体方法 …………………… 365
17.5　顾客意见法 ……………………… 367
本章小结 …………………………………… 367

第18章　定量市场预测方法 ………… 369

学习目标 …………………………………… 369
本章导图 …………………………………… 369
18.1　定量市场预测方法概述 ………… 370
18.2　时间序列趋势预测方法 ………… 371
　　18.2.1　简单平均法 ………………… 371
　　18.2.2　移动平均法 ………………… 373
　　18.2.3　指数平滑法 ………………… 376
　　18.2.4　趋势外推预测法 …………… 378
　　18.2.5　季节指数预测法 …………… 379
18.3　因果分析预测方法 ……………… 381
　　18.3.1　因果分析预测方法概述 …… 381
　　18.3.2　线性回归分析法 …………… 382
　　18.3.3　经济计量分析法 …………… 387
　　18.3.4　投入产出分析法 …………… 388
本章小结 …………………………………… 390

第一篇
PART 1

市场调查与预测原理

第 1 章 市场调查与预测概述

第1章 CHAPTER 1

市场调查与预测概述

§学习目标

1. 理解市场调查与市场预测的含义、特点和关系;
2. 掌握市场调查与市场预测的分类、基本原则和一般程序;
3. 熟悉市场调查和市场预测的主要内容;
4. 知晓行业发展和职业道德规范。

§ 本章导图

- 市场调查与预测概述
  - 行业
    - 发展
      - 世界
      - 中国
    - 道德规范
      - 被调查者的权利和道德规范
      - 研究者的职责和道德规范
      - 客户的权责和道德规范
  - 市场调查与预测
    - 凡事预则立，不预则废
    - 预测：思维超越现实
    - 调查：对市场规律的认知和把握
    - 科学决策：以调查和预测为基础
  - 市场预测
    - 含义
      - 科学的预测技术和方法
      - 市场未来
      - 分析和推断
    - 类型
      - 宏观/微观市场预测
      - 近期/短期/中期/长期市场预测
      - 定性/定量市场预测
      - 静态/动态市场预测
      - 国内/国外市场预测
    - 原理
      - 相关性
      - 类推性
      - 延续性
      - 可知性
    - 精度
      - 平均绝对误差MAE
      - 均方误差MSE
      - 均方根误差RMSE
      - 平均误差率MER
    - 价值
      - 事实性预测
      - 非事实性预测
    - 原则
      - 相关原则
      - 惯性原则
      - 类推原则
      - 概率推断原则
    - 步骤
      - 定目标与计划
      - 搜集资料
      - 选方法建模型
      - 检验模型与修正
      - 撰写预测报告
      - 事后验证
  - 市场调查
    - 含义
      - 收集分析市场信息
      - 科学的方法
      - 客观的态度
      - 为预测/决策服务
    - 重要性
      - 企业生存发展能力
      - 市场信息环境复杂多变
      - 科学决策的基础
    - 局限性
      - 存在犯错误的风险
      - 创意时代创意新挑战
      - 定位于提供信息
    - 类型
      - 探索性/描述性/解释性
      - 消费者/非消费者
      - 横向/纵向
      - 专项/搭车
      - 文案调查/实地调查
    - 原则
      - 客观性
      - 科学性
      - 系统性
      - 经济性
    - 程序
      - 确定问题提出假设
      - 设计市场调查方案
      - 实施市场调查方案
      - 整理分析数据
      - 撰写市场调查报告

§引例

"明信片+互联网"揭示中国消费新走向

2021年4月,《中国美好生活大调查》发布中国青年消费大数据。数据显示,18—25岁的年轻人在2021年的消费预期中位列前三的依次是旅游、保健养生和教育培训消费。具体为:(1)18—25岁年轻人绝对是旅游消费的主力军,有超过三分之一的95后表示好想出门看世界,他们最向往的旅游目的地大都是南方城市,其中排在前5名的是成都、重庆、杭州、上海、厦门。(2)年轻人保健养生消费意愿越发旺盛,增加趋势明显。18—25岁年轻人预计2021年增加此类消费的比例为33.27%,男青年偏好购买绿色食品、打疫苗和消费除菌防护用品;女青年偏好健身运动、定期体检、合理饮食与规律生活。(3)愿意为教育培训买单。有追求的年轻人会不断充电,不断学习,愿意为寻求更多机会而持续提升自己。

上面提到的中国美好生活大调查(原名:中国经济生活大调查)从2006年开始每年进行一次,到2021年已开展了十五次,是由中央电视台与国家统计局、中国邮政集团公司、北京大学国家发展研究院联合发起,以调查数据为核心价值,与百姓共同完成对中国经济社会调查和记录的全国性调查活动。调查活动的主旨是全面深入了解中国百姓对新时代"美好生活"的态度和感受,是一种主观意愿和满意度调查。调查在每年的12月份启动,次年三、四月由中央电视台财经频道独家发布调查结果。

资料来源: ① CCTV节目官网.中国美好生活大调查. http://tv.cctv.com/2021/04/25/VIDAifl8-Mnq94FEw6FIQBd1R210425.shtml.
② 中央电视台[经济信息联播].2020—2021年度《中国经济生活大调查》今天启动.[2021-05-29]. http://m.app.cctv.com/vsetv/detail/C10330/c7dcb7154b9f491a821291dd4646ab42/index.shtml#0.

1.1 市场调查与预测的概念及关系

1.1.1 市场调查的概念界定

1. 市场调查的含义

市场调查(marketing research),也称市场研究、市场调研和市场营销研究等。不同时期,众多学者基于不同视角对市场调查概念进行了界定,其中可能最广义的市场调查概念包含了从认识市场到制定营销决策的一切有关市场营销活动的分析和研究。最狭义的市场调查或市场调研更偏重信息(information)的收集和分析。下面我们介绍几个典型的市场调查定义。

(1)美国市场调查营销协会给市场调查所下的定义:市场调查是获取消费者、顾客和公众与营销者连接起来的信息,用于识别和确定营销机会及问题,产生和评估营销活动,监管营销业绩,改进对营销过程的理解。

（2）中国台湾学者樊志育给市场调查所下的定义：狭义的市场调查是对顾客的调查，即以购买或消费商品的个人或企业为对象，以探讨商品购买或消费等方面的事实、意见和动机。广义的市场调查包括从认识市场到制定营销决策的全过程。

（3）营销大师菲利普·科特勒给市场调查所下的定义：市场调查是为制定某项具体的营销决策而系统地收集、分析和报告有关信息的过程。

基于对现有市场调查概念含义的分析，可以发现它们的共同之处有以下几点：第一，强调市场调查就是以科学的方法、客观的态度，明确研究市场营销有关问题所需的信息，有效地收集和分析这些信息，为决策部门制定更加有效的营销战备和策略提供基础性的数据和资料。第二，市场调查通过有关的信息把消费者、顾客和公众与商家联系在一起，有利于消费者和商家之间的双向交流。市场调查所得的信息用于识别和定义市场营销中的机会和问题，制定、改进和评估营销活动，加深对营销过程和能使具体的市场营销活动更为有效的途径的理解。第三，市场调查要明确营销中的经营决策问题，详细规定研究这些问题所需的信息，设计信息收集的方法，管理并实施数据收集过程，分析调查结果，报告调查的结果和解释结果的含义。第四，为了获取所需的信息，市场调查必须遵循科学性与客观性的原则。从这个角度来说，"市场调查"一词也可包含社会调查，如使用类似的方法和技术，研究与商品营销和服务营销无关的社会问题。总而言之，市场调查必须遵循科学性与客观性原则，通过科学的方法获得"真实可靠"的市场相关信息，为企业预测和决策提供前提和条件。因此，对企业等组织而言：

- 市场调查是一种"意识"；
- 市场调查是一种"态度"；
- 市场调查是一种"方法"。

基于以上分析得出，市场调查概念的定义：市场调查就是指运用科学的方法，有目的地、有系统地搜集、整理、分析有关市场信息资料，分析市场情况，了解市场的现状及其发展趋势，为市场预测和企业决策提供依据。

2. 市场调查的重要性

市场是商品交换的场所，具体表现为某类或某种商品供求关系。从市场营销学的角度看，市场是人口规模、购买欲望和购买力众多要素作用的结果。市场是企业生存的前提和活动的舞台。企业是通过为消费者提供有价值的产品或服务，实现其盈利目的的经济组织。因此，准确把握市场信息就成为了企业生存和发展的重要能力。

企业生存环境是个复杂系统（如图 1-1 所示），其中有需要直接服务的消费者，还有与市场直接发生连接的由各种营销策略产生的新信息、企业产供销等一系列生产经营活动相关的利益主体和对企业产生各类影响的宏观环境，所有这些要素及其相互作用都可能会影响到企业的生存和发展。还有值得关注的是，企业生存环境始终处于动态变化中，任何环境因素的变化都有可能会影响到企业的发展。以消费者为例，他们的消费需求会随着社会、市场、科技及个人偏好的变化而变化，互联网时代产生了很多新产业外，还有很多行业被传统意义上的非竞争对手打败。无论身在何处，打开手机搜索并下单，自己喜欢的一份米饭套餐就出现在面前，谁还想着吃火腿肠方便面呢。互联网让奇迹发生：外卖服务成为了火腿肠、方便面这些传统方便食品的强力竞争对手，并加速了传统方便食物的"失宠"。当下，"外卖和年轻人联手打败方便面"已不是个案，也不再是传奇。

"这是一个 VUCA 的世界。"这是宝洁公司（Procter & Gamble）首席运营官罗伯特·麦克唐纳（Robert McDonald）对新商业世界格局的描述。VUCA 曾是一个军事术语，是 volatility（易变性）、uncertainty（不确定性）、complexity（复杂性）、ambiguity（模糊性）的首字母缩写，20 世纪 90 年代开始被普遍使用于各类营利性组织和非营利组织。VUCA 这些因素描述了企业等组织在当前和未来必须面对的状态特征，预示着企业对市场预见性和洞察力的重要性。

市场信息是对被人们传递、接收、理解了的，与市场活动有关的各种消息、数据、资料、知识、情报的统称，具有客观性、时效性、系统性和双向性等特征。任何一个企业在决定制造某种产品之前，必须对潜在的市场做全面的了解，根据市场的需求或潜在需求制订针对性的生产计划，生产消费者想要的或会考虑购买享用的产品；同样，企业在决定如何将产品推向市场时，也必须通过市场信息对特定市场有准确的认识和把握，才能够采取有效的促销手段，将生产出来的产品最大限度地传递到消费者手中。事实上，现在也有很多企业让消费者深度参与企业产品研发生产，实现企业与市场深度紧密融合，让市场信息成为企业新产品的指示器，比如小米的成功就是一个典型的案例。

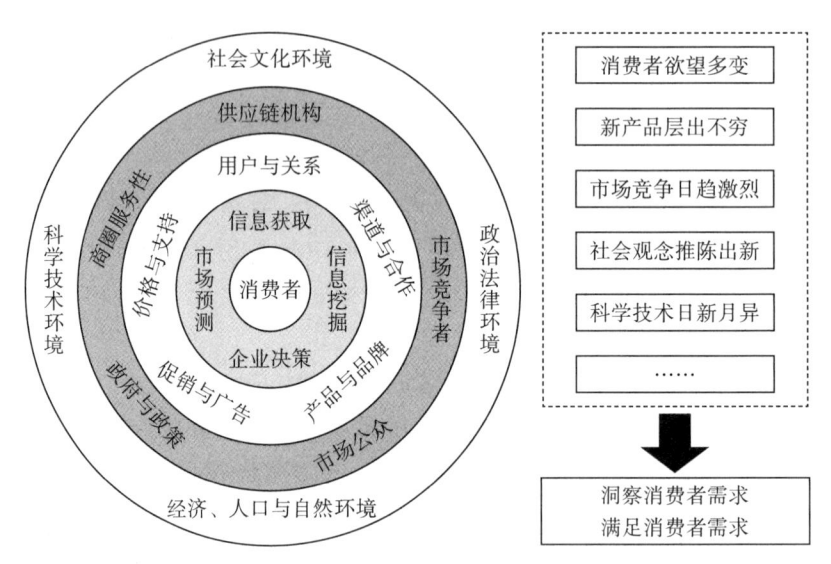

图 1-1　企业信息环境及其特点示意图

科学的市场调查是企业准确把握市场信息、做出正确决策的重要保证。市场调查是企业了解市场和认识市场的一种科学方法。市场调查可以帮助企业及时发现市场机会或营销问题，找出产生问题的原因，评价市场营销计划的合理性和实施的有效性，了解竞争对手并制定正确的竞争策略，估计目前的市场及预测未来的市场。

市场调查对于企业的营销决策至关重要，企业应该设立相关市场调查职能部门或岗位负责企业相关市场信息的常规化管理工作。对于企业而言，要做出是否为企业某项具体决策开展某个市场调查项目的决策时，同样要考虑各方面的因素。例如，考虑该项决策的重要程度、决策所需信息要求及相应的市场调查规模和方式、市场调查所需成本、市场调查可能带来的收益、市场调查所需的时间等。只有全面地权衡利弊，才能做出是否需要做市场调查的正确判断。如果企业规模不大，没有自己的市场调查部门，则可以委托专门的市调查机构进行市场调查。在这种情况下，企业的市场部负责人也应对调查机构所提供的调查方案和最终的调查报告有评估和鉴别的能力。利用市场调查这一理性的工具，使企业的营销决策始终建立在科学地认识市场的基础上，是现代企业在竞争中求生存和发展的必要途径。

这里需要特别提醒的是，市场调查的重要性分析是基于科学的调查，是基于科学调查获得的结果对于预测和决策的基础性作用。毛泽东同志在《反对本本主义》中指出的"一切结论产生于调查情况的末尾，而不是在它的先头"值得市场调查者谨记。

3. 市场调查的局限性

市场调查固然十分重要，但在绝大多数情况下想要通过市场调查获得百分之百准确的市场信息几乎是不可能的，这一方面是由市场的复杂性和动态性决定的，另一方面受市场调查经济性和市场调查学科发展的阶段性等因素的制约。市场调查本身在企业决策中的定位和作用在一定程度上也反映了其局限性。具体而言，市场调查的局限性主要表现为如下3个方面：

首先，市场调查本身就存在出错的风险。市场调查的结果难免带有误差，误差的来源主要有两部分：抽样误差和非抽样误差。抽样误差是由实际调查中所选样本对总体代表性不足所引起的，它受总体异质性程度的影响。虽然抽样误差是抽样的偶然性造成的不可避免的误差，但抽样误差可以通过方案设计加以控制，也是可以事先估算的。非抽样误差是由除样本代表性以外因素的影响所产生的偏差，这种偏差往往受调查过程中参与调查活动人员的工作态度和能力等因素的影响，可能来自研究者自身，也可能来自调查员，还可能来自被调查者或被访问者。

其次，市场调查在创意时代遭遇"创意"新挑战，可能出现"力不从心"之局限。互联网时代为科技和社会结构带来剧变，消费者的生活方式和需求都在提升，企业、市场和社会的生产运行方式也处在快速转型中，创意成为这一时代企业成功和可持续发展的重要能力。企业需要有前瞻性眼光，有勇于探索创新的勇气，还要有洞察消费者自身尚未意识到的需求的能力。这是依靠传统意义上的市场调查技术难以实现的。因为市场调查不能指导你去解决连消费者自己都没想到可以解决的问题，但在创意时代中满足消费者尚未意识到的需求很重要。正如亨利·福特所说："如果我最初问消费者他们想要什么，我就会去找更快的马了。"企业不应该完全被消费者牵着鼻子走，也不应该被竞争者牵着鼻子走，否则只能生产出步人后尘的产品。因此，互联网时代需要市场调查技术自身的发展，更需要企业在掌握市场调查方法基础上具有更先进的数据分析意识和手段，还有更重要的技术洞见引领企业进行技术创新。"如果把市场调查看得比技术创新更重要，那就本末倒置了。"

最后，市场调查本身的定位和作用是为企业决策提供准确可靠的信息，因而不能代替企业决策。"管理就是决策"——管理大师西蒙的这句管理名言道出了在企业生产经营活动中决策的重要性，因此，无论市场调查多么重要，也不可能代替企业决策，它只是为企业决策提供参考信息和重要前提。有些企业中"拍脑袋""拍大腿""拍屁股"的"三拍"决策实际上是对不重视市场调查而草率决策者的形象描述，也反映了不开展科学市场调查就进行企业决策的后果。同样，期望市场调查结果会告诉企业应该怎么办也是不现实的。企业应该对市场调查结果的科学性和准确性进行评估，做出基本的判断。如果认为是可以接受的，则必须在认真研究调查结果的基础上，结合其他多方面来源的信息、自身的实践经验和各方面相关专家的咨询意见，最终才能做出正确的决策。

总而言之，市场调查的主要任务是通过科学的调查技术和方法开展科学的调查研究，只有科学的市场调查才能为企业的科学决策提供前提和条件。企业的主要决策者应该掌握一定的市场调查基础知识，充分认识到市场调查的重要性和局限性，学会科学正确利用市场调查及其结果，才能真正使市场调查这一理性工具在企业决策中发挥应有的作用。

1.1.2 市场预测的概念界定

1. 市场预测的含义

预测是指对事物未来的状态或可能的结果预先做出科学的推测或判断。预测作为科学在自然领域和社会领域都有着广泛的应用，如人们熟悉的气象预报、经济预测、人口预测、军事预测等。市场预测本质上属于预测科学在经济领域的应用。

所谓市场预测就是指在市场调查获得的信息基础上，运用科学的预测技术和方法，对市场未来的趋势、影响因素及其变化规律所做的分析与推断过程。广义的市场预测，既包括在同一时期根据已知市场现象推测未知市场现象的静态市场预测，又包括根据某一市场现象的历史和现状推测其未来的动态市场预测。狭义的市场预测，仅指动态市场预测，即指对市场的未来演化预先做出的科学推测。

2. 市场预测的类型

根据不同的分类标准，市场预测有不同的类型。

（1）根据市场预测所涉及的经济活动范围可以划分为宏观市场预测和微观市场预测。

宏观市场预测通常是对企业所处宏观环境总体情况及其重要影响因素的分析和预测。宏观市场预测同宏观经济预测（即对整个国民经济总量和整个社会经济活动发展前景与趋势的预测）相联系。宏观市场预测涉及的范围大、牵涉面广，如对世界/地区/

国家经济发展趋势、经济周期及所处阶段变化、金融市场发展及其变化、生产要素市场发展及其变化、消费需求变化趋势与对外贸易发展及其变化等方面的预测。

微观市场预测通常指某一部门或企业对特定市场现象，如某类商品供需变化、新产品开发前景等进行的预测。微观市场预测主要关注与企业直接且密切相关的市场现象及其影响因素的预测。微观市场预测是宏观市场预测的基础和前提。宏观市场预测是微观市场预测的综合与扩大。

（2）根据市场预测所涉及的时间长短可以划分为近期、短期、中期和长期市场预测。

近期市场预测通常是对近期（3个月以下）市场现象的推测，如根据市场上需求变化的客观情况，以旬、周为时间单位，预计一个季度内的需求量。

短期市场预测通常是对短期（3个月—1年）市场现象的预测，如根据市场现象的历史资料或市场当下的变化趋势，以月为时间单位测算出年度的市场需求量。

中期市场预测通常是指对未来3—5年市场现象的预测，一般是对生态、经济、技术、政治、社会等可能会对市场长期发展产生重要影响的因素进行深入的调查研究后，运用科学的预测技术对未来市场发展趋势进行的预测。

长期市场预测通常是指对未来5年以上市场现象的预测，是为制定市场相关的长期规划而对市场发展趋势进行的预测。

总体而言，市场预测涉及的时间越长，预测的难度就越大，准确性也更难保证。因此，在实际的市场预测活动中，常常将近期和远期市场预测结合使用，采用滚动方式利用对近期预测结果的修正以提高远期市场预测的准确性。

（3）根据市场预测方法的性质可以划分为定性市场预测和定量市场预测。

定性市场预测主要依靠预测人员的知识、经验和判断能力对市场的未来变化趋势做出性质和程度的预测。

定量市场预测主要依赖于过去积累的统计资料和其他数据资料，运用量化推演和分析计算，对市场的未来变化趋势做出量化测算和判断。

在现实的市场预测中，很难将市场预测划分为绝对的定量或定性市场预测。因此，我们通常根据市场预测中占据主导地位的预测方法确定其类型。

（4）根据市场预测时是否考虑时间因素可以划分为静态市场预测和动态市场预测。

静态市场预测不考虑时间变动因素，主要根据不同市场现象在同一时期的因果关系进行预测。它实质上是根据不同市场现象之间的逻辑关系进行推演和判断。

动态市场预测考虑时间变动因素，主要根据市场现象过去和现在的状况，预测其未来发展前景。它实质上是基于该市场现象过去演变所遵循的规律来预测未来趋势。

静态市场预测和动态市场预测本质上反映了市场预测的两类基本原理，即因果逻辑推演和时间趋势推演。它们可以概括为一个简单的模式，即规律、趋势、逻辑、经验，其实质是反映企业分析市场相关问题的能力和手段。

（5）根据市场预测所涉及的区域范围可以划分为国内市场预测和国外市场预测。

国内市场预测和国外市场预测，顾名思义，就是根据预测所涉及的地理区域范围来界定。从这个角度还可以将国内市场预测区分为本地市场预测与外地市场预测，甚至某个区域市场预测，如华东、华南、华北等地区市场预测；国外市场预测还可分为某个国家市场预测、某些海外区域市场预测、国际市场预测等。

1.1.3 市场调查与市场预测的关系

常言道："凡事预则立，不预则废。"诸葛亮敢于"借东风"，是基于他对当地气象变化的预测；敢于唱"空城计"，是基于他对司马懿军事决策行为特点的分析和预测。在大家熟知的《孙子兵法》中也强调了调查与预测之间关系的重要性，如"死生之地，存亡之道，不可不察也"。在市场经济环境中，企业感知最多的是市场的现在和过去，当需要感知未来时，就产生了市场预测。可以说，市场预测是企业决策者和管理者思维超越现实的一种体现，但其基础在于对市场信息，特别是相关市场经济规律的认知和把握。

市场预测是企业决策的基础和前提，市场预测为企业决策提供依据。市场预测是企业管理的重要职能，是计划和决策的基础。企业经营都是在不确定或有风险的条件和环境下进行的，市场预测的目的就是要减少决策中的风险。市场预测为企业决策服务，能提高管理科学水平、减少决策盲目性。企业通过市场预测把握经济发展或未来市场变化的有关动态，减少未来的不确定性，降低决策可能遇到的风险，使决策目标得以顺利实现。因此，企业在做任何决策之前都必须调查研究，摸清情况，深思熟虑，有科学的预见、周密的计划，才能达到预期的成功。

┊例 1-1 ┊

公元前 7 世纪—公元前 6 世纪，古希腊哲学家塞利斯已能够通过研究气象、气候预测农业收成。当他预测到油橄榄将要获得大丰收后，就预先购买和控制了米利都和开奥斯两个城市的榨油机，等到油橄榄收获后，通过出租榨油机获得巨额利润。

┊例 1-2 ┊

《史记》记载，公元前 6 世纪—公元前 5 世纪，我国春秋战国时期越国大夫范蠡在辅佐越王勾践战胜吴王夫差复国以后，即弃官经商，十九年之中三致千金，成为天下富翁，号陶朱公。他在商场成功的重要秘诀就是他懂得并重视市场预测。范蠡有很多反映其预测思想的名言，如"旱则资舟，水则资车""论其有余不足，则知贵贱，贵上极则反贱，贱下极则反贵"，都是他根据商品的市场供求情况对商品价格变化进行的预测，这些预测的结果成为了他"投资"决策的基础。

1.2 市场调查的类型、程序与原则

1.2.1 市场调查的类型

对市场调查类型的划分有助于调查研究人员更好地选择和使用市场调查技术和方法，但基于不同的视角对市场调查会有不同的分类标准，依据不同的划分标准会有不同的市场调查类型。下面主要介绍几类对市场调查技术选择和使用影响较大的分类。

1. 按调查目的分为探索性调查、描述性调查和解释性调查

探索性调查（exploratory research）是为了初步了解市场情况以及更好地理解问题产生的环境而进行的小规模的调查活动；描述性调查（descriptive research）则是重在描述某一总体或现象的基本特征的调查活动；解释性调查（causal research）重在调查一个因素的改变是否会引起另一个因素改变的活动，目的在于识别变量之间的因果关系。三类调查目的性差异明显，对调查结果的要求也大相径庭，所以在具体市场调查技术和方法的选择上差别较大，下面我们主要针对三类调查目的分别介绍其在技术和方法选择上的差异。

（1）探索性调查的目的是提供一些资料以帮助研究者认识和理解所面对的问题、发现想法和洞察内部。它常常用在大规模的正式调查之前，能帮助研究者将问题定义得更准确，将解决问题的方案定得更明确，为问卷的设计提供更好的思路和更多的相关资料，等等。当企业面对很多全新产品、全新市场或全新技术等新领域的决策时往往需要运用探索性调查。因此，探索性调查一般对调查样本的要求并不太高，选择尽可能有代表性的小样本即可。收集资料的具体方法比较灵活多样，需要因地制宜，常用的方法有文献调查法、观察法、专家咨询或访谈法等。探索性调查所提到的结果也并不需要十分精确，只要能获得初步认识或总体印象，对研究对象有大致的了解就可以。探索性调查得到的初步假设或结果，一般通过描述性调查或解释性调查等结论性调查的结果来证明。

（2）描述性调查的目的是描述总体（市场）的特征或功能，对总体有比较精确、概括的描述。企业想了解所在行业或某类产品市场的总体情况时开展的调查大多属于描述性调查。开展描述性调查的前提条件是研究者事先已对所研究的问题有了许多相关的知识。描述性调查一般要求以具有较高代表性的大样本为基础，选择调查样本以严格的随机抽样方法为宜，收集资料的方法以有较好结构性的方案为主，如结构性问卷调查或结构性观察法等。资料整理与分析方法以定量分析方法为主。

（3）解释性调查的目的是检验假设和考察变量间的关系，获取有关起因和结果之间的关系的证据。企业常常需要根据一些假设的因果关系来做决策，例如企业如果要做出营销策略方面的决策，就需要了解哪些因素是影响所要决策产品销售量的因素。根据经济理论和企业经验通常价格和广告等是重要因素。这些理论或经验得出的假设应该通过

正式的因果关系研究来检验其有效性。因此，解释性调查一般要有研究假设，了解哪些是因变量，哪些是自变量，以及它们之间相互关系的性质。在资料收集方法上要处理一个或多个独立变量，要控制其他干扰变量或无关变量，常用的方法有实验法等。在资料整理与分析方法上更侧重于多变量的定量分析方法。

2. 按调查单位是否为消费者可分为消费者调查和非消费者调查

在市场调查领域，消费者占据非常重要的位置，所以将消费者作为调查单位的消费者调查（consumer research）非常普遍。在消费者调查中，调查单位可以是购买、使用商品的消费者，也可以是购买、使用商品的潜在消费者。

非消费者调查（non-consumer research）指的是对调查单位为消费者外的其他对象进行的调查，例如对员工满意度、政府或企业的领导者风格和影响力、直播主持职业发展、新闻记者薪酬待遇等的调查，对大型超市、电商平台、电商企业、实体专卖店、工厂、银行等单位或企业开展的调查。

3. 按是否考虑时间因素的影响可分为横向调查和纵向调查

横向调查（cross sectional research）也叫横断面调查，是只关注一个时间点（段）信息的调查，不考虑时间因素对调查对象的影响。横向调查指针对某一市场现象或问题在一个特定时间点上的情况进行的调查。这是一种比较普遍的、一次性的调查，不存在不同时间段的跟踪调查。

纵向调查（longitudinal study）也叫追踪调查，不只关注某一时点的情况，还要考虑时间因素对调查对象的影响。纵向调查是指在一段相对长的时间内对同一个或同一批市场调查总体进行多次重复性调查。例如，中央电视台自2006年至今每年几乎都在相同时间段持续进行的年度《CCTV经济生活大调查》，由国务院多个职能部门联合成立的中国企业家调查系统自1993年至今每年持续开展对中国企业家状况的调查，以及哈佛大学进行了时间跨度达75年的幸福影响因素调查（几代哈佛大学研究人员对最初选定调查对象75年的跟踪调查研究），等等，这些都属于纵向调查。显然，纵向调查需要投入的成本很高，但得到的调查资料更加丰富，调查结论更有说服力。

纵向调查根据每次所调查总体或样本的选择差异可以分为趋势调查、同期群调查或同组调查。同组调查，也叫连续性调查（continuous research），一般指的是对一个（或几个）固定的样本进行定期的、反复的调查。样本中的被调查对象（人或单位）不随调查数据的变化而变化。例如，消费者固定样组（panel）调查、连续的跟踪研究和品牌测量（continuous tracking and brand measures）、零售细查研究（retail scanning）、连续的媒体研究（continuous media research）等，都属于连续性调查。

4. 按调查的组织形式可分为专项调查和搭车调查

专项调查（ad hoc research）一般是指受某个特定客户的委托，针对该特定客户的某些市场调查需求进行一次性的调查，即从给定的总体中一次性地抽取样本进行调查，并且只从样本中获取一次信息。它通常属于横向调查。专项调查可以是定量的，也可以是定性的。

搭车调查（omnibus research），顾名思义，就是有些市场调查是"顺便"进行的，就好比是多人一起搭乘同一辆汽车。它是指针对多个客户的调查需求可以利用同一个样本得到满足所开展的一项市场调查活动。通常搭车调查的总费用由各客户根据其搭车调查问题的个数和类型进行分摊。一般有搭车调查业务的调查公司，每年实施搭车调查的时间和价格是相对固定的。虽然有些搭车调查的实施是定期的，但每次所用的总体或样本不一定是固定的，因此搭车调查既可能是纵向调查，也可能只是横向调查。

5. 按调查资料的来源可分为文案调查和实地调查

文案调查（desk research）获得的资料是二手资料或现成资料，是通过围绕调查目的收集别人提供的、现成的资料或文献等二手信息，并加以整理和分析的一种市场调查。文案调查法是最常用的市场调查方法之一，经常在探索性调查中使用。

实地调查（fields research）获得的资料是一手资料或原始资料，它必须在制订周密调查方案的基础上，由研究者或调查员直接向被调查者收集第一手资料，再进行整理和分析的一种市场调查。开展实地调查收集资料的方法很多，如问卷调查法、深度访谈法、观察法、实验法等。

1.2.2 市场调查的程序

科学的市场调查程序是确保市场调查结果科学的前提和保证。市场调查过程中的每一个步骤都要认真严谨地对待，但并不要求一定按严格的先后顺序，有些情况下可选择并行或在后面的阶段可对前面阶段进行适当的调整或完善。通常市场调查包括以下5个阶段。

1. 确定市场调查问题和提出假设

市场调查的第一步是明确所要调查研究的问题，提出必要的研究假设。爱因斯坦曾说过："提出一个问题，往往比解决一个问题更重要，因为解决一个问题也许仅仅是一个数学上或实验上的技能而已，而提出新的问题、新的可能性，从新的角度去看旧的问题，都需要有创新性的想象力，而且标志着科学的真正的进步。"因此，明确调查研究问题需要研究者和企业管理者拥有良好提出和发现问题的能力，这是市场调查活动中最重要和最关键的一步，很大程度上决定了市场调查活动的质量和水平。确定市场调查问题和提出研究假设通常需要如下几个步骤。

（1）理解调查问题的背景。

作为委托项目的研究者首先必须弄清楚客户委托调查问题的具体背景信息，这是想客户所想的前提和条件。通常市场调查问题的背景主要包括但并不局限于以下信息：
- 客户要做市场调查的主要原因；
- 企业运营现状；
- 企业以往的经营情况、销售量、市场占有率、利润、在同行中的优势和劣势；
- 企业对市场前景的主观预测；
- 客户要做的决策及要实现的目标是什么；
- 企业现有消费者的基本情况及其消费行为特征；
- 企业财力及准备投入的调查费用；
- 相关的法律环境和经济环境。

如果是企业自行组织完成的市场调查项目，也需要对以上相关问题有比较准确的把握。

（2）深度把握企业决策问题。

促使企业想要做市场调查的问题通常是错综复杂的，不同的角色从不同的角度对问题会有不同的认识，研究者需要通过多方面交流咨询，获得对问题全面深入的理解，准确界定企业决策问题。通常需要做以下 4 件事：

- 与决策者进行充分的交流和讨论。市场调查的最终目的是为企业决策提供参考，因此，需要准确了解决策者所面临决策问题的性质，希望从市场调查中得到什么信息；同时通过交流，也能让决策者对市场调查有正确的认识，使他们了解能从市场调查中得到什么，有什么局限性等。
- 收集和分析二手资料，增加对客户及其调查问题的把握。尽可能通过各种途径全面快速收集与客户企业相关的二手信息，并进行系统分析。
- 实地调查补充信息，准确把握调查问题。如果二手资料不能满足对调查问题的理解和把握，就需要进行适当的实地调查补充信息。具体做法：可以向行业专家咨询，获得行业内企业外专业人员对调查相关问题的理解；可以对企业内相关人员进行调查，如小组座谈会或深度访谈调查等，以获取企业内部员工对相关问题的理解。
- 明确企业管理决策问题。通过前面 3 件事所获得的信息，研究者需要帮助企业决策者准确界定所面临的管理决策问题，弄清楚决策者需要做什么，可能采取什么行动。管理决策问题的表达要简洁明了、准确清晰，例如"是否要开拓某个区域新市场""是否要研发某个新产品""是否要改变某个产品的包装""是否要提高现有产品或品牌的价格"等。

（3）确定调查问题和提出研究假设。

提出的调查问题应该对应于管理决策问题需要什么信息和怎样最好地得到这些信息，调查问题的确定既是体现研究者专业水平和能力的事情，也是具有创造性的工作。例如，对应前面的管理决策问题，研究者可分别确定调查问题为"某个区域消费者偏好及对某产品购买意向调查""消费者的偏好以及对新产品的购买倾向调查""包装对某产品销售量的影响调查""某产品或品牌的价格弹性特点以及价格对销售量的影响调查"或"某产品或品牌各种价格变化水平的收益"等。调查问题的界定要适当，不能太宽也不能太窄，以能满足管理决策问题的信息需要为依据。为了恰当地界定调查问题，可以先用比较宽泛的、一般的术语来陈述调查问题，然后具体规定问题的各个组成部分，为进一步的操作提供清晰的路线。

在解释性调查中，除了要确定调查问题，还需要提出理论假设。理论假设涉及要调查的变量及变量间的关系，表达为研究者所感兴趣的某个因素或现象尚未证明的陈述或主张。理论假设的提出通常需要理论支撑或文献支持。通常理论假设可以是理论框架或分析模型中规定的两个变量或多个变量关系的一种试验性的描述，对理论假设可以进行统计上的检验。理论假设的重要作用之一是提示研究者在调查过程中要设计和收集与这些变量相关的测量信息并对它们之间的关系进行分析。

2. 设计市场调查方案

在明确调查问题和提出理论假设之后，研究者就要制订详细周密的调查计划，撰写调查方案。不同的调查问题需要有不同的方案，因此在设计中必须具体问题具体分析。但在方案设计中一般涉及以下的工作：

（1）确定调查目的。首先要根据调查课题确定调查目的，调查目的是调查课题题目的具体化，需要将调查所需要收集的信息内容通过概括性的语言表达清楚、表达全面。

（2）选择总的研究方法。探索性调查、描述性调查和解释性调查等3类调查的调查目的不同决定了总的研究方法的不同，要结合调查课题各种不同的分类标准下的类型特点确定总的研究方法，在恰当的技术和工具箱中选择合适的研究方法或方法组合。

（3）确定调查内容。根据调查目的确定所需调查的详细信息，并以结构化的方式表达出来。

（4）确定调查总体及选择调查对象的方法。根据调查课题及其调查目的确定调查总体，并用可操作化的语言界定调查的对象和调查范围。根据实际情况和课题要求选择恰当的调查对象的方法。

（5）选择数据收集的具体方法。例如，文案调查法、深度访谈法、小组座谈法或观察法、电话调查法、面访调查法、邮寄调查法或网上调查法等。

（6）设计抽样方案和具体的实施计划。

（7）规定变量的测量方法和选择适当的量表。

（8）设计调查问卷或访问提纲。

（9）制订调查实施的具体计划和质量控制方法。

（10）制订数据分析方案。

（11）预算调查经费。

（12）安排调查进度。

3. 实施市场调查方案

调查方案的实施是关系到市场调查成功与否的关键一步，而调查实施的关键又在于实施过程中严格的组织管理和质量控制。这包括以下几部分：挑选调查员、访问员；培训调查员、访问员；监督管理调查员、访问员的实施；复查验收调查员、访问员的工作；评价调查员、访问员的工作。

专业性的市场调查公司对上述每一部分的工作都会制定详细的工作手册或工作流程。例如：调查员、访问员的基本条件；调查员、访问员培训手册；督导员工作手册；复查规则；调查员、访问员评价标准等。

4. 处理数据和分析数据

市场调查方案实施完成后，还必须严把数据处理和分析的每一关，才有可能得到正确的结果。这包括以下几个方面：接收和清点问卷、访谈记录；检查和校订问卷、访谈记录；编码、分类；录入数据、资料；查错；处理缺失数据；必要的时候进行统计预处理；制表、作图和分析。

5. 撰写调查报告

市场调查的最后一步是撰写调查报告。调查报告是调查项目的重要部分，是呈交给客户的最终产品。研究者必须花费足够的时间和精力，认真地准备好书面报告或口头报告（如果客户要求作口头报告的话）。调查报告有不同的类型和格式，除调查报告的标题之外，一般情况下包含以下几个部分：

（1）摘要和关键词。摘要一般包括市场调查的主要发现、主要结论和建议，要简短明了。

（2）目录。当市场调查报告篇幅较长时必须有目录，目录是对整个调查报告整体结构和内容的浓缩，通常要包括正文和附录每一部分的大小标题。

（3）正文。一般包括调查的基本情况、主要发现，对结果的讨论、总结和建议等。

（4）参考文献。

（5）附录。附录一般包括问卷、图表、技术细节说明、实施细节说明等。

1.2.3 市场调查的原则

市场调查是针对特定的目的，运用科学的方法，找出相关市场现象或问题的真实情况，简而言之就是找出"真相"，这是社会调查的共同任务。因此，市场调查作为社会调查的具体领域应该遵循以下 4 个原则。

1. 客观性原则

客观性原则是贯穿市场调查全过程的最重要也是最基本的原则，坚持严格的客观性也就是用唯物主义的观点去看问题。任何社会调查都必须从客观事实出发，详细占有材料。不"唯上"、不"唯书"、不"唯众"、不"唯己"、不"唯洋"。社会调查的客观性原则被反复证明是重要而必需的。违背客观性原则的调查不可能是正确的调查，当然不应该有发言权！如果依据不正确的调查瞎指挥做决策，那就会造成错误或损失。

2. 科学性原则

对科学性原则的理解至少包括三个方面：一是市场调查要以一定的事实为依据，使所选课题具有实践基础。市场调查要研究事实，研究客观实际存在的现象。二是要以科学思想和科学理论为指导，只有这样，才能保证其科学性。三是市场调查要用科学的方法按照科学的程序来展开调查活动。

|例1-3|

速溶咖啡调查失败

20世纪40年代，美国一家公司请心理专家开展了消费者为什么不喜欢速溶咖啡的调查。在最先采用的问卷调查中，由于采用直接询问法，很多调查者都回答是因为不喜欢速溶咖啡的味道。而实际上速溶咖啡的味道经过测试与人们习惯使用的豆制咖啡没有区别，说明该项问卷调查获得的结果是不可靠的。后来心理学家改用了间接的测量方法，才找到消费者不喜欢速溶咖啡的真正原因，即家庭妇女担心购买使用速溶咖啡会被认为是懒惰的人、是不称职的妻子。

由此可见，科学性原则强调应以客观事实为基础，尊重科学规律，要运用科学方法进行社会调查。

3. 系统性原则

系统在我们所生活的世界中无处不在，如自然生态系统、人的呼吸系统等。社会调查的对象是由很多小系统来构成大系统，而大系统又与其他系统有着各种各样的联系，所以在社会调查中要系统地看问题，否则就会犯盲人摸象的错误。

|例1-4|

迪士尼乐园在法国的烦恼

1992年之前，迪士尼公司一直在主题公园生意上非常成功。1986年，迪士尼公司的高层们准备开拓法国巴黎新市场，因为他们发现巴黎是欧洲高雅文化和时尚之都，在离巴黎2小时车程范围内居住了约1 700万欧洲人，乘飞机2小时内可到的人口有3.1亿。然而，迪士尼公司由此陷入了连绵的烦恼之中：首先是在与法国政府的谈判中，被认为做了法国人所不齿的手势；之后遭遇巴黎知识分子对迪士尼文化移植倾向的围攻；接着在迪士尼乐园开张不久，法国农民驾着拖拉机堵住入口；接下来在运作上文化冲突更是接连不断；还有迪士尼试图使用在美日很成功的员工队伍模式，但在法国却行不通，在前9周约有1 000人辞职不干了。另外，尽管每年吸引900万人次游客，但法国游客并没有预料的那么多，而且大多数游客并没有如预期的那样玩上4—5天。因此，公司投资几十亿美元建成的紧邻乐园的豪华旅馆门可罗雀，整个乐园经营困难重重。后来迪士尼公司对法国乐园进行了市场调研，做出了一系列调整才使得经营状况有所改善。

4. 经济性原则

对企业而言，是否需要开展市场调查是一项重要的决策，因为任何市场调查项目都需要付出代价，投入必要的时间、人、财、物等资源。只有当认为市场调查结果的价值大于企业付出的市场调查成本时，企业才会做出做这项市场调查项目的决策。对于专业的市场调查机构或研究者而言，同样会对是否接受这项调查任务做出选择，他们会权衡投入的调查成本与从企业获得的回报。信息使用者应自问"为了搜集更多的市场信息而花费更多的额外费用值得吗"，市场调查结果的价值必须大于调查信息成本。过低的市场调查价格无疑会破坏调查行业的正常发展，最终会使企业等机构无法获得高质量高水平的专业市场调查服务。

因此，经济性原则中的"经济"并不能简单地被理解为"便宜"，而是要权衡市场调查的成本与收益。企业不仅要树立"先调查再决策"的理念，而且要提升对信息价值评估的能力，要有能力选择"性价比"比较高的优质市场调查服务，而不是简单地用低价作为是否开展市场调查或选择专业调查机构服务的依据。

1.3 市场预测的原理、精度与价值、原则及步骤

1.3.1 市场预测的基本原理

人们都渴望对未来"先知先觉"，世界各国都有"占卜"故事就是很好的印证。企业生存的市场环境具有不确定性，特别是当今VUCA时代企业生存环境的不确定性更是达到前所未有的程度。如果企业能对未来做某种程度的预见，那么它对企业的生存和发展都是非常有利的。

市场预测可以用简单的模型表达："已知→未知"或"过去和现在→未来"。预测是基于人类认识和思维的进步，是基于人类发现了"规律"的重要性，"辨道""顺道"中的"道"就是规律。对企业而言，发现、认识和利用市场、消费者、技术、行业发展等方面的市场"规律"将会使企业降低生存风险，增强竞争力。市场预测本质上是企业对规律、趋势、逻辑、经验的把握，其实质是分析问题的能力和手段。预测的基本原理可分解为以下4个方面：

（1）可知性原理。预测以唯物辩证法为理论基础。世界上一切事物都按照自身规律处在运动变化之中。规律是可以被人们揭示出来的，对未来进行预测是可能的。市场和经济有其自身运行规律，据此可以对市场进行预测。

（2）延续性原理。任何事物发展的各个阶段都具有一定的连续性。市场现象的现状是由过去决定的，未来的状态同样是由过去和现在的状态决定的。通过对过去和现在的研究可以找出"规律"，从而预测未来。

（3）类推性原理。经济实践的发展存在着相似性或类推性。类推是根据事物之间的关联性或事情发生的条件等进行预测判断，其实质是依据经济规律，判断相似或相同条件下相似或相同事件发生的可能性很大。

（4）相关性原理。客观世界存在普遍联系，很多事情之间存在相关性甚至因果关系。据此，可以根据事物之间的相关性或因果性进行预测。

1.3.2 市场预测的精度与价值

事物的过去、现在和未来通常是有规律可循的，预测者既要立足于过去和现在，同时又要使用一种逻辑结构把它同未来联系起来，以达到对未来进行预测的目的。然而由于人类认识的有限性和预测对象的复杂性，预测并非一定都是正确的。比如我们所熟悉的天气预报，虽然已取得很大发展，但目前无法做到100%的准确，可它对社会经济的作用却是巨大的。虽然一切正确的市场预测都必须建立在对客观事物过去和现状进行研究和科学分析的基础之上，但市场预测仍然具有近似性和局限性。

1. 预测精度

预测的精度就是预测的准确性，它是用来描述预测值与实际值偏离程度的数值表现。根据其表现形式不同，精度可用绝对误差和相对误差表示。由于预测误差的大小是由所有样本点的误差决定的，所以误差的测定不能只计算某一预测值与实际值的偏离程度，而要考虑全部样本点与实际值的偏离程度。因而在预测实践中，我们常采用以下几种方法测定预测误差，进行精度分析。

（1）平均绝对误差 $MAE = \sum |Y - \hat{Y}|/n$。MAE越小，说明预测精度越高；MAE越大，说明预测精度越低。虽然MAE较好地处理了各个实际值与预测值之间差额的正负抵消问题，但因为使用绝对值方法处理在数学上并不占优，因而实践中应用得并不多。

（2）均方误差 $MSE = \sum (Y - \hat{Y})^2 / n$。MSE越小，说明预测精度越高；MSE越大，说明预测精度越低。MSE的计量单位是实际值计量单位的平方，因而通常用它的平方根表达预测精度。

（3）均方根误差 $RMSE = \sqrt{\sum (Y - \hat{Y})^2 / n}$。RMSE越小，说明预测精度越高；RMSE越大，说明预测精度越低。均方根误差RMSE的计量单位与实际值的计量单位相同，能够较好地反映预测值与实际值之间的差距，因而在实践中应用较为广泛。

（4）平均误差率 $MER = \sum |\frac{Y - \hat{Y}}{Y}|/n$。MER 越小，说明预测精度越高；MER 越大，说明预测精度越低。MER 是一个相对指标，其数值大小不受计量单位的影响，因而可以用于不同预测方法之间的精度比较，也可以用于不同事物预测误差之间的比较。

2. 预测价值

是不是必须根据预测精度评估预测价值的大小？是不是只有未来得以实现的预测才是有价值的？回答是否定的。事实上，一项预测工作的社会效用和它最后预测结果是否实现的关系，很大程度上取决于决策者对预测对象的可控程度。

根据可控程度，可将所有事物分成两类：一类事物（如天气、地震）是人类不能控制。这种情况下，是否成为事实就是评价预测社会价值的唯一标准。预测的精度越高，其价值就越大，如气象预报、地震预报等。人类可以根据科学预测的结果采取应对措施，趋利避害。另一类事物（如人类社会、经济运行），发展有客观规律，然而这种规律又是靠人的主观能动性来实现的。所以，这类事物有些部分是可控制的。这类事物的预测通常被称为非事实性预测。所谓非事实性预测是指预测具有引导人们去"执行"预测结果的功能，人们行动的"合力"反过来会影响预测结果能否实现。

经济预测常常带有非事实性预测的特征。这种情况下，预测的社会价值不能按照它是否成为事实来衡量，而是依据它在帮助决策者正确决策中的效用来衡量。按照对预测结果的影响效应，非事实性预测可以分为以下两种：

（1）自实现预测（self-fulfilling forecast）：这是一种只是由于做出了预测才促成了它成为事实的预测。如：某著名经济学家预测某上市股票3个月后价格会骤降，如果这一预测被广泛流传和接受，那么不可避免会出现股票价格下跌现象；如果他继续做出明年将出现经济萧条的预测，则更易被广泛接受，那么公众合理的反应是偿清一切债务，出售一切存货，等等，这些行为无疑会加速萧条的到来。

（2）自拆台预测（self-defeating forecast）：这是由于做出这种预测，才使预测结果不能实现的预测。这时，预测结果虽未能实现，但对科学决策来说，有着很重要的价值。如某咨询机构预测未来5年内某产品将出现"供需缺口"，市场价格将上涨25%—30%。此预测结果必将引起生产厂家注意。

究竟应该如何处理非事实性预测？应强调预测过程中各环节工作正确性的鉴别。只有各环节的工作都正确无误，才能正确引导人们的行动。这样，在"自实现预测"的效应之下，才不致产生误导和偏颇；在"自拆台预测"的效应之下，虽然实际值与预测值有偏差，但预测仍是可信的、有作用的。

1.3.3 市场预测的基本原则

为了保证预测的科学与有效，充分发挥预测的作用，首先要养成良好的预测思维方式和思维习惯，必须坚持如下4个基本原则。

1. 相关原则

相关原则要求市场预测者养成"分类"的思维方式，关注事物或类别之间的关联性，当了解或评估到已知的某个事物发生变化，可推知另一个事物的变化趋势。最典型的相关有正相关和负相关，特别要说明的是这里的相关并不只有数量的意义，更多的是一般定性意义上的"相关"，具体而言：①正相关是指事物之间的"促进"关系，即一种事物发展促进另一种事物的增加或发展。比如：居民平均收入与"家庭汽车拥有量"；"二孩生育政策"的出台与儿童玩具、教育相关产品和服务甚至房地产市场需求的变化；政府政策和相关宣传中反复强调"老龄化社会""养老服务体系构建"与老年相关产业的发展机遇，等等。②负相关是指事物之间相互"制约"关系，即一种事物发展促使另一种事物的发展受到限制，如市场中"替代品"之间的关系，再如"限塑令"政策出台与塑料包装袋替代品的出现，外卖行业快速发展与传统方便食品需求的萎缩，等等。

2. 惯性原则

任何事物发展都具有一定惯性，即在一定时间、一定条件下保持原来的趋势和状态，这也是大多数传统预测方法如线性回归、趋势外推等的理论基础。在遵循惯性原则时要关注事情发展的时间和条件，要关注事物的变化是否主要受惯性的影响，如果还有其他特殊因素的出现，就要谨慎使用这一思路。

3. 类推原则

类推原则也是建立在"分类"的思维高度，关注事物之间的关联性，根据某一事物的发展变化去类推其他事物的"未来"。具体的表现有：

（1）由小见大、由表及里。从某个现象推知事物发展的大趋势、从表面现象推实质。例如，老龄化社会意味着什么？仅仅是老年人口比重增大导致老年相关需求增多吗？你还能预见到什么？也许能发现老龄化社会将改变整个人类社会的发展模式，曾经让人称羡的"四代同堂"将比比皆是，对"老年"的理解和界定将发生重大转变，这些都将给市场带来怎样的机会与挑战？运用这一思路要防止以点带面、以偏概全。

（2）由此及彼、由远及近。由某一现象想到其他的可能，由某个地区的情况推及其他地方，由某个国家的市场想到其他地方的市场。如中国改革开放之初重视引进国外先进的管理和技术，而当中国发展起来以后很多先进的管理经验和技术也被其他相对落后的国家或地区所引进；再如很多被发达地区淘汰的技术和产业却是落后地区争抢的"香饽饽"，在那里有很好的市场前景。

（3）自下而上或自上而下。自下而上是指从典型的局部推知全局；自上而下是指从全局细分，以便认识和推知某个局部。这实际上是运用系统观念，从事物整体和部分的关系出发进行推测。例如，某乡镇某个经济发展水平中等、规模适中的村家庭拥有小汽车50辆，这个乡镇有类似村30个，可以初步推算出这个乡镇家庭拥有小汽车1 500辆。这是由下而上推测的例子，可以大致了解乡镇汽车市场保有量，对汽车销售企业会有一定价值。

4. 概率推断原则

市场现象或问题往往涉及的因素众多，并不总是沿着固定的方式发展，因此，根据经验和历史进行市场预测，很多时候只能大致预估一个事物发生的概率，很少能得出绝对正确的结论。如果企业能根据预测的大概率事件，采取对应措施往往会避免最糟糕的情况出现。扑克、象棋游戏和企业博弈型决策都在不自觉地使用这个原则。有时我们可以通过抽样设计和调查等科学方法来确定某种情况发生的可能性。

1.3.4 市场预测的步骤

市场预测应该遵循一定的程序和步骤以使工作有序化、统筹规划和协作。市场预测的过程大致包含6个步骤。

1. 确定目标，制订预测计划

提出并分析预测问题、明确预测目的，是开展市场预测工作的第一步。预测的目的不同，预测中的内容和项目、所需要的资料和所运用的方法都会有所不同。企业会根据市场经营活动存在的问题拟定预测的项目，明确预测目标，编制预算，调配力量，组织实施，制订预测工作计划，以保证市场预测工作有条不紊地开展、达到预期目标。

2. 搜集资料，建立数据库

进行市场预测必须占有充分的资料。丰富充分的资料为市场预测提供分析判断的可靠依据。在市场预测计划的指导下，调查和搜集预测有关资料并建立数据库是进行市场预测的重要一环，也是预测的基础性工作。

3. 选择预测方法，建立数学模型

根据预测的目标以及各种预测方法的适用条件和性能，选择出合适的预测方法。有时也可以运用多种预测方法来预测同一目标。预测方法的选用是否恰当，将直接影响到预测的精确性和可靠性。运用预测方法的核心是建立描述、概括研究对象特征和变化规律的模型，根据模型进行计算或者处理，即可得到预测结果。

4. 分析检验，修正预测

分析判断是对调查搜集的资料进行综合分析，并通过计算、判断、推理，使感性认识上升为理性认识，从事物的现象深入事物的本质，从而预计市场未来的发展变化趋势。分析判断不仅要从数量意义上进行检验，还要从经验常识和理论层面进行检验。在分析评判的基础上，通常还要根据最新信息对原预测结果进行评估和修正。

5. 撰写预测报告

预测报告应该概括预测研究的主要活动过程，包括预测目标、预测对象及有关因素的分析结论、主要资料和数据，预测方法的选择和模型的建立，以及对预测结论的评估、分析和修正，等等。

6. 预测结果事后验证

在具备事后验证的条件下，可以对预测结果进行事后验证和评估，为后续预测提供经验和教训，也可为本项目预测积累一定的资料。

1.4 市场调查行业的发展

由于发达国家的企业已经形成了"决策前先做调查"的观念，这些国家和地区对市场调查一直有很大的市场需求。我国市场调查业虽然起步较晚，但发展较快，特别是近三十多年的发展日趋成熟。

1.4.1 市场调查行业在全球范围的发展

作为一种获取市场信息手段的市场调查活动是伴随着商品经济的产生而产生并发展的。17 世纪的工业革命使得西方资本主义市场经济快速发展，市场规模日益扩大，市场中的竞争也日趋激烈。企业必须了解市场动态和市场信息才能更好满足市场需求，才能在竞争中取胜，市场调查实践因此得到发展。20 世纪初市场调查行业在欧美等资本主义国家兴起和迅速发展，开始成立专业性的市场调查机构，出版专业性的市场调查书籍。之后由于世界性的经济大恐慌，市场调查的发展受到了影响，曾一度中断和冷却。但在第二次世界大战以后，市场调查重新得到了重视，特别是在美国，发展更为迅速。自 20 世纪 60 年代起，资本主义国家纷纷成立各种类型的市场调查公司和机构，市场调查逐渐成为一个重要的必不可少的行业。总体而言，市场调查业在全球范围的发展经历了以下 3 个阶段。

1. 发展初期：1900—1930

20 世纪初—20 世纪 30 年代是市场调查业的建立阶段，市场调查作为一个行业在各个领域开始发展。具体表现有：

（1）美国很多大学创建了市场调查所，有关市场调查的学术专著、手册和教材开始陆续出版，并产生了一批有影响力的著作。如：

1907—1912 年期间，美国的哈佛商学院创建了市场调查所。

1918 年，美国西北大学商学院创建了商务调查所。

1919年，美国芝加哥大学教授邓肯出版了《商业调研》，这是市场调研方面的第一本学术专著。

1921年，怀特出版了《市场分析》，这是第一本调研手册书。

1937年，布朗的《市场调查与分析》出版，该书一经推出就作为有关市场调查方面的教材而被广泛使用。

（2）美国许多企业也开始应用市场调查技术为企业营销服务，成立市场调研部，并获得了成功。如：

1911年，美国纽约柯蒂斯出版公司成立商业调查部开始市场调查活动，经理佩林编写了《销售机会》一书。这是第一本有关市场研究的专著，内容包括美国各大城市的人口分布、人口密度、收入水平及相关资料，佩林也被推崇为市场调查学科的先驱。

1911年，凯伦克广告公司率先采用邮寄卡片的调查方法。

1915年，美国橡胶公司成立了商业调研部。

1917年，美国斯威夫特公司成立商业调研部。

（3）美国政府推动市场调查项目。1929年，在美国政府的主持下，在全美展开了一项分销调查，内容涉及市场结构、商品销售通道、中间商和分配渠道、中间商的经营成本等，为企业提供了较为系统和准确的市场活动资料，这次调查被视为美国市场调查史上的里程碑。

（4）市场调查行业建立了相关行业组织，并在行业发展中发挥重要作用。1937年，美国市场营销协会资助的出版物《市场调查技术》问世，该书汇集了有关市场调查理论和实践两方面的知识，市场调查正式成为大学商学院的课程之一。

处在创建初期的市场调查作为一门学科，所涉及的理论知识和方法论都还处于初级阶段，其理论方法大部分局限于平均数、长期趋势、单相关等内容，经济计量仅有初步的发展和使用。后来陆续发展了观察法和实验法等实地调查法、调查表法和抽样理论等。1910—1920年，问卷设计兴起，问卷调查成为当时主流的收集市场调查资料方式。

2. 成长期：1930—1950

20世纪30年代末—50年代初，市场调查方法获得很大发展，调查方法的创新发展使得市场调查应用更加广泛，市场调查行业快速成长。30年代末和40年代初，样本设计技术发展，抽样调查兴起。40年代，在Robert Merton领导下创造了"焦点小组"方法。1946年，著名社会学家莫顿和邓德尔在《美国社会学》杂志上发表专文，对"焦点小组"方法进行了系统的论述，并且在其后的几十年里一直应用于商业性的市场调查中。40年代后，有关市场调查的书籍陆续出版，越来越多的大学商学院开设了市场调研课程，教科书也在不断翻新。在此期间，配额抽样、随机抽样、消费者固定样本调查、问卷访问、统计推断、回归分析、简单相关分析、趋势分析等理论也得到了广泛的应用和蓬勃的发展。

3. 成熟期：1950—现在

20世纪50年代后，市场调查业进入了创新大发展阶段。主要是调查方法的创新、分析方法的发展、计算机技术的应用以及互联网调查的产生形成了一股研究市场调查方法的热潮。

第二次世界大战结束后，西方资本主义国家进入了经济迅速发展阶段，市场经济空前繁荣，企业间激烈的竞争促使企业经营理念由生产导向转变为市场消费需求导向，促使企业更加重视对市场调查研究和市场情报的搜集工作，市场调查业进入了迅速发展阶段。西方国家大约73%的公司都设立有市场调查和研究部门。美国大多数大公司销售额的0.1%—3.5%被用于市场调查，其中25%—50%被支付给专业市场调查机构，美国企业每年花在市场调研方面的费用超过100亿美元。企业决策中市场调查结果起着举足轻重的作用，促进了市场调查学科的发展。很多大学把市场调查作为重要课程，有关市场调查的书籍、教材、报纸、杂志得到大量的出版发行。市场调查的理论、方法、技术也越来越高级化、系统化、实用化。

这一阶段，大多数国家都先后成立了全国性的市场调查组织，并设立了大量的国际性市场调查组织。1977年制定了《市场营销和社会调查业务国际准则》。电子计算机技术在市场信息的收集、整理和分析各个过程中都有广泛的应用，调查数据的分析、储存和提取能力大大提高。同时，各种调查技术，如动态分析、运筹学运用、态度测量表、多元回归分析、数理模型、计算机模拟、经济计量模型、决策理论和方法都得到了创新和发展。计算机的普及促进了各种分析工具的应用，如SPSS、SAS等分析工具大大提高了分析速度并简化了分析过程，进一步推动了市场调查业的电脑化。

而今，市场调查业以及有关市场调查的技术、理论和方法依然在发展完善中。

1.4.2 中国市场调查行业的发展

1. 萌芽阶段：1949—1984

自新中国成立至改革开放初期是我国市场调查业的萌芽阶段。这一阶段，我国实行的是计划经济体制，市场调查是政府行政统计工作的组成部分。企业只是计划经济下的生产单位，主要任务是完成政府分配的生产任务，根本不需要关心"市场"。

新中国成立以后，政府各级组织设立的统计机构是开展市场调查的主导力量，对国民经济、社会发展等资料进行全面收集、整理和分析工作，如50年代成立的城市抽样调查队伍，了解城市职工生活状况及市场变动。其后又陆续建立了农村抽样调查队伍和企业抽样调查队伍，政府进行市场调查的范围不断扩大。同时，少数企业也设立了专门的调查机构从事市场调查。

我国市场调查业萌芽阶段的主要特征是对市场经济和市场信息的重要性认识不足，导致对市场调查重要性认识不足，业务范围也基本局限为政府市场调查的范围，市场调查业发展缓慢。

2. 发展初期：1984—2000

我国市场调查业起步于 20 世纪 80 年代末，1984 年国家统计局的一个司级事业单位——中国统计信息服务中心开始向国内外客户提供统计信息资料、市场调查与咨询服务，这是我国市场调查的开端。1987 年 8 月，广州市研究公司（GMR）作为我国第一家专业性市场调研公司正式注册，这是我国以市场调查作为主营业务的商业运作的开始。进入 90 年代，市场调查业在我国得到了巨大的发展，北京、上海和广州等国内较发达城市创建了一批商业性的专业市场调查公司。同时，国际上有影响力的跨国调查公司如盖洛普、麦肯锡等也纷纷进入我国开展业务。1992—1993 年，仅北京一地，就新增市场调查公司 200 多家。随着我国社会主义经济体制改革的推进，市场调查由政府主导转变为政府和市场调查公司共同发展，我国市场调查作为一个行业正式建立。

我国市场调查业主要由四大类市场调研机构构成，包括国外市场调查公司、国有控股市场调查公司、民营专业调查公司和学术类市场调查机构四大类。第一类，国外市场调查公司。90 年代初开始进入我国，如盖洛普、麦肯锡、安德信等都是行业"老手"，具有丰富的调查经验和成熟的调查方法。相较于我国本土调查公司，国外市场调查公司有着人才、技术和资金上的优势，较多服务于国外的大型公司和企业。据统计，全球排名前 20 位的市场调查公司已经有近半进入我国市场。第二类，国有控股市场调查公司。我国的国有控股市场调查公司大多具有政府背景，如央视市场研究、华通现代、新华信等，可以利用政府强大的信息网络和资源，更易获得行业数据，且时效性强、成本低。第三类，本土民营市场调查公司，如零点、新生代、勺海等企业，在数量上最多，具有小而灵活的特点。它们大多具有快速反应能力并尽最大努力满足顾客的需要。第四类，许多高等院校依托其知名度和人才优势建立学术类市场调查机构，它们在把学术和理论实践化方面具有优势。

1998—2000 年是中国本土市场调查业的转型升级期。中国市场调查业约从 1990 年开始了高速发展，一直持续到 1998 年。这一时期因为市场调查机构数量呈几何级增长，很多早期市场调查机构的一般员工都成为了各大市场研究公司的老板。1998 年因为世界经济衰退与网络经济的兴起，中国本土市场调查企业面临发展瓶颈：一方面许多市场调查企业倒闭，另一方面要生存就必须探讨网络经济下的新经营模式，如蓝田市场研究公司创新数据库、专项研究、营销软件三方结合的新经营模式，赛迪确立媒体、调查、顾问结合的方式等。这一时期国外市场调查公司的进入"培养"了本土机构，但很多国外企业拥有自己专业的市调部门，仅是将数据采集与数据分析部分外包给本土市调公司，而调研方案、问卷设计及研究报告等技术含量高的部分则是由企业内部操作。所以，这个时期的本土市调公司共同的特征就是执行能力强、操作严谨，但基本上没有研究能力。随着我国改革开放政策的持续推进，许多跨国企业进入中国市场，它们对市调的需求越来越大，这些需求不仅需要调查执行还需要基本的研究分析。我国本土市调公司在与国外市场调查公司合作的过程中也习得了大量的标准问卷和数据分析能力，开始逐步向研究分析领域挺进。华南市场研究公司在 1997 年与 RI 合作，成立了华南国际市场研究公司，成为了当时国内最大的民营市场研究公司。

3. 深度发展期：2001—2011

经过 20 多年的发展，我国的市场调查业已经由以执行和操作国外或境外业务为主转入以国内客户为主的阶段，实现了由调查阶段向研究阶段的过渡，这是深度发展期我国市场调查业的主要特征。

2004 年 4 月，国家统计局成立了中国市场信息调查业协会，一些省级统计局纷纷成立了民意调查中心，政府部门在市场研究方面的投入逐渐增多；另一方面随着市场经济体制下企业竞争加剧，企业也开始重视市场信息、重视对市场信息的搜集和分析工作，这促进了市场调查业的发展。根据《中国信息协会市场研究分会第四届双年会开幕式致辞》，2005 年我国已经有 2 000 家左右专业市场与媒介研究公司。这一时期，市场调查网络平台、合资与并购，以及行业领域细分成为重要的发展内容。具体如下：

（1）全国市场调查代理网络平台上线。

1999 年前，各市场调查公司更多的是依靠自己公司的督导出差独立完成调查执行。1999 年 3SEE 市场研究信息网（http://www.3see.com）上线，标志着全国市场调查代理网络的形成，全国各地的调查都可以找到当地的代理公司执行。此时全国市场研究业格局是有研究能力的公司集中在北上广，其他城市的市调公司基本上以承接此三地转包出来的执行项目为主。

（2）合资与并购此起彼伏。

合资及并购从一开始就在市场调查行业里存在，随着国际市调公司巨头纷纷进驻中国，并购事件更是此起彼伏。如益普索 2000 年并购中国本土公司华联信，2003 年并购丰凯兴，2005 年并购前身是 GMR 的大通市场研究公司，TNS 市场研究公司（Taylor Nelson Sofres，译为特恩斯市场研究公司，或索福瑞集团）2009 年并购华南国际，2013 年并购新华信；明略行 2006 年收购华通现代；2011 年英德知与上海联恒合并，等等。

（3）行业领域细分。

从 2000 年开始汽车行业和移动通信行业飞速发展，这带动了市调行业的飞速发展。一系列的合资并购也促使了行业分化。除原先已以零售研究、收视率监测著称的 AC 尼尔森，以收视率监测为主的央视索福瑞外：新华信建立了在汽车行业研究的名声；赛立信以征信调查和电台收视率为主营业务；致联专注医药领域；明镜以移动通信公司为立业之本；零点以民意调查起家并建立了与政府机构的紧密合作关系；慧聪的行业研究做得有声有色；豪森威主攻电信行业的满意度调查；现代国际主打满意度研究及神秘顾客监测领域，在汽车、移动通信行业都分了一杯羹；新生代在烟草行业与零点并驾齐驱；GFK 以家电领域的零售监测为主打产品；开卷信息技术有限公司专注于中文图书市场零售数据连续跟踪服务；简博致力于服务日本公司；艾瑞专注互联网研究领域。另外，还有一批专业做 CATI 调查和问卷调查网的公司。

4. 专业细分期：2012—现在

随着中国经济快速发展，中国市场调查业经过近30年的发展日渐成熟，我国市场研究行业细分后，已经有市调公司摸索进行专业细分，比如满意度研究及神秘顾客领域，因为拥有长期连续跟踪及大样本量的特征，吸引了众多市调公司涉足并主攻该专业领域。但由于神秘顾客偏向执行，而满意度研究的技术框架成熟，专业高度不够，很难形成专业壁垒。而品牌研究的技术复杂，因为每个行业的品牌需求不同，每个企业的品牌发展情况不一样，即使同一企业在不同阶段所面临的品牌问题也是不同的，导致品牌研究并不能遵循固有的模式，必须就具体情况灵活采用针对性的技术，甚至要创新发展新的技术，才能有效解决品牌问题。品牌整合研究是品牌研究的提升版，对研究公司的理论技术储备、案例经验以及策划经验都要求甚高。

随着国内市场经济的进一步发展成熟，市场调查行业必然会日益聚焦在分析技术及经验积累上。除了品牌整合研究，还有更多的专业细分化研究公司涌现。它们不仅重视研究技术，也更加重视研究结果所带来的实际营销指导意义，从而为客户提供更加专业而有成效的研究咨询服务。国内排名在前的市场调查机构主要有：央视市场研究（CTR）、北京益普索市场咨询有限公司（Ipsos）、广州策点市场调研有限公司（CCMR）、上海尼尔森市场研究有限公司（ACNielsen）、北京特恩斯市场研究咨询有限公司（TNS）、新华信国际信息咨询（北京）有限公司（New China Trust）、零点研究咨询集团（Horizon）、北京捷孚凯市场调查有限公司（GFK）、艾美仕市场研究公司（IMS Health）和慧聪邓白氏研究等。

1.5 市场调查行业职业道德

市场调查行业职业道德是调节市场调查所涉及的各类行为主体之间关系的行为规范的总和。世界各国行业组织都制定了相应的行业准则，如《国际商会/欧洲民意和市场研究协会关于市场和社会研究的国际准则》及修订、《美国市场营销协会的道德规范》和《中国信息协会市场研究业分会管理办法》等，这些准则或办法在一定程度上规范了市场调查主体的行为，成为市场调查从业者的道德准则。

在市场调查中，被访者即信息提供者的身份是不透露的。这是市场调查不同于任何其他形式信息收集的重要特点之一。市场调查中涉及研究者（researcher）、客户（client）和被访者（respondent），这三方之间的关系必须遵循一定的规则。具体包括以下规范：

第一，关于被访者的权利和道德规范。被访者是市场信息的直接提供者，他们拥有诸多权利，如：在市场调查过程中，被访者的合作完全是自愿的；被访者的匿名权要受到严格的保护；被访者必须能够轻易地弄清研究者的身份和真实性等。但当被访者选择了接受调查，就意味着必须遵循必要的道德规范，包括诚实地提供信息、为涉及的商业秘密保密，并承担相应的道德责任等。

第二，关于研究者的职责和道德规范。市场调查中的研究者指承担市场调查任务的组织或个人，其提供的市场信息对客户决策起着非常重要的作用。研究者在提供市场调查服务时必须遵循以下几方面的道德规范：信守合同、实事求是、公平交易和为客户保密。研究者不能做出有损市场研究行业声誉的举动，不得对其或对其所在机构的技能、经验作不切实际的表述，等等。

第三，关于客户的权责和道德规范。客户是指为了特定决策需求而需要委托专业市场调查机构组织调查的组织或个人。客户自行组织的市场调查中客户与研究者是合一的，即调查任务的实施者和使用者是合一的。作为客户除了要遵循信守合同、公平交易的道德规范外，还要遵循完整使用市场调查结果、诚实使用市场信息、尊重研究者和被访者意愿和利益、不得利用市场调查窃取其他组织机密信息等道德规范。

◆ 本章小结

市场调查就是指运用科学的方法，有目的地、有系统地搜集、整理、分析有关市场信息资料，分析市场情况，了解市场的现状及其发展趋势，为市场预测和企业决策提供依据。市场调查可以为企业提供有关消费和竞争对手的信息、市场变化和趋势的信息以及外部环境各方面的信息，这将帮助企业做出有关市场营销方面的明智决策。市场调查可按不同的标准进行分类，需要遵循一些基本原则，如客观性、科学性、针对性、系统性和经济性原则。同时市场调查也要遵循一般程序。其中，如何正确地理解和把握企业管理决策问题，并将其转化为可以操作的市场问题，是研究者首先需要解决的。

市场预测是指在市场调查获得信息基础上，运用科学的预测技术和方法，对市场未来的商品供求趋势、影响因素及其变化规律所做的分析和推断过程。市场预测的原理、原则和程序是学习预测方法的基础，市场预测按对预测对象的可控程度分为事实性预测和非事实性预测，其预测价值的评估方式区别较大。

市场调查行业在全球范围看已有上百年的历史，在发达国家属于成熟行业。我国市场调查业起步虽晚但已有长足发展。在行业有识之士的共同努力下，我国的市场调查业有了行业组织，制定了符合国际标准的行业自律规则。未来，这个行业将逐渐走向强大和成熟。

◆ 实训项目

1. 实训项目：查找市场调查和市场预测相关的报告。
2. 实训目标：通过查找市场调查和市场预测相关报告，让学生了解市场调查与预测结果的呈现形式，通过具体实例了解市场调查和预测的意义以及明确市场调查流程。
3. 实训内容：到图书馆或网上查找两篇市场调查和预测报告，注意调查和预测报告读者的差异，针对文献分析报告的内容和结构，关注该市场调查流程和方法的科学性。
4. 实训组织：每个同学单独完成。
5. 实训考核：要求每位同学进行文献搜集，全班讨论、交流。

◆ 复习思考题

1. 市场调查如何定义？市场调查的基本原则有哪些？
2. 市场调查在企业市场营销中起什么作用？

3. 市场调查如何分类？市场调查可以应用在哪些领域？
4. 市场调查相关的道德准则有哪些？
5. 市场调查一般有哪些步骤？
6. 如何评估市场预测结果的价值？
7. 市场预测的原理是什么？要遵循哪些原则？
8. 外资企业在进入中国市场时常常感慨"中国的市场真大"，如何理解"市场"？

◆ 案例分析：麦当劳在中国

麦当劳在中国开到哪里，火到哪里，令众多餐饮界人士羡慕，可是有谁看到了它前期认真细致的市场调研工作呢？麦当劳进驻中国内地前，连续5年作跟踪调查，了解中国内地消费者的经济收入情况和消费习惯；提前4年分别在中国的东北和北京郊区试种马铃薯；与此同时，根据中国人的身高和形体特征定制最佳尺寸的柜台、桌椅样品，还不远万里从香港空运麦当劳快餐成品到北京，进行口味实验和分析；开第一家分店时，在北京选了5个地点进行反复比较、论证。最后，麦当劳在中国内地正式开业，一炮打响。

任务：从报刊和网络查询麦当劳在中国内地开店历程，并记录其市场调查的详细过程，进行课堂交流。

◆ 参考文献

1. 宝洁CEO：价值领导力模型的十大原则. 联商网 [EB/OL]. (2011-12-21)[2020-07-09]. http://www.linkshop.com.cn/web/archives/2011/188747.shtml.
2. 施密特，罗森伯格. 重新定义公司 [M]. 北京：中信出版社，2015.
3. 冯俊华. 企业管理概论 [M]. 2版. 北京：化学工业出版社，2011.
4. 曹智. 市场调查业发展史 [J]. 合作经济与科技，2008.

第二篇
PART 2

市场调查课题确定

第 2 章　市场调查课题确定
第 3 章　文案调查法

第 2 章
CHAPTER 2

市场调查课题确定

§ 学习目标

1. 理解市场与市场信息的内涵；
2. 掌握市场调查课题的类型和意义；
3. 掌握确定市场调查课题的原则和程序；
4. 了解市场调查范畴和主要内容。

§ 本章导图

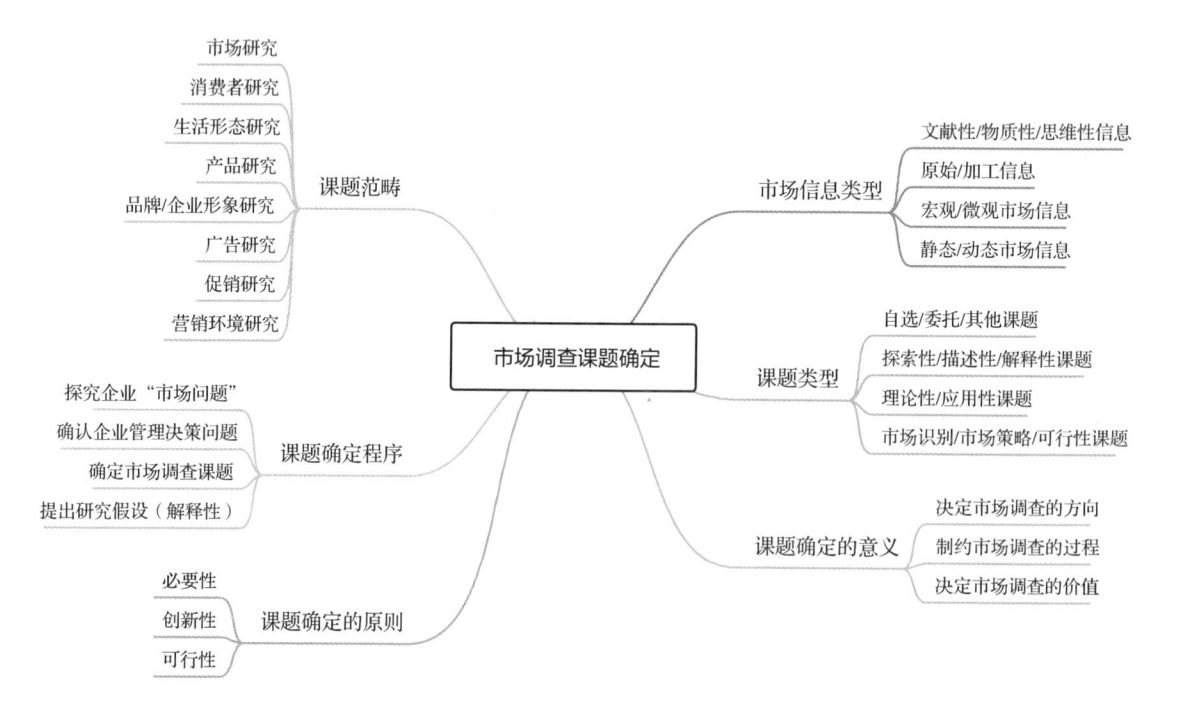

市场调查课题确定

- 课题范畴
  - 市场研究
  - 消费者研究
  - 生活形态研究
  - 产品研究
  - 品牌/企业形象研究
  - 广告研究
  - 促销研究
  - 营销环境研究
- 课题确定程序
  - 探究企业"市场问题"
  - 确认企业管理决策问题
  - 确定市场调查课题
  - 提出研究假设（解释性）
- 课题确定的原则
  - 必要性
  - 创新性
  - 可行性
- 市场信息类型
  - 文献性/物质性/思维性信息
  - 原始/加工信息
  - 宏观/微观市场信息
  - 静态/动态市场信息
- 课题类型
  - 自选/委托/其他课题
  - 探索性/描述性/解释性课题
  - 理论性/应用性课题
  - 市场识别/市场策略/可行性课题
- 课题确定的意义
  - 决定市场调查的方向
  - 制约市场调查的过程
  - 决定市场调查的价值

§ 引例

吉列公司"脑洞大开"创造女性"刮毛刀"市场

女性不长胡子,这是司空见惯的事情。但奇怪的是,专业生产男士刮胡刀 70 多年的吉列公司却想把"刮胡刀"推销给女人,居然大获成功!

已有 70 多年发展历史的吉列公司因专注于为男性生产方便、舒适、安全的刮胡刀而成为年销售额几十亿美元的世界著名跨国公司。吉列公司始终坚持想方设法不断拓展市场。1974 年,公司提出了看似荒谬但却建立在坚实可靠的市场调查基础之上的决策:为女性研发专用"刮毛刀",开拓亘古未有之新市场。

吉列公司先用一年时间进行了周密的市场调查,发现在美国 30 岁以上女性中,有 65% 的人会定期刮除腿毛和腋毛。她们要么用电动刮刀和脱毛剂,要么买各种男用刮胡刀来满足此项需要,一年花费高达 7 500 万美元。而美国女性一年花在眉笔和眼影上的钱仅有 6 300 万美元,染发剂 5 500 万美元。毫无疑问,这是一个极有潜力的市场。吉列公司为此精心设计了新产品:刀头部分和男用刮胡刀一样,但刀架选用了色彩鲜艳的塑料,并将握柄改为弧形以利于女性使用,握柄上还印压了一朵雏菊图案。

为了使雏菊刮毛刀迅速占领市场,吉列公司还拟定几种不同的"定位观念"到消费者中征求意见。这些定位观念包括:突出刮毛刀的"双刀刮毛";突出其创造性的"完全适合女性需求";强调价格"不到 50 美分";表明产品使用安全"不伤玉腿",等等。最后,公司根据多数女性的意见,选择了"不伤玉腿"作为推销时突出的重点,刊登广告进行刻意宣传。结果,雏菊刮毛刀一炮打响,迅速畅销全球。

思考:1. 吉列公司是怎样确定市场调查课题的?
2. 吉列公司是怎么进行市场调查的?

2.1 市场调查课题的类型和意义

2.1.1 认识市场与市场信息

1. 市场的含义

市场是社会分工和商品生产的产物。随着社会分工和商品交换的发展,市场的具体含义也随之发生变化,因此对市场的理解就有多种多样,如市场是商品交换的场所、市场是某类或某种商品需求总量、市场是商品供求关系的总和及市场是交换关系的总和等。市场通过信息反馈直接影响着人们生产什么、生产多少、如何生产以及产品或服务什么时间上市等决策,从而决定产品销售状况及其市场地位。市场联结着商品的产、供、销,为各方提供交换场所、交换时间和其他交换条件,为实现商品生产者、经营者和消费者各自的经济利益提供舞台。一个市场的规模和容量由人口规模、购买欲望和购买能力三要素共同决定,简单表示为"市场规模 = 人口规模 + 购买力 + 购买欲望"。

【例2-1】

美国的一家公司在得知日本市场上买不到番茄酱后，就向日本运进了大量在美国畅销的某品牌的番茄酱。不幸的是，该公司至今没有弄明白为什么在日本没有能够将这个品牌的番茄酱销售出去。如果它进行一次市场调查，就会明白番茄酱在日本滞销的原因：黄豆酱才是最受日本人欢迎的调味品。这个案例可以用"市场规模＝人口规模＋购买力＋购买欲望"来解释，在美国畅销的番茄酱到日本却滞销的主要原因是日本人对美国畅销品牌的番茄酱缺少购买欲望。

2. 市场信息的含义

市场信息是被人们传递、接收、理解了的，与市场活动有关的各种消息、数据、资料、知识、情报的统称。它有客观性、时效性、系统性和双向性等特征。根据不同的标准，市场信息可以划分为不同的类别。

（1）按市场信息负载形式不同，分为文献性信息、物质性信息和思维性信息。

文献性信息是指以文字、图像、符号、音频、视频等形式所负载的各种信息。按照载体形式和记录手段不同，又可分为手工型、印刷型、微缩型、广播、录音、录像等。

物质性信息是指各种物质形式所负载的信息，如商品展览、模型、样品等。它具有直观、可靠、易理解的特点。

思维性信息是人的头脑所负载的，对市场活动的分析、综合、推理所得到的有关市场的信息。如预测信息，对竞争对手的决策判断等。

（2）按市场信息产生过程不同，分为原始信息和加工信息。

原始信息，又称初级信息（primary data）。它是市场活动中所产生的各种数据资料，原始信息是市场信息的基础。

加工信息，又称次级信息（secondary data）。它是根据市场活动的需要，对原始信息进行加工、处理和分析后所形成的信息。以文献性信息为例，原始信息为一次文献。对原始信息进行加工、转换，使之有序化和浓缩化，就可形成二次文献，如对无序的一次文献的外部特征如题名、作者、出处等进行著录，或将其内容压缩成简介、提要、目录、文摘、索引、统计和会计报表、分类广告等，便于文献检索。三次文献是指围绕某个专题，利用二次文献检索搜集大量相关文献，对其内容进行深度加工，如对现有成果加以评论、综述，预测其进展、动态等的文献。

（3）按市场信息涉及范围不同，分为宏观市场信息和微观市场信息。

宏观市场信息是关于企业外部经营大环境的各种信息，如最新技术发展状况、国家相关政策调整或变化、生态环境变化、国民经济发展情况、居民购买力、金融市场行情、商品供求状况等信息。

微观市场信息是反映企业生产、经营状况的各种信息，如企业商品销售额、人力资源及储备情况、资金结构和规模、劳动效率、购销合同履约情况等方面的信息。

（4）按涉及时间不同，分为动态市场信息和静态市场信息。

动态市场信息是反映市场现象在不同时期发展变化的信息，如全年股市资金日交易金额的时间序列、企业某种商品月销售量及价格的时间序列等。

静态市场信息是对某一时刻市场活动的说明，如某种商品2020年国庆期间的促销策略和销量等。

2.1.2 市场调查课题的类型

根据不同标准，市场调查课题可以划分为不同类型。

1. 根据课题来源，可以将市场调查课题分为自选、委托和其他三类市场调查课题

（1）自选课题是指由企业或调查机构自己设计并完成的市场调查课题。就企业而言，如果企业选择由企业自己的职能部门或人员根据企业的具体情况确定调查选题，并就此开展市场调查，这类课题可以视为自选课题。相对而言，自选课题具有较好的调研基础，研究者对企业自身和所在行业都比较熟悉，因而调查所需时间和成本相对较低。就调查机构而言，如果机构发现很有价值的市场调查课题，也可以自设市场调查课题并实施，并将调查报告或结果通过有偿或无偿的方式提供给企业或其他组织。

（2）委托课题是指企业等组织为特定目的需要进行市场调查而委托专业调研机构帮助完成的课题。委托课题涉及委托方与被委托方的合作关系，作为专业调查机构的被委托方通常需要了解委托企业及其所在行业的特殊信息，并据此设计选题和调查方案。因此，委托课题的完成通常需要签订委托合同以规范双方的权利和义务。

（3）其他类型的课题是指很难严格界定为上述两种的市场调查课题。有时企业与专业市场调查机构有共同需要而联合开展的课题，在这样的市场调查课题中企业与机构更多的是伙伴关系，为实现各自的目标而联合开展调查。

2. 根据市场调查深度，可以将市场调查课题分为探索性、描述性和解释性三类市场调查课题

（1）探索性市场调查课题是指为了获得相关市场现象或活动的初步印象而开展的调查课题。这一类课题所选择的方法比较灵活多样，对调查结果的准确性和概括性要求不是很高，因此，通常会作为自选课题。

（2）描述性市场调查课题是指为了获得市场现象或活动总体的准确性和概括性结论而开展的调查课题。这一类课题在变量测量、样本选择、资料收集方法和资料分析方法等方面都需要选择严谨的科学方法，对市场调查专业性要求较高。因此，无论是作为自选课题还是委托课题都需要研究者具备较高专业能力和水平。

（3）解释性市场调查课题是为了获得市场现象或市场活动中变量之间关系的证明信息而开展的调查课题。这一类课题关注两个或多个变量之间关系的相关信息和论证，所以无论在信息的搜集还是在结论的推理方面都需要严格而且严谨的方法，对研究者的专业能力和水平都提出了更高的要求。

3. 按市场调查结果的应用价值，可以分为理论性课题和应用性课题

（1）理论性课题指那些侧重于发展与市场相关的知识或理论，特别是侧重于建立或检验种种理论假设的课题。这类课题更关注如何发展出某种一般性的市场认知，如"新冠肺炎疫情对中国消费者餐饮消费习惯和方式的影响"等。

（2）应用性课题指那些侧重于了解、描述和探讨企业的某种市场问题或者针对某类具体市场现象的课题。这类课题更关注如何有效地解决企业的市场营销问题与决策，如"青年人的网络消费习惯与方式调查"等。

4. 按市场调查的侧重点，可以分为市场识别、市场策略和可行性课题

（1）市场识别课题：市场状态研究，目的在于认识市场、掌握市场的特征和规律。
（2）市场策略课题：市场对策研究，目的在于寻求解决问题的对策方案。
（3）可行性课题：预测性研究，目的在于把握未来市场，以做出正确的决策。

2.1.3　确定市场调查课题的意义

市场调查的目的是通过对资料的收集、整理和分析，明确企业营销活动存在的机会或问题，寻找利用机会的可能性及解决问题的可行方案。发现营销管理问题并准确界定市场调查问题是整个调查活动的关键。因此，确定市场调查课题作为整个市场调查过程的第一步是最重要也是最关键的一步，其重要性体现为以下三个方面：

（1）市场调查课题决定了市场调查的方向。确定市场调查课题是一项战略性工作，基本决定了整个市场调查项目最终要达成的目标，也在一定程度上引导了企业相关市场决策的思路和方向。

（2）市场调查课题制约了市场调查的过程。市场调查课题确定了市场调查的目的和调查结果的要求，这基本上限定了调查过程中各种技术与工具选择的范围，制约了调查过程中对象选择、内容选择、方法选择、规模确定、方案设计等诸多方面。

（3）市场调查课题决定了市场调查的价值。准确界定市场调查课题，实际上就是界定调查所应该收集信息的广度和深度，决定了市场调查结果所能体现的价值极限。

确定市场调查课题的重要性无论怎样强调都不为过。现实中市场调查课题确定不准确导致无法获得"真相"、调查选题偏差导致决策失败的案例不少。下面通过一个案例予以说明和分析。

| 例 2-2 |

"准确"的口味调查为什么没有使新产品取得成功？

几年前某公司准备在某地推出一个果汁品牌。品牌小组为此做了大规模的口味测试，最后得到可靠的结论：消费者认为该公司该产品的口味是最好的，超过了它的竞争对手。新产品上市后，公司投入大量广告，然而却等到了"意想不到"的结果：销售很惨淡！品牌小组的第一反应是：加大广告投入和促销力度。但销量依然没有增加，几年后这个果汁品牌黯然退出了市场。

这个案例中的企业非常重视市场调查，但为什么以失败而告终呢？失败的关键是确定了不合适甚至错误的市场调查课题。实际上，可口可乐公司也曾犯过同样的错误（详见本章后的案例）。他们试图用改变口味来赢得新一代的消费者，口味是更加柔和了，但是结果同样是惨败。案例中，消费者没有说谎，味道对他们来讲是最重要的，但是，消费者并不会根据这个来做出是否购买的决定。也就是说，尽管"口味好"很重要，但是消费者并不认为他们现在喝的其他品牌果汁的"口味不好"，或是需要企业提供更好口味的果汁。由此可见，这个案例中企业和调查公司确定的调查课题——消费者调查与"口味测试"是不够准确的，该公司基于这样的结果所做出的新产品及其营销决策难免会失败。

2.2 市场调查课题确定的原则和程序

2.2.1 市场调查课题确定的原则

1. 必要性原则

必要性原则，也可以称为重要性原则，是指市场调查课题是"值得去做"的。理论上讲，只有市场调查结果的价值大于市场调查投入的成本，这个调查项目才值得去做；调查结果的价值与调查成本之间的差额越大，这个市场调查课题的价值越大，越值得去做。一般而言，市场调查课题必须具有重要意义或重要价值，包括理论价值或应用价值。

2. 创新性原则

创新性原则要求按照新颖、独特和先进的要求选择市场调查课题。创新性是体现市场调查课题重要性的必要条件。一个没有任何"新"意的市场调查项目是没有必要做的。调查课题的创新程度可以有所不同。创新程度最高的是首创式课题，是指在一定范围内未曾做过的、全新的市场调查课题，这样的课题需要研究者具有很强的创新精神和专业素养才能完成，其价值也是巨大的。当然，首创式课题的"首创"与一定范围相关联，范围越大，课题越创新，如全球范围的首创课题其价值通常是最大的。绝大多数的市场调查课题都属于拓展式课题，即在别人成果的基础上，在研究的思路或角度、理论、调查对象、方法、内容等方面或其中某几个方面，与前人的调查有所区别，有自己独到的、新颖的地方。

3. 可行性原则

可行性原则涉及的是"可能性"问题，"能不能做"，需要评估信息获取的可能性、调研能力和调研成本的可行性。可行性原则要求考虑研究者是否具备进行或完成某一市场调查课题的主客观条件。或者说，研究者在现有的主客观条件下去从事这项调查课题能不能够顺利完成。主观限制是指研究者及其所属机构方面的限制。就研究者而言，市场调查课题的完成受制于个人生活经历、知识结构、研究经验、组织经验、操作技术等方面的情况，甚至还包括性别、年龄、语言、体力等纯粹生理因素方面的条件；就专业调查机构而言，项目的完成受制于机构规模、组织特征、行业经验或地域等特点。客观限制是指进行一项调查课题时受到的外在环境或条件的限制，如政治环境、生态环境、政策与法律、社会习俗等。

2.2.2 确定市场调查课题的程序

准确界定市场调查课题实质上就是要在厘清企业决策问题的基础上，确定市场调查的目标及主要内容，以此界定市场调查资料收集的深度与广度。这是整个市场调查的起始阶段。确定市场调查课题的一般分析框架如图 2-1 所示，这也提供了确定市场调查课题的一般程序。

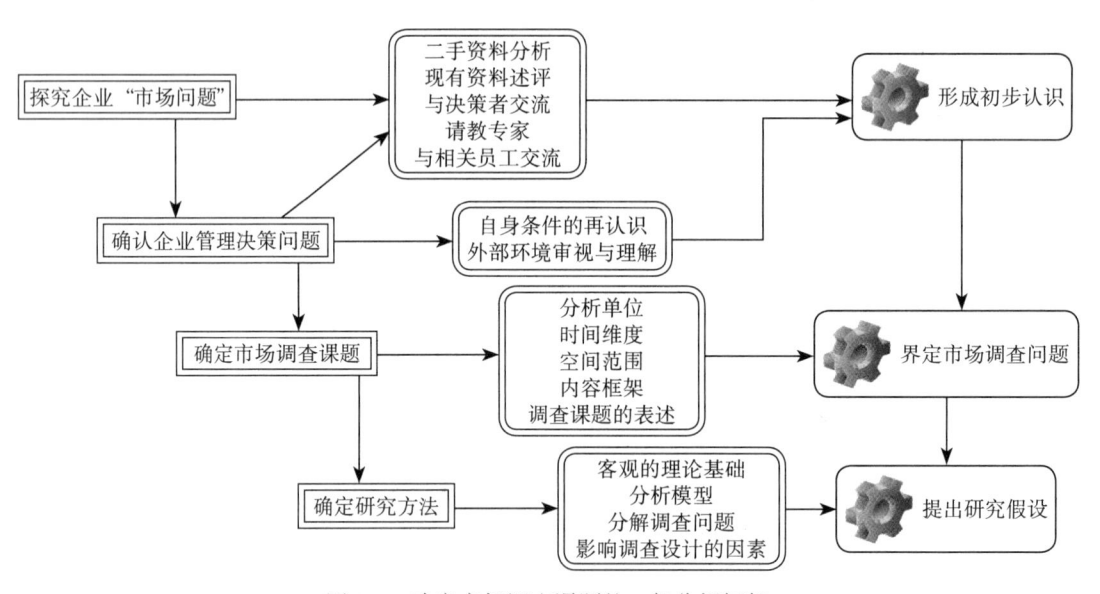

图 2-1 确定市场调查课题的一般分析框架

1. 探究企业"市场问题"

当企业在市场营销活动中感知到机会或遇到困难时，往往需要做出相应的管理决策。通常，企业面对的市场是复杂的，存在诸多不确定因素，企业生产经营也受到自身条件的约束，企业管理者本身也是有限理性的，因此，面对市场机遇和挑战，企业在进行管理决策时需要更多的市场信息为基础。为此，企业需要通过各种途径弄清楚企业面对的"市场问题"与需要进行的决策问题是什么，对市场信息的需求是怎样的。

在认识问题初期，通常采用探索性调查的方法搜集现成资料并进行整理分析，形成对问题的初步认识。因为企业遇到的绝大多数"市场问题"很少会是前无古人后无来者的，总会有相近的问题或研究。通过对相关现有资料的分析可以在同行、前人经验或理论成果的基础上针对特定企业的特定"问题"找出参照点。

"纸上得来终觉浅"，要真正认清特定企业面对的市场问题还需要从当事人和行家那里获得更多的信息。因此，接下来还要与企业决策者交流，对相关专业人员进行访谈，从而确保对企业所要解决的问题有准确且全面的认识。

2. 确认企业管理决策问题

管理决策者的认知、角色定位和处境都会对市场问题的认识和市场调查课题的确定产生影响，专业市场调查研究者要想真正站在管理决策者的角度提供专业的调查服务，就非常精准地理解和把握企业管理决策问题。认知失衡理论认为决策前后的思维存在关联，决策后的行为和决策时的判断过程密切相关。认知失衡使决策者容易在事后乐于接受正反馈信息，拒绝负反馈信息。专业的市场调查研究者需要遵循实事求是原则，多途径、多角度搜集相关信息，从更加客观全面的角度帮助企业决策者准确地界定企业决策问题，这一方面可以为客户提供高质量专业市场调查服务，另一方面也可以避免企业决策者因为认知失衡而贬低负反馈调查结果信息的重要性，低估调查项目价值，甚至因此耽误了市场问题的解决。因此，研究者不仅要多方搜集信息，尽可能弄清楚企业面临"市场问题"的真实状况，而且要探究可能的原因，与决策者交流可能的解决方案，以及这些方案需要的信息和可能的结果。为此还要评估现有信息状况、期望的信息及两者之间的缺口。

3. 确定市场调查课题

一项市场调查项目总是要付出成本，所涉及的范围只能是有限的。市场调查问题要尽可能地"聚焦"，在满足客户市场信息需求的基础上尽可能地缩小研究范围，提高调查的效率，具体包括以下4个方面：确定分析单位、时间维度、空间范围与内容框架。分析单位指研究对象或要素。研究工作将围绕着这些对象或要素来收集资料，并描述和解释特征。通常有五种分析单位：个人、群体、组织、项目和社会产品。时间维度即获取何时的信息，是指描述市场问题相关的时间，可以是一个时间点（或时间段），也可能是多个时间点（或时间段）。两种时间维度：横向调查和纵向调查。调查空间范围即调查对象的范围和地理边界。内容框架明确调查的主要内容，规定需要获取的信息项目，或列出主要的调查问题和有关的理论假设。基于企业管理决策问题所构想的市场调查内容及各内容之间的关系，主要包括研究的理论基础、模型假设、调查目标、变量及其操作定义等。

在界定市场调查问题的基础上，用简洁明了、准确规范的方式表达市场调查课题的名称。如决策者的问题是"是否引进新产品"，界定的市场调查问题可以是"消费者购买新产品的意愿"，市场调查课题的题目可以是"消费者购买偏好及新产品购买意向调查"。

一个市场调查课题好不好，还需要通过回答以下问题进行确认或完善。

（1）市场调查课题是否必要；

（2）市场调查目的是否明确；

（3）市场调查课题的边界是否明确；

（4）市场调查的信息价值如何，能否有效支持决策的信息需求；

（5）市场调查结果可能带来的经济效益或社会效益如何等。

4. 提出研究假设

通常只有在解释性调查中才需要提出研究假设。研究假设是研究者对所确定的市场调查课题中某些变量间关系的一种假定性陈述，这些假设通常基于基本理论或分析模型而设定。研究假设的表达通常为变量 A 与变量 B 之间具有正或负相关关系。假设树是市场调查中变量及其关系的结构化表述。在 VUCA 时代，企业决策者面对大量不确定性往往会提出多种甚至是有分歧的假设。这些可能的研究假设有助于研究者确定研究方向、变量数目及相关性。通过市场调查获得的信息可以对这些假设进行检验，以证明研究假设的真实或伪装。

2.3 市场调查课题范畴

理论上讲，所有与市场相关的研究内容都可以归入市场调查课题范围，具体的研究内容包括但不限于以下多个方面。

2.3.1 市场研究

（1）市场环境研究。市场环境是指能够影响企业生产经营活动的所有外部因素的总和，包括政治、法律、科技、经济、文化、教育、民族等方面。它可以分为宏观环境、行业环境和竞争环境等三个层次。

（2）市场需求研究。市场需求指在一定时期和一定市场范围内商品价格与有支付能力购买商品（或服务）总量之间的关系，反映市场潜力的大小。市场需求受多种因素的影响且决定着市场规模，对企业诸多重大决策，如投资、资源配置和战略研发等战略决策具有直接的重要影响。市场需求研究主要包括：市场近期（中期或远期）需求量、需求结构、需求动机与行为、影响需求变动的因素等。

（3）市场供给研究。市场供给是指一定时期和一定市场范围内商品价格与可投放市场出售商品总量之间的关系，反映了不同商品价格水平下市场可供量或市场供给潜力。

市场供给研究主要包括：市场近期（中期或远期）供给量、供给结构、供给影响因素等。具体地，如，估计某类产品或服务市场的现有规模和潜在规模、供给企业的结构状况等。

（4）市场供求变动关系研究。市场供求关系是指市场商品供应与需求之间的对比关系。市场供求关系有供不应求、供大于求和供求均衡三种状态。市场供求变动关系研究的主要内容包括：市场供求总量研究、市场供求结构研究、市场供求变动因素研究、市场供求失衡对策研究。

（5）市场销售潜力研究。市场销售潜力是指企业的某个产品品牌或某类商品在一定时间范围内能够获得的可能的销售额。企业的市场销售潜力可以用如下公式估算：市场销售潜力＝市场需求潜力×市场占有率，即企业市场销售潜力受制于市场需求和企业的市场占有率。在市场需求保持不变的条件下，企业的市场销售潜力取决于企业市场占有率的高低。因此，市场销售潜力研究包括估计某企业某产品（或服务）或某品牌的市场占有率。

（6）国际市场研究。国际市场研究是指在对国际市场特点、出口需求等方面调研基础上进行的国际竞争研究和国际市场营销策略研究。国际市场研究的主要内容包括：国际市场环境、国际市场需求、国际市场进入策略和国际市场营销策略等。

2.3.2 消费者研究

对企业而言，消费者是市场的核心因素之一，因此有学者曾给市场调查下定义，认为市场调查就是消费者研究，可见对消费者的研究在市场调查中的重要地位。消费者研究指在对消费者人口特征、生活方式、经济水平等基本特征研究的基础上，针对特定市场环境，对消费者的认知、态度、动机、决策、购买、使用等方面进行深入系统的研究。消费者研究的成果可以为企业测定市场潜力、界定市场目标，制订产品研发、生产、营销策略提供完整的消费者信息。消费者研究的主要内容如下：

（1）消费者数量与分布。现有消费者和潜在消费者的数量、构成与区域分布。

（2）消费者的基本特征。按年龄、性别、职业、文化程度、城乡等人口特征研究不同消费群体的特点及其需求差异。通过调研居民人均收入、人均消费支出、购买力水平、购买力投向（消费结构）、购买商品的数量及其要求来研究消费能力与水平。

（3）消费者偏好。研究消费目的、产品用途、购买习惯、消费倾向、消费嗜好、消费预期等。

（4）消费者行为。消费者行为研究主要是指对消费者的购买行为进行调查和分析。一般首先需要了解7个方面的信息，即所谓"5W"加"2H"：购买什么（what），为什么要购买（why），购买者是谁（who），何时购买（where），信息来自何处（where），购买多少（how much），如何决策购买（how），同时还需要进一步了解有关消费心理和消费观念方面的信息等。

（5）消费者满意度。主要研究消费者对产品、服务、广告的认知程度；研究消费者对产品的质量、功能、性能、外观、包装、价格、售后服务等要素的满意度；研究消费者对企业形象的评价等。在消费者满意度研究中，需要调查消费者对有关产品或服务的整体满意度，对产品或服务的各个方面的具体满意度、满意的原因或不满意的原因，对改进产品或服务质量的具体建议，对各竞争对手的满意度评价的比较；此外，往往还需要了解有关消费者的生活方式和消费观念方面的信息等。

2.3.3 生活形态研究

生活形态研究是对特定目标群体的生活形态进行连续性的追踪调查研究。主要调查内容包括特定消费群体的消费观念、消费能力、消费结构、消费模式、消费心理与行为的状况与发展趋势。通常需要进行连续的、周期性的跟踪调研，所以大多采用固定样本追踪研究。

2.3.4 产品研究

产品研究主要针对新产品的开发研究，指围绕企业产品或服务的概念、特点、功能、效用等进行产品市场定位研究，并分析消费者需求的满足程度和价值接受，从而确定企业产品的市场前景，预测市场潜力和销售潜力，为企业开发新的产品和制订有效的营销策略提供依据。产品研究通常包括：产品概念形成、产品定位、市场模拟测试、市场营销策略规划、产品诊断等。具体地，如对新产品概念的测试或对新产品的测试，对全新的产品概念的探讨，对现有产品的开拓或改造等。先要通过定性研究，必要时进而通过定量调查，了解消费者对相关产品的概念理解。对于新产品而言，它主要包括：对产品的各个属性的重要性的评价，对各种属性水平组合所形成的产品的偏好，估计产品的预期市场占有率等，在此基础上做进一步的定量分析，以寻找产品属性水平的最佳组合。产品研究还包括定价研究、名称研究、包装研究、家庭产品测试等。

2.3.5 品牌或企业形象研究

品牌与企业形象是企业的无形资产，对企业的发展有着深远的影响。品牌研究是指对品牌强度和品牌价值进行评估、分析，确定品牌在同行业品牌中的相对地位，衡量品牌在其收益过程中的风险，为品牌的塑造提供依据。品牌强度分析通常以调研、分析和评价消费者对品牌的认知程度、满意度、忠诚度、品质感知度等的研究为基础，衡量品牌的市场地位和竞争力。品牌价值评估通常以未来的收益为基础评估品牌资产价值，品牌未来收益是基于对品牌过去和近期的业绩以及未来市场的可能变动而做出的估计，品牌的强度越大，未来的收益越大。品牌价值评估就是计算在未来若干年内品牌总收益。对企业形象也可以开展类似的研究。品牌或企业形象研究主要包括以下几方面的内容：

品牌或企业的知名度，品牌或企业的美誉度，对品牌或企业的认知程序及认知途径，品牌或企业的基本形象和具体形象，评价品牌或企业的指标及指标的相对重要性，对品牌或企业的名称、标志或商标的联想和印象，品牌的管理和品牌的忠诚度，等等。这类研究除了针对品牌形象和企业形象外，有时还会涉及产品类别形象和品牌使用者形象等。

2.3.6 广告研究

广告研究是针对广告制作、媒体选择与广告投放策略等一系列行为所开展的调查研究活动，目的在于了解广告的功效，从而揭示市场营销、品牌策略、广告创意、媒体组合等与广告受众的关系和规律，为广告策划提供支持。广告研究包括：为广告创作而进行的广告主题调查和广告文案测试；为选择广告媒体而进行的广告媒体调查、电视收视率调查、广播收听率调查、报纸或杂志阅读率调查；为评价广告效果而进行的广告前消费者的态度和行为调查、广告中接触效果和接受效果调查、广告后消费者的态度和行为跟踪调查；为了解同行竞争对手的广告投放情况而进行的电视、广播、报纸、杂志的广告媒体监测，等等。

2.3.7 促销研究

促销研究是针对促销策略及其实施等开展的调查研究活动，目的在于通过评估促销实际效果及其与具体策略的关系，为企业提高促销效率和效果提供参考。促销研究通常包括如下内容。

1. 促销策略与实施方案研究

在促销前需要通过调查研究对促销策略的选择与实施规划进行详细周密的探讨。具体地，要对促销定位、促销组合、促销创意等进行研究，借以制定合理的促销目标，界定促销的内容，选择促销的目标群体、促销方式的组合和促销工具的运用、评价有效的促销信息概念及预期的沟通效果。

2. 促销实施与管理研究

在促销实施过程中应对调查研究目标群体是否接受促销内容和形式（接受度），目标群体的促销认知和参与度，促销过程中的销售量变动等进行研究，评价销售手段配合是否有效，促销的组织工作是否完善，促销费用运用的效果怎样等。

3. 促销效果研究

在促销实施后对促销效果进行评价，包括信息传递效果、促销促进效果、品牌影响效果、竞争态势变动、产品改进反馈等方面的评价。

2.3.8 营销环境研究

营销环境研究一般要结合外在的和内在的环境研究结果进行深入的分析。外在的环境研究主要是指市场研究、消费者研究、竞争对手研究、销售渠道研究、零售店研究（包括零售店的分布、规模，销售的商品种类、数量、型号、品牌、包装、设计、价格）等；内在的环境研究主要是针对企业自身的销售情况（包括产品、商品、服务的质量、数量、价格、销售渠道、销售店、广告，推销员的能力和素质，企业员工的满意度，等等）进行分析研究。

◈ 本章小结

市场联结着商品的产、供、销，为各方提供交换场所、交换时间和其他交换条件，为实现商品生产者、经营者和消费者各自的经济利益提供舞台。一个市场的规模和容量由人口规模、购买欲望和购买能力三要素共同决定。在有形的市场过程中充满了丰富的市场信息。市场信息是被人们传递、接收、理解了的，与市场活动有关的各种消息、数据、资料、知识、情报的统称。它有客观性、时效性、系统性和双向性等特征。根据不同的标准，市场信息可以划分为不同的类别。

市场调查课题的确定要遵循必要性原则、创新性原则和可行性原则。确定市场调查课题具有一般程序。根据不同的标准，市场调查课题有不同类型。市场调查课题的重要性体现为以下三个方面：市场调查课题决定了市场调查的方向；市场调查课题制约了市场调查的过程；市场调查课题决定了市场调查的价值。理论上讲，所有与市场相关的研究内容都可以归入市场调查课题的范围。实践中，市场调查课题主要涉及以下领域：市场研究、消费者研究、生活形态研究、产品研究、品牌或企业形象研究、广告研究、促销研究和营销环境研究等。

◈ 实训项目

1. 实训项目：设计 1—2 个市场调查课题。
2. 实训目标：运用确定市场调查课题的相关理论与方法设计出有价值、创新、具有可行性的市场调查课题。现实生活中需要调查的领域很广泛，通用的调查方法和技术既可用于市场调查，也可用于社会调查，实训项目选题并不要求严格限定在"市场调查"领域。鼓励学生关注社会现实问题，根据兴趣和专业学习需要，确定"市场"调查或其他调查选题。
3. 实训内容：通过查阅资料、与他人交流或回顾自身经历等方式寻找自己感兴趣的市场调查课题，并用规范的语言表达出来。认真阅读本章阅读材料"第十一届全国大学生市场调查与分析大赛（本科组）全国总决赛作品名称（部分）"也会得到一定的启发。
4. 实训组织：首先由每个同学单独思考并提出 1—2 个感兴趣的调查课题，并书面陈述理由；然后小组交流选择或设计 1—2 个选题，完成选题理由和思路的书面展示；最后在全班交流分享各小组选题，在竞争辩论基础上确定班级市场调查项目选题。
5. 实训考核：要求每位同学提出 1—2 个市场调查课题，供小组和全班分享交流。

复习思考题

1. 什么是市场？市场规模由哪些要素构成？
2. 什么是市场信息？按载体不同可分为哪几类？
3. 简述确定市场调查课题的基本原则和一般程序。
4. 市场调查课题的重要性体现在哪些方面？
5. 市场调查课题涉及的范围是什么？请就两个方面的内容作具体说明。

阅读材料：第十一届全国大学生市场调查与分析大赛（本科组）全国总决赛作品名称（部分）

序号	作品名称
1	瓶装水市场发展现状及消费需求分析——基于安徽省青年群体消费市场
2	"蛋壳"梦碎，何以家为？——长租市场现状评估及影响因素分析
3	花甲桑榆晚，筑巢正当时——基于安徽农村老人养老服务站需要分析
4	焠"饥饿"之火，铸"营销"之刃——基于饥饿营销策略的顾客购买动机及消费情感倾向研究
5	直播助农"金扁担"，担起更多致富梦——"农产品＋直播"营销模式下消费者购买决策影响因素调查研究
6	立足蓝色盐田，实现金色梦想——安徽省教育辅导机构发展现状调查研究
7	浮世有灵啡，与唔需至馆——珠三角地区咖啡馆市场情况及消费者需求分析
8	嘘，你"恋爱"了吗？——关于付费虚拟恋爱情感社群成员使用行为的调查
9	情怀消费，初心勿染尘——以电影行业为主对合肥市大学生情怀消费情况的调研
10	相伴宠物情缘，享受美的生活——北京市宠物电器产品需求研究
11	风起云涌，谁与争"鲜"——北京市消费者生鲜购买渠道偏好及关注因素的研究
12	人间烟火气，最抚凡人心——关于地摊经济的现状分析与前景研究
13	身居雅室求金榜，何妨车马闹寒窗——北京市付费自习室行业市场需求及发展前景调研
14	"本草迎风长，国药当自强"——中医药品牌价值及其影响因素研究
15	打造新一代中高端"农夫山泉"——基于KANO模型法对瓶装水市场的调研分析
16	"挂起来的小格调，杯子里的好味道"——正大挂耳咖啡市场调研分析
17	乘风破浪的女性热潮——"她"综艺中的女性主义对Z世代的影响研究
18	一表"人""才"，"合"气生财——B站up主商业价值研究
19	左邻右"社"Let's"购"——社区团购营销现状及市场发展前景分析
20	"光盘行动"在路上——探究中国高校食堂"光盘行动"措施及成效
21	"一点就到家"——厦门市"生鲜配送"满意度及其影响因素研究
22	"焦"导有方，不足为"虑"——福建省大学生学历焦虑现状及成因调查研究
23	高校"闭卷"攻略——关于福建省本科生内卷感知及态度倾向的调查
24	视频围剿之战，B站如何突围——关于福建省大学生B站使用情况及满意度调查
25	紧随健康风尚，解锁高效人生——健身休闲类食品消费动机及购买渠道分析
26	打造多元虚拟人物创设崭新偶像时代——广州市大学生群体虚拟偶像消费需求偏好调查
27	高校里的"囚徒困境"——广州市本科生内卷化竞争现状调查与困局分析
28	"闻音知源，粤韵悠传"——粤港澳大湾区粤语的使用、传承与传播状况调查
29	镌兹幽在，万代千秋——万代模玩产品国内市场调研及对我国模玩市场的思考
30	"父"出多一点，关爱满心间——广州市"隐形爸爸"现状的成因和影响调查

(续)

序号	作品名称
31	突围而出抑或"封巢"以终——基于广州市丰巢用户使用情况的调查
32	"OMG 的一声，很快啊，直接就没了"——直播带货销售模式的前景探讨
33	"康康"我，"惠"让你满意吗？——南宁康惠超市顾客满意度调查
34	农兴乡村 创出未来——乡村振兴背景下农民工返乡创业调查
35	肉丸产品的市场需求及消费机会挖掘——以中南地区为例
36	"智"助早教，未来可期——早教机器人的市场消费现状及需求分析
37	银色年华智能化，老年再复少年欢——基于南宁市市区老年人使用 App 的用户体验及需求
38	"秋天的第一杯奶茶"——基于大学生消费群体的校园奶茶店经营模式探究

资料来源：正大杯第十一届全国大学生市场调查与分析大赛（本科组）晋级全国总决赛名单. http://www.china-cssc.org/show-229-724-1.html.

案例分析：可口可乐"口味测试"怎么变了味？

1982 年 8 月，纽约无线电城音乐厅，美国可口可乐总裁戴森宣称："在可口可乐公司整整 96 年发展历史上，健怡可口可乐（Diet Coke）是最重要的新产品讯息，甚至在 80 年代的软性饮料业里，它可能都是一个非比寻常的事件。"戴森信心满满是有底气的：因为可口可乐公司花 400 万美元请派屈克·卡尔做了 3 年的调查：请 20 万人对新的可口可乐配方进行口味测试，发现了消费者喜欢新口味。然而，期待的结果并没有如期而至，可口可乐市场占有率不升反降，而且还在持续下降！推出"新可口可乐"不到 3 个月，可口可乐公司就宣布原先的可乐以一个新名称"古典可口可乐（Classic Coke）"重回市场。

可口可乐公司花了如此大的代价进行了如此大规模的试饮测验市场调查，究竟有什么差错？有些争论也许是有启发的：可口可乐为何不做"家用试验"呢？把新可乐送入顾客的家做实验，而不是只让顾客喝一口测验新口味；为何没有"试销试验"呢？把新配方放在一两个城市试销以判断顾客的反应，然后再做全面的改革。

资料来源：罗杰·恩瑞可，百事可乐称王.

第 3 章
CHAPTER 3

文案调查法

§ 学习目标

1. 了解文案调查法的含义和特点；
2. 了解文案调查资料的来源类型和收集方式；
3. 掌握文案调查法的实施步骤、要点、适用范围及局限性，能在实践中合理选择和熟练运用相应技术。

§ 本章导图

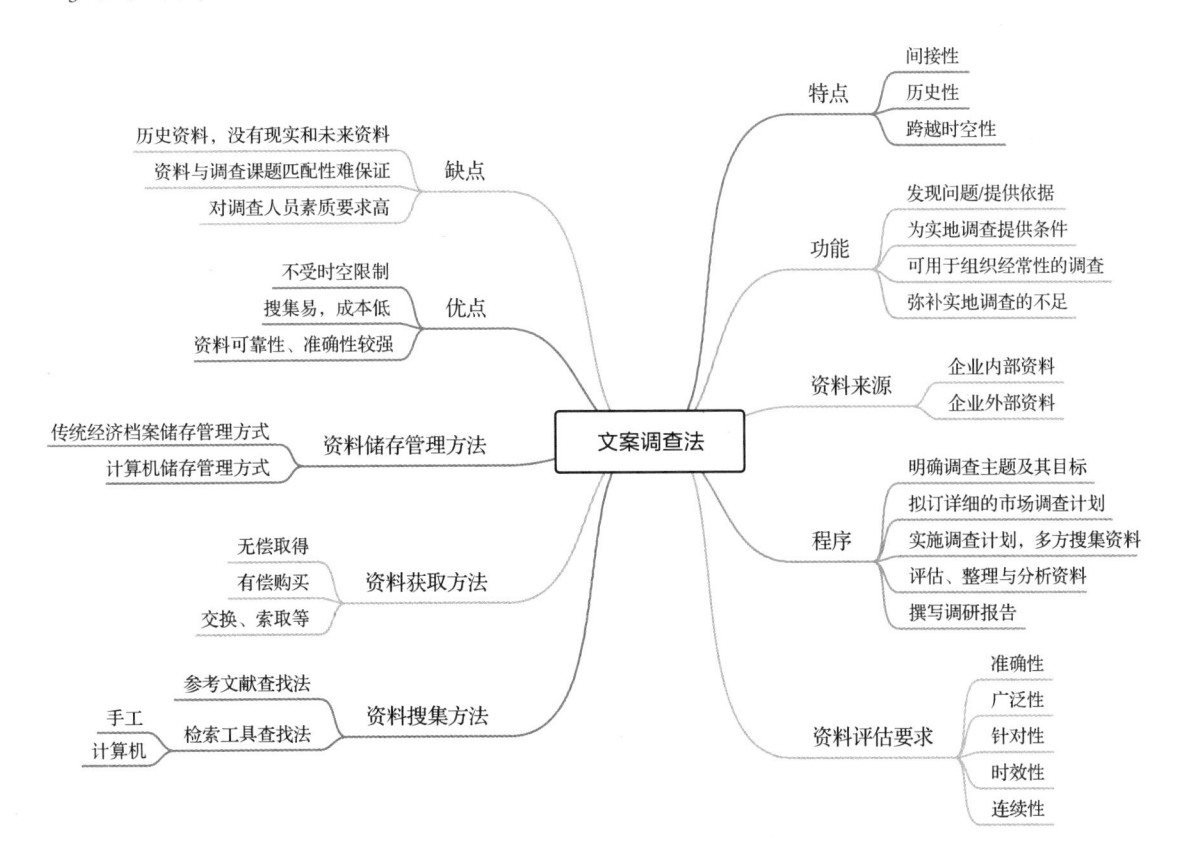

文案调查法

- 特点
  - 间接性
  - 历史性
  - 跨越时空性
- 缺点
  - 历史资料，没有现实和未来资料
  - 资料与调查课题匹配性难保证
  - 对调查人员素质要求高
- 功能
  - 发现问题/提供依据
  - 为实地调查提供条件
  - 可用于组织经常性的调查
  - 弥补实地调查的不足
- 优点
  - 不受时空限制
  - 搜集易，成本低
  - 资料可靠性、准确性较强
- 资料来源
  - 企业内部资料
  - 企业外部资料
- 资料储存管理方法
  - 传统经济档案储存管理方式
  - 计算机储存管理方式
- 程序
  - 明确调查主题及其目标
  - 拟订详细的市场调查计划
  - 实施调查计划，多方搜集资料
  - 评估、整理与分析资料
  - 撰写调研报告
- 资料获取方法
  - 无偿取得
  - 有偿购买
  - 交换、索取等
- 资料搜集方法
  - 手工
  - 计算机
  - 参考文献查找法
  - 检索工具查找法
- 资料评估要求
  - 准确性
  - 广泛性
  - 针对性
  - 时效性
  - 连续性

§引例

二手信息在 V-8 电视广告媒介选择中的作用

坎贝尔公司正在为他们的 V-8 果汁选择理想的电视肥皂剧广告媒介。他们通过收集与之有关的产品消费、媒体消费和人口统计学特征等方面的文献资料,发现人口统计学上相同的电视观众对 V-8 的消费量是大大不同的。假定 V-8 的平均家庭消费量指数为 100,则肥皂剧 General Hospital 的平均消费量指数为 80 以下,而肥皂剧 Guiding Light 的平均消费量指数为 120 以上。这一发现有些出乎意料,也非常有价值。由于 V-8 的主要消费群体是年龄在 25—54 岁的女性,而现有资料表明,General Hospital 的这类观众占比略高于 Guiding Light 的同类观众,她们是人口统计群体里最有可能购买 V-8 的人。因此,他们认为 General Hospital 很有可能成为提高 V-8 消费量的重点媒介选择。坎贝尔公司根据由文献资料获得的这个发现重新调整其广告媒介选择策略,取得了显著的成效。

资料来源:郁广健,张华,等. 市场调查与预测 110 方法和实例.

3.1 文案调查法的定义、特点与功能

3.1.1 文案调查法的定义

文案调查法(desk research),也叫间接调查法,是指通过收集各种现成的文献资料,从中摘取与市场调查课题有关的情报,并对调查内容进行分析研究的调查方法。文案调查的对象是各种现成的反映过去和现在的资料,即二手资料。二手资料是一个统称概念,实际上是指所有现成资料,包括二手的、三手的甚至是更多手的。因此,在应用文案资料时要注意资料的"手"数,最好能进行溯源,以保证资料的可靠性和准确性。

3.1.2 文案调查法的特点

与文案调查法相对应的是实地调查法(fields research),实地调查是获取原始资料的调查活动。相比而言,文案调查法具有以下 3 个特点:

(1)间接性。文案调查是收集已经加工过的文案,而不是对原始资料的搜集。因此,文案调查法是根据调查课题的调查目的收集各种相关资料,在对来自不同调查者的相关信息筛选和整理的基础上得出结论的一类方法。相对于实地调查,文案调查法在资料收集上表现为间接性,具有成本低、速度快的优点。

(2)历史性。文案调查法所收集的资料包括动态和静态两个方面,尤其偏重从动态角度,收集各种反映市场变化的历史与现实资料。因此,从时间角度看,文案调查法是一种"历史"研究。只要是先于研究者当前调查活动的成果,研究者都可进行文案研究。

(3)跨越时空性。文案调查法多以收集文献性信息为主,具体表现为各种文献资料,

资料收集不受时空限制，可以获得实地调查难以取得的大量历史资料。在互联网时代，文案调查法具有更明显的跨越空间优势，突显其资料收集面广、范畴大和速度快的优点。

3.1.3 文案调查法的功能

由于具有成本低、速度快的优点，文案调查法通常成为市场调查者首选的资料收集方法。文案调查法的功能具体表现在以下 4 个方面。

1. 文案调查法可以帮助发现问题，并为市场研究提供重要参考依据

文案调查法可以帮助研究者熟悉和了解项目涉及领域中已有的行业经验和研究成果，更快地发现"问题"。文案调查法常被作为市场调查的首选方式。只有当现有资料不能为解决问题提供足够依据时，研究者才会进行实地调查。如，文案调查经常可以对以下 3 种情况进行研究：

（1）通过收集各种市场动态资料，对市场供求趋势加以分析，从而把握市场发展态势、发现市场机会或潜在危机。

（2）通过获取某些变量数据资料进行相关和回归分析，以研究现象之间相互影响、相互作用的规律，并据此进行判断和预测。

（3）通过收集本企业和相关行业竞争者的市场销售及其分布资料，可以对市场需求及本企业所处的市场地位进行研判。如根据各方面的资料，计算出本企业某种产品的市场销售量占该市场同种或同类商品总销售量的份额，得出其市场占有率；再如，用本企业某种商品的投放点与全国该种商品市场销售点总数的比较得出市场覆盖率，反映企业商品销售的广度和宽度。

2. 文案调查法可为实地调查创造条件

通过文案调查获得的资料可能为研究者提供一些可供参考的研究思路和方法，也可以帮助研究者建构项目的分析框架。文案调查法还可为实地调查提供经验和背景资料。表现有：

（1）通过文案调查，可以初步了解调查对象的性质、范围、内容和重点等，能为实地调查提供基础信息。

（2）通过对以往类似调查资料的研究来指导实地调查的设计，用文案调查资料与实地调查资料进行对比，鉴别和证明实地调查结果的准确性和可靠性。

（3）在探索性调查中研究假设的提出通常要利用文案调查资料，以探讨现象发生的各种原因并进行说明。

3. 文案调查法可用于有关部门和企业进行经常性的市场调查

一般情况下，实地调查与文案调查相比，所花费的人、财、物等资源更多，时间更长，组织起来更不容易，所以企业通常不会经常开展实地调查。文案调查具有低成本、快速高效的特点，能随时根据企业决策的需要收集、整理和分析各种市场信息，可以作为企业经常性市场调查的主要方法。企业可以安排专人或建立专门的市场调查职能部门负责企业及外部文案市场调查的常规化工作，与企业内外相关信息提供者保持经常性交流，提升企业信息搜索与检索能力，定期为决策者提供有关市场调查报告和其他信息形式的资料。

4. 文案调查法不受时空限制，可以弥补实地调查的不足

实地调查获得的信息是关于现在的，而受成本和时间等因素的约束，信息获取在空间上受到相当大的局限。文案调查法可以突破时间约束，不仅可以掌握现实资料，还可获得实地调查所无法取得的历史资料。文案调查既能收集企业内部资料，还能获得企业外部有关市场方面的资料。采用实地调查，尤其是在做涉及范围很广泛的市场调查，如全国范围的市场调查或国际市场调查时，由于幅员辽阔、市场条件各异，整个市场调查的组织和实施都不太容易。相比而言，文案调查法在突破时间和空间约束方面具有明显优势。

3.2 文案调查资料来源

3.2.1 企业内部资料

企业内部资料主要是指企业生产经营过程中有关各种活动的记录。主要包括：

1. 业务资料

业务资料包括与企业业务经营活动有关的各种资料，如订货单、进货单、发货单、合同文本、发票、销售记录、业务员访问报告等。通过对这些资料的分析，可以掌握企业所生产经营商品的供应情况和分地区、分用户的需求变化情况。

2. 统计资料

统计资料主要包括各类统计报表，企业生产、销售、库存等各种数据资料，各类统计分析资料等。企业统计资料是研究企业生产经营活动数量特征及规律的重要定量依据，也是企业进行预测和决策的基础。

3. 财务资料

财务资料是由企业财务部门提供的各种财务、会计核算和分析资料，包括生产成本、销售成本、各种商品价格及经营利润等。财务资料反映了企业活劳动和物化劳动的占用和消耗情况及所取得的经济效益，通过对这些资料的研究，可以确定企业的发展前景，考核企业的经济效益。

4. 企业积累的其他资料

企业积累的其他资料包括参与政府等组织项目的情况记录、与供应链企业的往来情况说明、售后服务网点的反馈信息、各种调研报告、经验总结、顾客意见和建议、同业卷宗、有关照片和录像等，这些资料都对市场研究有着一定的参考作用。例如，根据售后服务网点的反馈信息以及顾客的意见和建议，企业就可以有针对性地改进产品或服务。

3.2.2 企业外部资料的收集

（1）政府统计部门与各级政府职能部门公布的有关资料。国家统计局和各地方统计局都会定期发布统计公报等信息，并定期出版各类统计年鉴，内容包括全国人口总数、国民收入、居民购买力水平等，这些均是很有权威和价值的信息。此外，财政、市场监督管理、税务、银行等主管部门和职能部门也都设有各种调查机构，会定期或不定期发布相关权威信息。

（2）各种经济信息中心、专业信息咨询机构、各行业协会和联合会提供的市场信息和有关行业情报。

（3）国内外有关的书籍、报纸、杂志所提供的文献资料，包括各种统计资料、广告资料、市场行情和各种预测资料等。

（4）有关生产和经营机构提供的商品目录、广告说明书、专利资料及商品价目表等。

（5）各地电台、电视台提供的有关市场信息。

（6）各种国际组织、外国使馆、商会等提供的国际市场信息。

（7）国内外各种博览会、展销会、交易会、订货会等促销会议以及专业性、学术性经验交流会议上发放的文件和材料。

（8）互联网和移动互联网等。随着信息技术的发展，移动互联网已成为获取市场信息的重要来源，而且通常可以获取最新信息和资料。对任何调查而言，互联网都是最重要的信息来源。

（9）其他途径获得的信息。如人与人之间的信息交流、亲朋好友推荐的新产品或服务等。

3.3 文案调查法的程序与方法

3.3.1 文案调查法的实施步骤

文案调查法的实施遵守市场调查的一般程序，当然也有其重点。概括而言，文案调查法的基本步骤如下。

1. 明确调查主题及其目标

这是决定文案调查法资料收集方向的关键一步，在很大程度上也决定了文案调查法的工作质量。

2. 拟订详细的调查计划

调查计划中要明确市场调查目标和信息要求，确定信息源、查询渠道和文献检索方式，明确市场调查组织与时间安排，等等。

3. 实施调查计划，多方搜集文献资料

按照调查计划分步骤、有组织地开展文案资料的收集，并在收集过程中及时地记录、沟通交流和做阶段性总结，根据调查进展及时调整文案收集工作，并为后续资料分析建立必要的编码和记录。

4. 评估、整理与分析资料

文案资料的来源多样，资料形式也不尽相同，而且文案资料的研究者各有其研究目的和研究偏好，因此，在使用文案资料前必须系统地评估资料的合适性、准确性和科学性，并在此基础上进行整理和分析。

5. 撰写调研报告

基于已经评估和整理的文案资料，研究者可以根据调查项目的目的和要求，基于这些文案资料和相关理论进行科学推演和归纳研究，完成调查报告。

文案调查法中的资料评估至关重要，是资料整理与分析的前提和条件，只有高质量的文献资料才能保证文案调查的科学性和有效性。对文案调查资料的评估，先要根据主题筛选适合的资料，再对每一份文案资料提出以下问题。

- 资料是由谁收集的？
- 为何目的收集资料？
- 如何收集资料的？
- 资料有什么内容？
- 资料是何时收集的？
- 资料的一致性如何？

研究者要根据对以上问题的回答评估文案的质量，去伪存真，仔细辨别资料真假，去除可信度低的以及没什么价值的信息。资料整理与分析是将评估为有用的资料分类整理，或者根据逻辑排序，以便于分析比较内容，推断相关结论。在进行筛选与分析的基础上，如果发现资料不完备，就需要补充完善所需资料，并在评估后有选择地使用。因此，评估、整理与分析资料时，除了要考虑满足准确性的基本要求之外，还要观察在文案调查中是否满足以下 4 个基本要求：

（1）广泛性，即在文案调查中对现有资料的收集必须周详，要通过各种信息渠道，利用各种机会，采取各种方式大量收集各方面有价值的资料。

（2）针对性，即要着重收集与调查主题紧密相关的资料，善于对一般性资料进行摘录、整理和选择，以得到对企业生产经营有参考价值的信息。

（3）时效性，即要考虑所收集资料的时间能否保证调查的需要。

（4）连续性，即要注意所收集的资料在时间上是否连续，是否能够在时间上形成合理的解释链。

3.3.2 文案资料调查的方法

1. 文案资料的查找方法

从某种意义上讲，文案调查方法也就是对资料的查找方法，在此我们主要介绍文献性资料的查找方法：

（1）参考文献查找法。参考文献查找法是利用有关著作、论文的末尾所列的参考文献目录，或者是文中所提到的某些文献资料，以此为线索追踪、查找有关文献资料的方法。这种方法可以提高效率。

（2）检索工具查找法。检索工具查找法是利用已有的检索工具查找文献资料的方法。依检查工具不同，分为两种：手工检索和计算机检索（见图3-1）。

图3-1 手工检索与计算机检索示意图

1）手工检索。进行手工检索的前提是有检索工具，以著录方式来分类的主要检查工具有三种：一是目录；二是索引；三是文摘。除了有检索工具外，还要按照一定的检索途径去查询，才能迅速、准确地找到资料。

从表象特征来检索时，主要有：①资料名检索；②著者途径；③资料顺序号途径。

从内容特征来检索时，主要有：①分类途径；②主题途径。

2）计算机检索。与手工检索相比，计算机检索不仅具有检索速度快、效率高、内容新、范围广、数量大等优点，还可打破获取信息资料的地理障碍和时间约束，能向各类用户提供完善的、可靠的信息。

2. 文案资料的收集方式

在文案调查中，调查者对于企业内部资料的收集会相对比较容易，调查费用低，调查的各种障碍少，能够准确把握资料的来源和收集过程，因此应尽量利用企业的内部资料。

对于企业外部资料的收集，可以依不同情况采取不同的方式，通常有查找法、索取法、收听法、咨询法、采集法、互换法、购买法和委托法等。具体地，如：

（1）对于具有宣传广告性质的许多资料，如产品目录、使用说明书等，是企业、事业单位为扩大影响、推销产品、争取客户而免费向社会提供的，可以无偿取得。

（2）对于需要采取经济手段获得的资料，只能通过有偿方式获得，而通过有偿方式取得的资料会构成调查成本，因此，要对其可能产生的各种效益加以考虑。

（3）对于公开出版、发行的资料，一般可通过订购、邮购、交换、索取等方式直接获得，而对于使用对象有一定限制或具有保密性质的资料，则需要通过间接的方式获得。随着国内外市场竞争的日益加剧，如何获得竞争对手的商业秘密已成为市场调查的一个重要内容。

3. 文案资料储存和管理的方式

文案资料的储存和管理方式主要有两种：

（1）采用经济档案进行储存和管理的方式。经济档案式的储存和管理方式具有工作量较大、提供信息较慢等缺点。

（2）利用计算机进行储存和管理的方式。这种方式不仅可以大大节省储存时间和空间，而且可以提高数据资料处理的效率和精度。

无论是采用经济档案还是计算机进行储存和管理，都要求对资料进行科学的规划和分类。杜威十进制分类法（Dewey Decimal Classification）是一种良好的分类方法，尤其适用于经济档案管理。它是指将企业的各种资料按照资料来源加以妥善归类，并作索引，以便调查者寻找相关资料。

3.4 文案调查法的优点与局限性

3.4.1 文案调查法的优点

（1）文案调查不受时空的限制。
（2）搜集容易，成本低。
（3）搜集到的情报资料可靠性和准确性较强。文案调查收集的资料都是书面形式的，因此可以不受调查者和被调查者的主观因素干扰，反映的信息内容更为真实、客观。

3.4.2 文案调查法的局限性

（1）搜集的主要是历史资料，过时资料比较多，现实中正在发生变化的新情况、新问题难以得到及时的反映。

（2）所收集、整理的资料和调查目的往往不能很好地吻合，数据对解决问题不能完全适用，收集资料时易遗漏。

（3）文案调查要求调查者有较广的理论知识、较强的专业技能，否则将感到力不从心。

本章小结

文案调查法是指通过收集各种现成的文献资料，从中摘取与市场调查课题有关的情报，并对调查内容进行分析研究的调查方法。文案调查法具有间接性、历史性和跨越时空性等特点。文案调查资料来源包括企业内部资料和企业外部资料，文案调查法通常成为市场调查者首选的资料收集方法。文案调查法的实施步骤：①明确调查主题及基本目标；②拟订详细的调查计划；③实施调查计划，多方搜集资料；④评估、整理与分析资料；⑤撰写调研报告。文案调查的方法包括：文案资料的查找方法、文案资料的收集方式、文案资料储存和管理的方式。文案调查法的优点：①文案调查不受时空的限制；②搜集容易，成本低；③搜集到的情报资料可靠性和准确性较强。

实训项目

1. 实训项目：评估市场调查课题。
2. 实训目标：运用文案调查法收集与小组市场调查课题相关的文献，并进行评估和改进。
3. 实训内容：通过文案调查法多方收集与小组市场调查课题相关的信息，通过评估、筛选、整理和分析，对小组市场调查课题进行评估，提供小组书面评估报告。
4. 实训组织：每个同学单独完成。
5. 实训考核：要求每位同学提供对小组市场调查课题的评估报告，供小组和全班分享交流。

复习思考题

1. 什么是文案调查法？具有哪些特点？
2. 简述文案调查法的实施步骤。
3. 评估文案调查资料的基本要求有哪些？
4. 文案资料收集的方法有哪些？各有什么优缺点？
5. 文案调查法有什么局限性？

阅读材料：宝洁公司如何收集二手资料

创建于1837年的宝洁公司是一家持续成长的日用消费品公司，它的成功很大程度上得益于它坚持不懈的产品创新，而它充沛的创新源泉得益于拥有一套完善的全天候市场调查"观测"系统，包括对原始资料和二手资料的收集。其中，二手资料收集通常成为在界定了调研问题之后的首要任务，通过文案调查法获得与相关调查问题有关的现成资料，快速高效地开始调查项目。宝洁公司收集的二手资料主要包括内部资料和外部资料，通常的操作流程为：

第1步，根据调研问题厘清并确定企业所希望获得的二手资料内容和范围，最好能列出其中的关键词和核心主题。

第2步，通过公司职能部门和子公司、图书馆、展会、政府相关部门、互联网平台等信息源开始搜寻资料，通常包括获得相关内部资料，如企业有关销售、统计、财务和其他生产经营活动的记录等，及相关外部资料，如权威机构的市场调查报告、政府发文、行业协会信息、学术研究成果等。

第3步，对获得的所有二手资料进行评估、整理与分析。如果调查者认为已获得的信息还不够充分，需要更多的信息时，就可以考虑采用实地调查法获得一手资料。

第三篇
PART 3

市场调查设计技术

第 4 章　市场调查方案设计
第 5 章　抽样设计
第 6 章　问卷设计与问卷调查法
第 7 章　态度测量设计

第 4 章
CHAPTER 4

市场调查方案设计

§学习目标

1. 了解市场调查方案设计的概念与重要性;
2. 理解市场调查方案设计的相关术语和理论基础,掌握调查目的、分析单位和时间框架等策略性设计的要点,并能在实践中较好地分析和应用;
3. 掌握市场调查方案的主要内容,能设计合理的市场调查方案;
4. 掌握市场调查方案的可行性研究,并能在实践中熟练运用。

§本章导图

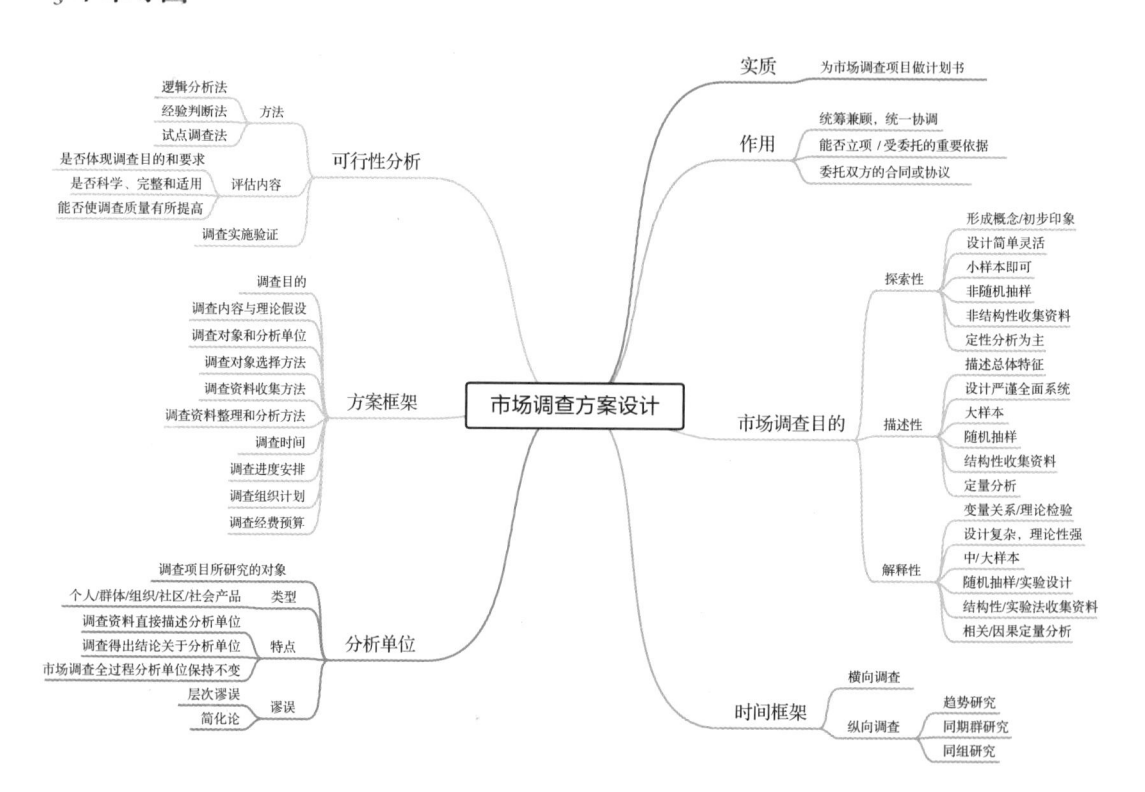

市场调查方案设计

- 可行性分析
  - 方法
    - 逻辑分析法
    - 经验判断法
    - 试点调查法
  - 评估内容
    - 是否体现调查目的和要求
    - 是否科学、完整和适用
    - 能否使调查质量有所提高
  - 调查实施验证
- 方案框架
  - 调查目的
  - 调查内容与理论假设
  - 调查对象和分析单位
  - 调查对象选择方法
  - 调查资料收集方法
  - 调查资料整理和分析方法
  - 调查时间
  - 调查进度安排
  - 调查组织计划
  - 调查经费预算
- 市场调查目的
  - 实质——为市场调查项目做计划书
  - 作用
    - 统筹兼顾,统一协调
    - 能否立项/受委托的重要依据
    - 委托双方的合同或协议
  - 探索性
    - 形成概念/初步印象
    - 设计简单灵活
    - 小样本即可
    - 非随机抽样
    - 非结构性收集资料
    - 定性分析为主
  - 描述性
    - 描述总体特征
    - 设计严谨全面系统
    - 大样本
    - 随机抽样
    - 结构性收集资料
    - 定量分析
  - 解释性
    - 变量关系/理论检验
    - 设计复杂,理论性强
    - 中/大样本
    - 随机抽样/实验设计
    - 结构性/实验法收集资料
    - 相关/因果定量分析
- 分析单位
  - 调查项目所研究的对象
  - 类型:个人/群体/组织/社区/社会产品
  - 特点
    - 调查资料直接描述分析单位
    - 调查得出结论关于分析单位
    - 市场调查全过程分析单位保持不变
  - 谬误
    - 层次谬误
    - 简化论
- 时间框架
  - 横向调查
  - 纵向调查
    - 趋势研究
    - 同期群研究
    - 同组研究

§ 引例

住户收支与生活状况调查方案（2020）

国家统计局为了全面准确把握我国城乡地区居民收支与生活状况，客观监测我国城乡居民收入分配格局和不同收入层次居民的生活质量，组织开展了一次庞大的社会调查。为了保证调查具有针对性、经济性和高效性，在实地调查前制定了非常详细周密的调查方案。方案内容包括：①调查目的；②调查对象；③调查组织；④调查内容；⑤样本抽选；⑥数据采集；⑦数据上报；⑧数据处理；⑨数据发布；⑩数据质量控制；⑪其他。周密翔实的调查方案为整个调查的顺利开展及最终调查结果的高质量发挥了重要作用。

资料来源：国家统计局．住户收支与生活状况调查方案（2020）（"一、总说明"部分）．http://www.stats.gov.cn/.

4.1 市场调查方案设计的概念与重要性

4.1.1 市场调查方案设计的概念

对于企业选择自行完成的市场调查项目而言，在确定市场调查课题之后，首先要做的事情就是做规划，即对涉及未来整个市场调查课题项目完成的所有工作进行详细的设计，并用"方案"的形式呈现出来。因此，市场调查方案设计实质上就是对市场调查项目做计划，是指根据市场调查项目的研究目的和调查对象性质，在进行实际调查之前，对调查工作总任务的各个方面和各个阶段进行通盘考虑和细致安排，提出周密的调查实施方案，制定出合理的工作程序。

我们知道市场调查项目涉及的范畴非常广泛，每一个具体的市场调查项目所涉及的调查范围和调查对象都可大可小、可多可少。但无论是大项目，还是小项目，都会有诸多相互关联的任务组成，而且需要在规定的时间内完成全部任务，因此我们需要从时间角度对整个过程进行周密安排。这里所讲的"调查工作总任务的各个方面"实际上是对调查工作总任务进行分解，并明确各项具体任务之间的关联，要考虑到调查工作总任务的各个方面所涉及的各项活动，确保调查任务的顺利开展和调查目的的达成。例如，在一项市场调查项目中要明确收集哪些信息、选择哪些分析单位和调查对象、用什么方式和方法从调查对象那里收集资料、如何整理分析资料，以及如何组织实施这些活动，等等，不仅要弄清楚所有的具体任务，还要进行科学合理的安排。这里所说的"调查工作总任务的各个阶段"构成了调查项目全过程，包括调查项目所需经历的各个阶段和环节，各个阶段和环节通常包括调查方案策划、调查对象选择、调查资料收集、调查资料整理和分析等。只有事先统一考虑和安排，才能保证调查工作有秩序、有步骤地顺利进行，减少调查误差，提高调查质量。

对于委托市场调查项目而言，企业还有一个选择市场调查机构的环节，这意味着市场调查专业机构需要通过竞争获得该调查项目。这时候市场调查机构需要根据企业要求设计标书或撰写市场调查提案，通常要包括确定市场调查目标、设计调查基本方案、进行调查经费预算和调查进度设计等内容，提案或标书是委托方的立项依据，也是受托方维护自身"知识产权"的依据。市场调查提案或标书是对市场调查课题的初步设想，市场调查方案是对市场调查课题实施的具体计划，两者虽不完全相同，但在设计流程和内容方面基本相同。

4.1.2 市场调查方案的作用

市场调查方案设计是正式实施调查项目前的"地基工程"，犹如建造一座摩天大楼之前进行工程设计那样重要，在市场调查中无论怎样强调调查方案设计的重要性都不为过。市场调查方案的作用主要体现在以下 3 个方面。

1. 市场调查方案是调查全过程的计划书和活动指南

每项市场调查任务都需要花费人、财、物和信息等诸多资源，也受到这些资源条件和时间因素的限制，因此，市场调查方案的设计需要通盘筹划，并要求组织者在实施中能保持信息畅通、组织领导有效统一。譬如，市场调查项目样本量的确定需要通盘考虑，除了要依据抽样理论考虑允许误差和抽样精确要求外，还要考虑总体分布特征、项目经费预算、调查人员素质和结构、项目完成时间等诸多因素的影响。再如，由国家统计局牵头组织的"住户收支与生活状况调查"（以下简称住户调查，具体方案见《住户收支与生活状况调查方案（2020）》的总说明部分，http://www.stats.gov.cn/）属于全国性的调查，规模大、范围广，涉及的调查单位类型和层级多，通常要由具有权威性的国家有关职能部门牵头组织协调，并非普通的调查机构能胜任的。为了在组织上保持统一和标准，这项调查由"国家统计局统一领导住户调查，负责制定调查方案，组织调查实施，监督调查过程，审核、处理、汇总调查数据，发布全国和分省城乡居民收入、消费和生活状况数据。国家统计局各调查总队按照本方案规定，负责组织分省住户调查工作"。

通常市场调查全过程包括市场调查设计、资料搜集、资料整理和资料分析等工作。从整个市场调查全过程角度来看，调查方案设计正是这个全过程的第一步，也是重要的一步，是定性认识和定量认识的连接点。由此可见，调查方案对于后续调查项目的具体实施起着指导和规范的作用。

2. 市场调查方案是市场调查项目能否立项或能否得到委托的重要依据

为委托项目撰写的市场调查方案的质量和水平是专业调查机构能够获得委托的保证，是其竞争力的体现。在争取项目经费，与其他调查机构竞争某个项目，或是在投标说服招标者时，方案质量的高低可能直接影响到项目能否被批准或能否中标。

3. 市场调查方案是调查项目委托人与承担者之间的合同或协议

对于已获得委托的调查项目，调查机构设计的市场调查方案通常会成为机构和客户之间签订合同的基础和主要内容，成为规范双方权利和义务的重要文件。特别是在市场调查项目实施过程中出现一些分歧的时候，此文件能够成为协调双方角色和不同意见的依据，让彼此都能回归初心、换位思考，最终共同完成方案所设定的各项工作，实现调查项目的目标，为企业相关预测和决策提供客观准确的信息。

4.2 市场调查目的

市场调查方案设计的首要任务是准确界定调查目的和目标，这一方面是为整个调查项目设定所要实现的结果及评价调查项目完成效果的依据，另一方面也是为市场调查方案设计提供方向和路径，提供各类调查相关方法选择的范围和类型，即根据调查目的的不同，可以在不同的技术和方法工具箱中选择合适的工具，从而减少调查方案设计中在各类方法和工具选择上的失误。

根据第 1 章的学习，我们已经了解到按市场调查目的不同，可以将市场调查分为探索性调查、描述性调查和解释性调查（见表 4-1）。

表 4-1　3 种不同调查目的的特征和方法选择

特征和方法	探索性调查	描述性调查	解释性调查
样本规模	小样本	大样本	中样本
抽样方式	非随机抽样	随机抽样	随机抽样或实验设计
资料收集方式	无结构观察、访问等	问卷调查、结构式访问等	问卷法、实验法等
资料分析方法	主观的、定性的分析方法	定量的描述统计方法等	相关与因果等多变量统计推断分析方法
主要目的	形成概念和初步印象	描述总体状况和分布特征	变量关系和理论检验
基本特征	设计简单、形式灵活	设计严谨、全面系统	设计复杂、理论性强

4.2.1 探索性调查

探索性调查通常发生在研究者初次接触与市场调查项目相关的领域，或者对这一领域了解非常少，需要在进行正式调查之前获得对这一领域或问题的初步认识和基本印象。探索性调查的主要目的通常有两种情况：一是对感兴趣的市场相关问题或现象进行初步考察；二是作为一种先导性研究，为进一步的深入调查研究提供线索和指导。

探索性调查的目的决定了其方法选择具有较大的灵活性，总体而言，方法要求比较简单，不太严格，可以根据具体情况和条件选择或设计相应的方法，甚至可以因地制宜"创造"书本中或前人没有使用过的方法。

通常，在探索性调查中样本规模较小，并不十分强调样本需要有非常好的代表性，主要依靠研究者的主观判断或分析。收集资料的方法主要选择文案调查法、小组座谈法、深度访谈法、观察法等。并不强调结构性的资料收集方法，这决定了资料分析方法以定性方法为主，主要依靠研究者的分析水平和能力。调查结果通常只是有关某种现象或问题的"初步印象",包括研究对象的基本范围、内容或特征等方面,难以提供较系统、较满意、较肯定的答案。

4.2.2 描述性调查

需要特别强调的是,通常在描述性调查中最终所要"描述"的对象是总体,而大多数市场调查都是针对总体中的部分单位进行资料收集的,所以描述性调查往往需要通过部分来研究整体,通过样本信息来推断总体,这就决定了描述性调查在调查对象选择、资料收集方法选择和资料分析方法选择等方面都要能满足其要求。描述性调查的目的是通过市场调查发现样本和总体在某些特征上的分布状况,获得关于总体的准确性和概括性的描述与结论。

总体而言,描述性调查在方法上的要求是比较高的,要求具有系统性、全面性和结构性。它通常要求很大的样本规模且具有很好的代表性,具体方法上要选择严格的随机抽样方法。收集资料的方法主要选择以封闭式问题为主的自填式、邮寄或结构式访问问卷调查。资料分析方法主要选择以数量形式为主的统计方法,并能由样本推论到总体中。调查结果要能够概括性地反映总体及各组成部分的一般状况或总体的发展水平和趋势、要能够准确地定量和精确地描述与说明总体特征。

4.2.3 解释性调查

解释性调查,顾名思义,就是要解释某个问题或现象,即要通过市场调查去检验或证明变量之间是否存在因果关系。其目的是解释事物或现象"为什么"这样。通常从理论假设出发,经实地调查验证结论。为了证明因果关系,必须先证明相关性。但是单靠相关性也不能成为因果关系的证据。所以为了证明两个变量之间可能存在的因果关系,必须证明代表"果"的第二件事是发生在代表"因"的第一件事的后面,至少是同时发生。而证明了两件事相关且第一件事在第二件事之前发生变化仍然不能提供充分的证据得出结论:第一件事是引起第二件事变化的可能原因。为了得出两者之间可能存在的因果关系,还需要证明的是第二件事发生的变化并不是第一件事以外的其他因素引起的。只有当以上的条件都满足时,才能做出可靠的因果关系论证。

举例来说,当观察到某品牌牛奶制品广告费用增加的同时销量明显增加了,这时候可以比较容易证明该品牌牛奶制品销量与广告费用存在相关关系且发生的时间顺序是适当的,但是这可以证明是一种可能的因果关系吗?答案是"不"。因为有可能是销售中的其他因素而不是广告增加引起的变化,如,在广告费增加的同时,可能有竞争对手提高了价格,或者减少了广告投入,甚至撤离了竞争市场等原因,造成了该企业牛奶销量的增加。即使是竞争环境不变,也可能是一个或者其他因素的联合作用影响了销量,总而言之,很难排除销量增加是广告费用增加以外的因素造成的。因而无法肯定广告费用增加与该产品销量增加之间存在明确的因果关系，也就无法肯定地用广告费用增加来解释产品销量的增加。

基于以上分析发现，解释性调查在方法上要求更加严谨，针对性更强，几近于实验设计，选择样本方法、资料收集方法和分析方法都要以有利于发现变量间的关系或规律为主。通常要求样本规模较大，代表性要好。收集资料的方法多以结构性问卷调查法或实验法为主，资料分析方法侧重于双变量或多变量统计分析法。调查结果必须紧紧围绕所要验证的假设进行证实或证伪。

4.3 时间框架

设计市场调查方案时需要考虑所要收集资料的时间点是一个还是多个。也就是说，要决定对于市场现象或问题的研究是否要考虑时间因素的影响，如果只是针对某个时间点的市场信息进行研究，就选择横向调查，不考虑时间因素的影响；如果针对多个时间点收集这个市场现象的相关信息，说明研究者需要考虑时间变量对于这个市场现象的影响，就需要选择合适的纵向调查框架。

1. 横向调查

横向调查也被称为横剖调查，是指在一个时间点上收集调查资料，并用以描述调查对象在这一时间点上的状况，或探讨这一时间点上不同变量之间的关系。如"江苏农村老年人养老服务站需求状况调查""长三角地区咖啡馆市场情况及消费者需求调查"和"扬州市消费者生鲜购买渠道偏好调查"等项目可以视为横向调查。

2. 纵向调查

纵向调查指在若干不同的时间点上收集资料，用以描述市场现象随时间发展的变化，以及解释不同现象前后之间的联系。它主要有以下三种类型。

（1）趋势研究是指对一般总体随时间推移而发生的变化的研究。其研究目的是通过对一般总体在不同时期的态度、行为或状况的比较，以揭示和发现市场或经济现象的变化趋势和规律。例如，我国于 2004 年、2008 年、2013 年和 2018 年进行了四次全国经济普查，经济普查总体都是在我国境内从事第二产业和第三产业的全部法人单位、产业活动单位和个体工商户。调查标准时点都是调查年份的 12 月 31 日，资料时期为调查年度 1 月 1 日—12 月 31 日。再如，由国务院发展研究中心公共管理与人力资源研究所、国务院研究室工交贸易司、国有资产管理委员会企业分配局、国家统计局综合司、中国企业联合会研究部、全国工商联研究室共同发起，由国务院发展研究中心批准于 1993 年成立的调查研究机构中国企业家调查系统，坚持进行一年一度的以企业法人代表为对象的大型问卷调查，目的之一是通过调研我国企业家队伍和企业的基本情况，准确把握我国企业和企业家成长发展的轨迹，揭示其规律。

（2）同期群研究，又称人口特征组研究，指对某一特殊人群随时间推移而发生变化的研究。在这种研究中,每次调查的总体并不相同,但他们必须都同属这一特殊人群。例如,美国学者曾对美国全国范围内 20 世纪 30 年代初期经济大萧条时期出生的人的经济态度进行跟踪调查研究,每隔 10 年抽一次样,具体抽样群体如下:

1950 年在 20—25 岁的人中抽样,

1960 年在 30—35 岁的人中抽样,

1970 年在 40—45 岁的人中抽样,

……

每次抽样代表的都是 1930—1935 年出生的那一代人。

(3)同组研究,又称定组研究或追踪研究,是指对同一组人随时间推移而发生变化的研究。同组研究在心理学领域应用较多,要求每次调查的不仅是同一个总体,而且是同样的样本。

在以上三类纵向调查中,同组研究的开展难度最大,尤其是调查单位是人或由人组成的群体时。三种纵向调查比较如表 4-2 所示。

表 4-2 三种纵向调查的比较

趋势研究	同期群研究	同组研究
2010　　2020	2010　　2020	2010　　2020
20-30 → 20-30	20-30 ↘ 20-30	abc　　abc
31-40 → 31-40	31-40 ↘ 31-40	def　　def
41-50 → 41-50	41-50 ↘ 41-50	ghi　　ghi
61-70 → 61-70	61-70 ↘ 51-60	jkl　　jkl

纵向调查的优点是可以描述市场或经济现象变化的过程,便于探寻时间对研究问题或现象的影响或作用。它需要以比横向调查多得多的时间和资源投入为代价,这也是纵向调查较少被研究者采用的一个重要原因。

4.4 分析单位

4.4.1 定义与特点

分析单位,也可以称之为调查单位,是指一项市场调查项目所研究的对象,即市场调查中被研究的人或事物。分析单位有五种类型:个人、群体、组织、社区和社会产品。在市场调查中,个人是最常见的分析单位,如消费者行为研究、消费者满意度研究中的分析单位就是个人——消费者,在具体的市场调查项目中个人作为分析单位通常是限定一定条件的,如某类产品的消费者,或某个区域范围的用户等。社会群体常常也会成为市场调查的分析单位,如家庭购房意愿调查的分析单位就是家庭这一群体形式,对于家庭分析单位可以根据家庭收入、是否拥有住房、住房面积、购房倾向等来描述和反映家庭收入、住房情况与购房意愿之间的关系。虽然社会群体的特征有时候可以从其成员特征中抽象概括出来,但分析单位的特征不能简单等同于分析单位内个人特征的集合,譬如，可以根据父母的教育程度或职业来描述家庭特征，但家庭的特征显然并不能与家庭中父母的特征划等号。组织也常常是市场调查的分析单位，当组织作为分析单位时需要根据组织的特征进行刻画，如企业作为分析单位，通常用它的行业类别、职工人数、固定资产规模等来说明其特征。

分析单位具有两个重要特点：市场调查所收集的资料都是直接描述分析单位中每一个个体的；有关分析单位个体属性的描述聚合起来，就可以得出有关由这些个体所组成的群体（调查样本），以及由这一群体所代表的更大的群体（总体）的特征或属性的描述，或对某种市场或经济现象做出解释。因此，在市场调查项目中，收集资料是关于分析单位的，分析资料和得出结论也必须是关于分析单位的。分析单位一经确定，在整个市场调查过程中都要保持不变。

调查对象是指调查者收集资料时所直接询问的对象。调查者调查收集信息的具体内容是分析单位的属性或特征。在实践中，有的市场调查项目的分析单位与调查对象是相同的，如某品牌智能手机消费者购买倾向调查的分析单位和调查对象都是消费者；有的项目中分析单位与调查对象就不一样，如企业广告媒体选择行为调查中，分析单位是企业，调查对象是企业中的相关工作人员。在有的调查项目中可能会有多个分析单位，如2014年中国企业家调查系统进行的以中国企业创新发展为主题的"中国企业经营者问卷跟踪调查"，调查对象为以企业法人代表为主的企业经营者，分析单位有两类，包括企业和企业家，整个调查过程中资料收集要分别针对企业和企业家两类分析单位，在进行资料分析时要保持分析单位与所收集资料描述对象的一致性。

在进行市场调查方案设计时，要明确分析单位和调查对象，在整个调查过程中要确保分析单位的一致性，也就是说，一旦确定了分析单位就要自始至终保持分析单位保持不变，如果是有多个分析单位的调查项目，要严格区分调查中收集资料对应的分析单位，确保分析资料和得出结论时不能出现任何偏移。

4.4.2 与分析单位有关的两种谬误

分析单位常见的五种类型——个人、群体、组织、社区和社会产品——之间常常表现出一定的关联性，特别是个体很可能成为其他四类分析单位的构成要素，像群体、组织这些类型的分析单位常常需要通过其构成要素（很多时候是个人）来反映其特征。简言之，分析单位的集合与分析单位的构成要素、分析单位作为构成要素的集合之间有着非常密切的关系，但又是各不相同的对象。要确保分析单位在市场调查全过程的一致性，就要避免将分析单位信息的聚合用来描述和解释其构成要素或其从属的更大的集合。

与分析单位有关的错误都是由分析单位的不一致性导致的，具体表现为两种谬误：一是调研者选用一种比较高的（或集群）的分析单位收集资料，而调研结论却下到另一个比较低的（或非集群）的分析单位上的现象，称之为层次谬误，或区群谬误、体系谬误。如，当以城市作为分析单位，资料表明经济发展水平越高的城市生鲜产品网购率越高时，并不能直接得出收入水平越高的群体生鲜产品网购率越高。因为很可能是因为经济发展水平高的城市低收入群体更愿意在网上购买生鲜产品。这说明以城市作为分析单位时，不能得出关于个人或群体的结论。二是调研者选用一种比较低的（或非集群）的分析单位收集资料，而调研结论却下到另一个比较高的（或集群）的分析单位上的现象，称之为简化论或简约论，形式上与层次谬误的错误方向相反。如，当以个人为分析单位研究其餐饮服务需求，发现在成年人中年龄越小对外卖服务的需求越多时，并不能直接得出平均年龄越小的家庭具有的外卖需求更高，因为家庭外卖服务需求除了与年龄因素有关外，还与家庭经济状况、家庭结构、家庭餐饮习惯等有关。

总之，分析单位必须贯穿市场调查全过程！在调查方案设计中确定了分析单位后，收集资料是关于分析单位的，分析资料时得出的结论也必须是关于分析单位的。

4.5 市场调查方案的主要内容

市场调查方案是对调查全过程和全部活动的周密计划，主要内容包括以下方面。

1. 调查目的

确定市场调查课题时已经基本确定了调查方向和目标，在设计调查方案时需要用更加精准合理的方式表达出调查目的，并要确保其切实可行。这就要求基于前期掌握的信息明确本次调查项目需要解决的问题是什么，需要收集哪些方面的资料，评估这些资料能否很好帮助调研者回答需要解决的问题。在研究确定调查目的时，一方面要基于市场调查专业特点和行业规范，从市场调查专业的角度审时度势，另一方面要从调查资料使用者角度，准确把握其对信息和决策的需求，设身处地为客户着想，这样能准确提炼出相关信息。因此，需要调查者加强与客户的交流与沟通，在必要时补充收集相关信息，以提高调查目的确定性、准确性和可靠性。以我国国家统计局负责制定的"住户收支与生活状况调查方案（2020）"为例，其调查目的为"全面、准确、及时了解全国和各地区城乡居民收入、消费及其他生活状况，客观监测居民收入分配格局和不同收入层次居民的生活质量，更好地满足研究制定城乡统筹政策和民生政策的需要，为国民经济核算和居民消费价格指数权重制定提供基础数据"。

2. 调查内容与理论假设

调查内容是对调查目的的具体化和回应。通常调查内容需要针对调查目的明确需要收集资料的具体方面，要确保调查内容既能够为调查目的服务，同时又能为具体调查资料收集提供必要条件。调查内容是对调查目的的具体细化和回应。在我国"住户收支与生活状况调查方案（2020）"中明确调查内容分别针对分省住户和分市县住户两类，并且明确两类住户需要收集信息的具体内容和收集信息的具体方法（如记账项目、问卷项目和汇总指标共同规定）。方案中调查内容陈述为："分省住户调查内容主要包括居民现金和实物收支情况、住户成员及劳动力从业情况、居民家庭食品和能源消费情况、住房和耐用消费品拥有情况、家庭经营和生产投资情况、社区基本情况以及其他民生状况等。具体内容由本方案的记账项目、问卷项目和汇总指标共同规定。分市县住户调查中的可支配收入和消费支出汇总指标的名称、分类标准、计算方法必须与本方案规定一致，其他记账项目、问卷项目、汇总指标在不影响收支汇总指标的情况下可适当简化，但必须与汇总指标体系的分类标准保持一致。"

在解释性调查课题方案设计时还需要明确提出理论假设，理论假设中所需要的信息和数据是研究内容的重要组成部分，特别是理论假设中涉及的变量有时候需要通过量表等方式进行测量。无论是理论假设的提出，还是变量测量设计，都需要以科学理论或权威测量的方式为前提，建构本项目研究假设、界定概念、建立测量指标体系和测量工具等，为明确研究内容提供科学基础。

在市场调查方案中，将调查内容进一步细化的可观测问题或指标，即需要向被调查者直接了解的具体问题，可以用不同的形式呈现出来，可以是图示、调查问卷、记录表格、访谈提纲等。在方案中可以与调查内容放在同一标题下，也可以单独列示，视具体情况而定。无论怎样，在市场调查方案中的调查目的、调查内容及其具体调查项目之间存在很强的关联性，由调查目的决定调查内容，由调查内容决定调查具体项目或问题，通过具体调查项目或问题信息的收集最终实现调查目的。

3. 调查对象和分析单位

确定调查对象和分析单位，就是要明确向谁收集资料和收集谁的资料的问题。分析单位是被调查对象，是具体调查信息资料的承担者。在调查方案中要明确分析单位和调查对象的内涵和外延，确定它们的界限，具体明确地写清楚相应的限定条件，避免方案实施过程中出现因界限不清楚而难以确定的情况。特别是将一些司空见惯的概念作为调查对象或分析单位时，一定要谨慎对待，明确其范围和边界。譬如，在"A 市居民家庭装潢消费情况调查"中必须对"A 市居民家庭"在户籍、居住时间、年龄及 A 市范围等方面给予明确的限定。至于如何界定并没有标准答案，而是要根据调查目的来确定。

4. 调查对象选择方法

在确定调查对象和分析单位后就需要明确调查总体以及从总体中选择样本的方法。关于选择调查对象的方法有很多种，如典型调查、重点调查、全面调查、个案调查和抽样调查等，不同方法各有优缺点和适用条件，需要根据具体的调查目的和总体特征进行选择。在确定具体选择对象方法后还需要确定选择对象的规模和要求，并设计出具体选择调查对象的做法和程序。以市场调查中比较常见的抽样调查为例，需要具体说明抽样方案，包括准确界定总体、明确样本规模及精度要求，说明具体抽样方法和抽样步骤、抽样实施的组织与管理、样本质量评估方法等。

5. 调查资料收集方法

市场调查中收集资料的方法有很多种，如文案调查法、小组访谈法、深度访谈法、问卷调查法、投影技法、观察法和实验法等，而且有些方法不仅可以在线下进行，还可以在线上开展。这些收集资料的方法又能分为多种不同的具体方法，每种方法各有优缺点和适用条件，需要根据具体的调查课题及其调查目的、调查对象特征选择合适的方法或方法组合。

6. 调查资料整理和分析方法

调查资料整理和分析方法根据资料的数据特征分为定性和定量两种类型的资料分析方法。无论是定性方法还是定量方法都有很多具体的方法，需要根据所收集资料的性质和调查目的进行选择。譬如，采用文案调查法收集的现成资料有可能是以文字描述为主的，也可能是以数据资料为主的。从不同来源收集的资料都有其特定的调查目的、测量标准和结论，需要认真仔细地甄别和研究，在筛选的基础上选择合适的整理和分析方法，并拿出合理的规范和方案。再譬如，采用问卷调查法实地收集的原始资料通常以数据资料为主，需要对大量原始数据资料进行审核和加工，建立数据库，弄清各个变量的测量层次后才能选对统计方法，还要根据项目团队拥有的计算机等硬件条件和数据分析能力设计操作程序，满足运算速度、分析深度和调查目的的要求。总之，面对可能拥有的调查资料，要根据调查目的，选择最合理的资料整理和分析方法，并在方案中做出非常具体明确、具有操作性的规定。

7. 调查时间

调查时间是指与调查资料所对应的时间点或时间段。调查时间应该选择的时间点或时间段是由所要调查资料的时间属性决定的。如果属于时期现象，就选择时间段，要明确规定调查资料反映分析单位的起止时间；如果属于时点现象，就选择时间点，要明确标准调查时点。如第四次全国经济普查标准时点为 2018 年 12 月 31 日，普查时期资料为 2018 年年度资料。明确调查时间可以规范资料收集在时间方面的标准，确保资料的准确和可靠。

8. 调查进度安排

调查进度安排是对整个调查工作期限的规定和具体安排。调查工作期限规定了整个调查活动的时间跨度——从开始到结束的时间点。调查进度安排需要对市场调查全过程中所有任务的具体时间进行规定。譬如，第四次全国经济普查的时间跨度是 2017—2020 年，具体时间安排为：2017 年是筹备阶段，主要任务是总体方案设计和专项试点；2018 年是准备阶段，主要是建立组织、宣传动员、制订和部署普查方案，选调人员与培训等；2019 年是登记、审核处理数据和结果发布阶段；2020 年为普查资料出版和应用研究阶段。

通常，调查进度安排不仅要对从调查方案设计到最后提交调查报告的整个工作时间进行规定，还要对各个阶段及其具体任务的起始时间进行规定，其目的是对调查工作的时间进行有效管理和控制，确保调查工作能保质保量按时完成。通常，一个实地市场调查项目的时间安排如下：①论证与设计总体方案；②设计抽样方案；③设计、测试、修改和定稿问卷；④挑选与培训调查员；⑤调查实施；⑥数据审核与数据库建立、统计分析；⑦撰写调查报告；⑧鉴定、发布和出版调查成果；⑨调查成果应用与反馈等。调查时间进度安排可以用甘特图来表示，如表 4-3 所示，图中的横线表示该项任务开始的最早时间、结束的最迟时间和可以用于完成该任务的最长时间。在安排调查进度时可以结合人力条件考虑任务之间的并行作业，以优化任务、人力和时间资源的配置。

表 4-3 时间安排表

调查进度安排	第一周	第二周	第三周	第四周	第五周	第六周	第七周	第八周
方案与问卷设计								
问卷试访								
调查实施								
数据处理								
报告撰写与发布								

9. 调查组织计划

调查组织计划是对市场调查全过程中如何进行人力资源管理的计划，主要包括调查项目组织结构设置、全过程的组织管理、人员的选拔与培训、调查实施中的组织领导、调查过程的质量控制和资料分析的组织安排等。调查组织计划可以通过组织结构图及其职责任务说明进行表达。

10. 调查经费预算

作为经济活动的市场调查项目需要进行经费预算和有效成本管理。市场调查费用构成调查成本的主要部分，其多少与调查活动涉及的范围、调查队伍的规模和实施的难易程度有关。在进行经费预算时，一般需要考虑以下几个方面：①调查方案策划费与设计费；②抽样设计费；③问卷设计费用（包括测试费）；④问卷印刷、装订费；⑤调查实施费（包括试调查费、培训费、交通费、调查员和督导员劳务费、其他费用等）；⑥数据录入费；⑦数据统计分析费；⑧调查报告撰写费；⑨资料费、复印费等；⑩管理费、税费；⑪其他费用。委托性项目要包括服务费用，即佣金，一般按总价的 15%—100% 测算。调查经费预算可以参考表 4-4 的进行呈现。

表 4-4 调查经费预算表

调查项目名称：
调查机构与项目主要负责人：
调查时间：

序号	预算项目	摘要与说明	数量	单价	预算金额	备注
1	资料/文献费					
2	交际费					
3	差旅费					
4	统计分析费用					
5	劳务费					
6	印刷费					
……	……					

11. 调查报告书的提交形式和内容

市场调查项目的最终成果以怎样的方式提交需要在方案中明确。从形式上分，调查报告有书面报告和口头报告；从内容上分，有综合报告、专题报告和技术报告等。要明确提交报告的形式、内容和份数，有时还需要确定报告书的撰写风格、概括性或详细性程度和其中图表量的多少等。

以上是市场调查方案的主要内容，包括了调查工作全部过程各个方面的活动。在具体项目的调查方案中，可以按上面的内容一一进行策划和安排，也可以根据项目规模和调查目的自行编排内容与顺序，但上面的内容都应有相应的计划安排。另外，一个调查方案设计好了，是否科学、可行，还需要在科学评估的基础上进行修改和完善。总而言之，在确保调查方案设计在整个调查项目中能"开好头"，需要精心设计、反复打磨，通过多轮研讨、反馈和修改，让这个好的开头真的起到"成功一半"的作用。

4.6 市场调查方案的可行性分析

4.6.1 市场调查方案可行性研究

一个好的市场调查方案必须是切实可行的有利于操作实施的方案。一个难于实践的所谓"好"方案如果无法真正实现也只能是空中楼阁。因此，可行性研究是科学设计调查方案中的重要步骤。可行性研究的主要方式有两种，一种是借助专业人员的经验和能力进行主观分析与判断，另一种是在小范围内进行客观试验，试行调查方案，检验其可靠程度并找出可以改进的方面予以完善。这里，主要介绍常见的三种有关调查方案可行性研究方法：逻辑分析法、经验判断法和试点调查法。

1. 逻辑分析法

逻辑分析法，顾名思义，是从逻辑关系上分析和检查调查方案各部分内容是否合情合理，是否符合逻辑。逻辑分析法侧重于对调查方案中有关调查内容及其具体项目设计的可行性分析。具体操作上，主要针对调查方案中有关调查内容的相关部分不断地设问"这个内容合理吗？与其他部分的关系符合逻辑吗？"。如果回答都是肯定的，那就可以说基于逻辑分析这个方案是可行的；如果有的回答是否定的，那就要找出这些部分，分析问题的原因并进行修改。

例如，调查项目是有关某城市老年人就餐服务需求的，而设计的调查指标却是针对在职职工餐饮服务需求，两者虽有共性，却无法体现分析单位老年人的特征。这样的调查设计既不合情也不合理，无法满足调查目的的要求。再如，在对中小学生在线网络培训消费满意度调查的方案中，有对学龄前儿童的调查内容，也有对学生文化程度的调查内容，还有对没有通电山区学生的调查等，这些都是有悖于情理，缺乏实际意义的。

2. 经验判断法

经验判断法是一种基于主观经验进行可行性研究的方法,通过咨询或组织一些具有丰富调查经验的专业人员,对调查方案的可行性进行分析和判断,以评估方案的可行性。相对而言,经验判断法省时省力,可以快速得出评估结果。但其缺点也很明显,这是因为人的理性和经验都是有限的,社会角色和判断视角多有不同,且事物总是在变化过程中,所以各种可能的主观因素和客观因素都可能影响人的判断与选择。在经验判断法中选择有经验的专业人员非常关键,可以选择多种类型的专业人员,包括理论方面和实务方面的专业人员、调查行业专家和项目涉及行业专家等,让不同方面的专业人员多角度评判调查方案,确保评估的有效性。例如,方便食品行业企业如果要进行消费者行为调查,就不宜用普查方式,而适合采用抽样调查。

3. 试点调查法

试点调查法是一种通过客观测试来评价整个调查方案可行性的方法。这种方法所需的时间和成本较多,但对于调查方案可行性研究却十分重要,特别是在大规模市场调查前进行试点调查可以更好地完善方案,为后续正式调查顺利开展提供条件和经验,由此节省的时间和成本通常会远远超过试点的代价。

试点调查本质上属于典型调查,主要目的是使市场调查方案更加科学和完善,是通过解剖麻雀的方式对调查方案进行剖析基础上的评估和修正。试点调查具有实践性和创新性的特点,兼备了认识过程的两个阶段:从认识到实践,再从实践到再认识。试点调查一方面通过实践把调查方案落到实处并将结果反馈给调研方案设计者,设计者通过结果反馈提升认知并修改、补充、丰富、完善方案。另一方面,试点调查还会为调研者积累经验、锻炼实践能力、提高调研专业水平提供机会。因此,试点调查有两个必不可少的任务:

(1) 实地检验调查方案,进行可行性评估。在试点调查中要重点关注调查目的是否恰如其分、调查方案是否切合实际。要通过试点找出原方案中存在的问题和不足,弄清楚哪些方面需要增或减、哪些方面需要更加详细和周密地说明,甚至有哪些方面需要做重大调查。总之,在试点过程中要善于观察,收集试点信息。在试点后,要善于总结,对发现的问题要分门别类,寻求各方意见和建议,确保准确评估调查方案可行性,要提出既科学合理又能解决实际问题的修改意见,并最终落实到调查方案的修改和完善中。

(2) 为正式调查积累经验,锻炼和提升队伍能力。试点调查为大规模正式调查实战提供了学习机会,通过试点调查可以经历整个调查项目全部的过程和活动,这为了解正式调查工作在人员、时间、活动等方面安排的合理性和可能的薄弱环节提供了条件。因此,要积极利用试点调查锻炼和提升队伍能力,并有意识地为后续正式调查积累经验,提高组织协调和管理能力。

需要说明的是,试点调查并不肯定会产生良好的效果,也并不肯定会为正式调查打下良好基础。要想在试点调查中获得预期的效果，需要做好以下四件事：

一是组建一支精干有力的调查队伍。队伍成员应该包括有关负责人、调查方案设计者和调查骨干，这是搞好试点工作的组织保证。

二是选择适当的调查对象。要选择规模较小、代表性较强的试点单位。必要时可采取少数单位先试点，再扩大试点范围，最后全面铺开的做法。

三是采取灵活的调查方式和方法。调查方式和方法可以多用几种，经过对比后，从中选择适合的方式和方法。

四是做好试点的总结工作。认真分析试点的结果，找出影响调查成败的主客观原因。不仅要善于发现问题，还要善于结合实际探求解决问题的方法，充实和完善原调查方案，使之更加科学和易于操作。

4.6.2 市场调查方案的评价

由于市场调查项目往往面对的是复杂的市场问题和社会经济现象，调查方案的设计很难一蹴而就，需要经过反复检查、修改和完善。即使"千辛万苦"设计出可行方案，也不一定是最好的。因为针对同一市场调查课题所设计的具有可行性的调查方案是多种多样、各具特色的，需要从多个可行方案中选取最佳方案。对于一个市场调查方案的优劣，我们可以对其进行事前评价或事后评价。事前评价可以减少方案实施风险和提高方案质量；事后评价更加客观准确，但"木已成舟"，损失已无法弥补，只能为日后项目积累经验。通常对调查方案可以从多角度加以评价，主要包括：是否体现调查目的和要求；是否科学、完整和适用；能否使调查质量有所提高；调查实际效果检验。下面结合第四次全国经济普查方案来讨论调查方案的评价。

（1）方案设计是否体现调查目的和要求，这一条是方案评价中最重要和最基本的评价内容。例如，第四次全国经济普查的调查目的是全面调查我国第二产业和第三产业的发展状况，据此在调查方案中，调查人员对确定的调查范围、时间、调查单位和调查内容，设置了针对不同调查对象的各系列指标体系及表示方法，以反映我国第二产业和第三产业的发展规模、布局和效益，了解产业组织、产业结构、产业技术、产业形态的现状以及各生产要素的构成。

（2）方案设计是否科学、完整和适用，这是良好调查方案的必要条件，也是评价的重点之一。例如，此次普查的主要内容包括单位基本情况、组织结构、人员工资、财务状况、能源生产与消费、生产能力、生产经营和服务活动、固定资产投资情况、研发活动、信息化和电子商务交易情况等。根据不同的普查对象，普查内容也有所不同。设置很多相互联系、相互制约的指标，形成一套比较完整的指标体系，其特点是全面、系统和配套，适用性较强。

（3）方案设计能否使调查质量有所提高，这是从方案可能产生的增量效应进行的评价，方案越好，调查质量就越高。第四次全国经济普查由于方案设计科学合理，调查事后质量抽查结果表明，普查数据质量符合控制标准。

（4）调查实效检验是评价市场调查方案科学合理的最终标准，但由于实效检验往往无法改进本次调查活动，所以需要与事前评价方法结合使用。实效检验评价是通过对实际调查项目的实践进行检验，观察和考核方案中哪些是值得肯定的，哪些是需要改进的，找出原因，寻求改进方法，为今后的调查项目提供经验和教训，也便于对本次项目方案设计进行科学评价。如第四次全国经济普查的实效检验为：组织领导有力、采用科学方法、创新普查方式、强化执法监督、确保数据质量。

本章小结

市场调查方案设计是市场调查的起步工作，也是决定市场调查工作质量和水平的重要环节。市场调查方案设计首先要解决三个重要的战略问题：调查目的、分析单位和时间框架。市场调查方案是为整个市场调查计划提供了一个预览，需要对全部活动任务和全过程进行周密详细的安排，通常需要对调查目的和调查内容、分析单位和调查对象、调查时间和范围、选择调查对象方法、收集资料方法、分析资料方法、组织和经费安排等进行统筹规划。

市场调查方案能否经得起实际操作的考验需要在方案正式实施前予以评价，可行性评价通常可以借力有经验的市场调查工作人员根据经验进行评价，如逻辑分析法、经验判断法，也可以根据试点实践结果进行检验，如试点调查法。对调查方案可以从是否体现调查目的和要求、是否科学、完整和适用，能否使调查质量有所提高，调查实际效果检验等多个角度加以评价。

实训项目

1. 实训项目：制定市场调查方案。
2. 实训目标：通过训练，让学生学会如何根据决策目标选择市场调查方案类型，并设计、制定一个市场调查方案。
3. 实训内容：到图书馆或网上查找一个企业经营案例，针对此案例确认企业决策目标，并以此为依据按照市场调查方案制定的步骤做出一个完整的方案。
4. 实训组织：每位同学独立完成。
5. 实训考核：要求每位同学进行案例搜集，全班讨论、交流。

复习思考题

1. 什么是市场调查方案设计？它有何重要性？
2. 一个完善的市场调查方案应包括哪些主要内容？
3. 为什么在制订方案时应明确调查的目的与任务？
4. 什么是调查对象与调查单位？
5. 什么是调查时间和调查期限？
6. 简述对市场调查方案进行可行性研究的方法。
7. 试点调查有何特点？试点调查的任务是什么？
8. 怎样对市场调查方案进行评价？

阅读材料：住户收支与生活状况调查方案（2020）

（一）调查目的

为全面、准确、及时了解全国和各地区城乡居民收入、消费及其他生活状况，客观监测居民收入分配格局和不同收入层次居民的生活质量，更好地满足研究制定城乡统筹政策和民生政策的需要，为国民经济核算和居民消费价格指数权重制定提供基础数据，依照《中华人民共和国统计法》规定，开展住户收支与生活状况调查（以下简称住户调查）。

（二）调查对象

住户调查对象为中华人民共和国境内的住户：既包括城镇住户，也包括农村住户；既包括以家庭形式居住的户，也包括以集体形式居住的户。无论户口性质和户口登记地，中国公民均以住户为单位，在常住地参加本调查。

（三）调查组织

住户调查由两部分组成。一是分省住户调查，以省、自治区、直辖市（以下简称省）为总体进行抽样，主要目的是准确反映全国及分省居民收支水平、结构、增长速度、收入分配格局以及政策对居民生活状况的影响。二是分市县住户调查，以市、地、州、盟（以下简称市）及以县、区、县级市、旗（以下简称县）为总体进行抽样，主要目的是准确反映分市县居民收支水平和增长速度，满足政府对市县管理的需要。（略）

（四）调查内容

分省住户调查内容主要包括居民现金和实物收支情况、住户成员及劳动力从业情况、居民家庭食品和能源消费情况、住房和耐用消费品拥有情况、家庭经营和生产投资情况、社区基本情况以及其他民生状况等。（略）

分市县住户调查中的可支配收入和消费支出汇总指标的名称、分类标准、计算方法必须与本方案规定一致。（略）

（五）样本抽选

样本抽选包括抽样方法设计、县级调查网点代表性评估、调查小区抽选以及摸底调查、调查住宅抽选、调查户落实等现场抽样工作。（略）

（六）数据采集

数据采集包括现场调查、数据录入和初步审核。（略）

（七）数据上报

分省调查样本的基础数据由各调查市、县直接上报各调查总队，经调查总队审核、通过国家统计局内网邮箱上报国家统计局。（略）

（八）数据处理

数据处理包括数据审核、加权、汇总和评估。（略）

（九）数据发布

分省住户调查结果数据按年度和季度发布，全国和分省数据由国家统计局发布。按自上

而下的顺序依次发布国家、省、市、县数据。发布分市县居民可支配收入和消费支出时，只发布合计数及其一级分类指标。（略）

（十）数据质量控制

住户调查实行全过程质量控制。国家统计局建立全过程质量控制制度，规范方案设计，科学抽选样本，认真组织培训，严格流程管理，加强监督检查。（略）

（十一）其他

资料来源：国家统计局.住户收支与生活状况调查方案（2020）("一、总说明"部分).http://www.stats.gov.cn/.

参考文献

1. 李兰，张泰，李燕斌，等.中国企业家调查系统.新常态下的企业创新：现状、问题与对策：2015·中国企业家成长与发展专题调查报告[J].管理世界，2015.
2. 国家统计局，国务院第四次全国经济普查领导小组办公室.第四次全国经济普查公报（第一号）：第四次全国经济普查顺利完成[EB/OL].(2019-11-20)[2022-05-20]. http://www.stats.gov.cn/tjsj/zxfb/201911/t20191119_1710334.html.
3. 国务院第四次全国经济普查领导小组办公室.第四次全国经济普查方案[EB/OL].(2018-11-01) [2022-05-20]. http://www.stats.gov.cn/ztjc/zdtjgz/zgjjpc/d4cjjpc/ggl/201811/t20181101_1630919.html.

第 5 章
CHAPTER 5

抽 样 设 计

§ 学习目标

1. 了解选择调查对象的各种方法及其使用条件；
2. 熟悉抽样调查的概念及其作用；
3. 掌握抽样调查相关的术语和概念；
4. 熟悉随机抽样与非随机抽样各种方法的概念和操作程序，掌握它们的优缺点及应用；
5. 熟悉抽样误差的概念及影响抽样误差的因素。

§ 本章导图

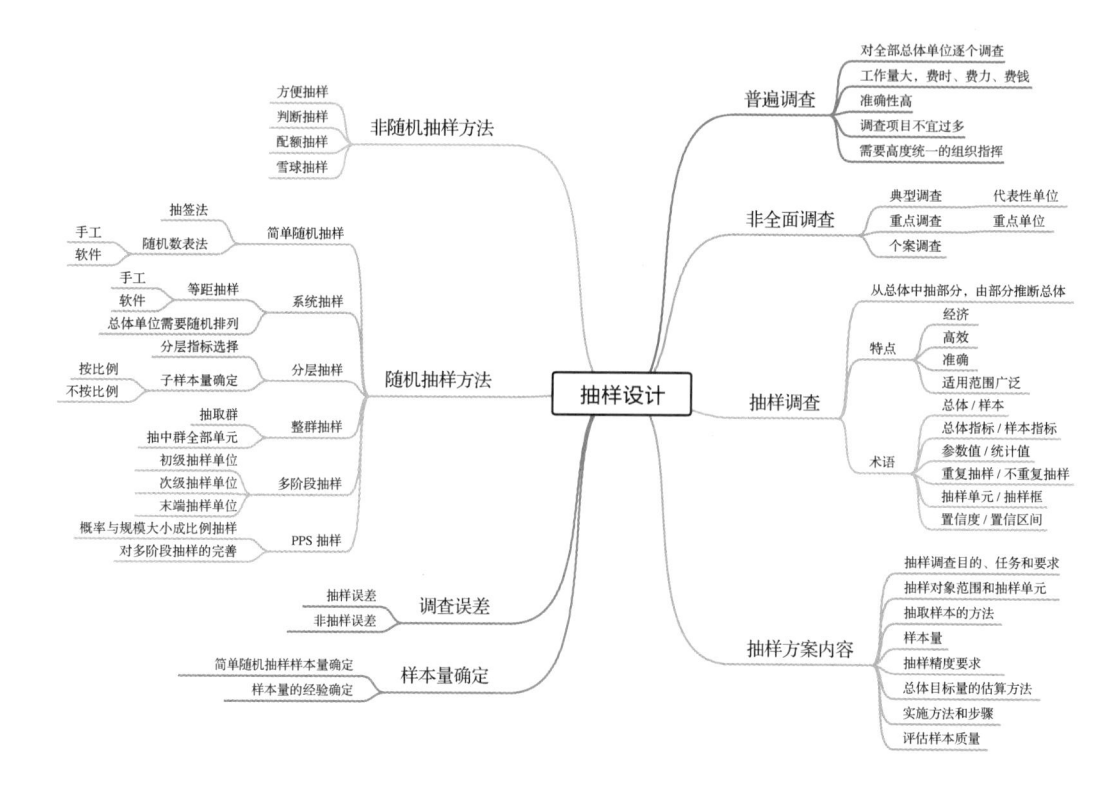

抽样设计

- 非随机抽样方法
  - 方便抽样
  - 判断抽样
  - 配额抽样
  - 雪球抽样
- 随机抽样方法
  - 简单随机抽样
    - 抽签法
      - 手工
      - 软件
    - 随机数表法
  - 系统抽样
    - 等距抽样
      - 手工
      - 软件
    - 总体单位需要随机排列
  - 分层抽样
    - 分层指标选择
    - 子样本量确定
      - 按比例
      - 不按比例
  - 整群抽样
    - 抽取群
    - 抽中群全部单元
  - 多阶段抽样
    - 初级抽样单位
    - 次级抽样单位
    - 末端抽样单位
  - PPS 抽样
    - 概率与规模大小成比例抽样
    - 对多阶段抽样的完善
- 普遍调查
  - 对全部总体单位逐个调查
  - 工作量大，费时、费力、费钱
  - 准确性高
  - 调查项目不宜过多
  - 需要高度统一的组织指挥
- 非全面调查
  - 典型调查 — 代表性单位
  - 重点调查 — 重点单位
  - 个案调查
- 抽样调查
  - 从总体中抽部分，由部分推断总体
  - 特点
    - 经济
    - 高效
    - 准确
    - 适用范围广泛
  - 术语
    - 总体 / 样本
    - 总体指标 / 样本指标
    - 参数值 / 统计值
    - 重复抽样 / 不重复抽样
    - 抽样单元 / 抽样框
    - 置信度 / 置信区间
- 抽样方案内容
  - 抽样调查的目的、任务和要求
  - 抽样对象范围和抽样单元
  - 抽取样本的方法
  - 样本量
  - 抽样精度要求
  - 总体目标量的估算方法
  - 实施方法和步骤
  - 评估样本质量
- 调查误差
  - 抽样误差
  - 非抽样误差
- 样本量确定
  - 简单随机抽样样本量确定
  - 样本量的经验确定

§引例

我国1%人口抽样调查

我国的《全国人口普查条例》（2010年由国务院颁布实施）明确规定，人口普查每10年进行一次，尾数逢0的年份为普查年度，在两次人口普查之间进行全国1%人口抽样调查。这项调查既是我国现有人口统计制度的组成部分，也是我国的一项法律规定。我国分别在1987年、1995年、2005年和2015年进行过四次1%人口抽样调查。

我国2015年进行的1%人口抽样调查时点为2015年11月1日零时。这是为了使1%人口抽样调查数据与普查数据有更好的可比性，我国人口普查的标准时点是普查年份的11月1日零时，在本次人口抽样调查之前的人口普查年度是2010年，此后的人口普查年度是2020年。

2015年1%人口抽样调查总体是中华人民共和国全部人口，调查对象是指在调查标准时点在中华人民共和国境内抽中调查小区内的全部人口（不包括港澳台居民和外国人）。本次抽样调查以各地级市（地区、盟、州）为子总体，采取分层、二阶段、概率比例、整群抽样方法。具体的抽样步骤为：

第1步，将全国31个省、自治区、直辖市各自所辖的全部社区/村级单位按照社会经济发展指标及地理地形进行分层。

第2步，在层内按一定的比例抽取社区/村级样本单位。

第3步，在每个抽中的社区/村级单位中，在已划分好的调查小区基础上，采用简单随机抽样的方法，抽取调查小区。每个调查小区的人口大约200到250人，全国将抽取约6万个调查小区。

最终实际样本量为2 131万人，占全国总人口的1.55%。根据这次人口抽样调查的数据推断出，2015年11月1日零时我国大陆31个省、自治区、直辖市和现役军人的人口为137 349万人。同第六次全国人口普查2010年11月1日零时的133 972万人相比，五年共增加3 377万人，增长2.52%，年平均增长率为0.50%。经事后质量抽查，总人口的净漏登率为0.54%。全国人口中已包括据此计算的漏登人口数。

资料来源：根据以下两个资料整理而成。
① 张翼. 两次普查之间的人口调查：1%人口抽样调查意义何在. 光明日报. http://epaper.gmw.cn/gmrb/html/2014-08/26/nw.D110000gmrb_20140826_1-10.htm.
② 国家统计局. 2015年全国1%人口抽样调查主要数据公报. http://www.stats.gov.cn/tjsj/zxfb/201604/t20160420_1346151.html.

5.1 调查对象选择方法介绍

选择调查对象需要解决两个问题：一是调查范围，是调查全部对象，还是部分对象？二是选择方法，如何从全部中选择需要调查的对象。按照调查对象的范围，选择对象的方法可划分为全面调查和非全面调查。全面调查是对调查总体中所有单位无一遗漏进行调查，这类方法旨在获得有关总体的全面准确的信息，主要包括普查和全面统计报表等方法。通常，全面调查范围广、规模大、费时费力，主要应用于调查结果有特殊要求和特殊意义的领域，且调查内容不宜太多。非全面调查是指对调查总体的部分单位进行调查的方法，主要有非全面统计报表、重点调查、典型调查、抽样调查等方法。这类调查方法调查单位数小，消耗的人力、时间和物力较少，调查内容较多，应用范围广泛。调查对象的选择方法如图 5-1 所示。

调查对象的选择方法
- 非全面调查
  - 典型调查
  - 重点调查
  - 个案调查
  - 抽样调查
  - 非全面统计报表
- 全面调查
  - 普遍调查
  - 全面统计报表制度

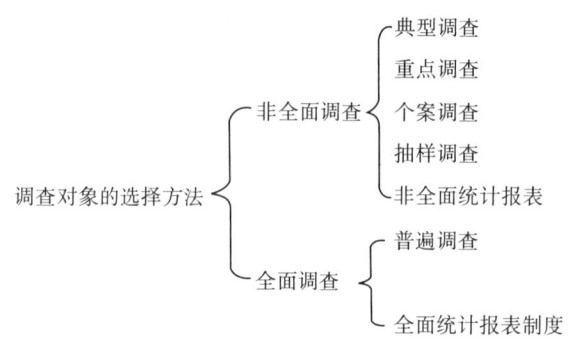

图 5-1　调查对象选择方法

5.1.1　普遍调查

1. 定义

普遍调查（entire population survey），简称普查。指对被调查对象的所有单位无一例外地逐个进行的调查。如：我国于 1953 年、1964 年、1982 年、1990 年、2000 年、2010 年和 2020 年进行的全国人口普查；我国于 2004 年、2008 年、2013 年和 2018 年进行了四次全国经济普查。普遍调查主要有两种方式：①为某个具体的普查项目建立专门性调查机构，设计专门的调查问卷或提纲，招募并培训专门的调查员，对总体中的每一个体进行直接调查获得资料。②利用统计报表组织对全部总体单位进行资料收集工作。这种方式主要由一些权威组织机构如国家行政机关等组建的普查部门制定普查表，通过安排下级有关部门如实填写普查表以提供所需资料。

普查中有一种特殊形式，其特点是要求快速、全面、准确地反映情况，称之为快速普查。快速普查所要获取的指标数量很少，通常只有一两个，要尽量缩短资料收集的路径，直接向调查对象单位布置任务，使用现代先进工具，如电话、传真、电子邮件等进行调查。快速普查只有在一些特殊情况下才能选用。如在新冠疫情期间，全国疫情信息的获取就采用了快速普查。

并非所有的现象都可以选择普遍调查。如当总体规模为无限时，或在调查过程中对调查单位具有破坏性的调查等都不可以进行普查。

2. 特点

普遍调查需要对总体中的全部个体进行调查，因而相对于非全面调查而言，调查对象的数量和调查的范围会更大。普遍调查具有如下特点：

（1）工作量大，费时、费力、费钱。这一特点在总体规模较大时更加明显。以我国1982年第三次人口普查工作所花费的时间、人力和资金成本为例：时间是从1979年底国务院成立人口普查领导小组，至1985年11月宣布正式结束，历时近6年；人力资源上，正式参与普查的人员包括518万名普查员，109万名普查指导员，13万名编码员，4 000多名电脑录入员，1 000多名计算机工程技术人员；资金花费约4亿元人民币，1 560万美元联合国资助。

（2）资料准确，适于了解总体的基本情况。由于普遍调查是基于总体的全部单位获取信息资料，因而最终得到的结果能较好地反映总体的特征。

（3）调查项目所获得的信息比较聚集，因而调查项目不宜过多，只能了解一些必不可少的基本资料。特别是在调查手段，智能水平较低和资料分析工具落后的情况下，这一特点更加显著。如我国人口普查调查项目在1953年只有6项，1982年只有19项，1990年增至23项，2020年由于资料收集智能工具和互联网技术的加持使得调查内容增多且效率提高。

（4）需高度集中的组织和高度统一的安排，以保证调查工作的一致性与条理性。这是普查资料准确可靠的重要条件，也是调查工作中具有较高挑战性的要求。

综上所述，在市场调查实践中，普遍调查并不常用。通常，只有在调查总体单位并不太多的情况下，研究者可能会考虑选择普查，如某些大型设备生产企业，它们生产的产品可能数量非常有限，如果它们希望能够准确地了解用户对产品的看法和建议就可能组织一次普查。

5.1.2 抽样调查

1. 定义

抽样调查（sampling survey）是指按一定的方式从研究总体中选取部分个体单位进行调查获取资料，并将从这部分个体所得到的调查结果推广到总体中去的一种方法。根据从总体中选择样本时是否遵循随机的原则，可以将抽样调查方法分为随机抽样和非随机抽样两大类方法。只有随机抽样方法获得的样本信息才可以从统计意义上推断总体特征，因此，通常除特别说明外，我们在分析抽样调查时主要针对的是随机抽样。随机抽样及其相关分析的理论基础是数理统计，不仅可以根据样本资料描述样本，还可以根据样本信息推断总体特征。

2. 特点

抽样调查只是从总体全部单位中抽取部分进行调查，相对于全面调查，其调查对象数量和范围都较小，因而在时间和资源消耗上具有明显优势。另外，由于随机抽样数据可以应用统计方法科学分析和推断总体，因而在资料的准确性上有坚实的理论基础支撑。概括而言，抽样调查具有以下特点：①非常节省时间、人力和物力。②可以比较迅速地获得资料数据，很多时候时间对于决策是至关重要的。③可以比较详细地收集信息，获得内容丰富的资料（行为、态度）。④准确性高。虽然抽样调查中存在抽样误差（或系统误差）与登记性误差，但由于调查工作量小，因而可以通过有效的组织和管理降低登记性误差；另外，在随机抽样中抽样误差是可以控制的，因而可以准确达到目标。⑤应用范围十分广泛，具有较大的方便性和灵活性。抽样调查适用于所有情形的市场调查项目。

综上所述，普遍调查与抽样调查各有所长，但在市场调查实践中抽样调查具有更大的应用场景和更多的应用机会，关于两者的比较见表5-1。

表 5-1　普遍调查与抽样调查比较

比较内容	普遍调查	抽样调查
应用场景	1. 调查总体单位数少 2. 结果有特殊要求和特殊意义的情境	各种场景
调查对象	全部	部分
具体方法	普查（含快速普查）、全面统计报表	随机抽样、非随机抽样
主要优点	准确性高	时间短、成本较低、准确性高、信息较多、应用范围广
主要缺点	成本高、时间长、信息较少、统一组织管理不易	在非随机抽样的情况下不能准确推断总体

5.1.3 典型调查

1. 定义

典型调查是一种非全面调查，是研究者根据调查目的，在对总体单位全面分析的基础上，选择若干具有代表性的单位进行调查的方法。典型调查是中国社会实践的经验总结，在中国传统社会经济调查中应用非常广泛，如"解剖麻雀"就是其中的经典案例。典型调查的理论依据是辩证唯物论的认识论，即认识论中关于从特殊到一般的原理。典型调查是通过对特殊的具有代表性典型的了解来推论总体的一种方法。这种方法之所以科学，是因为人们对客观事物的共同、本质的认识，是从许多个别事物的特殊性中概括出来的。典型调查主要适用于总体单位同质性较强的情形，也可用于探索性研究，为进一步深入研究做准备工作。

典型调查成功的关键是选择出真正具有代表性的典型单位。在市场调查中调查总体各有特点，千差万别，并不存在某种特定的选择思路和方法，下面是选择典型单位时应该关注的几个方面：

（1）要熟悉和把握总体。选择典型调查单位时应该对所要调查的总体有比较全面的了解，只有这样才能尽可能在抽取典型单位时减少选择的盲目性和主观随意性，保证选择出来的典型单位真的具有代表性。

（2）要依据市场调查项目的调查目的和要求进行选择。选择典型单位是为了更好地实现调查目标，因此，要围绕调查目的和要求选择典型单位。

（3）要在综合考虑调查总体的同质性、规模和调查对象的特点等因素的基础上确定选择的思路和方法。通常，当调查总体单位差异性小时，典型单位的选择相对比较容易；调查总体规模较小时更易于典型单位的选择，调查总体规模较大时可以根据大多数原则或平均水平原则选择典型单位。

（4）选择典型单位要具有适当的灵活性和动态性。在一项市场调查项目中，起初选择的典型单位可能并不理想，随着对总体了解的深入，可以及时根据需要更换或增减典型单位。

2. 特点

概括地讲，典型调查是研究者根据调查目的从总体中选择部分进行调查的方法，具有如下特点：

（1）从本质来说，典型调查是一种选择调查，而且这种选择是研究者根据对总体和调查任务的理解进行的主观性选择。

（2）从选择数量上看，典型调查是一种小型调查，通过少数具有代表性单位的调查来获得对总体的把握。因此，这种小型调查通常效率较高，但其结论的可靠性更多地依赖于研究者对典型的选择。

（3）从调查具体方法上看，典型调查是一种"解剖麻雀式"的调查方法，典型调查之所以在中国传统经济社会成为主流的调查方法是由于当时经济社会现象总体普遍存在异质性程度低的特点，总体单位的高同质性使得通过"解剖麻雀"就可以较好地把握总体。在市场调查实践中，由于市场调查总体很少具有这样的同质性特点，因此典型调查更多地只用于探索性调查。

（4）从调查结果上看，典型调查是一种侧重于定性分析的调查研究方式，典型调查重在对典型的"解剖"，因此通常需要对选择出的典型单位作较深入的信息收集，以便更好地看清总体。

综上所述，典型调查在针对同质性强的总体进行调查时是非常高效高质的方法，但它存在诸多局限性：①最易受研究者主观因素的影响；②缺少科学的定量分析手段；③所代表的总体范围和调查结论的适用范围不易统一；④只适用于同质性较强的对象等。

5.1.4 重点调查

1. 定义

重点调查是在调查总体的全部单位中选择一个或几个对全局具有决定性的单位进行调查，并根据这些总体单位的特征推断出总体相应特征的调查方法。重点调查只适用于具有重点单位的情形，所谓重点单位是指在研究者关注的指标总体中存在少数几个单位，它们在这一指标上的数值总和占总体这个指标值之和的比重很大。譬如，要调查我国国内电商平台在某个季度的销售总额，可以通过调查我国国内电商平台中少数几个龙头电商平台，如京东、淘宝、唯品会、苏宁易购、美团、拼多多等在这个季度的销售总额，并根据历史资料统计出这些重点单位销售总额占比的估计值，由此推算出我国国内电商平台在这个季度的销售总额。重点单位的选择是重点调查成功与否的关键。实践中能否采用重点调查的方法，是由调查任务和研究对象的特点决定的。

2. 特点

重点调查的主要特点是它的适用情形非常特殊，只有在研究者关注的指标上总体只具有少数几个重点单位，并且这些总体单位可以较好地反映总体在这个指标上的特征。当总体具有这样的少数几个重点单位时，重点调查是比较容易组织和开展的。另外，重点调查是一种侧重于定量分析的调查研究方式。

5.1.5　个案调查

1. 定义

个案调查是对某一具体社会经济单位进行全面深入调查研究的方法。个案的类型包括各类人员个案、单位或社会团体个案、各类事件个案。首先，个案调查确定调查目标和调查对象，根据已掌握的信息列出调查提纲，做好调查前的各项准备工作。然后，开展实地调查，围绕个案收集资料并进行研判，根据新的进展调整调查思路和提纲，直到达成调查目标。最后，根据调查的全部资料进行系统分析研究，得出结论并提出建议或对策。如有些汽车整车生产企业在面对用户投诉产品存在重大质量问题时，需要在做出是否需要召回处置决策前，针对这个重大质量问题进行深入全面的调查，这就属于个案调查。

2. 特点

个案调查过程是一个详细了解事实的过程，得到的资料十分丰富、生动、细致。个案调查重视从系统的角度研究个案，将调查对象放到社会的、经济的、文化的背景中去观察、分析和判断；重视将调查对象放在历史的背景中去观察、分析和判断。总之，个案调查具有以下主要特点：

（1）个案调查侧重于定性研究，通过收集个案的多角度资料以深入全面地反映个案，资料丰富且具体，主要以定性资料来描述个案特征。

（2）个案研究主观随意性较大，受研究者主观因素的影响较多，缺少严密的科学方法。个案调查的资料都是针对个案的，不同的研究者可能由于其价值观、知识结构、专业能力、研究方法偏好和生活经历等因素而对相同的信息产生不同的理解与解读，这些对最终的研究结果都会产生比较大的影响。相对于其他调查方法，目前还缺乏非常严密的科学研究。

（3）个案调查对象的规模一般较小，但强调对个案调查的全面、深入和细微，要求调查方法具备灵活性和多样化，以保证获得个案各个方面的信息，从而对个案有比较全面准确深入的把握。

5.2 抽样调查方案设计概述

5.2.1 抽样调查的概念与作用

1. 概念

抽样调查是从所要研究的现象的全部个体单位中，按一定的方式选取部分个体单位进行调查，取得资料，并用这部分个体所得到的调查结果推广到总体中去的一种方法。抽样调查方法可以分为随机抽样和非随机抽样两大类。其中，随机抽样方法主要包括简单随机抽样、系统抽样、分层抽样、整群抽样、多阶段抽样和 PPS 抽样等方法，非随机抽样主要包括偶遇抽样、判断抽样、配额抽样和滚雪球抽样等方法。

与全面调查相比，抽样调查具有以下三种显著优势：

（1）经济。与全面调查相比，抽样调查的样本量大大减少，可以显著地节约人力、物力和财力。

（2）高效。由于抽样调查只对总体中少量单位进行调查，故能十分迅速地得到调查结论。

（3）准确。抽样调查是调查部分总体单位，数目较少，参加调查的人员比较精干，登记性调查的误差较小，能提高调查的质量。

2. 作用

在市场调查实践中，抽样调查应用非常广泛，其作用主要体现在以下几个方面：

（1）可以完成全面调查无法完成的调查项目。全面调查并不能适用于所有的市场调查项目，对那些不可能或不必要进行全面调查的社会经济现象，可用抽样调查方式解决。

（2）可以较好满足在资源和时间有限条件下及时高效高质完成调查项目的要求。在经费、人力、物力和时间有限的情况下，采用抽样调查方式，可节省开支，争取实效，用比较少的人力、物力和时间，达到较满意的调查效果，这对于企业需要快速做出决策至关重要。

（3）可以高效开展纵向调查，以把握市场现象随时间变化的情况或规律。由于抽样调查具有经济、高效和准确的特点，因此，可以用较小的成本对同一现象在不同时间进行连续不断的调查，可随时了解现象的发展变化情况。

（4）可以对全面调查的质量进行验证，也可以作为全面调查的补充调查。如在中国的人口普查年份会通过抽样调查（常常是 10%）对普查质量进行评估，在两个人口普查年份之间的年份会开展一次人口抽样调查以弥补因两次普查时间间隔太长而不能准确反映人口状况的不足,以较小的成本获得有价值的信息,为相关决策提供准确可靠的信息。

抽样调查不仅可以应用于市场调查,作为一种普适性的方法,它具有广泛的应用领域,如可运用于企业产品质量管理,更好地为企业决策提供服务,如可用于农业领域的新品种培育和选择、新药上市场前的各种试验,等等,在此就不一一列举了,读者可以结合所学专业和经历进行思考。

5.2.2 常用专业术语

1. 总体和样本

总体是指所要调查对象的全体。总体规模是指全部总体单位的数量,通常用 N 表示。调查总体通常还要区分为目标总体和调查总体。目标总体是指所研究的全部元素的集合。而调查总体是指研究者在调查过程中用于实际抽取调查样本的个体的集合体,需要研究者根据调查的实际需要对研究总体进行更加具体和精准的界定。由此可见,市场调查中的样本是从调查总体中抽取的。

样本是总体的一部分,是由从总体中按一定程序和方式抽得的那部分个体或抽样单元组成。样本规模指样本单位的数量,通常用 n 表示。

2. 总体指标和样本指标

总体指标是反映总体特征的指标,是需要根据总体各单位标志值计算的指标。

样本指标是反映样本特征的指标,是可以根据样本各单位标志值计算的指标。

3. 参数值与统计值

参数值也被称为总体值,它是关于总体中某一变量的综合性描述,或者说是总体中所有元素的某种特征的综合数量表现。参数值只有对总体中每一元素都进行调查或测量才能得到,常用希腊字母表示,如总体平均数 μ、总体比例 π、总体方差 σ^2。统计值也被称为样本值,它是关于样本中某一变量的综合性描述,或者说是样本中所有元素的某种特征的综合数量表现。统计值是相应的参数值的估计值,常用罗马字母表示,如样本平均数 $\bar{X}$、样本比例 p、样本方差 S^2。

统计值与参数值两者的重要区别:参数值是唯一的、确定不变的,通常是未知的;统计值是随样本的不同而变化的,对特定的样本是可以计算的。从样本的统计值来推断总体的参数值是市场调查的重要内容。

由表 5-2 我们可以发现,各民意测验机构的预测都是基于所调查的选民意愿的计算结果,是由样本决定的,因而它们的预测结果并不完全一样,且都是统计值,而最终的实际投票结果是基于美国全部选民的意愿得出的结果,是参数值。虽然各民意测验机构的预测结果并不都等于最终的实际投票结果,但它们的差距并不大,也可以得出与最终结果一致的结论。

表 5-2　1996 年美国总统选举预测结果与实际结果的比较　　　　　　　　　　（%）

民意测验机构	克林顿	多尔	佩罗特	其他
Hotline/Battleground	49	40	9	2
路透社/Zogby	49	41	8	2
哈里斯民意测验	51	39	9	1
NBC/华尔街时报	51	38	9	2
盖洛普民意测验	51	38	9	2
Pew 研究中心	52	38	8	2
美国广播公司	52	39	7	2
CBS/纽约时报	54	35	9	2
实际投票结果	49	41	9	2

4. 重复抽样和不重复抽样

重复抽样又被称为回置抽样，是一种在总体中允许重复抽取样本单位的抽选方法，即从总体中随机抽出一个样本单位后，将它再放回去，使它仍有被抽取的机会，在抽样过程中总体单位数始终相同，被抽中样本单位的概率也完全相等。

不重复抽样又被称为不回置抽样，即先被抽选的样本单位不再放回到总体中去，即任何样本单位一经抽出，就不再具有第二次被抽取的可能性。

5. 抽样单元和抽样框

抽样单元是指将总体划分为有限个互不重叠而又完备的部分，每一个这样的部分作为一次直接抽样所使用的基本单位时，这些基本单位被称为抽样单元。抽样单元可大可小。抽样框，也被称为抽样范围，是指一次直接抽样时总体中所有抽样单位的名单。抽样框一般可采用现成的名单，如街道中的社区名单、单位电话号码簿、企业协会单位名录、住户登记表、用户名单等。在利用现有名单作为抽样框时，要先对该整个名单进行审核和检查，避免有重复或遗漏现象的出现，以提高抽样框对总体的代表性。

例：在全国性消费服务满意度调查中可以分别设计如下两种抽样调查方案：

（1）设置省、自治区和直辖市为一级抽样单元，省下面的地级市设置为二级单元，城市中的街道可以设置为三级单元，消费者设为四级单元，抽样方案按照不同级别的抽样单元分别进行。如第二级中江苏省有 13 个地级市，那么这 13 个地级市就构成对应的抽样框，其中的每一位地级市都是抽样单元。

（2）把全国所有的消费者作为抽样框，其中的每一位消费者都是抽样单元。

虽然抽样方案（2）的操作性并不太好，但它可以很好地说明抽样框和抽样单元这组概念的来由：抽样框和抽样单元这一组概念可以看作是为了满足市场调查实践而对总体与总体单元概念的拓展。

6. 置信度和置信区间

置信度和置信区间是在进行区间估计时用到的一组概念，反映了由统计值来推断参数时的基本原理。置信度是指由样本统计值构造的置信区间中有多大比例包含了总体参数值，它反映的是抽样的可靠程度。

置信区间是与一定的置信度相对应的,是基于样本统计值构造的总体参数值可能的取值范围,置信区间上下限的宽度能够反映抽样的精确程度。置信区间越大,抽样的精确程度就越低。

5.2.3 抽样方案设计

所谓抽样方案设计,就是从一定总体抽取样本以前,预先确定抽样程序和方案,在保证所抽选的样本对总体有充分代表性的前提下,力求取得最经济、最有效的结果。抽样方案是指导抽样实践的具体计划和项目指南,通常抽样方案设计需要包括以下基本内容:

抽样方案设计的基本内容有:
(1) 确定抽样调查的目的、任务和要求;
(2) 确定调查对象的范围和抽样单元;
(3) 确定抽取样本的方法;
(4) 确定必要的样本量;
(5) 对主要抽样指标的精度提出要求;
(6) 确定总体目标量的估算方法;
(7) 制定实施总体方案的办法和步骤;
(8) 评估样本质量。

抽样方案设计的主要程序与抽样方案基本内容的确定基本一致,具体如图 5-2 所示。

这里有些内容是由具体项目决定的,还有些如抽样技术和样本量确定是本章后面要详细介绍的,所以这里我们主要对界定总体及其重要性做分析。界定总体就是指界定调查总体,是在具体抽样前对从中抽取样本的总体范围与界限做出明确的界定,这是由调查目的决定的,也是达到良好的抽样效果的前提条件。这里介绍一个因界定总体错误而导致调查失败的经典案例。1936 年美国《文摘》杂志对总统大选进行民意测验:依据电话号码簿和汽车登记簿进行抽样,发出 1 000 万份询问明信片,收回 200 多万份,其调查结果极其自信地预测共和党候选人兰登将以领先 15% 的得票率战胜民主党候选人罗斯福当选总统。然而实际投票结果证明《文摘》预测完全错误!其实这个失败的预测在《文摘》开始发放明信片的时候就已经注定,因为它的调查总体界定存在严重偏差,关于这一点请读者结合当时的时代背景进行思考。

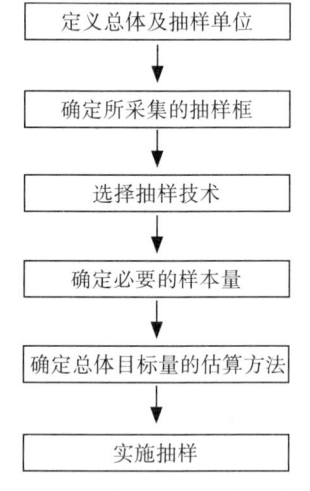

图 5-2 抽样方案设计程序

如果现在要调查一个网站的单击率和人气情况,可以用该网站注册电子邮箱的客户作为研究的总体吗?不能!因为有可能同一个人在一个网站注册几个账户,一部分人注册过以后很少用,甚至根本就没有用过该账户,这些都应该排除在抽样的总体之外。

因此在确定调查总体时除了要明确调查对象以外,还要确定是否具有可操作性。如果不清楚明确地界定总体的范围与界限,即使采用严格的抽样方法,也可能抽出对总体严重缺乏代表性的样本来。

5.3 随机抽样方法

5.3.1 简单随机抽样

简单随机抽样又被称为纯随机抽样,是指从一个包含 N 个单位的总体中,按随机原则抽取 n 个单位作为样本。简单随机抽样是一般统计推断方法假设的条件和前提,换言之,在统计推断时大多数方法都是针对简单随机抽样的。

1. 简单随机抽样的方法

简单随机抽样一般可采用掷硬币、抽签、查随机数表等方法抽取样本。

(1)抽签法。实践中抽签法应用非常广泛,特别是当总体单位数量较少时。抽签法的具体操作步骤:首先,给总体的每个单位编号;接着,做成号签,要保证所有的号签看不出任何区别,即无法直观辨别;然后,把号签充分混合之后,抽取所需单位数;最后,按照抽中的号码,查对调查单位,并加以登记。

(2)随机数表法。随机数表是将 0—9 十个数字用完全随机顺序排列编制而得的表,如表 5-3 所示。由于随机数表是随机生成的,因而,可以用抽签法生成随机数表。

表 5-3 随机数表(部分)

03	47	43	73	86	36	96	47	36	61	46	98	63	71	62
97	74	24	67	62	42	81	14	57	20	42	53	32	37	32
16	76	02	27	66	56	50	26	71	07	32	90	79	78	53
12	56	85	99	26	96	96	68	27	31	05	03	72	93	15
55	59	56	35	64	38	54	82	46	22	31	62	43	09	90
16	22	77	94	39	49	54	43	54	82	17	37	93	23	78
84	42	17	53	31	57	24	55	06	88	77	04	74	47	67
63	01	63	78	59	16	95	55	67	19	98	10	50	71	75
33	21	12	34	29	78	64	56	07	82	52	42	07	44	28
57	60	86	32	44	09	47	27	96	54	49	17	46	09	62
18	18	07	92	46	44	17	16	58	09	79	83	86	19	62
26	62	38	97	75	84	16	07	44	99	83	11	46	32	24
23	42	40	54	74	82	97	77	77	81	07	45	32	14	08
62	36	28	19	95	50	92	26	11	97	00	56	76	31	38
37	85	94	35	12	83	39	50	08	30	42	34	07	96	88
70	29	17	12	13	40	33	20	38	26	13	89	51	03	74
56	62	18	37	35	96	83	50	87	75	97	12	25	93	47
99	49	57	22	77	88	42	95	45	72	16	64	36	16	00
16	08	15	04	72	33	27	14	34	09	45	59	34	68	49
31	16	93	32	43	50	27	89	87	19	20	15	37	00	49

随机数表法是应用随机数表完成抽取样本的方法。随机数表法的基本步骤:

第一步 将总体中的每一个单元都编上号,要注意的是,所有号码的位数均应相同,如 N=599,则所有元素的编号依次为 001—599。当总体规模是 100、1 000、10 000

之类的数值时,需要从 0 开始编码,如当 N=1 000 时,编号应该依次为 000—999,主要是为了提高抽样的效率;

第二步 从随机数表的任一位置开始,向任何一个方向连续地摘录数字;

第三步 将得到的数字按上边编号的位数分割为若干组数码,得到的数码所对应的单元即入样,将重复的数码和没有对应单元的数码去掉,直至抽足所需样本量为止。

2. 优缺点与适用条件

简单随机抽样具有如下优点:

(1) 方法简单直观,当总体名单完整时,可直接从中随机选取样本;

(2) 由于抽取概率相同,计算抽样误差及对总体指标进行推断时比较方便。

简单随机抽样有如下缺点:

(1) 在实际调查中,编制和获得完整的抽样框是非常困难的,有时甚至是不可能做到的;

(2) 简单抽样得到的样本较为分散,会消耗较大的调查成本。

简单随机抽样适合于总体单位数不是很庞大,而且总体分布比较均匀的情况。

3. 利用 SPSS 实现简单随机抽样的步骤

【例 5-1】

曙光乡共有 22 个电商企业,乡政府希望通过抽样调查了解它们的销售经营情况。对该乡全部电商企业随机抽取 6 个企业作为调查样本。

【具体操作】

第一步 启动 SPSS,为 22 个电商企业编号 1—22,如图 5-3 所示。

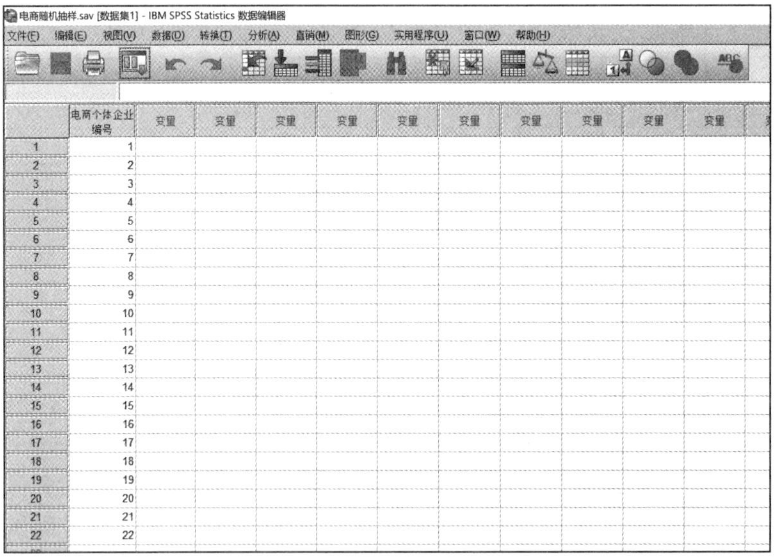

图 5-3 建立电商企业编号的数据集

第二步　在已建立的抽样框数据编辑窗口中，单击"数据"—"选择个案"，出现"选择个案"对话框。选中"随机个案样本"，点开"样本"。如果是精确抽样，则输入样本量和总体规模；如果是近似抽样，根据抽样的比率，输入百分比。单击"继续"后，选中"过滤掉未选定的个案"，最后单击"确定"，具体如图 5-4 所示。

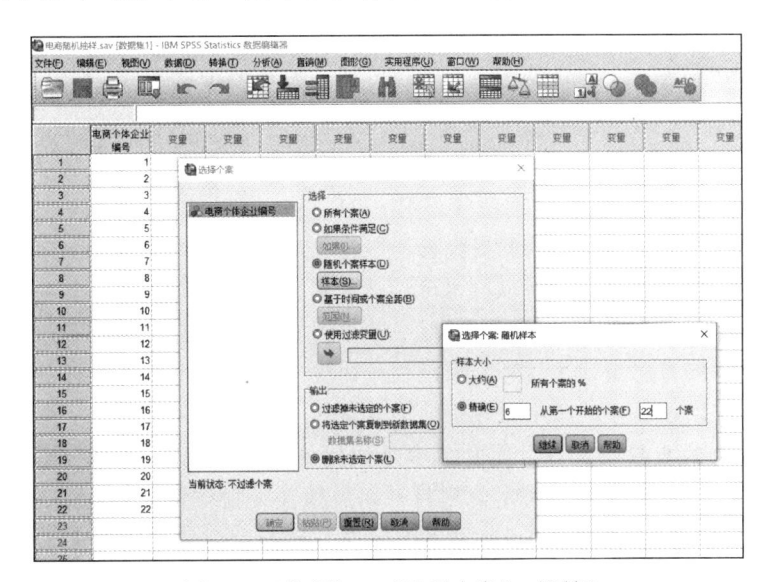

图 5-4　"数据"—"选择个案"对话框

第三步　单击"确定"后得到的随机样本数据集如图 5-5 所示。

图 5-5　抽样结果

- 思考：如何利用 Excel 实现简单随机抽样？

5.3.2　系统抽样

系统抽样（systematic sampling），又名等距抽样，是指按随机原则在总体单位中等间距地抽取样本。通常需要先对总体的每个单元进行编号，使它们按照一定顺序排列，然后按一定间隔选取样本的抽样方法。使用系统抽样方式的前提条件是必须获得完整的总体名单或良好的抽样框，这一点与简单随机抽样是一样的。抽样间隔的运算公式如下：抽样间距 = 总体规模 / 样本容量，用字母表示为 $K=N/n$。

┊例 5-2┊

请运用系统抽样方法,从 120 户居民家庭户中选出 9 户作为调查样本。

具体操作过程如下:

第一步　对 120 户居民家庭编号,编号为"1"到"120";

第二步　计算抽样间隔 $K=120/9=13$(利用四舍五入取整数);

第三步　随机抽取第一个编号,具体做法是:利用简单随机抽样方法从编号为 1—13 的家庭中随机抽取第一个编号;

第四步　从第一个被抽中的家庭编号开始,每隔 13 抽取一个编号,总共抽取 9 个编号。如第一个编号为 8,则其他被抽中的编号分别为 21、34、47、60、73、86、99、112;

第五步　将被抽中编号对应的家庭找出,即构成调查样本。

在实践中利用系统抽样方法获取样本时,通常可以根据具体情况设计简便易操作的编号方式,使得抽样过程变得更具操作性。如对一个居民社区的家庭进行编号就可以采用右手原则,确定社区进入点为起点,这样可以保证编号的唯一性。如果已经确定了第一个编号和抽样间距,那么就可以在编号过程中同时确定样本家庭。

选择系统抽样的重要前提条件是总体中个体的排列相对于研究的变量来说应该是随机的,即不存在某种与研究变量相关的规则排列,否则系统抽样将会出现极大的偏差。因此,在给抽样框编号时,应该注意抽样单元的排列不要呈现某种明显的规律性,特别要注意避免以下两种情况:一是总体名单中个体的排列具有某种次序上的先后、等级上的高低的情况;二是总体名单中个体在排列上有与抽样间隔对应的周期性分布。

请思考以下两个具体的情形:

(1)若从 11、12、13、14、15、…、56、57、58、59、60 共 50 个数中抽取 10 个数作为样本,用样本平均数代表总体平均数,会出现什么情况?请评价样本代表性。

(2)若从 60、65、70、75、80、60、65、70、75、80、…、60、65、70、75、80 共 50 个数中抽取 10 个计算平均数,会出现什么情况?样本代表性如何?

在 Excel 的"数据分析"工具中有一个"抽样"工具,有助于我们更加高效地完成随机数表法抽样或系统抽样等。下面用一个例子介绍其操作方法和过程。

┊例 5-3┊

要从 133 家企业中按系统抽样方法抽取 30 家企业。具体操作步骤如下:

第一步　对 133 家企业编码 1—133,具体如图 5-6 所示。

第二步　将 133 家企业编码 1—133 转换为 001—113。这一步是针对随机数表法的,系统抽样并不必需。具体做法:选中编号中的两个数,右击并选择"设置单元格格式",在"数字"—"分类"中选择"自定义",在"类型"下方输入三个"0",表示选中的数都用三个数表示,最后用格式刷将其余的数全部刷一下。具体如图 5-7 所示。

第三步　选择"数据"—"数据分析"—"抽样",单击"确定"按钮,如图 5-8 所示。提醒:图中可见的"随机数发生器"是可以帮助生成随机数表的。单击"确定"后会出现"抽样"对话框,选中总体可抽样框中的全部编号作为"输入",确定要输出的区域,也可以是新工作表。抽样方法有系统抽样和简单随机抽样供选择,这里选择了"周期"系统抽样,输入抽样间距后单击"确定",如图 5-9 所示。

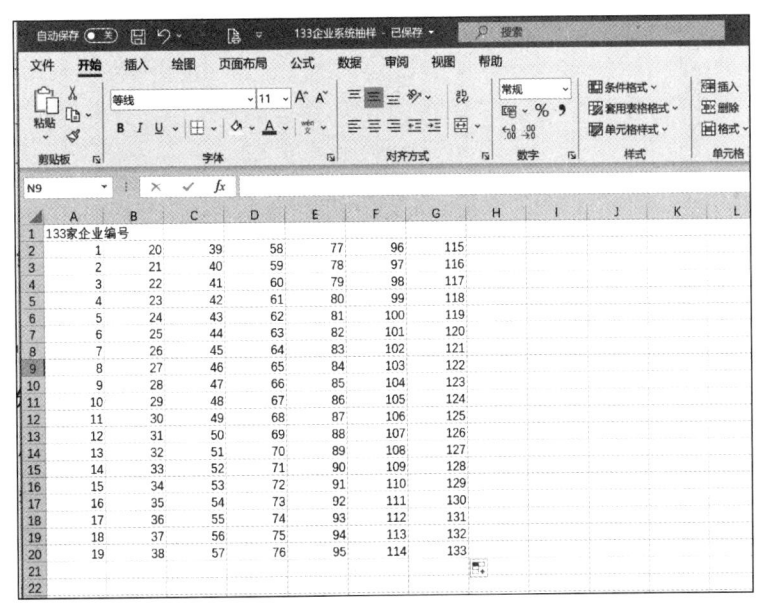

图 5-6 建立企业编号的数据集

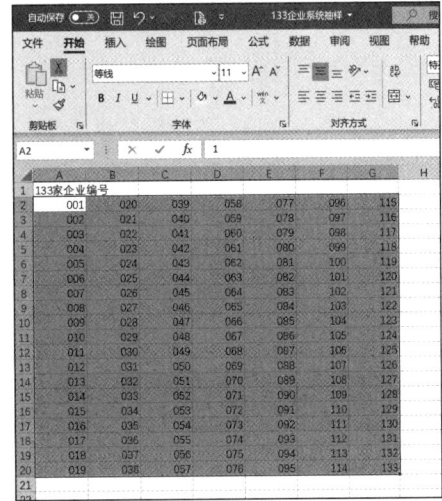

图 5-7 设置单元格格式

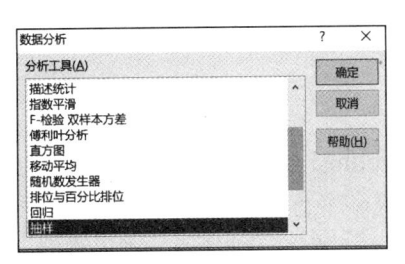

图 5-8 "数据分析"对话框

图 5-9 "抽样"对话框

第四步 单击"确定"后"输出选项"就会出现在指定的地方,具体见图 5-10。

图 5-10 抽样结果

第五步 将选出的编号对应的企业找出,构成样本。

5.3.3 分层抽样

分层抽样（stratified sampling）又称类型抽样,是根据市场调查的目的和总体单位的特征,按总体单位的某个或多个重要标志将总体划分成若干个互不重叠且完备的子总体（也可称之为层）,并将总样本量分配到各子总体,在各层中选用简单随机抽样或者系统抽样等方式抽取样本单位,最后将各层抽取的子样本放到一起就构成总样本。分层抽样时可以根据调查的具体要求,按照一个或多个总体单位标志进行分层。

|例 5-4|

假设总体是 30 000 人，从中抽取 1 000 人作样本。按照年龄指标来分层。

将总体 30 000 人按年龄分为三组（即三层），然后针对每一层分别应用抽签法或随机数表法抽取相应的子样本，最后将各层的子样本放到一起就得到 1 000 个样本单位组成的样本，如图 5-11 所示。

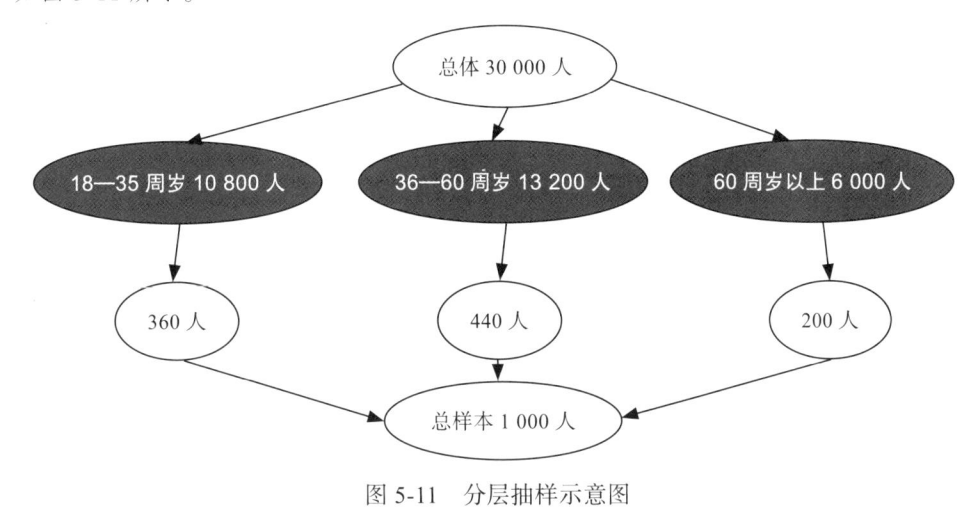

图 5-11　分层抽样示意图

综上所述，一般情况下，分层抽样根据总体单位的重要特征指标分为若干子总体后按随机原则在各层抽取样本，这样不仅可以使样本与总体在这些分层指标上的结构保持一致，而且可以在获得总样本的同时获得各层的子样本。分层抽样在实践中应用广泛，因为它具有以下优点：

（1）在不增加总样本量的前提下可以有效降低抽样误差，提高抽样精度，使总样本更具代表性。

（2）不仅有利于了解总体内各层的特征，而且可以选择某些层进行单独研究或比较研究。

（3）从对调查活动的管理和具体实施角度看，分层抽样比简单随机抽样便利得多。

在市场调查抽样实践中，要能够充分体现分层抽样的优越性，需要解决好以下两个重要的技术问题。

1. 科学选择分层标准

分层标准的选择对于最终获得的样本代表性及样本对调查目的的实现非常重要。常用的选择原则如下：

（1）选择与调查研究相关的主要变量和相关变量为分层变量。

（2）选择那些对总体单位具有明显层次区分的变量作为分层变量，通常当分析单位是人的时候，性别、年龄、受教育程度和职业类别等都可视为明显的分层变量。

（3）分层变量的选择最终要能够确保各层内单位同质性强、层与层之间单位异质性强的要求，即要选择能够突出总体内在结构的变量作为分层变量。

2. 分层比例问题

分层抽样的优点主要是基于各层样本量之间的比例关系与总体保持一致，但在市场调查实践中有可能对各层子样本量的分配无法满足这一要求，因此，对于分层比例的处理需要适当的灵活性。分层比例的处理方法主要有两种：

（1）按比例分层抽样。在一般情况下，可以根据各子总体在总体中的比例来分配总的样本量。假定总体规模为 N，分为 k 层，每层的子总体量为 N_i，则 $N = \sum N_i$。如果确定要抽取的样本量为 n，那么每层抽取的样本量 $n_i = \dfrac{N_i}{N} \cdot n$，且 $\sum n_i = n$。这就是按比例分层抽样，它可以使样本在分层指标上与总体保持一致。

（2）不按比例分层抽样。通常只有在不能按比例分层抽样的情况下，才会选择不按比例分层抽样，最主要的原因是当按比例分层时有些子总体分得的样本量很少，甚至分配不到任何样本量。不按比例分配各子总体的样本量时，主要是由研究者根据调查目的和对总体的了解对各层分配样本量，这会导致获得的样本在分层指标上与总体结构不一致，主要的解决方法是在数据分析时按各层在总体中的比例还原其结构。

5.3.4 整群抽样

整群抽样（cluster sampling）是先根据调查目的和总体特征将总体划分为若干互不重叠且完备的群；然后，采用某种随机抽样方法，从所有的群中直接抽取一个个群；最后，将抽中的所在群中的全部单元放到一起构成样本的抽样方法。

| 例 5-5 |

南京某高校开展大学生对校食堂服务满意度的调查。该校有 20 000 名在校本科生全部住在学校学生宿舍，希望抽取约 10% 的学生进行调查，用整群抽样法抽样时，可以按宿舍来划分，每一个宿舍作为一个群。假设该校所有在校本科生住在 530 个学生宿舍，我们从中抽取 55 个宿舍进行调查，抽样过程如图 5-12 所示。

要注意的是，分层抽样和整群抽样都是先将总体划分为互不重叠且完备的若干部分（层或群），但是划分的原则是不一样的。在分层抽样时，要将在单体单元中某些标志特性比较一致的单元分为一层，要求各层之间的差异性比较大为宜。在整群抽样中分群时的要求则恰恰相反，要求各群之间的差异较小，每个群中各单元的差异较大。从前面的分析很容易看出，整群抽样的一个显著特点是对群直接进行随机抽样，只要群被抽到了，那么这些群中的所有单元都全部进入样本。这样抽取样本的结果往往会使得样本比较集聚，不太分散，从调查实施的角度看比较易于管理，但从样本的代表性看就会有些欠缺。

概括而言整群抽样具有以下优点和缺点。其优点是：①组织实施比较方便，一旦选定了群就可以抽出许多相对集中的单位进行调查；②适用条件宽松，不需要完整的抽样框，只需要群的名单，且不需要群内单元的名单，这使得抽样工作大为简化，也是整群抽样在实践中得到应用的重要原因。

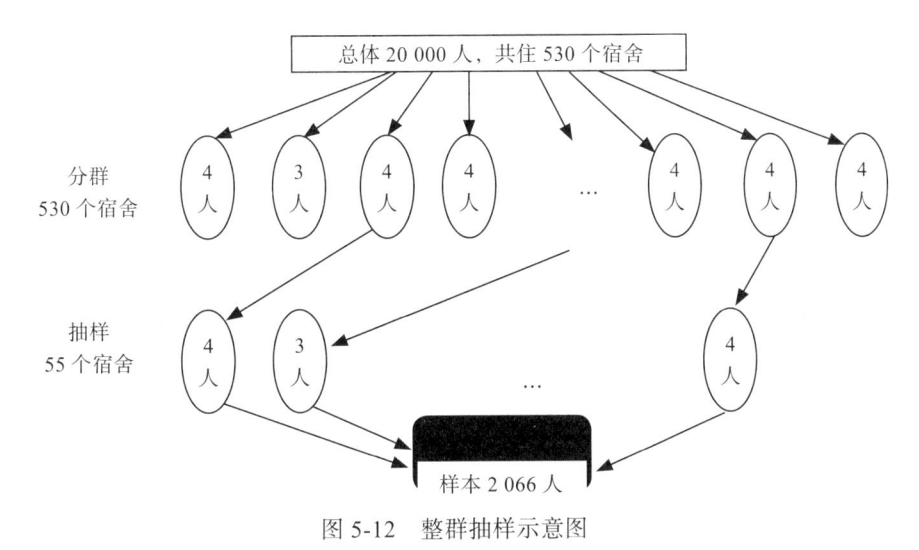

图 5-12 整群抽样示意图

整群抽样的缺点主要表现在这种方法获得的样本往往分布不够广泛，对总体的代表性相对较差，可能会导致调查结果偏差较大。

5.3.5 多阶段抽样

多阶段抽样（multistage sampling），也叫多级抽样。在很多情况下，特别是在复杂的、大规模的市场调查中，调查单位一般不是一次性直接抽取到的，而是采用两阶段或多阶段抽取的方法，即先抽取大的单元，在大单元中再选取小单元，再在小单元中选取更小的单元，这种抽样方式被称为多阶段抽样。

按照多阶段抽样中通常的抽样次序可以把抽样单位分为初级抽样单位 PSU、次级抽样单位 SSU 和末端抽样 USU 等类型。初级抽样单位（primary sampling unit，PSU）是指多阶段抽样中第一阶段抽样单位。次级抽样单位（secondary sampling unit，SSU）是指用于第二阶段抽样的单位。末端抽样（ultimate sampling unit，USU）是指抽取研究（调查）对象的抽样阶段。通常采用简单易行的抽样方法。

多阶段抽样适用于大规模调查，它组织实施的便利程度和抽样精度介于分层抽样和整群抽样之间。对于那些抽样单位数量多且较分散的总体，如果编制抽样框较为困难，或者难以直接抽取所需样本，就可以利用多阶段抽样方法完成。

〖例 5-6〗

某市进行一项全市企业在职职工创新能力状况调查。该市有 60 万名企业职工，他们属

于全市 160 家不同规模的企业,现打算从中抽取 2 000 名职工进行调查,若采用两阶段抽样方法,则具体操作步骤为:

第一步　从 160 家企业中按随机原则抽取 40 家企业。

第二步　从被抽中的这 40 家企业中分别抽取 50 名职工构成样本。抽样过程如图 5-13 所示。

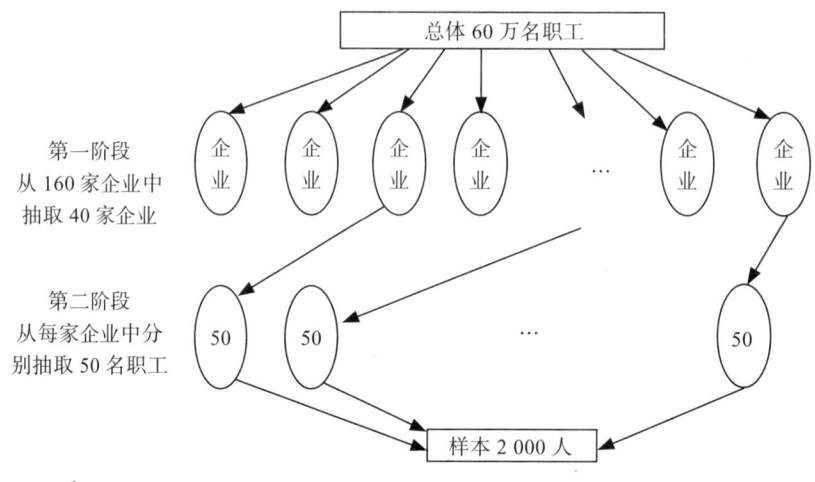

图 5-13　两阶段抽样示意图

在多阶段抽样实践中,有两个重要的技术问题需要重视:一是每个阶段抽样框的设计,二是每个阶段抽样样本量的确定。这两个问题对于多阶段抽样质量会产生较大的影响。举例来说,在图 5-13 的两阶段抽样中,若在初始阶段抽样框的 160 家企业中有一家企业 A 的职工数量为 16 000 名,还有一家企业 B 的职工数量为 200 名,那么这两家企业职工被抽中的概率分别为:

A 企业职工被抽中的概率:$\frac{40}{160} \times \frac{50}{16\,000} = 0.078\,125\%$

B 企业职工被抽中的概率:$\frac{40}{160} \times \frac{50}{200} = 6.25\%$

显然,在这个抽样方案中,这两家企业职工被抽中的概率相差甚远,没有遵循随机性原则,所以最终获得的样本代表性不太好。产生这样的结果的根源是第一阶段抽样单位在职工规模上的差别太大,因此我们要想办法改善。改善的思路有两个:一是改进这一阶段的抽样框设计,二是在第一阶段采用 PPS 抽样,这将在第 5.3.6 节介绍。

每个阶段设计相应的抽样框时要注意各抽样单元的规模差异不能太大,为保证各抽样单元的可比性,我们通常会拆分过大的抽样单元,合并过小的抽样单元。关于如何确定各阶段样本量并没有统一的标准,主要依靠研究者的经验和判断。每个阶段抽样样本量的确定需要综合考虑,主要考虑的因素有:

(1)各抽样阶段中的子总体(即该阶段的抽样单元)的同质性程度。通常,如果同质性程度高,样本量可以适当小些,但如果子总体之间差异非常大,则要尽可能增加这一阶段的样本量。

（2）各阶段子总体的数量。通常，子总体数量较多的阶段样本量需要适当多些。

（3）研究者所拥有的人力、时间和经费等条件。如果调查研究的时间比较多，研究者开展这些市场调查项目的人力和资金比较充足，则可以通过相对增加开始阶段的样本数而适当减少最后阶段的样本数，从而提高总体样本的代表性。

关于各阶段样本量和抽样单元数量的设计有一些经验做法，如初级抽样单位 PSU 抽样单元数是相应阶段设计样本量的 3 倍或以上，如果达不到则可以通过减少抽样对象层级的方法来实现。次级抽样单位 SSU 的数量不宜过多，为调查实施提供便利。越接近末端抽样时，越需要考虑调查实施与管理，尽量降低实施难度。

5.3.6　PPS 抽样

PPS 抽样（sampling with probability proportional to size）的中文名为"概率与元素规模大小成比例的抽样"，这种方法主要用来解决多阶段抽样中某些阶段抽样单元因调查对象的规模差异较大而导致最终样本代表性不好的问题。因此，PPS 抽样本质上是改进多阶段抽样方法中因某些阶段抽样单元规模不等情况下的不等概率抽样，旨在提高样本对总体的代表性。针对图 5-13 中的第一阶段，运用 PPS 进行抽样，具体操作步骤如下：

第一步　将第一阶段各抽样单元排列起来，写出它们的规模，计算它们在总体中所占的比重。具体地，先将该市 160 家企业编号为 1—160，并依次排列在表 5-4 的第一栏；然后在第二栏中列出这些企业的职工人数，即职工规模；最后计算出这 160 家企业中每家企业职工人数占全市职工总人数的千分比，如企业 1 的职工人数所占千分比为 1 000 × 9 000/600 000=15，企业 2 的职工人数所占千分比为 1 000 × 6 000/600 000=10，并将计算结果列入表格的第三栏。

第二步　将每家企业职工所占千分比进行向上累计，并填入表格第四栏"累计 /‰"中。

第三步　运用随机数表法或系统抽样方法对这 160 家企业进行抽样。这里选择随机数表法，具体操作方法为：首先根据"累计"依次给出每家企业所对应的选择号码范围，每家企业号码范围的宽度应该等于它"所占比例 /‰"的数值大小，由于将企业职工人数分为 1 000 份，因此编号应该从 000 开始，到 999 结束；然后在随机数表的任意位置开始，向任意方向持续摘取三位数，只要是在号码范围内第一次出现的就留下，直到摘取到第 100 个数字为止。

第四步　确定每家抽中企业的样本量，即需要抽取的职工人数。在 PPS 抽样中企业职工人数越多，这家企业被抽中的概率越大，而且被抽中的机会可能不止一次，所以要准确统计出每家企业被抽中的次数。在下一个阶段，从每家企业抽取的职工人数应该等于 50 乘以这家企业被抽中的次数。如从表 5-4 给出的所选号码中企业 1 和企业 3 分别被抽到 1 次，所以在第二阶段应该从这两家企业分别随机抽取 50 名职工，而企业 159 被抽中了两次，所以在下一阶段应该从这家企业抽取 100 名职工，即 50 × 2=100。

第五步　对所有被选入样本的企业进行第二阶段抽样。

表 5-4　用 PPS 方法抽取第一阶段样本

企业编号	规模（人）	所占比例（‰）	累计（‰）	选择号码范围	所选号码	入样单元
企业 1	9 000	15	15	000—014	012	1
企业 2	6 000	10	25	015—024		
企业 3	15 000	25	50	025—049	048	2
企业 4	600	1	51	050		
企业 5	1 200	2	53	051—052		
企业 6	6 000	10	63	053—062		
企业 7	18 000	30	93	064—092	089	3
⋮	⋮	⋮	⋮	⋮		
企业 158	24 000	40	939	899—938	903	1
企业 159	36 000	60	999	939—998	948，995	19，20
企业 160	600	1	1 000	999		

5.4　非随机抽样方法

一般而言，任何不满足概率抽样要求的抽样方法都被称为非概率抽样，也称为非随机抽样。使用非随机抽样方法通常比使用随机抽样方法抽样要省钱、省事得多，但是其缺点也比较明显，不能计算抽样误差，这就意味着在评估和预测样本数据质量和结果时存在很大的困难。非随机抽样中经常使用的方法主要有以下 4 种。

5.4.1　方便抽样

方便抽样又称偶遇抽样，是根据调查者的方便与否来抽取样本的一种抽样方法。通常在街头向行人询问对市场物价的看法，或请行人填写某种问卷都属于方便抽样。

方便抽样简便易行，能及时取得所需的信息资料，省时、省力、节约经费，但抽样偏差较大，一般用于非正式的探索性调查，只有在调查总体各单位之间差异不大时，抽取的样本才有较高的代表性。

5.4.2　判断抽样

判断抽样又称为目的抽样，它是凭借研究者的主观意愿、经验和知识，从总体中选择具有典型性的代表单位作为样本的一种抽样方法。应用这种方法的前提条件是调查者必须对总体的有关特征有相当多的了解。

判断抽样选取样本单位一般有两种方法：一种是选择最能代表普遍情况的调查对象；另一种是利用调查总体的全面统计资料，按照一定标准选取样本。

判断抽样方法在样本量小及样本不易分门别类挑选时有较大的优越性。

5.4.3 配额抽样

配额抽样是非随机抽样中最流行的一种。配额抽样是先将总体中的所有单位按一定的标志分为若干类别（或称为组），然后在每个类别中用方便抽样或判断抽样方法选取样本单位。按照配额的要求不同，配额抽样可以分为独立控制配额抽样和交叉控制配额抽样。独立控制配额抽样是根据调查总体的不同特性，对具有某个特性的调查样本分别规定单独分配数额，而不规定必须同时具有两种或两种以上特性的样本数额。交叉控制配额抽样是对调查对象的各个特性的样本数额交叉分配。

|例 5-7|

在一个社区养老服务需求的调查中，研究者将家庭作为分析单位，打算从社区中抽取600个家庭作为样本收集资料。根据家庭规模和是否有老人共同生活两个标志统计了社区四类家庭的占比，如表5-5所示。样本规模为600户，则从每层次总体中按比例抽取样本，应在（1）—（4）类别中依次抽取120户、120户、210户和150户。假如这个项目请30个调查员进行入户访问调查，则可以指定每个调查员在（1）、（2）、（3）和（4）类别中分别调查4户、4户、7户和5户家庭，也就是说每个调查员只要按规定完成这四个类别的配额就可以，不需要过分强调在每个类别中如何选择对应的调查单位。

表 5-5 家庭户配额抽样一览表

类别编号	家庭规模	是否有60周岁以上老人共同生活	在总体中所占比重（%）
（1）	3口及以下	有	20
（2）	3口及以下	无	20
（3）	3口以上	有	35
（4）	3口以上	无	25

配额抽样类似于随机抽样中的分层抽样，表面上看，配额抽样的操作方法与随机抽样中的分层抽样非常相似。它与分层抽样的显著区别有两个方面：首先，配额抽样不需要遵循分层抽样必须遵循的随机性原则，而是可以主观地在各类别中选取相应量的调查单位，而分层抽样必须遵循随机抽样的原则；其次，在分层抽样中，用于分类的指标，应考虑研究目标来选择，而配额抽样无此要求。

配额抽样方法简单易行，可以保证总体的各个类别都能包括在所抽样本之中，与其他几种非随机抽样方法相比，配额抽样的样本具有较高的代表性。

5.4.4 雪球抽样

雪球抽样（snowball sampling）是以"滚雪球"的方式获取样本，即通过少量样本单位以获取更多样本单位进行调查的方法。雪球抽样的基本步骤：首先，找出少数样本单位，为了提高雪球抽样的质量，在这一步应该尽可能多地获取不同类型的样本单位；其次，通过这些样本单位了解更多的样本单位；再次，通过更多的样本单位去了解更多更多的样本单位；以此类推，如同滚雪球，最后使调查样本越来越接近或较好地代表总体。

雪球抽样适用于调查单位具有特殊性、常人不易接触的领域，抑或样本不易识别，或识别成本极高的情况。因此，它比较适合探索性调查。

雪球抽样的优点是便于有针对性地找到被调查者，而不至于"大海捞针"。它的局限性是要求样本单位之间必须有一定的联系，并且愿意保持和提供这种联系，否则，将会影响这种调查方法的进行，影响调查效果。

5.5 样本容量与抽样误差

5.5.1 调查误差的种类和来源

调查误差是指调查的结果和客观实际情况的出入和差数，主要有两种类型：抽样误差和非抽样误差。抽样误差是指样本对总体的代表性不足所导致的误差，通常用一个样本的观测值与该变量真值之间的差异来表示。抽样误差无特定偏向，其误差大小主要受以下三个因素影响：第一，被研究总体各单位标志值的变异程度；第二，抽样的样本量；第三，抽样调查的组织方式。由于抽样误差主要是由系统性因素产生的误差，所以也可被称为系统误差。在随机抽样中，抽样误差通常是可以控制的。非抽样误差是指除样本的代表性以外的因素所产生的误差，往往与人为因素有关，所以也可称为登记性误差。

从调查全过程分析调查误差可能产生的来源，有利于通过有效的全过程管理降低调查误差。图 5-14 给出了调查过程中各类人员在相关环节可能产生调查误差的具体表现，由此可以发现，提高市场调查的准确性需要全过程的科学管理。

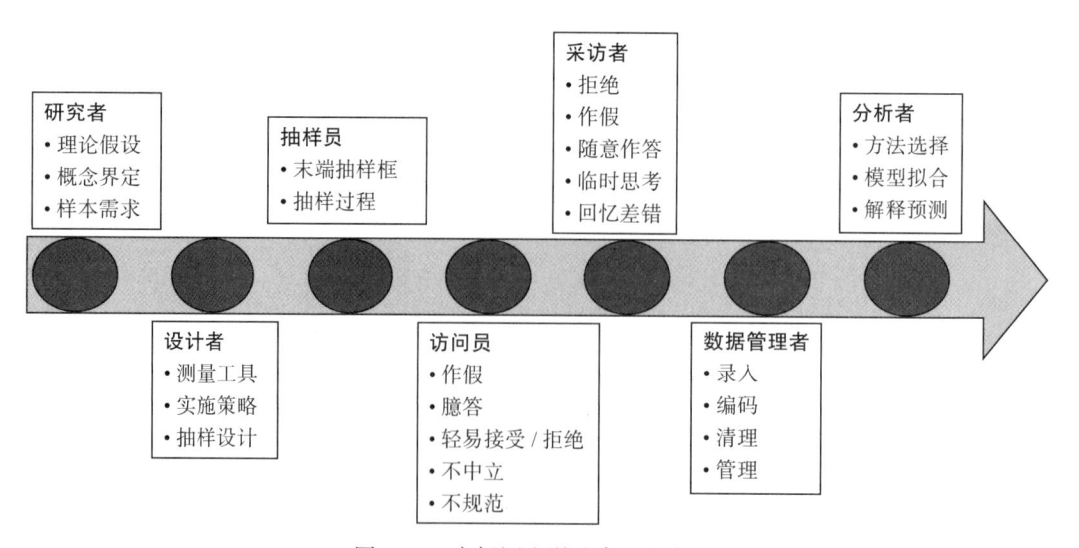

图 5-14 市场调查误差来源的类型

5.5.2 样本量的确定

样本量，又称样本规模或样本容量，指的是样本所含个案的多少，通常用 n 表示。对于一个总体而言，样本量的大小对于最终获得的样本代表性总是有影响的，但样本量的确定却没有一个统一的方式和标准，这是市场调查中确定样本量的一个难题。下面首先分析简单随机抽样下样本量的确定方法，然后在一般意义下讨论样本量的确定方法。

根据统计学理论可以发现，在简单随机抽样下，确定样本量的计算公式为 $n = \frac{t_\alpha^2 \times \sigma^2}{e^2} = \frac{t_\alpha^2 \times p \times (1-p)}{e^2} \leqslant \frac{t_\alpha^2}{4e^2}$，其中 n 为样本量，t_α 为置信度 $1-\alpha$ 对应的临界值，e 为抽样误差，σ 为总体标准差。第二个等号是用统计量 $p(1-p)$ 对参数 σ 进行的推断，后面的不等号是基于 $p(1-p)$ 的最大值 $\frac{1}{4}$ 得出的。表 5-6 列出了部分依据这个推导计算的结果，也就是说，对于简单随机抽样可以在明确置信度和抽样误差后根据表格查出合适的样本量。

表 5-6 简单随机抽样样本量的确定表

最大误差	置信度为 90% 时的样本量	置信度为 95% 时的样本量	置信度为 99% 时的样本量
1%	6 765	9 604	15 589
2%	1 690	2 401	4 147
3%	752	1 067	1 843
4%	423	600	1 037
5%	271	384	644
6%	188	267	461
7%	138	196	339

对于简单随机抽样可以通过查表或计算公式确定相应的样本量，但对其他随机抽样方法暂时还没有如此严谨的方法帮助研究者确定样本量。因此，通常确定样本量需要综合考虑可能的影响因素和调查任务的特点。通常考虑影响样本规模确定的主要因素是：

（1）总体的规模。在其他有关因素一定时，样本规模的增加速度大大低于总体规模的增加速度，也就是说，当总体规模很大时，样本规模并不会随之同比例增加，而是增加得非常缓慢。这一结论对于确定样本量实务具有非常重要的意义。

（2）抽样的精确度和结论的可靠程度。一般而言，抽样精确度越高，要求样本量就越大。在其他条件一定的情况下，置信度越高，即推论的可靠性越大，则所需样本规模越大；在其他条件一定的情况下，置信区间越小，则所需的样本规模越大。

（3）总体的异质性程度。一般来说，要达到同样的精确度，在同质性高的总体中抽样时，所需的样本规模就要小些；在异质性高的总体中抽样时，所需要的样本规模就大些。

（4）研究者所拥有的经费、人力和时间。如果研究者有充足的资源用于市场调查，则可以考虑通过增加样本量来提高调查质量。

需要注意的是，在有些情况下增加样本量并不一定会明显提高调查质量，这一点可以从表 5-6 窥见一斑，如在置信度为 90% 的情况下，如果原来精度要求为 7%，希望提高 1 个百分点，则样本量只须由原来的 138 增加到 188，即增加 50 个样本；但如果原来精度要求为 2%，希望提高 1 个百分点，则样本量就要由原来的 1 690 增加到 6 765，即增加的样本量是原先样本量的 3 倍才能实现，这意味着要提高这 1% 的精度所付出的代价是巨大的。由此可见，对于较小的样本量，样本量很小的一点增加，便会带来精确度的明显增加。但对于比较大的样本量来说，增加同样数量的个案，却收效甚微。因此，市场调查实践中许多调查公司将它们的样本量限制在 3 000 之内。

本章小结

本章首先介绍了市场调查中几种常见的选择调查对象的方法，然后详细介绍了现代市场调查中最常用且有坚实理论基础的抽样调查方法。用通俗易懂的叙述方式介绍了抽样调查的基本概念、相关术语、程序和具体技术，分析了样本量的确定和调查误差的类型。本章没有涉及太多关于抽样设计中数理的内容，但并不意味着抽样技术仅此而已。

在进行抽样设计的时候要考虑很多方面的问题，也要遵循一定的步骤，如研究总体和调查总体的界定、抽样方法的选择、抽样框架的设计、样本量的确定、调查误差的分析等。抽样方案是抽样设计成果的技术性展示，也是实施调查抽样的具体指南。

抽样技术应用极其广泛，不仅仅应用于市场调查，在其他领域也有应用。

实训项目

1. 实训项目：选择一个市场调查项目进行抽样方案设计，这个项目可以是之前选择的小组或班级的市场调查项目。
2. 实训目标：
   （1）认识各种抽样方法的特点和适用情形。
   （2）掌握各种抽样方法的基本程序。
   （3）掌握样本量的确定和调查误差分析技术。
   （4）学会评价样本的代表性。
3. 实训内容：针对具体的市场调查项目，运用本章所学的调查抽样方法进行合理的设计和安排，最终完成规范的抽样方案报告。
4. 实训组织：分小组进行，由学生自愿组成小组，每组 4—6 人。
5. 实训考核：以学生小组为单位完成抽样方案并进行互评，评价主要考虑方案中抽样方法的选择是否得当，步骤是否清楚规范，调查方案整体合理性等方面。最后老师结合小组抽样方案完成情况和互评水平给出小组成绩。

复习思考题

1. 一名教师想从本专业 2 000 名学生当中抽取一个样本，他决定面试下周五一大早进入教室的前 160 名学生。这属于何种抽样方法？
2. 一名教师想从本专业 2 000 名学生当中抽取一个样本，他现在手里有一份名单，上面列出了这 2 000 名学生的学号。教师先随机从名单的前 30 名学生当中抽取一个学号,然后每隔 25 名学生抽取一个学号,直至获得所需要的样本。这属于何种抽样方法?
3. 什么是抽样调查?有何特点?
4. 简述随机抽样与非随机抽样的方式、优缺点及局限性。
5. 抽样误差有哪些类型?在整个调查过程中可能有哪些环节容易产生这些误差?请提出解决的途径。
6. 某市商业银行准备开展储户投资意向调查,试设计一份抽样方案。

参考文献

梁前德.基础统计[M].5 版.北京:高等教育出版社,2014.

第 6 章
CHAPTER 6

问卷设计与问卷调查法

§ 学习目标

1. 了解问卷的概念、作用、类型及基本格式；
2. 理解问卷设计的基本程序；
3. 熟悉问卷中问题的类型，掌握问题与答案设计的基本方法，能够熟练运用于设计问卷；
4. 掌握问卷质量的评价指标并能在实践中正确运用；
5. 能够运用问卷设计技术为具体的市场调查项目设计好问卷。

§ 本章导图

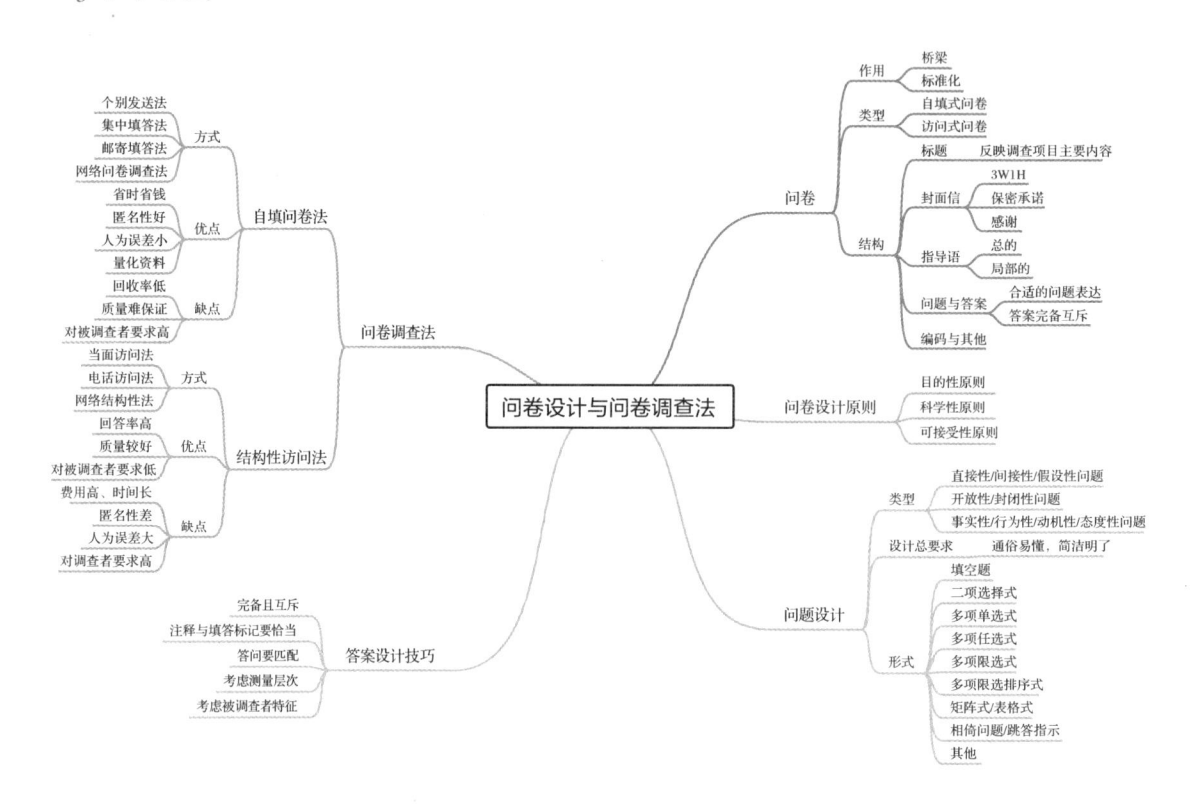

§引例

CCTV 中国美好生活大调查问卷 2021—2022（部分）

1. 2020 年您在哪些方面增加了消费？（   ）（   ）（   ）
   2021 年您打算在哪些方面增加消费？（   ）（   ）（   ）
   0. 汽车   1. 家电   2. 电脑、手机等数码产品   3. 旅游   4. 保健养生   5. 教育培训
   6. 家政服务   7. 文化娱乐   8. 住房   9. 保险   10. 美妆美容   11. 运动健身
2. 2020 年您在哪些方面进行了投资？（   ）（   ）（   ）
   2021 年您打算在哪些方面进行投资？（   ）（   ）（   ）
   0. 国债   1. 基金   2. 股票   3. 黄金等贵金属   4. 期货   5. 楼市
   6. 保险   7. 创业   8. 银行理财   9. 外汇   10. 不投资
3. 2020 年，您在证券市场（股票、基金）的投资收益如何？（   ）
   0. 不投资   1. 亏损 50% 以上   2. 亏损 20%—50%   3. 亏损 20% 以内   4. 不赔不赚
   5. 赢利 20% 以内   6. 赢利 20%—50%   7. 赢利 50%—100%   8. 赢利一倍以上
4. 2020 年您工作日平均休闲时间（除上班、上学、睡觉外）有多少？（   ）
   0. 1 小时以内   1. 1—2 小时   2. 2—3 小时   3. 3—4 小时   4. 4—5 小时   5. 5 小时及以上
   6. 无
5. 工作日的休闲时间您通常做什么？（   ）（   ）（   ）
   0. 看电视   1. 网购   2. 做家务   3. 运动健身   4. 手机娱乐   5. 看书学习   6. 美食料理
   7. 陪伴家人   8. 养生/美容   9. 聚餐/夜宵   10. 游景点   11. 观影/观剧   12. 兴趣班
6. 2020 年，您的工作有什么变化？（   ）
   0. 稳定不变   1. 升职   2. 岗位调整   3. 跳槽   4. 兼职   5. 灵活就业
   6. 辞职休整   7. 开始创业   8. 放弃创业、重新上班   9. 失业

……

性别（   ）①男 ②女 | 年龄（   ）① 18—25 岁 ② 26—35 岁 ③ 36—45 岁 ④ 46—59 岁 ⑤ 60 岁以上

文化程度（   ）①小学及以下 ②中学及中专 ③大专 ④本科 ⑤硕士 ⑥博士

婚姻状况（   ）①未婚无恋人 ②未婚有恋人 ③已婚 ④离异 ⑤丧偶

常住地（   ）①城市 ②农村 | 户口所在地（   ）①城市 ②农村

……

资料来源：中央电视台. http://tv.cctv.com/2021/04/25/VIDAifl8Mnq94FEw6FIQBd1R210425.shtml.

6.1 问卷的作用与结构

6.1.1 问卷及其类型

问卷，又称调查表，是一种以书面形式了解被调查对象的反应和看法，从而获取所

需资料和信息的载体。调查问卷是研究者获得所想收集资料的手段，是被调查者提供相关信息的信息源，在运用问卷收集资料的过程中研究者是有特定目的的主动者，被调查者是被动的帮助者，因此，问卷设计需要研究者千方百计地为被调查者着想，以赢得被调查者的支持和帮助。问卷设计是根据调查目的和要求，将所需调查的问题具体化，使调查者能顺利地获取必要的信息资料，以便于统计分析的一种手段。

根据调查问卷是否由被调查者填写，问卷可以分为自填式问卷和访问式问卷。如果是由被调查者自行完成问卷的阅读和填写，则被称为自填式问卷；如果由访问员询问、被调查者回答并由访问员填写问卷，则被称为访问式问卷。根据是否需要严格地按调查问卷获得资料，调查问卷可以分为结构性问卷和无结构性问卷，如果要求必须严格地按问卷进行资料收集，则为结构性问卷，否则为无结构性问卷。在有些情况下，问卷还可分为主体问卷和过滤问卷，有效的过滤问卷是寻找目标对象的关键所在，而主体问卷是达到调查目的、获取必要信息的重要载体。

概括地讲，问卷是研究者从被调查者那里获得所需要信息的桥梁，研究者要通过这张桥梁让被调查者心甘情愿地提供信息，从而实现其调查目的。因此，问卷具有以下作用：

（1）把研究目标转化为特定的问题。
（2）把问题和回答标准化，让调查者和被调查者处于同样的问题环境。
（3）通过措辞、问卷程序和卷面的视听形象来获得被调查者的配合。
（4）可以作为市场调查的数据记录。
（5）有效地促进市场调查的数据分析过程。

6.1.2 问卷的一般结构

调查问卷的类型有多种，在市场调查实践中所用的问卷也各不相同，但一份完整的调查问卷通常包括标题、封面信、填表说明或指导语、调查问题与答案、编码和其他等部分。下面我们来进行详细的介绍。

1. 标题

标题要准确表达市场调查项目的主要内容，让被调查者通过题目就能够基本了解研究者希望收集资料的领域和主题，通常调查问卷的题目都会出现"调查问卷"几个字。如引例中的问卷标题为"CCTV中国美好生活大调查问卷"，让被调查者很快就了解到调查机构和调查主题。

2. 封面信

通常在调查问卷中除标题以外，被调查者最先看到的是一封信，这封信是研究者写给被调查者的，被称为封面信。信中主要介绍调查者是谁，为什么做这个调查、调查什么、被调查者是如何被选出来的，以及对调查结果的处理和对被调查者信息的保密承诺等。封面信不宜太长，主要是让被调查者了解调查项目的基本情况，解除被调查者的担心和疑虑，从而愿意填写问卷并认真对待。一般在结构性访问调查的问卷中可能还会有另一封信，是研究者写给访问员的，信中的主要内容是对访问员的工作要求、义务和权利等的规范和保证。这里我们主要针对所有自填式问卷中出现的封面信做具体的介绍。在这类写给被调查者的封面信中，需要说明以下信息：

首先，要告知"我们是谁"或"我是谁"，让被调查者知道调查的正式性。比如，"我们是××专业调查机构的工作人员，为了……"封面信的落款也可以反映研究者的身份，因此，落款最好用具体的单位来说明，而且要尽量用比较正式的单位名，因为这样不仅可以让被调查者清楚地知道研究者是哪里的、是些什么人，而且可以在一定程度上减少他们的疑虑和担心。通常研究者为了表达诚意，还会写上单位的具体地址、电话号码和联系人的姓名等信息。

其次，要说明清楚"调查什么"，让被调查者感知参与这个调查的价值。通常用一两句话概括地说明调查的主要内容就可以了。比如，"我们正在开展智能手机运营商服务质量满意度调查"，或者"我们本次调查的主要内容是想了解……"等。关于"调查什么"的说明既要坦诚地告知被调查者，但也不必过于详细，因为过于详细有时候反而让被调查者有心理负担，适得其反。

再次，要告知"为什么调查"。对于调查目的说明，应尽可能反映市场调查的社会价值，或对于包括被调查者在内的消费者或用户所具有的实际意义，让被调查者感觉参与这个调查是值得的。比如，"我们这次调查的目的，是要弄清楚我们提供移动手机相关服务的实际状况和存在的问题，以便企业有效改进服务，从而更好地服务消费者。"

接着，要说明被调查者被抽中的方法和保密承诺。面对陌生人的询问，被调查者有戒备和担心属于正常反应，研究者要尽可能提供信息消除被调查者的担心。因此，研究者在封面信中要简明扼要地说明被调查者是如何"幸运"地被抽中，以及填写信息只作统计分析用且不会有任何泄漏，会按国家法律提供承诺。比如，"您是我们按照科学的方法挑选的××产品的消费者。本次调查采用不记名方法，并且会遵守我国《统计法》规定，将对统计资料保密。所有个人资料均以统计方式出现。"通常还会告知被调查者："本次调查不用填写姓名和单位，答案无对错之分，请您不必有任何顾虑。"

最后，在信的结尾处，要对被调查者的合作与帮助表示真诚的感谢，有时还会告知完成调查问卷会提供礼品或发放酬劳等。下面是一份市场调查项目中使用的调查问卷封面信。

扬州市大学生旅游消费偏好调查问卷

亲爱的同学：

您好！

我们是扬州大学阳光协会，希望您配合我们做一个主题为"扬州市大学生旅游消费偏好"的市场调查。此次调查旨在了解扬州市在校全日制本科生对旅游的消费偏好，从而为扬州旅游企业发展和打造适应时代的扬州旅游产业提供建议和对策，更好地将服务反馈给大学生旅游群体。您是我们按照科学方法挑选的"幸运者"，您的回答对我们非常重要。本次调查没有对错之分,您的回答只要遵循自己内心真实的想法。请按要求在相应的选项画圈或在横线上填写。

我们承诺:本问卷所采集的所有数据仅仅用于统计分析,不会向任何人透露,我们将会严格保密。

谢谢您的支持与帮助。

扬州大学阳光协会
2021 年 6 月

3. 填表说明或指导语

填表说明或指导语是对问卷填写中需要统一要求或需要特别说明的方面进行清楚的交代,目的是让所有被调查者在填写问卷时都能按研究者的思路和要求理解和完成问卷。有时问卷的问题表现形式比较单一,或用很少的指导语就可以交代清楚,通常也可以在封面信中顺带说明清楚即可,如上面的封面信中就有这方面的表达。有些问卷的填写需要交代比较多的解释或说明,则通常需要用专门的标题"填表说明"并列出对诸如填表方法、要求、注意事项等方面的一个总说明。举例如下:

填表说明

（1）请认真阅读每一个问题,并在符合自己情况的答案号码上打√,或者在____处填上适当的内容。

（2）如有特别说明,请按要求填答;其他每一个问题只能选择一个答案。

（3）请独立填写问卷,不要请别人指点,也不要与他人商量。

在一份问卷中除了总的指导语或填写说明外,通常还会在一些复杂的具体问题中对填写答案要求、方式和方法进行特殊说明,如多选题、限选题、限选排序题中可能出现指导语,在有相倚问题和过滤问题时会有跳答提示之类的指导语等。

4. 调查的主题内容:问题与答案

问卷调查的主题内容主要通过问题及其答案来呈现,问题与答案是问卷的主体部分,也是问卷设计的核心任务。问卷中的问题主要有两种类型:开放式问题与封闭式问题。所谓开放式问题就是只提出问题不提供选项的问题形式,被调查者需要用自己的语言进行表达。封闭式问题是指不仅提出问题,而且给出选项,让被调查者根据自己的实际情况选择的问题形式。比如,"您一般选择在什么时间去外地旅游?"就是一个开放式问题。但是,如果这个问题以下的形式呈现,就变成了封闭式问题。

您一般选择在什么时间去外地旅游?(可多选)

A. 周末　B. 法定节假日　C. 寒假　D. 暑假　E. 没有课的工作日　F. 其他时间

在一般的调查问卷中主要以封闭式问题为主,只有少量的开放式问题。这是因为封闭式问题易于作统计分析,得出量化资料,且从被调查者的角度看填写答案方便,省时省力。当然,开放式问题因为可以让被调查者自由表达,通常会获得较为丰富鲜活甚至是研究者意想不到的信息,因此,在问卷中常常也会有一些开放性问题。

5. 编码和其他

现代调查问卷技术是与统计分析方法、计算机技术的发展密切相关的，因此，往往要将调查问卷转化成计算机能"懂"的语言，而这就是编码的作用所在。通常有事前编码和事后编码，在调查问卷中能看到的编码属于事先编码。

除了以上内容外，在调查问卷中往往还会有一些其他内容，如结构性访问调查问卷中常常要设计访问过程的相关信息，如访问员的姓名、多次访问时间和具体情况、审核员姓名、被调查者的地址、联系方式等内容。

6.2 问卷设计的原则和程序

6.2.1 问卷设计的基本原则

市场调查实践中问卷设计需要"不忘初心"，要始终记住为什么要设计问卷，要达成什么目的；要始终记住必须"千方百计为被调查者着想"，只要赢得被调查者的支持，研究的初心方能实现；问卷设计是一项科学技术活动，需要遵循科学理论和测量技术的指导。问卷是研究者和被调查者之间的桥梁，是由研究者主动建造的需要被调查者支持的通向市场调查项目目标的桥梁（如图 6-1 所示）。由此可见，一个成功的问卷设计最终应该以市场调查目标的实现为衡量标准，好的问卷应该达到如下三个具体要求：①调查项目中通过问卷收集的资料"少而精"，所谓"少而精"是指研究所希望收集的资料都不缺，与项目无关的信息都没有，问卷能够高效高质满足市场调查项目的需要；②能够得到大多数被调查者的帮助和支持，问卷设计能够让被调查者因感知到参与调查的价值或感受到接受调查的舒服而愉快地如实作答；③问卷设计能将所要调查的问题明确且准确地传达给被调查者，被调查者能较轻松、较真实、较准确地回答。

图 6-1 问卷的桥梁作用示意图

为此，在实践中，设计市场调查问卷之前和在整个问卷设计过程中，研究者都要始终记住并按以下基本原则指导具体的问卷设计活动，这些基本原则主要有：

1. 目的性原则

在问卷设计开始就要明确问卷设计的目的和目标，并在整个问卷设计过程中始终坚持这些"初心"。问卷只是调查者用来收集市场调查项目所需资料的工具，问卷设计必须始终围绕市场调查项目及其所需测量的概念来进行，要通过问卷设计将需要收集的资料无一遗漏地表达出来，不必多也不必少。研究者应该始终记住问卷设计的目的和目标，并将它们作为问卷设计的出发点和最终"归宿"。

调查研究的目的和目标是问卷设计工作的灵魂，决定了问卷的内容和问题具体的呈现方式。描述性调查问卷设计通常是为了获得市场调查项目中分析单位的资料，因而问卷设计应主要围绕分析单位的基本事实展开；解释性调查问卷设计则重在围绕调查项目研究假设中的变量关系和关键变量的测量来进行，问卷中需要设计什么问题，以及如何呈现测量这些关键变量的具体观测指标都将严格受制于研究假设和关键变量的测量设计。

2. 科学性原则

问卷最终能否达到预期的目的和目标是需要科学的问卷设计与社会测量理论作支撑，并要充分尊重被调查者特征及其他客观实际情况。调查问卷中的内容需要满足调查研究的目的，要对其中的核心概念进行科学的界定并进行操作化，只有建立在使用科学的测量方法和应用科学的技术的基础上，问卷内容才能准确获得研究所需要的资料和信息。问卷中问题和答案的设计要能满足资料收集与分析方式的要求。如果使用自填式问卷方式收集资料，那么问卷应该尽量简洁明了，通俗易懂，让被调查者填写方便且舒服；如果采用邮寄自填问卷法，则需要更加关注封面信的表达；如果采用结构访问法收集资料，那么问题呈现形式可以适当复杂一点。如果最终问卷资料主要用于定性分析，那问卷中的问题形式主要是开放式问题；如果主要用于定量分析，那么问题的形式应主要是封闭式问题。

问卷设计的成功还需要研究者尊重客观事实，这主要有两个方面：一是研究者所拥有的资源条件，如调查经费、调查人员、调查时长等对问卷设计工作的约束；二是科学预判在利用问卷收集资料的过程中可能出现的主客观阻碍因素。主观障碍因素是指问卷可能引起被调查者心理上不良反应的因素。通常问卷中出现的主观障碍因素可能有：①封面信的说明不够清楚、不够充分、不能激发合作欲望和支持责任感；②问题与被调查者特征不够匹配不够协调令他们无法理解和回答；③问题过多；④需要过多的思考、回忆或计算；⑤问题过于敏感，引起顾虑；⑥问卷形式呆板、杂乱、无美感、无法引起兴趣。客观障碍因素是指导致问卷资料收集障碍的被调查者客观特征因素。通常问卷中出现的客观障碍因素可能有：被调查者文化程度较低或受阅读能力、理解能力、记忆能力、计算能力的限制等。

3. 可接受性原则

问卷是研究者与被调查者之间的桥梁，即"研究者 — 问卷 — 被调查者"，遵循可接受性原则是问卷"桥梁"高质量的必要条件。"研究者 — 问卷"实质上是研究者在"办公室"环境下按调研目的和内容规划设计出的能够达成他们调查研究任务的问卷。"问卷 — 被调查者"实际上是研究者的调查设想在"实际"中得以实现的条件和过程，需要被调查者依据研究者设计的问卷来回答问题，这在很大程度上决定了研究者设计的问卷能否真正得以落实，而落实的最低要求是被调查者愿意接受调查。研究者在设计问卷时不仅要重视问卷中需要编入什么问题，还要关注在问卷调查过程中，被调查者是一个个活生生的具体的人这一重要因素。要充分考虑到被调查者对问卷的接受意愿和接受程度，千方百计为被调查者着想，多从被调查者角度考虑，尽量为被调查者填答问卷提供方便和条件。具体地讲，问卷不宜太长，问题不宜太多，问题表达不宜太复杂，问题不宜太难，等等。

即使是相同的调查目的和调查内容，问卷设计也会因调查对象的不同而不同。因此，问卷设计都必须充分了解被调查者的基本特征，如性别分布、年龄特征、职业类型、受教育程度及异质性程度，并根据这些特征确定问卷的类型、问题的表达方式等。如用于对大学生的调查项目，问卷语言表达可以书面化些，问题表达可以稍微复杂一些，问题数量可以适当多一些；如用于受教育程度相对较低的群体，则问卷语言表达要更加通俗更加口语化，问题数量要少些，表达要简单些。另外，问卷设计要充分了解调查对象对调查内容的兴趣并做出相应的安排。研究者应对那些调查对象较熟悉、易引起参与兴趣的调查内容设计问题和答案，提问可采用比较直接的方式，问题的数量可适当多些；而在为那些调查对象不太熟悉、枯燥、会对调查对象产生心理压力或不舒适感的领域设计问卷时，需要更加的用心，问题要设计得概略浅显、指导语要尽量详细、提问可采用间接的方式、问题数量要少些。总之，在问卷中应避免以下情况的出现：①调查者不了解或可能会误解的表达或问题、无法回答或答非所问的情况；②被调查者虽了解问题的含义并愿意回答，但是已记忆不清；③被调查者了解问题的含义，也具备回答的条件，但不愿意回答，即拒答；④被调查者愿意回答，但无能力，包括被调查者不善于表达自己的观点、不知道答案等。

6.2.2 调查问卷的设计流程

1. 探索性调查，明确调查目的和资料范围

企业在提出调查研究项目时，一般只有一个大致的指向，因此，研究者要先明确调查主题及其资料范围。为此，研究者需要在调查方案基础上，通过文献调查、专家访谈或焦点小组座谈等探索性工作进一步深入了解企业调查的目的，认真准确地界定市场调查项目的5W1H内容，即Who（谁需要资料）、What（要什么资料）、Where（在哪儿调查）、When（要什么时间的资料以及什么时间调查）、Why（为什么要调查）、How（如何获取这些资料）。通过对5W1H的界定，确定资料内容、来源、范围和搜集资料的方法。

2. 分析样本特征，确定问卷类型

不同的调查对象具有不同的特点，需要采用不同的方法进行调查。如从年龄角度看，老年人或青少年更适合用结构性访问问卷收集资料，青年和中年人更适合用自填式问卷调查；从受教育程度看，文化程度较高的对象更适合用自填式问卷，而受教育程度相对较低的群体则更适合用结构性访问问卷。

为了使调查问卷的设计符合调查对象的特点，就必须对样本特征进行分析。除了调查对象的人口基本特征外，还要明确调查对象并了解各类调查对象所处的社会阶层、社会环境、行为规范和观念习俗等社会特征，了解他们的需求动机和潜在欲望等心理特征，以及他们的理解能力、文化程度和知识水平等学识特征，然后针对其特征确定问卷类型。

3. 拟定问题，设计问卷初稿

确定了问卷类型后，就可以根据调查内容和被调查者的特征拟定问题，设计问卷初稿。设计问卷的方法主要有三种：卡片式、框架式、综合式。所谓卡片式就是先根据调查目的和内容设计出一个个问题和答案，然后根据问题的类型和所涉及的主题将它们放在不同主题模块之中，最终安排不同主题模块的排列，形成问卷。简言之，就是先设计问题，再从整体上设计问题的排序和布局，形成问卷。所谓框架式，就是先要根据调查目标和调查内容设计若干主题模块，并确定整个问卷的主题顺序，同时考虑需要用什么方法来提问，并尽量详尽地列出问题，以免漏掉有关项目，形成问卷。综合式就是综合利用卡片式和框架式设计问卷的方式。不管是哪种方式形成的问卷，都需要对问题及问卷进行反复的检查和打磨，检查有无遗漏的问题或多余的问题，问题的编排和措辞是否恰当，然后对问题进行删、补、增、换或调整顺序，设计出完整的问卷。

4. 与客户沟通，获得其认同

在委托性市场调查项目中，设计好的问卷最好先获得委托客户的认可。实践中，有些调研公司会要求客户在调查问卷上签名以示认可。要求客户认可提交的调查问卷有三个很好的作用：①客户可以对调研目标做一个检查，客户也许并不关注问卷设计中的所有技术细节，但他们一定会对调研的目的很关注，并且会从他们的角度评价和看待问卷设计的水平和质量；②客户认可程序有助于客户更好地了解调研的进程，对研究者的工作也有一定的了解，促进彼此的了解；③客户责任的明确与分担，由于客户和调研者对调查专业的认识差异，有时会在项目上产生分歧，有了客户对问卷的认同可以在一定程度上减少调查问题的出现，另外，在未来得出调查结果时，若客户管理层抱怨问题设计不全面或不正确，调查者也可以明确责任。

5. 对问卷进行预测试，修改完善问卷

将设计好的问卷进行预测试，找出问卷的不足，及时进行修改。问卷预测试可以有主观和客观两类测试方法。主观测试方法实质上是请有经验的专业人员对问卷进行评价和建议，客观测试则是将调查问卷置于小规模的实地调查中获得检验。通常，预测试会选择5—10个被访问者，请他们按调查问卷的要求完成问卷，调查者可以根据他们完成问卷的情况分析并发现问卷中可能存在的一些普遍性问题。例如，如果只有一个被调查者对某一问题提出疑问，调查者可以不对其进行关注。但如果有多个被访问者对同一问题提出疑问，调查者就应对该问题重新考虑。在分析让被调查者产生疑问的问题时，调

查者应将自己置于被调查者的角度自问自答诸如此类的问题："问题的意思表达得清楚吗？""可以更简洁明了地表达这个问题吗？""被调查者是否可以很轻松地理解这样的结构？""短语表达得清晰准确吗？""是否带有倾向性的引导性词语？""这个问题中只有一个问题点吗？"等。预测试给了调查者更好地站在被调查者立场检视问卷的机会，让调查者可以从操作层面提升问卷质量，所以预测试在问卷设计中非常重要。

在问卷预测试的基础上，调查者要认真总结并对问卷进行修改完善。如果从预测试中发现问卷质量并不高，则需要对问卷进行反复修改，直到调查团队满意，如果条件允许最好再进行一次预测试。如果预测试发现问卷质量较高，则应仔细对出现问题的地方进行修改，完善后就可以进入定稿环节了。

6. 问卷定稿，印制或制作在线问卷

问卷定稿即意味着问卷的整体内容已经符合预期，这时还需要在排版上进行精心设计，做到清晰和美观，达到阅读起来令人愉悦舒服的效果。

确定定稿后问卷即可印制或制作在线问卷。在线问卷的制作需要选择方便和成熟的 App 或平台，不仅要考虑问卷资料收集的便利性，还要考虑所能提供的数据库及分析结果的形式。印刷问卷时也要"千方百计为被调查者着想"，先要注意选择质量合适的纸张。如果问卷的纸张或印刷质量低劣，可能会使被调查者认为这项调查无足轻重，无须费时去答复；如果纸质优良，印刷精美，被调查者就会认为这项调查意义重大，会引起他们的重视和主动合作。然后要确定该问卷应该印多少张，即需要多少调查对象。我们可以根据被调查者的多少、回复率、有效率的高低确定。回复率是指问卷返回的比率，有效率是指问卷回答的质量是否符合要求，是否真实可信。一般的调查问卷要多印一些，有一定加放数，按常规，调查对象多、回复率低、有效率低就多加印些，对象少、回复率高、有效率高就少加印些。

6.3 调查问卷设计要求与技巧

6.3.1 问题的主要类型

1. 直接性问题、间接性问题和假设性问题

直接性问题是指在问卷中能以直接提问方式设计题目并获得答案的问题。间接性问题是指那些不宜直接提问，而要采用间接提问方式进行设问并获得所需答案的问题。假设性问题是指那些不宜直接提问，需通过假设某一情景或现象向被调查者提出的问题。

2. 开放性问题和封闭性问题

开放性问题是指对所提出的问题并不列出所有可能的答案，而是由被调查者自由作答的问题。封闭性问题是指不仅提出问题而且列出对应的所有可能的答案供被调查者选择的提问方式，在具体问题设计中可以要求被调查者从中选择一个或几个答案。开放性问题和封闭性问题具有不同的特点和优缺点。封闭性问题的主要优点是问题和答案的标准化程度高，易于填答，易于进行资料的整理和分析；主要缺点是难于获得鲜活而丰富的具体细节性资料。开放式问题的主要优点是可能收集到具体丰富的鲜活资料，有时还会收集到研究者"意料之外"的资料；主要缺点是信息的标准化程度低，不利于资料的综合与分析。

实践中，大多数市场调查问卷以封闭性问题为主，辅以较少的开放性问题。这是因为现代问卷调查以收集定量资料为特征，通过统计分析实现对问卷定量资料的信息挖掘。

3. 事实性问题、行为性问题、动机性问题和态度性问题

事实性问题是要求被调查者回答一些有关分析单位相关事实的问题。

行为性问题是要求被调查者回答分析单位相关行为特征的问题。

动机性问题是为了解被调查者或分析单位行为的原因或动机而设计的问题。

态度性问题是关于被调查者或分析单位的相关态度、评价、意见等问题。

通常，问卷设计者会根据具体情况选择不同的提问方式。事实性问题和行为性问题比较易于获得回答，可以选用直接提问方式。而动机性问题和态度性问题可能因涉及人的内心思考和潜意识等方面，因而被调查者可能不愿或不太想回答，所以需要选用一些间接提问方式。

6.3.2 设计问句的基本要求

问卷设计的全过程都要千方百计为被调查者着想，这就要求问题和答案的设计要能够达到让被调查者看得轻松、容易明白和准确理解问卷设计者想法的目标。简而言之，问句设计的总要求，用 8 个字来表达，就是"通俗易懂，简洁明了"。凡是没有达到"通俗易懂，简洁明了"的问题或答案，都是需要修改的。

在调查问卷设计实践中，应避免以下情况的出现。

1. 避免提出比较笼统、比较抽象或过于专业化的问题

例如，您认为中国目前是否存在流动性过剩问题：A. 是　B. 否

例题中问题的表述虽是简洁的，但不"明了"，因为它用了非常专业的术语。术语和概念是比较抽象的，对于一般调查对象来讲是不容易理解和回答的，除非调查对象都是相关专业人员。因而即使得到回答，这样的答案给出的信息是否有价值也需要掂量掂量。如果确实需要与之相关的信息，就需要设计者进行测量设计，用通俗易懂、可以感知和测量的指标或问题进行设计，然后综合成专业化的问题答案。

2. 避免用模糊性或不确切的词或句子

例如，"您最近是出门旅游，还是休息？"

在这个问题表达中,"出门旅游"算不算一种"休息"方式?"最近"是最近一周、最近一旬还是最近一月等,其含义并不清晰明确。

如果上面的问句只是一个日常对话,可能应答者是可以理解问话人的意思的,因为其中有特定的语言环境和对彼此的了解。但用在问卷中可能会让调查对象不能准确领会,因此问卷设计者需要谨慎表达。有些在日常表达中习以为常的用词在设计调查问题时意思可能并不清晰,如常用的频度词"很久""经常""一些",还有评价性的词如"漂亮""美丽""好",还有其他词如"目前"、"近日"等,在问卷设计时设计者要考虑改用更加具体可操作的方式表达。

3. 避免引导性提问

例如,权威专家说"运动有益健康"。请问您每周运动时长为:
A.30 分钟以下　B.30—60 分钟　C.60 分钟及以上

上面的例题中以权威专家的话开始,"无意"中向调查对象暗示了调查者的观点和见解,被调查者通常会沿着这种倾向回答,这种提问就是"引导性提问"。引导性提问由于问题不是"折中"的,是有倾向的,所以被调查者的回答往往是不够真实的,因而结果会有很大偏差。

4. 避免提断定性问题

例如,"请问您有几个孩子?"这种问题属于断定性问题,是暗含了回答这个问题的前提条件的,即假定调查对象已经结婚。这样的提问不仅收集不到准确的资料,还可能会被误解,容易引起被调查者的尴尬和不满,导致被调查者不愿意继续回答其他问题。

5. 避免提出烧脑性问题

例如,"您去年家庭生活费支出是多少?"

回答这个问句需要被调查者过多回忆和思考,会让被调查者感到不舒服甚至不愉快,所以诸如此类需要调查对象回忆可能已经遗忘的事情或计算比较复杂的变量等都要尽可能避免。

6. 避免问句中的概念界限不明确

如前面的例子"您去年家庭生活费支出是多少?"这个问句看似简单明了,但仔细想想对于不同的被调查者而言,对"家庭"和"生活费支出"的概念界定很可能是不同的,因此,在设计这类问句时需要设计者仔细琢磨并在准确界定后,用通俗易懂的语言表达。另外,对一些常用词语,如年龄、家庭人口、经济收入等调查项目,通常也会产生多种不同的理解,被调查者需要做出非常明确的界定并用问句准确地表达出来,调查结果才能达到预期效果。

7. 避免一问多题的问句

例如，"请问在过去一年中您的家庭成员在文化水平和经济收入方面是否都明显提高了？"

  A. 是　B. 否

被调查者几乎无法回答这个问题，因为这个问题中隐含了多个可能的答案互不相同的问题。问卷设计中有一个基本原则，就是一个问题只能问一个"点"，也就是说被调查者只需要客观真实地回答这一个"点"对应的问题即可。如果一个问题中包含多个不同的问题，而被调查者需要针对所有这些不同的问题在所设计的答案中做出选择，必然会导致回答的错乱。

8. 不要提问被调查者不知晓或不懂的问题

在一项针对一般人群的市场调查中，如果提问以下问题：

  您最近一个月最关注的财经事件是什么？（可多选）

  A. 外汇储备增长　B. 人民币升值　C. 沪指突破 3 600 点　D. 人民币业务改革

这种问题可能会让被调查者感到不舒服，因为这些可能是他们不知道或不感兴趣的领域。在调查问卷中不要提问被调查者不感兴趣或不知晓的问题，因此需要问卷设计者对被调查者有比较充分的了解。

9. 避免提问那些让被调查者难堪或敏感的问题

问卷调查是试图从被调查者那里获得真实的资料，可能会涉及人的态度和动机等内心深处的信息、个人利害关系的信息或者属于个人隐私的信息等，而且在不同地域或群体中可能存在不同的风俗、禁忌或忌讳的事宜，在问卷中要尽量避免提问这些可能会令被调查者难堪、禁忌和敏感的问题。如果确实需要收集这些相关方面的信息，可以选用其他收集资料的方法，如果非要用问卷方式进行提问，则应当在充分了解被调查者的前提下尽量使用恰当的提问方式、方法和措辞。具体可以采取释疑法、假定法或转移法等方式进行间接提问。

10. 注意问句之间的排列顺序

在设计问卷时，不仅要为被调查者着想，而且要注重所有问句的总体布局为被调查者着想。要用让被调查者能轻松、愉快回答问题的方式对问句进行排列。通常设计者会将容易回答的问题放在前面，将相对不容易回答的问题放在后面；将同主题问题放在一起，并注意问题之间的关联性，让被调查者在心理上和逻辑上感觉舒适。总之，问句的排列要顾及被调查者的感受，条理清晰，以提高回答效果。

6.3.3　问题与答案设计技巧

问题与答案是现代调查问卷的主体。从形式上看，是问题及其答案的呈现形式；从本质上看，是研究者根据调查目的和要求，用恰当的方式收集想要的信息，并能获得被调查者的合作和支持。因此，问题和答案的设计是一项技术性工作，需要用科学的态度认真对待。在设计答案时，可以根据具体情况采用不同的设计形式。

1. 问题的表达类型及设计技巧

调查问卷中的问题以封闭式问题为主。封闭式问题的表达形式多种多样，通常有填空式、二项选择式、多项单选式、多项任选式、多项限选式、多项限选排序式、矩阵式、表格式等表达类型，需要根据调查者收集资料的具体要求进行选择。下面具体介绍各类问题的表达要点与设计技巧。

（1）填空式。

这里的填空式属于封闭式问题的表达类型，例如：

请问您的年龄是____周岁。

请问您的性别是（　　）。

能够用填空式设计的问题要能满足既容易回答，又容易填写的要求，通常只需要填写数字或少量的文字。对于相同的问题，这种表达方式往往能收集更丰富的信息。

（2）二项选择式。

二项选择式有两种使用的情形：一是有关事实和状态本身只有两种可能，因而只能设计出两个选项。

例：请问您的性别是？　　A. 男　B. 女

例：请问您网购过吗？　　A. 是　B. 否

二是对于态度或意见之类的问题，当只需要了解被调查者的两个极端想法时，可以只设计两个选项。

例：请问您喜欢奶茶吗？　　A. 喜欢　B. 不喜欢

显然，关于态度问题，如果选择二项选择式的表达类型，容易导致信息的不够丰富和准确，因为会让有些喜欢程度处于两个选项之间的被调查者不得不在两者之间做出选择。当然，这也有好处，可以使不明确的态度明确化，并且做到了简化的穷尽。

（3）多项单选式。

例：请问您的年龄：

　　a 16 周岁以下　　b 16—29 周岁　　c 30—39 周岁

　　d 40—49 周岁　　e 50—59 周岁　　f 60 周岁及以上

多项单选式是问卷设计中最常用的一种表达类型，设计这类问题的答案时要同时满足穷尽性和互斥性。在资料整理时各答案的频数之和应该等于样本规模。

（4）多项任选式。

例：请问您在购买手机时主要考虑如下哪些因素？

a 配置　　b 品牌　　c 外形　　d 价格　　e 售后服务

多项任选式也是问卷设计中常见的问题表达类型，它不限制被调查者选择答案的最多数目，本质上是多个二项选择式的组合，因而在资料编码时通常要有答案数量个变量编码与之对应。这种类型的优点是可以使被调查者有更多的回答余地，缺点是没有像多项单选式那样满足各项答案的比例之和为 1 的特征，不能做更为复杂的分析。

（5）多项限选式。

例：请问您在购买手机时，优先考虑如下哪三种因素？请在相应的三个选项字母上画圈。

　　a 配置　　b 品牌　　c 外形　　d 价格　　e 售后服务

多项限选题是一种简化的多选题，它限制被调查者选择答案的最多数目。这种类型相对于多项单选式可以给被调查者更多的选择机会，相对于多项任选式则简化了变量的数目。多项限选式也不能像多项单选式那样满足各项答案的比例之和为 1 的特点，不能做如交互分析之类较为复杂的分析。

（6）多项限选排序式。

例：请问您在购买手机时，会优先考虑如下哪三种因素？请将您优先考虑的三种因素相应的序号填入下面的表格内。

　　a 配置　　b 品牌　　c 外形　　d 价格　　e 售后服务

第一因素	第二因素	第三因素

多项限选排序式是为了克服各种多选式表达类型的缺点而出现的一种题型设计，它最主要的特点是被调查者在限定数量内选择答案并进行排序。运用这种题型所获得的信息比较丰富，不仅可以获得每个答案的选择人数，而且可以得到每个答案在不同等级上的相应人数，因而在数据分析时的结果会更加准确有说服力。

通常，多项限选排序式在进行数据分析时，要对答案进行加权处理，使汇总结果中不仅包括频数信息，还包括等级信息。例如，给三个等级"第一因素""第二因素"和"第三因素"分别赋权重 3、2 和 1，若每个答案在三个等级上的频数分别为 f_{i1}、f_{i2} 和 f_{i3}，则每个答案的综合得分即为 $3f_{i1}+2f_{i2}+f_{i3}$，通过比较各答案的综合得分即可得出结论。当然也可用频率代替频数，另外，权重也可以用 1/2、1/3 和 1/6，只要对各答案的数据处理方法统一就可以进行比较。

例如，最终数据整理时发现，关于答案被调查者认为是第一因素的有 10%，第二因素的有 20%，第三因素的有 20%，那么答案 c 的得分为 10%×3＋20%×2＋20%×1/(3＋2＋1)＝15%。

（7）矩阵式。

例：您对网络购物过程中下列各环节的满意程度是（请在每一行适当的方框内打钩）

	非常满意	比较满意	一般	不太满意	很不满意
①售前咨询	□	□	□	□	□
②产品介绍	□	□	□	□	□
③支付方式选择	□	□	□	□	□
④物流速度	□	□	□	□	□
⑤售后服务	□	□	□	□	□

矩阵式表达类型是将同类的几个问题和答案排成一个矩阵，相比较而言，形式较复杂，比较适用于调查对象有较高文化水平的群体。矩阵式表达类型实质上是多个具有相同答案表达的多项单选式问题的高效表达，问卷中的量表常常会采用这种形式。与矩阵式具有相似特征的表达类型还有表格式。

（8）表格式。

例：您对网络购物过程中下列各环节的满意程度是（请在每一行适当的位置打钩）

网购环节	非常满意	比较满意	一般	不太满意	很不满意
①售前咨询					
②产品介绍					
③支付方式选择					
④物流速度					
⑤售后服务					

（9）相倚问题与跳答指示。

有些问题的回答只针对部分被调查者，这时需要设计过滤性问题。

例：您网购过吗？

1）是→请问您从什么时候开始网购的？ A.初中之前　B.中学时　C.大学时　D.工作后　E.其他

2）否

由例题可以看出，在前后相连的问题中，被调查者是否回答后一个问题是由他前一个问题的回答结果决定的，前者叫"过滤性问题"，后者称为"相倚问题"，两者之间的指导语被称为跳答指示。实践中，相倚问题并不一定只有一个，过滤性问题的不同答案可能需要跳到后面不同的问题处进行回答，因此，在这类问题的设计中需要特别用心，尽可能使问题之间的关系清晰明了，"跳"得更简洁轻松，不易出错。

（10）其他类型。

问卷中的问题表达形式除前面介绍的以外，问卷设计者还可以根据实际需要进行创意，如可以将多项选择式与填空式结合，也可以结合对比排序等方式设计问题表达形式，以获取所需要的信息。

例：请问您在购买手机时，优先考虑如下哪些因素？请分别回答1）、2）和3）并将相应的字母填在横线上。

a 配置　b 品牌　c 外形　d 价格　e 售后服务　f 销售渠道　g 促销活动
1）您最优先考虑的因素是_____。
2）您不太会考虑的因素是_____。
3）您优先考虑的第二种因素是_____。

例：请问购买手机时，您认为品牌和配置哪种因素更重要？请将答案填写在横线上。

上面的两个例子分别是将多项选择式与填空式结合，以及对比排序式的表达类型。多项选择式与填空式结合可以让问卷设计更加灵活，不仅可以设计题目收集被调查者认为最重要的因素，也可以收集被认为并不重要的因素，因此其调查的内容较多项限选排序题更加灵活。对比排序式是为对一些特殊的答案进行比较而设计的一种题型，基本的形式是："A 和 B 哪一个更重要？"可以通过两两比较的形式让被调查者更加轻松、更加准确地回答问题，也可以让研究者通过一些数据分析手段得到更加准确、丰富的信息。

2. 答案的设计要求与技巧

问卷中答案的设计有两个基本的要求就是要满足完备性和互斥性，另外，还要充分考虑到资料分析的需要和对分析结果的要求。具体而言，答案设计的常见要求和技巧如下：

（1）答案要完备。

答案要完备，也可以说是要穷尽，是指要将问题所有的答案尽可能地列出，这样才能使每个被调查者都有答案可选。如果答案数量太多，而且有些答案被选择的可能并不大，这时可以用"其他"项进行概括。

"其他"答案的使用要恰当，通常衡量"其他"使用是否恰当的标准是最终"其他"所占的比例。一般情况下，如果这个比例很低，说明"其他"使用得好；如果这个比例比较高，则说明这个"其他"中存在重要的"答案"需要作为选项具体列出。

（2）答案须互斥。

设计者在设计答案时，每个问题的答案间必须互不相容、互不重叠，这样才能不让被调查者产生困惑。当被调查者的选择恰好在两个答案的重复处时，他们会不知所措，不知如何回答。如果在某个问题的答案中存在重叠的内容，被调查者可能会随意地选择答案，这都会导致资料的不准确。

（3）注释和填答标记应恰当。

每个问题的注释和填答标记都要简洁且准确，要让被调查者准确且轻松地把握回答要求。对于封闭性问题，每一个答案都应有明显的填答标记或注解，答案与答案之间要留有足够的空间。

（4）答案与问题相匹配。

设计答案时要避免答非所问情况的出现。在同一问题中不要试图让被调查者回答过多的问题，如对于类别和程度之类的回答一般不能在同一问题的答案中出现，两者宜分别进行。

（5）答案设计须考虑测量层次。

变量或概念的测量层次一方面决定着答案的设计，另一方面也可以通过答案设计在一定程度上满足调查任务的需要，尤其在高层次测量中，让答案设计更具灵活性。对于定类测量只能设计出类别性的变量，对于其他测量层次，则可以设计为类别性的，也可以是它本身的最高测量层次。通常，在答案设计时，要根据研究变量的测量层次要求决定采用哪种形式的答案。例如"收入"可以有如下的答案设计：

例：您现在这份工作上月的总收入是_____元。

例：您现在这份工作上月的总收入是

  A. 3 000 元以下 B. 3 001—5 000 元 C. 5 001—7 000 元 D. 7 000 元以上

例：您现在这份工作上月的总收入是

  A. 2 200 元以下 B. 2 200 元及以上

（6）答案设计须充分考虑被调查者。

答案设计时不能只考虑研究者的需要，还要充分考虑到被调查者的感受。如在调查敏感性问题时，比较适宜选择组距或定比的答案设计，以消除被调查者的顾虑，同时兼顾资料分析的需要。设计这类答案时有以下技巧：①答案划分的段不宜太多，每一段的范围不宜太宽；②段之间尽量选择相等间距，以利于资料整理和分析，这一点并非必需，有些问题，如年龄通常选择不等距更利于分析；③各段之间应正好衔接，穷尽、无重叠且无中断现象。

6.4 问卷调查法

问卷调查法是指将设计好的问卷通过一定的方式从被调查者那里收集所需要资料的过程。根据在资料收集过程中是谁填写问卷，可以分为自填问卷法和结构性访问法。自填问卷法是一类由被调查者阅读并填答问卷的资料收集方法。结构性访问法是由调查者严格地按照问卷调查的要求阅读问卷，并将被调查者的回答如实填写在问卷上的资料收集方法。在实践中，应选择何种具体的问卷资料收集方法主要需要考虑调查对象的特征。

6.4.1 自填问卷法

自填问卷法根据将问卷送到被调查者那里的方式不同而分为个别发送法、集中填答法、邮寄填答法和网络问卷调查法。这一类方法具有如下优点：①节省时间、经费和人力；②具有很好的匿名性；③所得资料便于定量处理和分析；④可避免某些人为误差。这类方法存在的主要缺点有：①问卷回收率有时难以保证；②对被调查者的文化水平有一定要求；③资料的质量常常得不到保证。

自填问卷法比较适用于被调查者能独立完成问卷填答的情形。每一种具体的方法具有各自的使用条件和优势。如集中填答的方法必须具备可以很容易地将被调查者集中起来的条件，这种方法具有高效、高质的特点，不仅问卷回收率高，而且问卷有效回收率通常也比较高。邮寄填答的方法必须具备拥有被调查者通信地址的条件，具有成本低的特点，但通常回收率比较低，所以需要想方设法"提醒"并"激励"被调查者按要求填答并寄回问卷，通常要将贴有邮票的信封随问卷一起邮寄给被调查者，最好还带有一些寄回问卷给予奖励的"刺激"。网络问卷调查法使用中要特别注意样本的选择和控制问题，要确保被调查者能够按抽样方案抽取。

6.4.2 结构性访问法

结构性访问法要求调查者严格按问卷调查要求进行标准操作，向被调查者进行调查并由调查者在问卷上将被调查者回答原封不动进行填写。按照调查者向被调查者进行访问的方式，可以分为当面访问法、电话访问法和网络结构性访问调查法。这类方法的优点主要有：①回答率高；②质量较好；③调查对象的范围较广。这类方法存在的主要不足是：①调查者与被调查者间的互动有时会影响调查结果；②匿名性较差；③费用高，代价大，时间可能较长；④对调查者的要求高。

由于结构性访问法成本较高，对调查者的要求比较高，所以这类方法通常运用于年龄较小或年龄较大的群体，因为他们阅读和填写问卷可能不太方便。不同类型的结构性访问法各有适用条件和优势，如当面访问法更有利于调查者与被调查者之间的互动，从而为获得更加准确和更加丰富的资料提供便利。如电话访问法的使用条件是被调查者都有电话，而且比较易于联系。网络结构性访问调查法是基于互联网或移动互联网技术的新型结构性访问调查法，它的使用条件是被调查者会使用网络，且很容易被找到。这些方法可以较好地提高调查效率，扩大调查的范围，因为可以节省交通时间、不受时间的限制。

◆ 本章小结

问卷不仅仅是简单的一问一答，问卷是研究者与被调查者进行沟通的纽带，通过问卷要能够获得所需要的信息，并且保证所有信息是真实有效的。这就要求问卷设计要考虑多方面的因素。针对不同的调查方案进行不同的设计。问卷设计要遵循基本原则并按程序进行，设计出结构完整的问卷初稿之后，有必要进行预调查，这样可以及时发现问卷中的问题，以便及时改进。各类问卷调查方法各有其适用条件和优缺点，在选择具体资料收集方式时要综合考虑各方面因素，充分利用现代信息和数据分析技术，以提高数据收集的综合效应。

◆ 实训项目

1.实训项目：设计一份市场调查问卷。某公司拟将所生产的某品牌电冰箱打入 Y 市啤酒市场，想要调查消费者和经销商的消费（或销售）的情况及反应，要求选择一个角度设计有关的调查问卷。
2. 实训目标：通过设计一份规范的市场调查问卷，让学生能够掌握调查问卷的基本原则和操作程序，并学以致用，熟练应用市场调查问卷的设计方法。
3. 实训内容：学生分组在消费者和经销商中选择一个角度，设计一份市场问题问卷。
4. 实训组织：让学生分组进行。在组内，不同的学生需进行合理的分工和合作。
5. 实训考核：要求每组同学把设计的问卷做成PPT进行演示，全班分享、交流和讨论。

复习思考题

1. 什么是问卷？问卷有哪些主要作用？
2. 问卷有哪些基本类型？
3. 简述问卷的基本结构；请自设主题，设计一个封面信。
4. 简述问卷设计的基本原则和基本程序。
5. 问卷中问题和答案的设计分别有哪些要求？
6. 简述问卷调查各类方法的适用条件和具体操作流程。

阅读材料：CCTV 中国美好生活大调查项目

CCTV 中国美好生活大调查项目始于 2006 年，每年举行一次。调查总体为所有中国家庭，调查对象为 18 岁以上的中国公民，采用入户问卷调查的方式。历年大调查活动都辐射到了至少 10 万个家庭。线下调查采取按人口比例随机抽样的方法，科学选取发放区域和发放对象，涉及 105 个城市和 300 多个县。每个城市样本量都在 600 枚左右，涵盖每一个区；对于 300 个县，每个县则不少于 5 个乡镇。考虑到安全性，中国邮政集团公司将调查问卷纳入邮票的发行运输渠道，每年调查动用投递员超过 5 000 人。所有样本地区，都在 4 天之内及时到达，真正保证了调查地区和人口的多样性。

调查问卷内容涵盖了百姓对生活、工作、社会治理和公共服务的满意度，收入和房价预期，消费和投资意愿，生活状态和期盼，以及幸福感等方面。线下调查利用明信片问卷形式，具有填写简单、参与方便的特点，还能兼顾地区的广泛性、人群的多样性。明信片发放到户的做法可以保证较高的问卷回收率。自 2006 年至今问卷回收率均超过 80%。2017 年起增加了网络问卷调查。央视联合国内十多家互联网公司，面向全网推送网络调查问卷，通过扫描二维码填写问卷，调查范围覆盖 8 亿网民。

资料来源：根据以下资料整理而成。
① CCTV 节目官网，中国美好生活大调查，http://tv.cctv.com/2021/04/25/VIDAifl8Mnq94FEw6FIQBd1R210425.shtml.
② 中央电视台《经济信息联播》. 2020–2021 年度《中国经济生活大调查》今天启动 .http://m.app.cctv.com/vsetv/detail/C10330/c7dcb7154b9f491a821291dd4646ab42/index.shtml#0.

第 7 章
CHAPTER 7

态度测量设计

§学习目标

1. 理解测量的概念、基本要素和测量层次；
2. 理解并掌握概念的操作化方法；
3. 了解量表的类型和特征，掌握常用量表的设计方法；
4. 理解量表和问卷的质量评估指标，掌握信度和效度的关系。

§本章导图

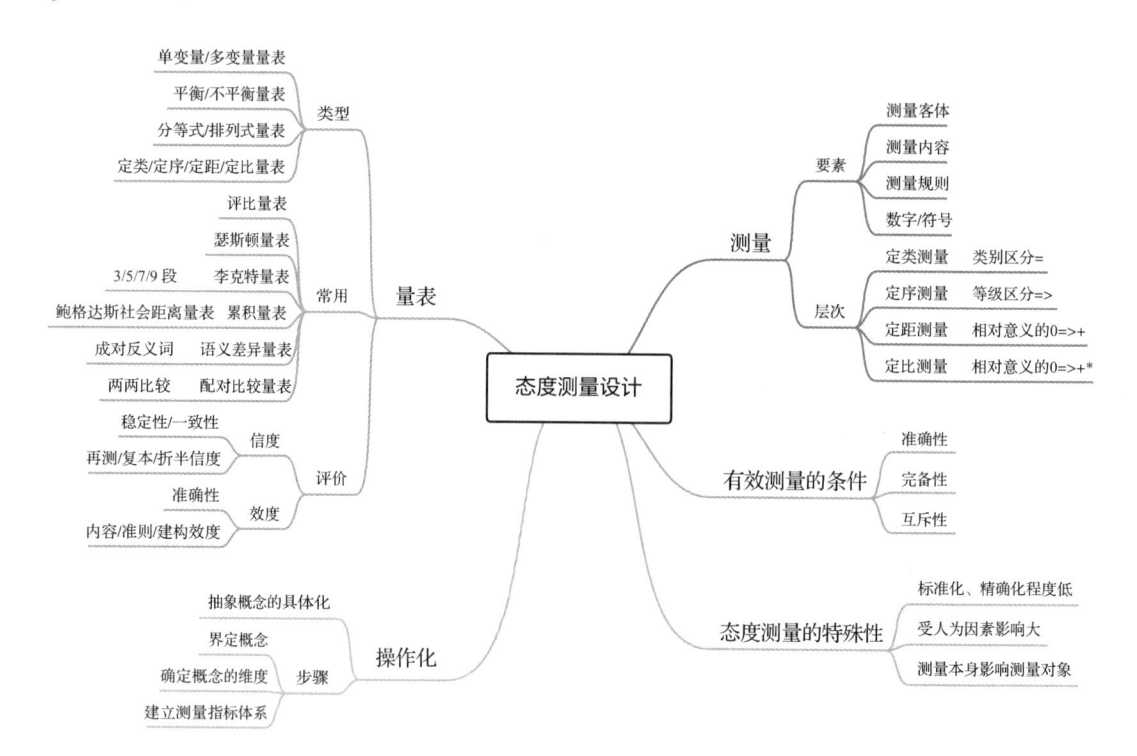

- 测量
  - 要素
    - 测量客体
    - 测量内容
    - 测量规则
    - 数字/符号
  - 层次
    - 定类测量 —— 类别区分 =
    - 定序测量 —— 等级区分 =>
    - 定距测量 —— 相对意义的 0 => +
    - 定比测量 —— 相对意义的 0 => +*
- 量表
  - 类型
    - 单变量/多变量量表
    - 平衡/不平衡量表
    - 分等式/排列式量表
    - 定类/定序/定距量表
  - 常用
    - 评比量表
    - 瑟斯顿量表
    - 3/5/7/9 段李克特量表
    - 鲍格达斯社会距离量表
    - 累积量表
    - 成对反义词语义差异量表
    - 两两比较配对比较量表
  - 评价
    - 信度
      - 稳定性/一致性
      - 再测/复本/折半信度
    - 效度
      - 准确性
      - 内容/准则/建构效度
- 有效测量的条件
  - 准确性
  - 完备性
  - 互斥性
- 态度测量的特殊性
  - 标准化、精确化程度低
  - 受人为因素影响大
  - 测量本身影响测量对象
- 操作化
  - 步骤
    - 抽象概念的具体化
    - 界定概念
    - 确定概念的维度
    - 建立测量指标体系

§引例

你还年轻吗？ 来量一量吧！

心理年龄测试量表如表 7-1 所示。

表 7-1 心理年龄测试量表

测试项目	是	中间	否	测试项目	是	中间	否
决定后立即行动	0	1	2	越来越不想看电影/爱情小说	2	1	0
往往按过去的经验做事	2	1	0	做事情无持久性	4	2	0
做事喜欢探索和深究	0	2	4	不想改已有的习惯	2	1	0
说话磨蹭而且啰唆	4	2	0	喜欢回忆往事	4	2	0
记性越来越不好了	4	2	0	对学习新事物感到困难	2	1	0
不想做事、不想动	4	2	0	十分关注身体变化	2	1	0
想参与活动	0	1	2	兴趣的范围变小了	4	2	0
小事也要斤斤计较	2	1	0	看书的速度比以前快	0	1	2
越来越固执	4	2	0	动作没有以前灵活了	2	1	0
好奇心重	0	1	2	清除疲劳感需要更长的时间	2	1	0
有强烈的生活追求和目标	0	2	4	晚上不如早上或上午清醒	2	1	0
控制不住感情	0	1	2	对生活中的问题感到烦恼	2	1	0
易嫉妒、易悲伤	2	1	0	缺乏自信心	2	1	0
见到不讲理的事不再很生气	2	1	0	很难集中精力思考问题	4	2	0
不喜欢看推理小说	2	1	0	工作效率没有以前高	4	2	0

7.1 测量的概念与层次

7.1.1 测量的概念

1. 定义

所谓测量就是根据一定的规则，将某种物体或现象所具有的属性或特征用数字或符号表示出来的过程，如用秤测量我们的体重，用血压仪测量我们的血压，等等。测量的主要作用，在于确定一个特定分析单位特定属性的类别或水平。

2. 测量的四个要素

（1）测量客体，即测量的对象。它是客观世界中存在的事物或现象，是我们要用数字或符号来表达、解释或说明的对象。

（2）测量内容，即测量客体的某种属性或特征。

（3）测量规则，即用数字或符号表示事物某种属性或特征的操作规则。

（4）数字或符号，即用来表示测量结果的工具。

3. 有效测量的三个条件

（1）准确性，是指按测量规则测得的结果——数字和符号能够准确地反映其类别或特征。如利用中考试卷测试结果反映学生的水平差异,以决定录取的学校,如果中考试卷能准确地反映学生水平,则说明该试卷测量的准确性高。

(2)完备性,是指测量结果要包括所有可能的类别或水平。如受教育程度这一变量,如果只设"中学"和"大学"两个取值,就会把其他受教育程度的变量排除在外,是不完备的。又如,收入变量如果只取某个数值或某几个数值,则无法反映其他水平,那它就是不完备的。

(3)互斥性,是指一个观测对象(或分析单位)的属性和特征都能以一个且只能以一个数字或符号来表示。如职业变量若按工人、农民、知识分子、教师等来确定测量结果时,就不具有互斥性。因教师也是知识分子,两者并不互斥,无法用唯一的测量结果准确说明这个人的职业。

4. 社会测量的特殊性

社会测量是指测量的客体是社会性的,它同样存在自然测量的"不准确"现象。社会测量通常是由人参与其中,因而与自然测量相比有一定的特殊性。具体表现为:

(1)社会测量的标准化和精确化程度较低。到目前为止,社会测量主要使用量表等测量工具。即使像智商这样比较成熟的测量领域,其标准化和精确化程度仍有待提高。

(2)社会测量受人为因素的影响较大。社会测量的主体是人,社会测量的客体通常也有人参与其中。社会测量的客体本身可能是变化和复杂的,还会因时间而改变,因此,人的因素可能会显著影响测量值。

(3)任何一种社会测量都会干扰和影响它所希望或正在测量的现象,给实际工作带来许多困难。

7.1.2 测量的层次

社会测量中的社会现象或社会问题具有不同的特征和性质,既可能是类的差异,也可能是量的区分,既可能是连续性的,也可能是间断性的,因而,具有不同的测量层次和标准。现在常用的是美国学者史蒂文斯在1951年创立的测量层次分类法,即测量层次(level of measurement)分为定类测量、定序测量、定距测量和定比测量等四个层次,它们是由低到高四个层次的测量,它们测量所对应的变量依次为定类变量、定序变量、定距变量和定比变量,在调查中获得的观测数据也可依次称为定类数据、定序数据、定距数据和定比数据。有时会将定距变量和定比变量统称为数值型变量,将定距变量数据和定比变量数据统称为数值型数据。

1. 定类测量

定类测量,也称为类别测量或名义测量,是指对测量客体的属性或特征进行类别区分，是最低层次的测量。定类测量使用定类尺度，可分为标记和类别两种。

（1）标记，是指通过对测量属性的各种类别给予记号加以区分的方式。如运动会上给予每个运动员一个特定的数字号码，这些数字号码仅用于区分运动员，而不能做任何其他的运算或应用。

（2）类别，是指测量属性的本身存在各种情况，利用分类的方式加以区分。如性别可区分为男女两个类别，消费行为可以区分为理性消费和冲动消费等类别。与标记不同的是，类别可以具有特定的含义，能说明测量属性的本质特征。

通常定性问题的测量多为定类测量。定类测量的结果只可以用于类别区分，从运算角度看，只能做＝或≠，属于或不属于之类的运算。

2. 定序测量

定序测量，也被称为等级测量或顺序测量，是指可以按照某种逻辑顺序制定测量规则，将测量属性的类别排列出高低或大小，确定其等级及次序。如对产品质量的测量和对经济地位的测量等。常用的定序测量操作思路有四种，具体如下：

（1）等第顺序法。操作思路为：给出一组刺激（可能是物体、事件或现象），要求被测试者针对所要测量的属性，给出这组刺激高低或多少的排序。

（2）配对比较法。操作思路为：给出一组刺激，要求被测试者在一定时间内对所有刺激的两两配对依据所要测量的属性给出大小或多少的排序，然后按一定的方式得出这一组刺激在这一属性上的顺序关系。

（3）恒常刺激法。这种方法的操作思路与配对比较法相似，唯一区别在于配对方式不同，它把一种连续刺激与一组恒常刺激相配对后对它们进行比较，并据此比较结果对这组刺激进行排序。

（4）连续性类别法。操作思路为：先让设计者设计出指定属性的定序类别并划分，然后要求被试者按这个类别划分方法对一组刺激进行分类，分类的结果实质上已按指定属性顺序进行了排列。

例：对产品质量的认知程度测量可以按如下方式设计为定序测量：

"对您来说，质量有多重要？　　A.不重要　B.一般　C.比较重要　D.非常重要"

定序测量具有定类测量的全部特性，还具有定类测量没有的特性，如可以给出顺序关系。从运算角度看，定序测量还可以进行＞和＜之类的运算。

3. 定距测量

定距测量，也被称为等距测量，是指可以用数量表达不同测量结果之间等级差距的一种较高层次的测量。定距测量既能够区分测量属性为不同的类别和不同的等级，也可以确定不同等级的间隔距离和数量差别。通常假定定距测量的每两个相邻等级之间的间距是相等的。举例来说：如果给予某个属性的类别 a、b、c、d、e 测量结果为 1、2、3、4、5，并且假定它们是具有等距意义的，那么 a 到 c 的间隔为 3-1=2，c 到 d 的间隔为 4-3=1，把这两个间隔相加，即 2＋1=3，就等于 a 到 d 的间隔，即 4-1=3。

定距测量中的数值 0 是没有绝对意义的，也就是说 0 并不意味着"没有"，通常只是人为规定在某种条件下的取值为 0 而已。定序测量结果可以进行加减运算，却不能做乘除运算。

4. 定比测量

定比测量是最高层次的测量，不仅能够测量事物属性的类别和等级，还能测量事物之间在属性上的比例和倍数之类的数量关系。也就是说，除了定类、定序和定距测量的特性之外，定比测量还具有事实意义上真正的零点。因此，定比测量的结果可以进行加减乘除四则运算，其运算结果都有实在意义。定比测量得到的数据资料在分析方法上具有很大的选择空间，是研究者希望得到的理想测量。

区分定比测量和定距测量的主要方法是看测量结果中的 0 点是否具有绝对意义。举例来说，目前智商（IQ）的测量方法是以平均智商 100 为标准，将其他数据与之进行等距比较后得出结果，因此智商为 0 并不是说没有智商，只是一个相对数值，故智商测量属于定距测量；通常，收入测量中的 0 就是表示绝对意义上的没有收入，故收入测量一般属于定比测量。

5. 测量层次小结

在四种测量中，定类测量处于最低层，定比测量处于最高层。从数学性质上看，高层次测量都具有低层次测量的一切特性，反之则不成立。可以说，定距测量必然具有定序测量和定类测量的特性，定序测量必然具有定类测量的特性。虽然较高层次的测量具有更多的特性，但从测量设计的角度看，其设计难度也会增加。在市场调查项目中，选择测量层次时，要综合考虑各种因素，主要包括：

（1）市场现象或市场问题大多只能确定为定类或定序测量，有时也需要"理想化"地假定或近似地视为定距或定比变量，这种"假定"或"近似"的合理性和可能导致的偏差需要研究者的重视。

（2）测量层次越高，获得的信息就越多越精确，但同时也意味着收集和分析资料的工作量越大，因此，实践中并非测量层次越高越好，需要综合考虑市场调查项目的要求与资源条件进行选择。

（3）测量层次的选择还要考虑调查结果的精确度要求和统计方法的选择。测量层次在很大程度上决定了测量结果的数学运算能力，四种测量层次的数学特性也具有层次性（如表 7-2 所示）。测量结果的数学运算能力决定了方法的选择和精确的程度。

表 7-2 测量层次的数学特性小结

数学运算能力	定类测量	定序测量	定距测量	定比测量
类别区分（≠、=）	有	有	有	有
等级区分（>、<）		有	有	有
距离区分（+、−）			有	有
比例区分（×、÷）				有

7.2 概念的操作化

7.2.1 概念、变量与指标

概念（concepts）是对事物或现象的主观、抽象的认识。不同概念的抽象程度是有差异的，抽象层次高的概念通常不容易被观测和度量，需要通过一些抽象层次相对较低的概念来表达或反映。

变量（variable）是指具有多个取值的概念。变量从不同方面可以分为自变量、因变量、中间变量；定类变量、定序变量、定距变量、定比变量等。

指标是指表示变量含义的具体事物。概念是抽象的，是人们的主观印象；指标是具体的，是客观存在的事物。

对于相互关联的概念、变量和指标来说，从概念到变量，再到指标的抽象程度是依次降低的，换句话说，是越来越具体的（如图7-1所示）。因此，对抽象概念的理解可以通过具体的变量和更加具体的指标进行观测和综合。

```
                    变量 ----------→ 指标 ----------→ 取值
概念 ------        （具有多个取值的概念）（表示变量含义的具体事物）  事物1
（对事物或现象的                                                  事物2
主观、抽象的认识）  常量                                          ……
                    （仅有一个取值的概念）                         事物n

      抽象层面    |            经验层面
```

图 7-1　概念、变量与指标间关系示意图

7.2.2 操作化

1. 操作化的定义

操作化（operationalization）最早用于物理测量，是连接抽象层次的概念和经验层次的事实之间的媒介，现广泛应用于具有量化研究取向的社会科学研究领域。在市场调查领域，操作化是指将市场调查研究中的抽象概念和命题，通过逐层分解，用具体的观察和测量指标来表达与反映的过程。操作化是市场调查深度分析中度量概念，研究假设检验和理论构建的科学基础，对准确理解度量概念，进行关系解释和构建理论非常关键。

2. 操作化的步骤

概念是抽象层面的，变量和指标是经验层面的。概念的操作化过程实质上就是为某个抽象的概念或命题发展出的具体的、可以准确度量其含义的一系列指标的过程。通常包括如下三个步骤：

（1）界定概念。概念因抽象往往会有多种或多面的解释，因此在操作化的第一步需要对概念内涵和外延进行明确的界定，将它与其他现象区分开来。在市场调查实践中，通常需要测量的概念可能已经存在或在相关概念的基础上发展了，这时研究者需要在通过文献综述对这一概念的代表性表述进行综合分析，结合调查项目的实际需要对其进行重新定义。

（2）确定概念的维度。如果已有相关概念维度的研究成果可以借鉴，则列出概念的操作框架就比较容易。否则就需要根据第一步明确的概念内涵和外延，进行探索性研究，尝试从不同角度对概念的内涵进行分解，结合市场调查项目的具体情况寻找合适的概念维度，确定概念操作化的框架，即确定选用什么变量，用哪些指标来测量。

（3）建立测量指标体系。主要有两种情形：一是利用已有的研究成果，随着测量技术在社会科学和市场调查领域的发展，已有一些相对比较成熟的测量工具，如一些态度量表已经被大量应用和完善，可以在此基础上构建测量指标体系；二是可以利用的现成工具很少或没有，那么研究者需要运用观察法和访谈法等方式开展探索性研究，然后创造性地开发测量指标体系。

7.2.3 操作化的案例

下面我们通过案例对操作化进行详细说明。

|例 7-1|

对"e-服务质量"的测量中，Bauer将它界定为服务发生全过程中的所有相关服务。确定这个概念有五个测量维度：①功能性及网站设计；②娱乐性；③可靠性；④过程；⑤反应性。据此设计了"e-服务质量量表"。匡红云在Bauer及其他学者对"e-服务质量"概念界定和测量研究基础上，结合在线预订酒店客房服务和中国消费者行为特征给e-服务质量进行了新的界定，认为它"特指消费者在线预订酒店客房之前信息搜寻、在线预订过程、预订后抵达酒店前台登记入住为止的全过程所接受到的服务"，并确定测量维度为网站设计、娱乐性、易用性、可靠性、反应性，参考Bauer的量表建立了由14个指标构成的指标体系。

|例 7-2|

在"质量感知"的测量中，通常我们将它界定为"消费者在消费过程中对服务和产品质量的总体实际感知"。王洪鑫和刘玉慧在书中结合消费者网络购买生鲜农产品的特定情境和过程将"质量感知"确定为两个维度，即购买过程中的"服务质量感知"和收到产品时的"产品质量感知"。对于"服务质量感知"维度，他们借鉴了经典权威的SERVQUA服务质量模型确定4个二级指标，即网站设计、客服人员基本服务质量、个性化服务质量和感知价值，并发展出14个具体测量指标。将"产品质量感知"界定为消费者收到网购生鲜农产品后实际感知到的新鲜程度和质量安全，并构建了4个具体测量指标。概括而言，作者构建了消费

者网络购买生鲜农产品质量感知的操作化框架如表 7-3 所示。

表 7-3　消费者网络购买生鲜农产品质量感知的操作化框架

维度	二级指标	三级指标
服务质量感知	网站设计	网站整体设计风格比较喜欢 商品分类明确 所有商品信息清晰详细陈列，配图完整 网站操作便利
	客服人员基本服务质量	客服人员及时准确回复售前咨询 客服人员业务知识扎实、服务态度亲切 及时发货、履行承诺 付款后，依然能够及时耐心回复咨询 对产品不满意时，耐心及时帮助退货
	个性化服务质量	能够针对我的消费需求，提供有帮助的建议 根据我的要求，提供差异包装 个人账户出现相关问题时，能够努力帮忙解决
	感知价值	该网站生鲜农产品价格相对较低 考虑所提供产品的质量，价格还是很合理，性价比较高
产品质量感知	产品质量感知	收到快递后，包装完好 产品新鲜，果肉饱满，质量好 产品质量可靠，实用安全 产品常温下也能长时间保持新鲜

7.3　市场调查中的常用量表

7.3.1　量表的概念

量表，通常也被称为态度量表，是用于测量人们心理活动而事先拟定的由陈述、等级或赋值等构成的测量工具。量表属于复合测量，是将用于测量的全部陈述或项目进行排序形成某种结构，以反映所测概念的程度差异，具有将定性调查资料定量化的作用，在市场调查中应用较为广泛。

7.3.2　量表的类型

量表的类型划分可以依据不同的标准。根据想要测量变量的个数是一个还是多个，量表可以分为单变量量表和多变量量表。顾名思义，单变量量表中只测量一个概念或变量，多变量量表中至少要测量两个概念或变量。

根据给出的项目答案是否利弊对称平衡，量表可以分为平衡量表和不平衡量表。平衡量表中给出的诸如"好"与"不好"、"赞成"与"不赞成"之类的态度答案个数相等，否则为不平衡量表。平衡量表中答案分配比较均匀，因而回答的客观性可能较强；不平衡量表中答案会有偏向，可能导致回答有"引导"性，优点是答案个数少些。

根据测量方式的不同，量表可以分为分等式量表和排列式量表。分等式量表，属于定序量表，是要求被调查者直接给出对测量内容或项目的态度等级的量表，如李克特量表，在市场调查中应用比较广泛。排列式量表是要求被调查者对量表中多个调查项目进行两两比较，然后根据他们的比较结果得出项目之间的先后排序，以确定其态度。这类量表主要用于难以通过直接询问得到调查项目可靠排序的情境。

根据测量结果的测量层次不同，量表可以分为定类量表、定序量表、定距量表和定比量表。

（1）定类量表，也被称为类别量表或名义量表，是用于定类测量获得定类数据的量表，定类数据适用的统计方法比较有限，主要有频数/频率分析、求众数、相关分析等。

（2）定序量表，也被称为顺序量表，能测出类别间的大小或高低之类的顺序关系。定序量表测得的结果是定序数据，除了能用定类数据适用的统计分析方法，还可以做非参数统计和其他类型的相关分析等。

（3）定距量表，也被称为差距量表，比定序量表更进一步，能测量出不同等级之间的距离。这种量表在市场调查中应用并不太多，主要因为要设计出市场现象满足不同等级间的等距关系是比较困难的。

（4）定比量表，也被称为等比量表，是最高测量层次的量表，能够表示类别间的顺序关系和比率关系，如对收入和年龄等变量的测量，测量结果可以适用于各种统计方法。

7.3.3 常用量表

市场调查中比较常用的量表有评比量表、瑟斯顿量表、李克特量表、累积量表、语义差异量表和配对比较量表。

1. 评比量表

评比量表是市场调查中最常用的一种定序量表，主要用于一组使用完全相同答案设计的不同问题，通过将这些问题就近排列形成量表。评比量表中的问题之所以能够排在一起用于测量变量或概念，是因为它们的相同答案具有相同或可以相比较的距离尺度，而不仅仅是形式上的答案相同。通常，评比量表中列出事先拟定的项目或陈述，答案则是相应态度的有序排列，一般为3段、5段、7段或9段等。例如，赞成的程度分为5段"不同意、不太同意、一般、基本同意、完全同意"，又如购买意愿分为7段"肯定不买、很可能不买、可能不买、也许不买也许买、可能买、很可能买、肯定买"。评比量表的优点是被测试者回答方便，研究者易于分析。

|例7-3|

如何测量顾客对别人看法的态度？可以参见如表7-4所示的5段评比量表。注意观察这个量表中所有项目陈述的态度方向是否一致。

表 7-4　顾客个性测量量表

请根据您的真实情况回答下面的 10 个项目,在其后的程度中选择一个并在相应的位置打"√"。

项目	没有	很少有	有时有	经常有	总是有
①总是说让别人高兴的话,即使不是心里的想法					
②只有独立购物才会感到轻松快乐					
③即使别人说贬低自己的话,也不流露出不高兴					
④自己总是会认真听取别人的建议					
⑤对于别人的冷眼,会非常紧张担心					
⑥非常看重别人对自己的评价					
⑦与他人一起吃饭/购物的时间越长越会感觉疲劳					
⑧常感觉跟不上潮流而自卑					
⑨自己常常会因为亲人不高兴而不高兴					
⑩总会不自觉地效仿感觉比较潮的朋友的言行					

表 7-4 这个量表中所有项目陈述的态度方向都是相同的,所以通常可以对 5 段态度进行赋值,如果认为这 5 段的态度差距基本相同,则可以对"没有、很少有、有时有、经常有、总是有"分别赋值"1、2、3、4、5",就可以通过各测试项目的加总得分对被调查者对他人看法的态度进行评价。当然,评价量表中各段的赋值并不总是这样,如在表 7-1 中"做事喜欢探索和深究""有强烈的生活追求和目标""做事情无持久性""喜欢回忆往事""记性越来越不好了""不想做事、不想动""兴趣的范围变小了"和"很难集中精力思考问题"这 8 个测试内容比其他都重要,所以相同答案的赋值更高,同时还发现前 2 个陈述的方向与后 6 个的方向并不一致,所以赋值方向也是相反的。

2. 瑟斯顿量表

瑟斯顿量表于 1929 年由美国心理学家瑟斯顿及其同事在合著《观点的确定》中首次提出,之后瑟斯顿于 1931 年在其著作《心理测验的信度与效度》中确立。因此,瑟斯顿量表是一种早期的态度量表,它是将可以表达个体态度和意见的一个个陈述或项目按照一定的顺序放在一个两端为极值的连续轴上,然后根据被调查者所选择的陈述或项目进行评分的测量工具。瑟斯顿量表的设计和测量过程大致如下:

第一步　搜集并编写一系列可用于反映所要测量态度或概念的陈述或项目,通常要超过 100 个,这些陈述或项目反映的态度方向应该有正向、负向和中间方向。比如说,希望设计有关人们对商业广告看法的瑟斯顿量表,首先需要获得与之相关的大量表述,诸如:

大多数商业广告会遵守国家规定,不会说谎

许多商业广告夸大其词

许多商业广告看起来很美

许多商业广告很会编故事,说得天花乱坠的

许多商业广告不会说真话

大多数商业广告还是很有趣的

大多数商业广告会给消费者选购心仪的商品提供信息

……

第二步　邀请一些评判者对确定的一个个陈述进行分类，一般按从最不赞同到最赞同方向分为若干类，从 1 开始分别赋予每个类别一个等级值。以 11 级分类为例，给"最不赞同"赋值 1，给"最赞同"赋值 11，其他依次赋值，分值高低反映赞同程度的强弱。

第三步　按得分对所有陈述进行分组并筛选。具体操作是：首先，针对每一个陈述汇总出所有评判者给出的得分，据此计算出每一个陈述得分的算术平均数和标准差。然后，将所有陈述按其平均得分的大小排列，按同组得分比较接近的原则将它们划分为若干个组。最后，从每一组中筛选出最有代表性的陈述。选择原则有二：一是得分标准差小的陈述能较好地代表这个组的态度，因为这样的陈述分歧较小；二是得分平均值之间的差额尽量相等。以 11 级分类为例，尽量使筛选出的陈述的均值接近以下 21 个数值：1、1.5、2、2.5、3、3.5、……、10.5 和 11。实践中通常分为 20 多个组，选择出 20 多个陈述。

第四步　将筛选出来的所有陈述按照从最不赞同到最赞同连续统一依次排列起来。在具体测量时，如果被测试者同意这个陈述就得 1 分，不同意就得 0 分，所有陈述都是相同的得分规则。这就完成了量表的设计。

第五步　利用量表进行测试。具体操作为：先要求所有被调查者在量表中的所有陈述中选出他同意的陈述。然后根据他选择的陈述计算出他的得分平均值，这就是他的测量结果。

瑟斯顿量表法当初提出了在赞同或不赞同程度上测量态度，这是他最大的贡献。迄今，多数量表仍然保持了这个基本特点。瑟斯顿量表设计和测量方法都比较复杂，在此基础上已发展出许多更易于操作的方法。

3. 李克特量表

1932 年，美国社会心理学家 R. 李克特基于瑟斯顿量表发展出一种被称为相加法的测量方法。它用属于同一构念的一组陈述，通过得分加总的方式来测量概念或变量。这些陈述只有按量表的结构组合才有测量意义，任何一个单独的陈述都无此功能，给每一陈述配上相同的答案，如"非常同意""基本同意""无所谓""不太同意"和"非常不同意"等 5 个答案，并根据陈述的态度方向分别赋值为 1、2、3、4、5 或 5、4、3、2、1。这样的量表被称为李克特量表（likert scale）。在调查过程中，要求每个被调查者按规定回答量表中的所有陈述，将他在每个陈述上的得分进行合计，这个合计总分就是他在这个态度上的测得结果，可说明他的态度强弱。

:例 7-4 :

根据职场中与他人的交往状态，可以设计一个职场中人际关系李克特量表，如表 7-5 所示。

表 7-5　职场中人际关系量表

您是否同意下列陈述？每个陈述限选一个答案，请在相应的回答栏中打"√"。

陈述项目	非常同意	同意	不一定	不同意	非常不同意
1. 我在工作单位有许多好友					
2. 对共事的同事我基本不关心					
3. 我经常请公司的人代请假					
4. 我跟所有同事关系都很好					
5. 我在工作单位没有好朋友					

通常，李克特量表中的陈述在态度方向上并不一致，所以需要有一个赋值表，以确定各个陈述答案的赋值，如表 7-6 所示。显然，根据例中这个赋值表，加总得分越高说明被测试者在职场中的人际关系越好。一般情况下，我们还需要划分总得分的不同范围以确定不同类型的定性评价结论。

表 7-6　职场中人际关系量表的赋值表

陈述项目	非常同意	同意	不一定	不同意	非常不同意
1. 我在工作单位有许多好友	5	4	3	2	1
2. 对共事的同事我基本不关心	1	2	3	4	5
3. 我经常请公司的人代请假	5	4	3	2	1
4. 我跟所有同事关系都很好	5	4	3	2	1
5. 我在工作单位没有好朋友	1	2	3	4	5

根据李克特量表获得的数据除了可以计算出每个被调查者的总得分以测量其态度外，还可以有其他的应用。如，可以根据所有样本单位的资料，计算出平均数或中位数以测度其态度集中程度，用标准差或四分位数测度其态度离散程度；又如，利用样本测量结果对量表进行评估和完善，量表中可能有多个含义相近的陈述，可以从这些陈述中剔除那些标准差或四分位值较大的陈述，在确保量表质量的情况下简化量表。

综上分析，李克特量表可以清晰地反映被调查者的态度差异。因此，高质量的李克特量表中的每一个陈述都应该有清晰的区分能力——高分辨力，这是制作李克特量表的主要思路和要求。下面介绍设计和制作李克特量表的一般程序：

（1）制作量表初稿。针对所要测量的概念或变量，收集大量与之相关的陈述，然后从中选出可以很好表达这个概念或变量的一组陈述。在市场调查中，一般选择 10—30 个陈述作为量表初稿。

（2）确定答案分段数和赋值标准。李克特量表的答案通常设计为 3 段、5 段或 7 段。正负态度方向的陈述一般各占一半且分散放置，这样可以使被调查者专心作答。然后，我们根据陈述态度的方向对答案进行赋值，如 3 段通常赋值 1，2，3 或 3，2，1。

（3）试调查。在调查总体中选择部分调查对象，通常不少于 20 人，要求他们按规定完成量表初稿。

（4）汇总统计。根据试调查的资料，在统计汇总表上记录下所有被调查者在每一个陈述上的得分，并分别将他们的得分加总，得出个人总分。

（5）制作正式量表。按个人总分从高到低重新排列被调查者的顺序，计算出试调查样本 25% 的数值，记为 a；对整个表格中最前面的 a 个被调查者和最后 a 个被调查者分别计算他们在每个陈述上的平均值，计算出这两个平均值的差额即为这个陈述的分辨力。换句话说，如果得分最高的 25% 和得分最低的 25% 的被调查者在这一陈述上的得分差额比较小，说明这个陈述并不能区别出人们的态度，应该删除；如果这个差额比较大，则说明这个陈述可以较好地区别人们的态度，应该保留。最后在量表初稿中删除分辨力低的陈述，保留分辨力高的陈述，就得到正式量表。

李克特量表具有明显的优点：①量表设计比较简单易行；②适用范围比其他量表要广，可以用来测量其他一些量表所不能测量的某些多维度的复杂概念或态度；③多段答案形式使回答者能够很方便地标出自己态度的位置。五段法常常用于问卷设计，还可用于一些简单指标的设计。李克特量表主要通过总得分反映态度，但并不能很好地反映态度结构形态，如在总得分相同的情况下并不能肯定态度的构成是相同或不同的，这是李克特量表的主要不足。

4. 累积量表

1944 年，古特曼创设出累积量表，又称为古特曼量表，被视为定距量表。累积量表由一组渐加等级的陈述组成，答案设计为"同意"或"不同意"两级。量表中的陈述有着非常强的结构关系：由强到弱或由弱变强的态度次序。如果被调查者同意上一条（或下一条）陈述，那么他也应该同意下一条（或上一条）陈述，被调查者的答案应该呈阶梯形。经典的累积量表是用于测量人们对黑人态度的鲍格达斯社会距离量表（如表 7-7 所示），在市场调查中常常会通过适当的修改用来测量人们相互间交往程度或相互间关系程度，或者对某一群体所持的态度及所保持的距离。

表 7-7 鲍格达斯社会距离量表

愿意	不愿意	陈述
□	□	1. 你愿意让黑人生活在你的国家吗？
□	□	2. 你愿意让黑人生活在你所在的城市吗？
□	□	3. 你愿意让黑人住在你们那条街吗？
□	□	4. 你愿意让黑人做你的邻居吗？
□	□	5. 你愿意与黑人交朋友吗？
□	□	6. 你愿意让你的子女和黑人结婚吗？

古特曼量表的一般编制方法和步骤如下：

第一步　编制累积量表初稿。研究者针对所要测量的概念设计一组陈述，将这组陈述按测量态度由弱到强的顺序排列，简而言之，应该具有趋强结构。每个陈述对应"同意"和"不同意"两个答案选项，将它们分别赋值 1 和 0。

第二步　小样本测试并汇总整理数据。在总体中选择小样本进行测试，收集所有被调查者填写的数据，得出每个人的总得分和每个陈述的选择人数，如表 7-8 所示。

表 7-8 小样本测试结果统计表

被调查者	陈述											得分
	一	二	三	四	五	六	七	八	九	十	
1	1	0	0	0	1	0	1	1	1	1	6
2	0	1	0	1	1	1	1	1	1	0	7
3	1	1	0	0	1	0	1	1	1	1	7
4	0	0	0	0	0	0	0	0	1	0	1
5	1	0	0	0	0	0	0	0	1	0	2

(续)

被调查者	陈述										得分
	一	二	三	四	五	六	七	八	九	十	
6	1	1	1	1	1	0	1	0	1	1	8
7	1	1	0	1	1	1	1	1	1	1	9
8	0	0	0	0	1	0	1	0	1	0	3
9	1	0	0	0	1	0	1	1	1	0	5
10	1	1	0	1	1	0	1	1	1	1	8
合计	7	5	1	4	8	2	8	6	10	5	56

第三步　完成累积量表制作。对初稿中所有陈述分别计算分辨力，即用频数除以总测试人数作为衡量辨别力的依据。同意或否定的人数超过80%意味着这个陈述的分辨力太低，应该删除。将分辨力高的陈述保留在量表中，形成正式的累积量表。根据表7-8中每个陈述的选择人数与总人数的比值可以发现，陈述三、九的分辨力太低，应将它们删除。

第四步　评估量表质量。将正式量表中被测试的数据按所有人的得分从上到下、由高到低排列，所有陈述的得分从左到右按从大到小排列（如表7-9所示）。由于累积量表具有由强到弱或由弱变强的渐加等级特性，据此可以发现表中有些反常现象，即表7-9中用（　）表示的数据，它们违反了应有的强弱次序关系。对反常现象的解释可以用再现系数判断其严重程度，计算公式为：再现系数＝1－反常回答数/回答总数。当再现系数＞90%时，说明量表质量可以，出现反常问题很可能是由于被调查者的回答缺乏一致性；当再现系数＜90%时，说明量表陈述选择不妥当，缺乏辨别力，量表质量较低。根据表7-9的数据，我们计算再现系数为1－6/80=0.925＞90%，说明该量表质量较好，可以使用。

表7-9　正式量表反常现象及质量测评表

被调查者	陈述								得分
	五	七	一	八	二	十	四	六	
7	1	1	1	1	1	1	1	1	8
10	1	1	1	1	1	1	1	0	7
3	1	1	1	1	1	1	(0)	0	6
6	1	1	1	(0)	1	1	1	0	6
2	1	1	(0)	1	1	(0)	1	(1)	6
1	1	1	1	1	0	1	0	0	5
9	1	1	1	1	0	0	0	0	4
8	1	1	(0)	0	0	0	0	0	2
5	0	0	1	0	0	0	0	0	1
4	0	0	0	0	0	0	0	0	0
合计	8	8	7	6	5	5	4	2	45

5. 语义差异量表

1957年，C.E.奥斯古德等学者提出了一种新的多维度测量方法，被称为语义差异量表，也被称为语义分化量表，是用一组意义相反的极端形容词列于两端，其间用小短横线将态度分成若干等级而形成的一张评价量表，旨在测量某概念或实体在人们心目中的形象或人们对它的感受和想法。实践中，我们将语义相反的各对形容词之间的态度分为 7 段等级为多，即用 7 个刻度的标尺，中间的表示中立态度。赋值方法有两种，将 7 小段横线从一端到另一端分别赋值 1 到 7 分，或分别赋值为 −3，−2，−1，0，+1，+2，+3 分。其中，每一对陈述的赋值方向要依据整个量表的方向来决定。

[例 7-5]

LPC 量表——菲德勒权变领导模式中用于测量领导者的领导风格的测量工具，如表 7-10 所示。

表 7-10　LPC 量表

令人不舒服	: 1: 2: 3: 4: 5: 6: 7: 8:	令人舒服
不友好	: 1: 2: 3: 4: 5: 6: 7: 8:	友好
拒绝	: 1: 2: 3: 4: 5: 6: 7: 8:	接受
不愿帮助人	: 1: 2: 3: 4: 5: 6: 7: 8:	愿帮助人
执行不积极	: 1: 2: 3: 4: 5: 6: 7: 8:	执行积极
紧张	: 1: 2: 3: 4: 5: 6: 7: 8:	轻松
疏远	: 1: 2: 3: 4: 5: 6: 7: 8:	接近
冷漠	: 1: 2: 3: 4: 5: 6: 7: 8:	热情
不合作	: 1: 2: 3: 4: 5: 6: 7: 8:	合作
敌对	: 1: 2: 3: 4: 5: 6: 7: 8:	支持
讨厌	: 1: 2: 3: 4: 5: 6: 7: 8:	有趣
好斗	: 1: 2: 3: 4: 5: 6: 7: 8:	幽默
犹豫	: 1: 2: 3: 4: 5: 6: 7: 8:	自信
无效率	: 1: 2: 3: 4: 5: 6: 7: 8:	有效率
低沉	: 1: 2: 3: 4: 5: 6: 7: 8:	愉快
戒备	: 1: 2: 3: 4: 5: 6: 7: 8:	真诚

语义差异量表采用语义分化法的设计思路，即主要从评价、强度和行为 3 个维度分别选择相互对立的一对形容词来测量态度。下面举例说明这 3 个维度的具体内容：

评价维度：如好与坏，客观与主观，善良与残酷，重要与不重要，公正与偏袒，诚实与欺骗；

强度维度：如强与弱，硬与软，刚与柔；

行为维度：如主动与被动，快与慢，及时与过时，有趣与乏味。

测试时要求被调查者按照对所测对象的第一印象，在每一个标尺上圈定一个数字，各对形容词分值的总和就代表他对所测对象的总态度。

与前 4 种量表相比，语义差异量表可以用于对测量对象的综合分析。具体操作方法是：以各对形容词的尺度的中位数为标准，将各项测量数据用直线联结起来并绘制在量表中，得出被调查者的整体评价及各项差距，这样可以对不足选择有针对性的解决办法。这样的综合分析可以针对某类调查对象或全部调查对象，也可用于不同类别调查对象的比较。

6. 配对比较量表

配对比较量表是一种常用于比较品牌、价格、外观等因素的态度量表，是将所有调查项目进行两两配对后，请被调查者在配对项目中比较选择，最后据此得出所有调查项目在被调查者心目中排序的测量方法。对于被调查者来说，配对比较量表比较容易准确回答，因而得到的测量结果比较可靠。

|例 7-6|

比较 A、B、C、D、E 五种书柜的外观设计在 12—25 周岁目标顾客心目中的印象。将五种书柜按照两个种类一组分成 10 个小组，请 200 位 12—25 周岁的目标顾客对它们进行比较。比较的方法是：在每两种书柜中，让被调查者选出更喜欢的书柜类型，最后将 200 人的调查结果进行汇总，结果如表 7-11 所示。

表 7-11　200 人调查结果汇总统计表

书柜类型	A	B	C	D	E
A	—	20	50	120	90
B	180	—	90	40	120
C	150	110	—	110	100
D	80	160	90	—	90
E	110	80	100	110	—

注：表中数值是指相应列书柜与行书柜的比较中，更喜欢列书柜的人数。

根据表 7-11 的人数统计结果进行百分比转换处理，结果如表 7-12 所示。具体方法：①将表格中所有的数值除以总人数 200，"—"处赋值 0.5；②按列进行求和，即表 7-12 中的"合计"；③根据合计数从小到大依次排列书柜类型，得到被调查者喜欢的书柜类型依次为 A、E、D、B 和 C。

表 7-12　将表 7-11 转换成百分比结果

书柜类型	A	B	C	D	E
A	0.50	0.10	0.25	0.60	0.45
B	0.90	0.50	0.45	0.20	0.60
C	0.75	0.55	0.50	0.55	0.50
D	0.40	0.80	0.45	0.50	0.45
E	0.55	0.40	0.50	0.55	0.50
合计	3.10	2.35	2.15	2.40	2.50

7.4　量表质量评价

量表或调查问卷设计完成后，我们需要对它们的质量进行评估，以确保调查的准确性和可靠性，需要回答如下问题：该量表或问卷能否准确反映所要研究现象的属性？测量或调查结果能否经得起反复检验？评价量表或问卷质量主要有两个指标：信度（reliability）和效度（validity）。

7.4.1 信度的概念

信度是指测量工具的稳定性与一致性，通常用同一量表对同一对象进行多次测量，查看所获得的数据是否总是保持一致来衡量。如一个人在同一个秤上连续多次测量体重，如果称出不一样且差距明显的重量，说明这个秤是不稳定、不靠谱的，即可以得出测量工具秤的信度不高。

实践中，信度通常用同一样本多次测量中得到的数据的相关系数，即信度系数来反映，信度系数用 r 表示，它的含义是测量结果中有比重 r 的差异来自测量对象本身，只有 $1-r$ 来自测量误差。一般认为，当信度系数 $r \geq 0.80$ 时，测量工具才具有足够的信度。

根据多次测量的具体方式不同，信度可以分为以下类型：

（1）再测信度：用同一种量表对同一样本前后测量两次计算的相关系数。再测信度存在的主要问题是，如果两次测量之间时间间隔较长，会影响测量结果，导致信度系数存在较大误差，不能准确反映量表的稳定性。解决的方法是尽量缩短两次测量之间的时差。

（2）复本信度：用两个相同功能的量表（即复本）对同一样本进行连续测量，计算出两种复本测量结果的相关系数。复本信度的优点是解决了再测信度中，因时间间隔较长导致的信度系数不能准确反映量表稳定性的问题；可能存在的主要问题是复本是否真的具有完全相同的测量作用，以及用两个复本对被调查者收集资料可能引起他们的不适感。

（3）折半信度：将两个复本量表的问题穿插排列，在统计结果时再按两个复本分别计分并计算两者的相关系数。折半信度可能在一定程度上解决了被调查者在面对两个明显复本时可能产生的情绪反应。

信度是反映量表稳定性的指标，其本身也受多个因素的影响，主要包括：①量表的题量。通常，在适当的题量范围内，且符合测量该概念的基本要求的情况下，一个量表的题数越多，其信度就越高。②样本的变异性。在其他条件相同的情况下，样本单位的特质分布范围越广，其信度系数也越大。③两次测量的间隔时长。再测法或复本法两次测量相隔的时间越短，其信度越高。

7.4.2 测量的效度

效度指量表测量的准确性，即量表测量的结果能否准确地反映所要测量的概念或问题。一般地，在选择测量工具和设计问卷时，最先考虑的应该是它的效度，即测量出来的东西是否真的是研究者想要得到的东西，是否能正确、有效地说明所要研究的概念或现象。评价效度主要有 3 种方法和思路：①经验评价法，请经验丰富的人来评价测量结果的有效性和正确性；②逻辑检验法，对量表中每个项目进行逻辑分析，如果都没有出现逻辑问题，就认定效度是较高的；③效标比较法，选择已有的、最好是权威性的测量工具得到的结果为标准，将该量表测量的结果与之相比较，即可得出该量表正确程度的结论。

实践中，根据效度的具体检验方法，可以将其分为 3 种类型，即内容效度、准则效度和建构效度。

1. 内容效度

内容效度也被称为表面效度，就是从量表的项目中分析内容与测量概念之间的关系是否紧密，通常主要考虑以下问题：①量表每个项目所测量的是否正是研究者想要的概念？②量表是否涉及这个概念的所有重要部分？因此，内容效度就是检查由概念到指标的经验推演是否符合逻辑，是否有效。

2. 准则效度

准则效度也被称为效标效度。这里的准则或效标是指为测量某一特定现象或概念，已有的、被认为有效的测量工具。对同一概念设计新的测量工具，如果新的测量工具得到的测量结果与效标具有一致性，即认定准则效度高。

3. 建构效度

建构效度也被称为理论效度。它通常用于理论研究或解释性研究，通过考察量表测量结果能否反映理念假设中的概念与命题间的结构关系来检查量表测量的准确性。

如果在一项具体的量表或问卷设计中，上述三种效度都很高的话，就认为应用这个测量工具得到的研究结果可以可靠地回答所研究的问题，即具有内在效度。那么，如何判断研究结论能否适用于更广泛的领域呢？如果研究结论具有普适性，就认为具有外在效度了。

7.4.3 提高信度和效度的主要途径

如果量表或问卷的信度与效度都很高，说明量表的质量很好，这是研究者希望的结果。实践中，量表的信度和效度可能出现多种情况，如图 7-2 所示，由此可见：量表缺乏信度肯定无效度；量表有信度不一定有效度。那么，对一个量表而言，信度和效度关系如何处理呢？效度是必要条件，应在保证效度的条件下提高信度。提高信度和效度的主要方法是科学设计测量指标和测量方案，具体要求为：①慎重提出研究假设；②形成一个能正确说明调查主题的完整的指标系统；③对每一个调查指标，设计出相对称的操作定义，即建立一些具体的程序来说明如何测量一个概念。

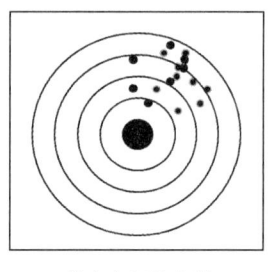

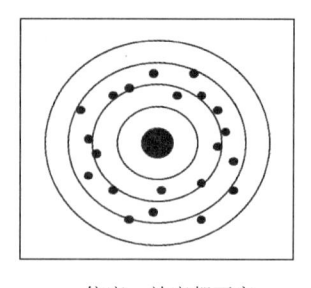

| 信度高但效度低 | 信度、效度都不高 | 信度和效度皆高 |

图 7-2　信度与效度的关系

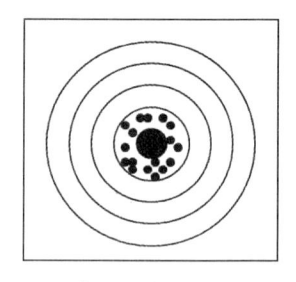

◆ 本章小结

社会测量是将抽象概念数量化的重要手段，通过概念、变量和指标的逐步具体化进行概念的操作化，从而设计出高质量的测量规则和工具。测量有定类、定序、定距和定比 4 个由低到高的测量层次，它们具有不同的特性和计算能力。市场调查中的常用量表主要有评价量表、瑟斯顿量表、李克特量表、累积量表、语义差异量表和配对比较量表。量表的质量主要通过信度和效度进行评价。

◆ 实训项目

1. 实训项目：对市场调查项目的核心概念进行操作化。
2. 实训目标：对市场调查项目中的核心概念进行操作化训练，让学生能够掌握操作化的基本程序和量表设计的要点，并学以致用，熟练应用于市场调查问卷设计中。
3. 实训内容：学生分组确定一个与市场调查项目紧密相关的概念，界定概念并设计一个概念指标体系。
4. 实训组织：学生分组进行，组内不同的学生应进行合理的分工和合作。
5. 实训考核：要求每组同学把概念界定过程、操作化思路及其成果制作成 PPT 并进行演示，全班分享、交流和讨论。

◆ 复习思考题

1. 社会测量的基本要素有哪些？
2. 测量有哪些层次，各有什么特性？请举例说明。
3. 什么是概念操作化？请阐述具体操作步骤。
4. 什么是李克特量表？有什么特点？请简述设计程序。
5. 语义差异量表有什么特点？通常测量项目应该涉及哪几个维度？
6. 简述配对比较量表的具体操作步骤。
7. 信度有哪几个类型？各有什么优缺点？
8. 信度和效度的关系是什么？应如何处理两者的关系？

阅读材料：儒家缘分关系视角下的消费者-品牌良缘量表

唐玉生等学者（2021）在深入探析中国儒家缘分关系下的品牌资产的维度的基础上，开发了基于中国儒家文化背景下消费者-品牌良缘量表。如表7-13所示，这个量表的设计中应用了因子分析提纯量表，并通过了信度和效度的分析检验。

表7-13 消费者-品牌良缘量表

请根据你的真实想法回答以下问题，并在相应的回答栏内打"√"，每个陈述只能选一个答案。

维度	陈述	同意	无所谓	不同意
承诺	LY1 我珍惜与该品牌之间的关系			
	LY2 我会真诚维持与我钟爱的品牌之间的关系			
忠诚	LY3 如果以后购买同类产品，我会首先购买我钟爱的品牌			
	LY4 如果条件允许，我会持续购买该品牌的产品			
依恋	LY5 我依恋该品牌			
	LY6 想起该品牌，我感到欢快和愉悦			
信任	LY7 我相信该品牌			
	LY8 我相信该品牌是可靠的			
	LY9 我相信该品牌能对其行为负责			
	LY10 这个品牌让我感到安全和放心			
幸福快乐	LY11 使用这个品牌/产品令我感到十分快乐			
	LY12 使用这个品牌/产品令我感到十分幸福			
	LY13 使用该品牌让我觉得生活中充满乐趣			
包容	LY14 当该品牌的产品或服务存在一些小瑕疵时，我不会立即转向消费其他同类品牌			
	LY15 在品牌犯错后道歉的情况下，我会原谅该品牌			

参考文献

1. 匡红云. e-服务质量对酒店在线预订消费者满意度影响研究[J]. 企业经济，2011（09）：36-40.
2. 王洪鑫，刘玉慧. 网络购买生鲜农产品的消费者满意度影响因素实证研究[J]. 消费经济，2015（06）：81-86.
3. 唐玉生，张小溪，邓秋迎，等. 儒家缘分关系视角下品牌资产量表开发与验证[J]. 南开管理评论，2021（02）：37-46.

第四篇
PART 4

市场调查资料收集技术

第8章 访谈法
第9章 观察法
第10章 投影技法
第11章 实验法

第 8 章
CHAPTER 8

访 谈 法

§学习目标

1. 理解定性调查方法的内涵、特点和适用情形；
2. 理解并掌握深度访谈法和焦点小组访谈法的含义、操作程序、应用场景和优缺点；
3. 掌握访谈技巧；
4. 能在实际调查项目中合理应用访谈法。

§本章导图

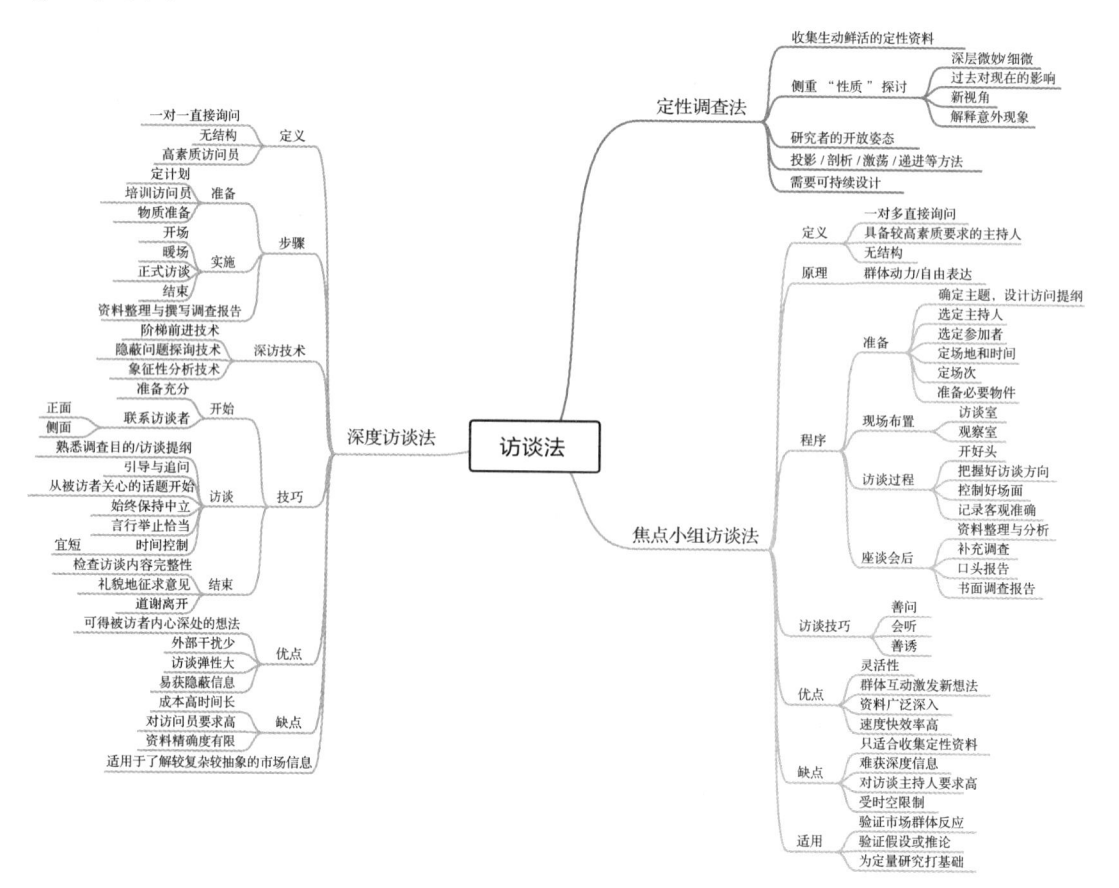

访谈法
- 定性调查法
  - 收集生动鲜活的定性资料
  - 侧重"性质"探讨
    - 深层微妙细微
    - 过去对现在的影响
    - 新视角
    - 解释意外现象
  - 研究者的开放姿态
  - 投影/剖析/激荡/递进等方法
  - 需要可持续设计
- 深度访谈法
  - 定义
    - 一对一直接询问
    - 无结构
    - 高素质访问员
  - 步骤
    - 准备
      - 定计划
      - 培训访问员
      - 物质准备
    - 实施
      - 开场
      - 暖场
      - 正式访谈
      - 结束
      - 资料整理与撰写调查报告
  - 深访技术
    - 阶梯前进技术
    - 隐蔽问题探询技术
    - 象征性分析技术
  - 技巧
    - 开始
      - 准备充分
      - 联系访谈者
        - 正面
        - 侧面
      - 熟悉调查目的/访谈提纲
    - 访谈
      - 引导与追问
      - 从被访者关心的话题开始
      - 始终保持中立
      - 言行举止恰当
      - 时间控制
        - 宜短
      - 检查访谈内容完整性
    - 结束
      - 礼貌地征求意见
      - 道谢离开
  - 优点
    - 可得被访者内心深处的想法
    - 外部干扰少
    - 访谈弹性大
    - 易获隐蔽信息
  - 缺点
    - 成本高时间长
    - 对访问员要求高
    - 资料精确度有限
  - 适用于了解较复杂较抽象的市场信息
- 焦点小组访谈法
  - 定义
    - 一对多直接询问
    - 具备较高素质要求的主持人
    - 无结构
  - 原理
    - 群体动力/自由表达
  - 程序
    - 准备
      - 确定主题，设计访问提纲
      - 选定主持人
      - 选定参加者
      - 定场地和时间
      - 定场次
      - 准备必备物件
    - 现场布置
      - 访谈室
      - 观察室
    - 访谈过程
      - 开好头
      - 把握好访谈方向
      - 控制好场面
      - 记录客观准确
    - 座谈会后
      - 资料整理与分析
      - 补充调查
      - 口头报告
      - 书面调查报告
  - 访谈技巧
    - 善问
    - 善听
    - 善诱
  - 优点
    - 灵活性
    - 群体互动激发新想法
    - 资料广泛深入
    - 速度快效率高
  - 缺点
    - 只适合收集定性资料
    - 难获深度信息
    - 对访谈主持人要求高
    - 受时空限制
  - 适用
    - 验证市场群体反应
    - 验证假设或推论
    - 为定量研究打基础

§ 引例

A 品牌奶茶消费者消费习惯的焦点小组访谈方案

1. 调查背景

市场上的奶茶品牌多种多样，其种类主要有奶茶型、果茶型和咖啡型 3 种。它们在所含成分和制作方法上都有所不同。消费者在购买奶茶时，是如何选择的呢？他们特别关注奶茶类别，还是品牌？A 品牌奶茶希望能够得到准确的信息，将信息作为广告策划的卖点。同时还有消费者在奶茶饮用、购买、媒体接触等方面的习惯，这些因素对广告媒体选择及投放方式都具有重要的参考价值。

2. 调查内容

消费者对奶茶概念的分类理解；消费者对奶茶品牌的认知和忠诚度；消费者的媒体接触习惯；消费者对 A 品牌的认知。

3. 参加座谈人员选择及研究方法

由于年龄已成为消费者生活和消费习惯差异的重要变量，因此，在不能增加座谈会组数的情况下，每组访谈成员的年龄范围宜适当缩小，共分两组，每组 8 人，具体条件：年龄在 20—35 岁，家庭月收入在 5 000 元及以上，在一周内购买过奶茶者。

4. 焦点小组座谈会每场时间为 1.5 小时，聘请有访谈经验的主持人，并配备 2 名记录员、1 名督导员，同时对座谈会现场进行录音、录像。

5. 会议地点、日程安排、报价（略）

8.1 关于定性调查方法的思考

焦点小组访谈法、深度访谈法和观察法等大多属于市场调查机构常用的定性资料收集方法。到目前为止，人们对这类"定性"方法的理解有很多不同观点，并没有形成像问卷调查这类定量资料收集方法那样成熟的框架，在实际操作中往往会因"随机应变"使调查结果存在一定的不确定性。因此，这里首先要探讨一下这类定性资料收集方法适用的情形，与定量资料收集方法相比到底有什么优势。定性资料收集方法侧重于"性质"的探讨，即试图通过收集资料来判断事物或事件系统内部结构及其与外部环境的互动关系，而这种资料收集的过程实质上是在特定的人文经济环境下，如何能从被调查者的角度准确解读其行为和思想的意义。通过运用投影、剖解、激荡和递进等定性调查方法收集丰富且有深度的资料，旨在弄清楚事物结构中各要素在整体中的轻重、相互作用及与外部大环境的共生演进规律。因此，应用这类方法时，研究者不能像在问卷调查中那样事先设计好问题并标准化地收集资料来进行验证，需要以开放式的姿态探讨，始终保持并非等待预定答案的心态进行资料的收集工作，以探索、解释或剖析问题或现象。通过这些定性研究方法获得的资料可以生动鲜活地反映调查对象群体的独特性，基于这样的研究结论所进行的诸如产品、品牌、服务或其他市场问题相关的决策才能是可靠的、有价值的。

确定了市场调查项目的主题之后，就需要考虑是否适合用访谈之类的定性调查方法。这就需要我们思考如下问题：①需要探寻市场现象的深层细微或深层微妙之处吗？如果需要确定市场份额，我们可以用定量统计方法；如果想要探讨中国传统文化对消费者养老服务决策行为的影响，或消费者对企业形象或品牌忠诚度的影响因素之类的主题，我们运用访谈之类的定性调查方法更加合适；②需要跟踪过去对现在的影响吗？如某个传统餐饮品牌为何由消费者心目中的王牌美食变为被抛弃的对象？成功的企业家是天生的，还是后天养成的？这类相关主题的调研更适合用定性调查方法；③需要引入新的视角去看清这个市场的现象或存在的问题吗？当已有的经验和研究成果都无法解释这些问题时，可能需要引入崭新的研究视角，访谈之类的定性调查方法可能会鼓励研究者摆脱已有理解体系的困扰而从新的角度去解释和理解这些问题；④需要解释意料之外的事情或问题吗？如老龄化社会很多家庭已无法承担传统的家庭养老服务，需要从外部获得养老服务支持，不少投资者感觉这是一个很大的市场，会在这个领域投资，但结果却并不理想，这时就比较适合用访谈之类的研究方法；⑤需要对已有调查结论逐步探寻其答案吗？如在2020—2021中国美好生活大调查中发现女性在结婚前和结婚后闲暇时间的行为有非常明显的差异，对其原因的探析可以是一个定性调查的研究问题。

定性调查需要可持续的再设计，也就是说，很难在一开始就能对后续的所有任务"了如指掌"，需要持续推进，在调查过程中以新的发现为基础，不断修正调查问题并收集资料来检验新的想法，直到确保调研的全面性、精确性和信服力。全面性包括被调查者的代表性、资料的完整性，还有调查过程中出现新思路后的方案调整和追踪、回溯研究，最终要以研究结果能够站得住脚、不存在逻辑空白为标准。精确性包括表述的忠实性、正确性和情境性，是以被调查者认可研究者对其真实意义的精准描述为标准。信服力包括被调查者提供信息的真实性、可靠性和准确性，最好调查所需信息的直接掌握者，获得的信息需要从不同的调查者那里得到验证或用其他来源得到的信息进行验证。

8.2 焦点小组访谈法

8.2.1 焦点小组访谈法的含义与特点

1. 含义

焦点小组访谈法，又被称为焦点团体座谈会法（focus group interview method），是聚焦特定主题，采用一对多的、无结构的、直接询问交流的小型座谈会形式来收集资料的方法，这种座谈会的参与者通常是一组具有代表性的消费者或客户，由一位具有高级访谈技巧的主持人在非常自然轻松的环境下与他们交谈互动，以参与者自主报告的方式提供相关信息，从而获得对特定市场现象或问题的深入了解。焦点小组访谈法并非只是主持人与参会者的互动，更多的是参会者之间的多向互动，成功的焦点小组访谈法具有较好的自我控制力，主持人会引导参会者围绕调查主题进行互动交流并逐步加深互动的状态，使那些在个人交流中隐藏的、不显著的信息会因互动启发而激发表露出来，这种群体激荡的作用是焦点小组座谈会的重要特色，使它特别适合对市场调查中互动性题材的深度研究，如商品中有关化妆品、女性服装、电影观看和婴儿奶粉等的购买行为，服务中有关住房的购买、教育培训、房屋装修和医疗服务等的消费决策，公共问题中流行歌星的印象及消费，社会保障和环境保护问题，等等。

2. 原理

焦点小组访谈法来源于治疗精神疾病的群体疗法。1941年，罗伯特·蒙顿博士和保罗·拉扎斯费尔德在美国举办全球第一次小组访谈法后，焦点小组访谈法就逐步成为一种人们普遍认同且备受推崇的重要调查方法。小组访谈法的基本原理是群体动力。简言之，是指让小组中的成员互相促进、互相启发，进而引发活跃思维并逐步深入的群体讨论，其规则类似于头脑风暴法，会中没有权威没有压力，鼓励所有参会成员自由表达想法和观点，只能从他人的发言中受到启发而不能对发言内容作任何评价。这种方法的价值在于经常可以获得意料之外的新发现和其他表层调查方法难以获得的深度潜藏的资料。

8.2.2 焦点小组访谈法的操作程序

1. 做好焦点小组座谈会前的准备工作

第一步　确定座谈会主题，设计详细的访谈提纲。会议的主题应符合调查目的的要求，并且是参会者共同关心和了解的，表达要简明和聚焦。讨论提纲要围绕主题确定小组座谈会所要涉及的主要话题，一般按照会议进程来思考：第一阶段是开场白和会议规则介绍，旨在建立友好关系和氛围、快速进入正题。第二阶段是会议的重点阶段，旨在主持人引导和激发下让参会者对核心问题进行畅所欲言，开展深入的讨论。第三阶段是总结和结束阶段，旨在拾遗补阙，确定重要结论，给参会者留下美好记忆。一般采用团队协作法编制讨论提纲，保证按一定顺序逐一讨论所有突出的话题，设计出高效实用的讨论提纲，如表8-1所示。

表8-1　访谈提纲结构示意表

问题类型	目的	养老服务用户研究示例
开场白	破冰，让参与者互相认识并产生熟悉感	小游戏互动：请告诉我们你的名字和（曾经的）职业
介绍主题与会议规则	了解并按会议规则快速开始养老话题讨论	您对老年生活有哪些担心和烦恼（诸如餐饮、生活起居、购物、生病、意外等），最主要是哪个？原因有哪些
过渡	自然过渡到核心问题	您现在已经购买了哪些养老服务？是居家的，还是机构的
核心问题	对中心议题获得多角度的想法和愿景信息	您特别希望获得哪些养老服务？如果购买或计划买这些养老服务，哪些因素会促进或阻碍您的决定
总结与结束	帮助研究者确定重点信息，确认任务完成就可宣告结束	总结交流结果，进一步提问：您周围的朋友有与今天交流不同的想法吗？为什么这么想？如果没有新的信息，向参会者表示感谢，发放礼品，结束会议

第二步　选择并确定座谈会主持人。焦点小组访谈法主持人要求具备丰富的访谈经验，熟悉并掌握会议主题领域的专业知识，有能力控制会议的进程和方向。焦点小组访谈法的主持人并非仅仅是访谈主题相关领域的专业人员，更重要的是他要有同理心、组织能力、倾听的技巧及自律的精神，能够给予参与者充分的尊重和关怀，在整个座谈会过程中应该是"局外人"，保持客观中立的态度。通常小组座谈会主持人要具备较高的素质要求，如表8-2所示。

表8-2　小组访谈法主持人素质要求

素质要求	说明
中立中的和善	主持人能始终坚持超脱的态度，并能很好地理解参会者、与之共情
宽容	对于讨论过程中出现兴奋点或偏离目的的情况要能给予一定的宽容，要适"度"
把握方向	主持人要有始终保持整个访谈进程和方向的能力，适时促进、限制或纠偏讨论互动
虚心请教	主持人应能从获取更多更深度资料的角度，佯装不理解，鼓励参加者发表更具体的看法
激励	主持人要有能力激励参会者积极发言，特别是要能够激发沉默者积极参与
灵活应变	在访谈过程中出现意外情况时，主持人要能够随机应变，灵活应对
敏感性	主持人应有足够的敏感性，能及时发现会谈中的新情况，并能理智地引导讨论

第三步　选择参会者。为了能够更好地发挥小组访谈法的群体动力效应，需要对参会者进行筛选。在一次小组座谈会上要选择具有相似性的消费者或用户，包括他们在所处的社会层次、消费水平和生活方式等方面具有的同质性，使他们能够更好地沟通交流，畅所欲言，从而获得大量丰富的资料。一次小组访谈参会者的选择通常应该遵循以下原则：①尽量属于同类型的人群；②互不相识；③不了解焦点小组访谈法；④不能有"专家"型的参会者，这里的"专家"是指在讨论中可能什么都懂，会给其他参会人产生压力的人。

第四步　选好访谈会的场所和时间。访谈会的场所尽量在交通便利、安全卫生、舒适安静的环境中，具体时间的安排要充分考虑参会者的特点和作息习惯。

第五步　确定座谈会的次数。一个市场调查项目通常需要进行多个座谈会才能满足项目资料收集的要求。一般情况下，座谈会次数的确定需要综合考虑调查主题的范围、调查总体单位的差异程度、对调查结果的精度要求、每次会议时长安排和经费预算等因素。

第六步　准备好座谈会所需要的所有物件，包括演示工具、录音录像等记录设备、笔、记录表、文件、桌椅和开水等，确保所有资源都准备到位。人们关于水果零食是否需要准备的问题有两种不同的看法，有些人认为提供水果零食可以让参会者更加轻松地思考和发言，但也有人认为水果零食会分散参会者的注意力，降低访谈的效果。所以建议组织者根据访谈主题和参会者特点等因素确定是否需要准备水果零食等。

2. 现场布置

场地一般是一个焦点小组访谈测试室，设备应有单面镜和摄像机。对调研者来说，焦点小组访谈法是一种了解消费者动机的理想方法。小组座谈一般安排在会议室中，会议室的一面墙上装有一个单面镜，通过单面镜，观察分析人员能清楚地看到参加座谈者的自然状态；将麦克风放在不显眼的地方（通常放在天花板上），为提高录音效果，地板上铺地毯，墙壁四周安放隔音设备；使用圆桌——按照小组动力学的原理，圆形可消除不合理的对立和上下关系；在单面镜后是观察室，观察室中有椅子和桌子，用于记笔记，观察室也可装上录音或摄像设备，如图 8-1 所示。

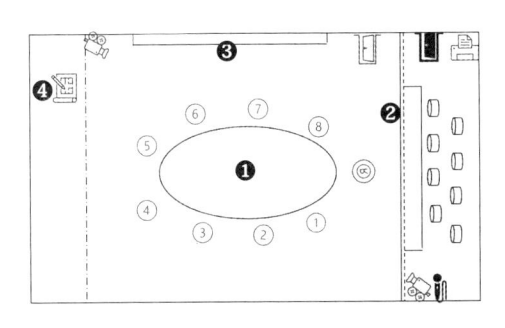

图 8-1　小组访谈法现场布置示意图

注：❶ 主持人、①－⑧参会者围绕圆桌座谈，以确保每个参会者感觉参与访谈的地位是平等的。❷ 单面镜：单面镜的一面是座谈室，主持人和被访者在里面进行访谈，里面有录音录像等设备；单面镜另一面是观察室，研究者或者观察人员都在这里。观察室内还装有摄像头、录音笔和打印机等办公设备，记录整个访谈过程，不仅记录下每个人说的话，还记录下他们的神态、动作和表情。❸ 黑板或可以随时做笔记的显示屏。❹ 记录员。

3.组织和控制好座谈会的全过程

（1）开个好头：如何使访谈活动热起来？

访谈一开始就要设法让参会者的情绪快速被调动起来，进入访谈角色，愿意与大家分享，乐于跟随主持的引导表达自己的想法和观点。通常可以选择并策划合适的破冰活动来达到这个目的，如表 8-3 所示。

表 8-3　焦点小组访谈法破冰方法类比表

破冰类型	基本操作方法	适用场合	优点	缺点
自我介绍型	通过参会者自我介绍（如个人情况、消费体验与感受等），让彼此有些了解	比较稳重、善于表达自我的访谈对象	操作比较容易，过程比较温和	如果自我介绍没有特色，可能很难留下印象，不容易彼此认识和了解
游戏型	通过做游戏让参会者在玩的过程中做些简单的交流，相互了解	各类参会者，特别适用于旨在获得创意或访谈时间很长的焦点小组访谈	可使参会者情绪快速被调动起来，彼此的印象会加深	需要前期的精心策划；操作比较复杂，要防止时间过长、情绪过度
分组型	将访谈者分成二三人一小组，请他们针对某个话题开展短暂交流，分组时要考虑均匀性和趣味性	后续的访谈过程中有分组交流的情况	多组同时交流，组员间接触充分，时间较短	可能因小组成员对话题不感兴趣或不知道等问题而冷场

（2）过程顺利圆满：主持人该如何把握好方向和控制好场面？

访谈过程能否顺利圆满主要在于主持人和参会者的共同作用，主持人对访谈场面的调控能力是现场节奏和氛围的关键。主持人要始终把握好会议的主题，善于调控参会者的状态和发言内容方向，做好参会者之间的协调工作，让小组座谈会在规定时间内获得预期的信息，完成资料收集的任务。在访谈过程中主持人要特别重视现场兴奋度的调节和突发事件的应对。

当访谈现场出现冷场之类的氛围时，主持人可以采用的应对方法通常有如下几种：①根据参会者的特点，选择一些可能会引起他们愉快反应的小玩笑；②重复参会者前面表达过的观点；③通过激发相对活跃的参会者来调动现场气氛；④用和善的方式点名提问；⑤运用表情、眼神、动作或话语等交流方式鼓励参会者发言；⑥与某个参会者进行简短的交流；⑦增加其他活动，如做小游戏来"暖场"；⑧遇到特别极端冷场时要安排中场休息，等等。

当访谈过程出现某些突发情况时的应对策略，包括但不限于：

1）并非预先确定的人临时来现场：如果是管理不善导致不相干的人进入现场，应该让他立即离开；如果是需要参加接下来的访谈，可以在合适的时间让他做简短的自我介绍。

2）少数参会者迟到：根据访谈的情况做决定，如果只有个别迟到者且访谈已进行得很顺利，应尽量避免迟到者入场；主持人应尽快安排他自我介绍，给他介绍活动流程与目前进度。

3）参会者不愿签订保密协议：如果出现这种情况，主持人需要针对他们采用合适的方法描述和解释保密协议，要耐心且充满善意，从参会者的角度强调利用合法方式保护隐私信息的重要性，同时也要强调这也是保护公司利益的手段，要用诚意和善心来赢得参会者的认同和接受。

4）参会者选择有误：当发现选择了不符合要求的参会者时，如果此时座谈会还未开始或还在破冰活动中，则应与不符合要求的参会者单独沟通，安排其离场。如果已在座谈会进行中，则应该在不影响访谈会的情况下安排他们提前离场；如果无法让其提前离开，则一定要想办法减少其发言，将他们对其他参会者的影响和干扰降到最低。

（3）记录客观准确：如何"原汁原味"记录好信息？

书记员在访谈过程中要准确、客观和全面地记录下访谈的内容，通常包括访谈中的发言，发言时的语气、表情和动作之类的信息。焦点小组访谈法的信息记录方法主要有白板记录、记录员记录和录音笔记录3种方式，三种方式各有其优点和缺点，如表8-4所示。在实践中，可以根据情况选择使用，也可将多种方式组合使用，最终达到的目的是将访谈信息"原汁原味"地记录下来，要全面、客观和准确，这是后续资料整理和分析的基础。

表8-4 小组访谈法记录方法比较表

记录方式	记录者	优点	缺点	备注
白板记录	主持人	效率高，数据结果直接可用；帮助参会者记忆，启发参会者思维；缓和参会者压力，参会者有更多思考时间	只能记录重要信息；主持人思考时间减少；记录空间受限	随着信息技术的发展，录音笔转录技术已有很大进步，转录成本也已有明显降低。未来将会应用更广泛
记录员记录	书记员	专业记录人员记录，记录翔实；记录不受空间限制	增加人力成本；对记录员素质要求高	
录音笔记录	录音笔	数据非常全面，无丢失	转录成本较高	

4. 做好座谈会后的各项工作

访谈过程结束并不意味着焦点小组访谈工作的结束，大家需要对访谈过程中的资料进行全面的整理和分析，具体包括以下工作：①需要及时整理和分析会议记录，全面检查记录。检查的主要内容是记录是否准确完整、有没有差错和遗漏。②所有参会工作人员一起全面回顾和研究座谈会的所有信息。③讨论是否需要组织补充调查。④在确保资料全面准确的前提下，进行分析，得出结论。

通常，在焦点小组访谈结束后，主持人需要做一次口头报告。当然，一般情况下还需要完成整个调查活动的正式调查报告。焦点小组访谈正式调查报告遵循一般调查报告的写作逻辑，不同的是，对每个部分的具体内容阐述都是针对焦点小组访谈的。一般在开头部分说明调研目的和所调查的主要问题，描述焦点小组访谈的具体做法，如焦点小组访谈参与者的特征、规模、征选方式和过程。接着，阐述调查结果与分析过程，使用座谈会的真实记录阐明和论证主要观点。最后，从调查结果中总结出结论，并提出建议。

8.2.3　焦点小组访谈法的访谈技巧

访谈技巧在运用焦点小组访谈法收集资料过程中具有举足轻重的作用。访谈技巧，实质上是主持人利用自己的全部感官与参会人员交流沟通的技巧，需要经过实践的积累才能驾轻就熟。理论上，一般主要从问和听两个方面介绍访谈技巧。

1. 善问：会提出问题

通常，访谈过程中需要根据访谈需要提出不同类型的问题，主要有两大类：一是针对想要获得与访谈主题直接相关的实际资料而提出的问题，即实质性问题，如"假如这款洗衣机会说话的话，它会怎么介绍自己呢？""如果你能够改变这款洗衣机的话，你将要改变什么？为什么呢？""你能告诉我这款洗衣机至少5个优点吗？""如果你负责销售这款洗衣机，你认为广告应该重点强调什么？"和"假如你打算购买这款洗衣机，最想了解它的哪些方面？"等；二是在访谈过程中主持人为转承起合而提出的问题，如转移话题时的过渡性问题，或为检验信息真实准确性而提出的问题，都属于功能性问题，如"如果你是主持人，接下来会问什么问题？""请问您说的是这个意思吗？"等。

2. 会听：善于听取回答

访谈过程是信息流动与人的反应的交互作用的过程，主持人要能快速准确获取信息并做出合适的反应，以引导和激发信息的增加和深入。主持人会听至少应包括以下能力：①快速接收和抓取信息的能力；②准确理解和加工信息的能力；③从存疑信息中筛选出有价值信息的能力；④做出恰当反应的能力，如对有用的存疑问题引导深入访谈，以获得进一步信息进行证明的能力。总之，会听是有效的听，以科学访谈的态度，克服各种影响访谈信息接受的干扰和障碍，对参会者的言行所传达出的有用信息做出恰如其分的反应。

3. 善诱：引导和追询

访谈过程中信息互动有时需要引导和疏通，这主要体现在引导和追问技巧的应用上。当有参会者对主持人提出的问题并没有真正理解时，主持人就需要用更加通俗易懂的表达说明清楚，而且要尽可能从参会者的视角去理解和解释问题。当有参会者讲话不够完整，可能"欲言又止"时，主持人要采取恰当的引导和追询，使发言人能完整并更加具体或深入地讲述。当有参会者的发言跑题太远时，要非常和善而坚定地把话题引回正轨上来。

追问通常是为了获得参会者更加真实、可靠和完整的回答，主要应用于有参会者发言不够完整、过于笼统、模棱两可甚至前后矛盾的情形。追问应该以和善的态度，在让发言者感觉愉快的氛围中进行，要友善适度，不可强求。主持人要能够换位思考，如果发言人已经清楚地阐明他最初观点的含义，就应该结束追询。

8.2.4 焦点小组访谈法的优缺点与应用情境

1. 优点

（1）访问提纲和访谈过程具有较强的灵活性。访谈过程能将资料收集与交流讨论相结合，当对资料质量有疑问时，可得到及时的澄清或解答，还可通过追问等方式获得更加具体深入的资料。

（2）群体互动有利于激发新的思考和想法。访谈过程不仅可以获得言语信息，还能在许多非言语行为中得到重要信息，这些信息在访谈过程中相互激荡，为所获资料的准确性和可靠性提供了依据。

（3）获取的资料广泛且深入。在主持人一对多和参会者多向互动交流中，所有人能够脑洞大开、互相启发，获得丰富有创意的信息，内容广泛深入，可能涉及市场现象、人类行为以及观念感情等诸多方面的资料。

（4）收集资料速度快且效率高。焦点小组访谈可以实现多人同时访谈并获得调查资料的效果，操作比较方便，能节约人力和时间。

2. 缺点

（1）只适合收集定性资料。因资料信息比较散乱，以口语化的文字描述为主，且被访谈者所讲的并不都具有典型性，容易造成判断错误，给资料分析和得出结论增加了难度。

（2）难以获取很多隐私和保密之类的深度信息。面对群体交流，有些参会者仍然会因为某些"权威"和群体压力的作用而不愿或不敢多讲，特别是涉及隐私、保密等方面的问题则更不会多谈，因而获得的资料有一定的局限性。

（3）对访谈主持人的要求较高。访谈过程及所能获得的资料质量在很大程度上与主持人有关，而挑选理想的主持人往往是比较困难的。

（4）资料收集会受访谈过程的时空限制。焦点小组访谈法资料收集会受访谈场所的选择和会议时间限制的影响，有时很难与参会者进行深入细致的交流。

3. 应用情境

焦点小组访谈法通常应用于以下情境：

（1）验证市场对某个产品或营销计划的群体反应。如企业为开发新产品或提供新的服务而策划了某个具体的营销计划，希望能够了解市场的群体反应，就可运用焦点小组访谈法研究消费者的认识、偏好及行为，获取消费者对这个计划的初步反应。

（2）验证某些假设或推论。如果企业想更新老产品、开发新产品或应用某些广告创意，可以通过焦点小组访谈法了解消费者有哪些改进老产品的想法，获取消费者对新产品概念的印象、希望的广告新创意等，由此验证企业的这些假说和推论。

（3）为应用和解释定量研究方法进行探索性调查。有些情况下希望通过市场调查获得变量之间的关系而构建理论模型，有时需要对定量研究获得的数据结论做出更加深入的定性解释，这些都可以运用焦点小组座谈法帮助开展探索性调查。

8.3 深度访谈法

8.3.1 深度访谈法的含义与特点

深度访谈法指由具有高级访谈技巧的访问员对调查对象进行一对一的直接访问，访谈过程中访问员可以根据具体情况调整事先拟定的访谈提纲，以获取能够探寻和理解某一市场现象或问题相关的潜在动机、态度和情感等深层次或潜层次信息。深度访谈法是访问员与被访问者的一对一定向沟通，具有双向互动的特点，适用于探索性调查。深度访谈与一般访谈是有区别的。如：随谈就是闲聊，是无目的无方向性的沟通，具有情感宣泄的作用；采访侧重于点对点的单向交流，重在信息的获得。深度访谈是一种研究性交谈，是在科学研究规范的指导下运用口头交流的方式，有目的、有意识地获取、理解和把握相关市场性质或规律的信息资料。深度访谈法在调查对象、调查方式和调查目的等方面具有如下特点：

（1）调查对象：在深度访谈中，一个具有专业访谈技巧的访问员会与一个符合特定条件的深度访谈对象进行一对一的深入交流，通常这样的访谈对象是需要精挑细选的，是对相关市场调查项目有重要价值的对象。

（2）调查方式：深度访谈采用非结构式的访谈方式，由访问员与被访问者进行直接的个人之间的对话访问，通常访谈时间较长，访问员会对访谈过程有一定的控制，但更会根据访谈的进展进行灵活应对。

（3）调查目的：深度访谈的"深度"主要体现在调查目的上。通常研究者不会为了获得表层信息而采用深度访谈，应用深度访谈都是为了获得潜在的、隐藏在深处的特定行为、动机、目的、态度或感受等方面的信息，从而探寻并揭示内在的关联性及其规律。

随着互联网和移动互联网技术的发展，传统的线下深度访谈法也可以通过在线方式进行，前提是访谈对象要能够比较熟练地运用网络。

8.3.2 深度访谈法的实施步骤

深度访谈法的具体实施过程包括调查准备、调查实施、资料整理分析和调查报告撰写等步骤。

1. 调查准备工作

首先，研究员要根据市场调查项目的要求编写调查方案，包括明确访谈调查的目的、确定调查研究的主要内容、撰写访问提纲、明确访问员的具体要求及招募方式、被访问者的要求和规模、时间安排与经费预算等内容。要弄清楚调查项目的目的和发起调查的原因，要预设各种可能的问题和答案，尽可能对后续调查过程中可能出现的情况和问题进行预设并提出应对办法。如编写访谈提纲不仅要列出正式访谈的问题，还需要对整个访谈过程进行设计，如开场语、暖场和结束语等内容；在被访问者的招募方面要确定招募比例、招募渠道和酬劳预算等。

其次，对访问员进行培训。研究者需要制定访问员培训手册和培训制度，对访问员的培训旨在让他们提前熟悉访谈内容及提纲，清楚调查项目目的，能够在实际访谈过程中积极判断、及时反应，有耐心和敏感性，能具有创造性地完成访谈任务。对于深度访谈新手，特别需要在访谈各环节的处理上进行重点培训，如开场气氛的营造和迅速建立关联性，访谈中问题的顺序、问题的轻重和敏感性、受访者谈话的逻辑及始终保持中立客观等方面的应对和技巧。

最后，物质准备。要为实地访谈调查准备好所有的必需物品，如工作证件之类的身份证明、服装准备、给被访问者的礼物或酬劳、纸质或电子访谈提纲、访谈笔记或录音录像设备、有关被访问者的信息文件、其他访谈工具等。

2. 实施

深度访谈法的实施包括联系并获得被访问者的同意，访谈执行等过程。实际访谈过程通常包括开场语、暖场、正式访谈和结束语，核心环节是正式访谈，在结束访谈前，访问员需要对整个访谈工作进行快速的检核，确保所需要资料都已获得后才能礼貌地结束工作。

3. 资料整理分析与调查报告的撰写

通过深度访谈法获得的资料大多为定性资料，需要在资料审核的基础上对资料进行编码、分类、整理和初步分析，如有必要还需要进行补充调查。研究者要在确保资料全面、准确和完整的基础上进行深入分析，并撰写调查报告。

8.3.3 深度访谈法的技术与技巧

1. 深度访谈法的技术

（1）阶梯前进技术。阶梯前进技术是指沿着所要调查问题的某种线索设计提纲并进行访谈，使调查者根据这个线索获得信息，把握被访问者思考问题的思路和脉络。

（2）隐蔽问题探询技术。隐蔽问题探询技术是指并不直接询问所要收集信息的相关问题，而是通过相关问题的信息收集来获得所需要资料的方法。

（3）象征性分析技术。象征性分析技术也是一种间接获取所需资料的技术，主要是指通过反面比较来分析被访问者所指意义的技术。

2. 深度访谈法的技巧

深度访谈技巧是访问员为了获得准确可靠的访谈资料，用于引导被访问者提供所需信息的一种科学访谈方法和策略。访谈过程的技巧在访谈开始阶段、主要阶段和结束阶段都是有所不同的，下面我们来简要介绍。

（1）访谈开始阶段的技巧。

访谈开始阶段的技巧主要是处理好两件事情：

1）做好访谈前的准备工作。访谈准备工作要充分，要准备好访谈计划和访谈用品等，确保万无一失。

2）尽快接近被访问者。接近被访问者是正式访谈前的序幕，需要掌握一定的技巧。概括地讲，接近被访问者主要有两种方式：①正面接近。与被访问者联系并直接说明自己的身份和调查的意图，在取得同意后就开始进行正式访谈。②侧面接近。"创造"条件在某个活动或某个场合"遇见"被调查者，与之相识并努力建立联系，最好能成为朋友或有共同爱好，这样在向被访问者提出访谈要求时，你们已经是"熟人"了，被访问者会比较自然，并且你不容易被拒绝。

（2）访谈主要阶段的技巧。

在访谈主要阶段，主要有以下技巧：

1）访问员要非常熟悉访谈调查目的和访谈提纲，访谈过程中要尽可能以访谈提纲为主线避免偏离目标，同时也需要根据被访问者提供的"意外"信息及时调整访谈问题。

2）在深度访谈过程中，访问员要适当地应用引导和追询技巧。引导是让访谈过程处于有控制的状态。追问是实施阶梯前进技术，获得更深度信息的接口，通过关注被访问者提供的"意外"信息并进行追问，是实施阶梯前进技术的机会。通过追问获得更多例证信息，可以为调查内容提供更有力的佐证和逻辑关联。通常，追问有4大具体技巧：

技巧1：引述。通过引述被访问者的语言或内容，使被访问者说出更多与之相关的信息，使这些信息能够构成比较完整的故事、场景、事件或事实。

技巧2：挖掘。从被访问者提供的信息中进行抽象并分析，然后用列举或联想等方法挖掘出一些问题进行追问，以引发被访问者的回忆或思考，让他们提供更多的信息，挖掘技巧中可以采用定义法、溯因法、例举法或联系法等。

技巧3：激发。在访谈过程中当遇到被访问者不太愿意谈及的问题或"固执己见"的场合，可以通过追问一些被访问者愿意讲述的问题以引导并激发其继续表达的意愿。

技巧4：道具。在访谈过程中，事先准备一些可能与访谈内容相关的书籍、论文、图片、特别的纪念物等物件，在适当的时候展示在被访问者面前，访问员通过问与展示物品相关的问题，追问并引导被访问者讲述相关内容。

3）在条件允许的情况下，尽量从被访问者关心的话题开始，以激发被访问者的兴致，然后逐步缩小访谈范围，问及所要提问的问题。

4）在访谈中，访问员只是资料的收集者，不能对被访问者的信息提供产生任何干扰，应该自始至终都要保持公平、客观和中立的立场。

5）访问员在访谈过程中应具有很好的文明礼貌素养，与被访问者的交流表达要准确明了，言行举止要大方、恰当。

6）一次深度访谈时长需要考虑能收集够所需资料的时间及被访问者的感受，时长要尽可能缩短，通常以30—60分钟为宜。

(3) 访谈结束阶段的技巧。

1）在访谈结束时，访问员必须迅速重温一下访谈结果或迅速检查访谈提纲，确保没有遗漏任何重要内容。如果发现还有没有回答的问题，要及时补充完整。

2）访谈结束时，应该礼貌地征求被访问者的意见，问问他还有什么想法和要求等，也许他们意犹未尽，想提供更多的信息。在确认访谈工作全部结束后要表达谢意并快速礼貌地与被访问者说再见。

8.3.4 深度访谈法的优缺点和适用场合

1. 优点

（1）一对一访谈更利于被访问者敞开心扉讲出内心深处的思想与看法。
（2）更适合获得涉及个人隐私方面的信息，并方便对相关问题开展研究。
（3）被访问者不容易受外部因素的干扰，可获得被访问者提供的语言和非语言信息，更真实可靠。
（4）访问员可以根据访谈的具体进展自由发挥，调查弹性很大，获得的信息也更丰富、更有深度。

2. 缺点

（1）调查成本较高、时间较长。由于每次只能对一个对象做访谈，通常需要较长的时间来完成整个调查任务，因而成本也比较高。

（2）对访问员的要求高。高素质的访问员可以提供更多高质量的丰富调查资料，对访问员的选择成为深度访谈法能否成功的重要因素之一。

（3）访谈调查资料受多种因素的限制可能不够精确，这主要体现在以下方面：一是被访问者语言表达能力有限，没能够准确全面地提供信息；二是对于一些需要回忆的信息，因被访问者记忆力和"时过境迁"因素的影响，在提供的资料上存在一定的差异；三是受具体访谈过程中访谈场所及访问员个人技巧的影响；四是在访谈过程中受被访问者当时的情绪等主观因素的影响；五是受被访问者认知和心理因素对提供资料的影响，如对事实的选择性表示、对意义的自利性解读等都会导致提供信息的偏差。

3. 适用场合

深度访谈法适用于个性化题材，对了解较复杂、较抽象的市场现象或问题的调查比较适用。具体的场合如：①对被访问者的某个想法或行为的仔细探究与剖析，如对高档汽车、金融投资、个人保险、职业选择和男性服装等商品或服务的选择与对购买行为、过程的了解。②涉及秘密、敏感或者令人尴尬等隐私问题的调查，如对个人收入、宗教信仰、家庭关系及职场关系等问题的调查。③易被社会道德和规范束缚的问题，如关于是否愿意选择养老机构养老的真实想法往往会受传统孝道的约束而不愿意说出口，女性消费行为可能受传统家庭规范的约束而不能将自己的真实意愿表露出来等。④对专家或VIP客户的访问。⑤只需要对少数几个对象进行调查的市场调查研究。

本章小结

焦点小组访谈法、深度访谈法和观察法等大多属于市场调查机构常用的定性资料收集方法，侧重于对"性质"的探讨，重在特定的人文经济环境下从被调查者的角度准确解读其行为与思想。选择定性调查方法前我们需要思考如下问题：需要探寻现象的深层细微或深层微妙之处吗？需要跟踪过去对现在的影响吗？需要引入新的视角去看清这个市场的现象或存在的问题吗？需要解释意料之外的事情或问题吗？定性调查需要可持续的再设计，很难在一开始就能对后续的所有任务"了如指掌"，需要持续推进。

焦点小组访谈法是聚焦特定主题，采用一对多的、无结构的、直接询问交流的小型座谈会形式来收集资料的方法，基本原理是群体动力。焦点小组访谈法的操作程序：①做好准备工作；②现场布置；③组织和控制好座谈会的全过程；④做好座谈会后的资料整理与总结工作。访谈技巧主要有：善问、会听和善诱。它的优点主要有访谈过程具有灵活性、利于激发新信息、速度快且效率高。它存在资料比较散乱、难以获取深度信息、对主持人要求较高和受时空限制等缺点。它比较适用于验证市场群体反应、某些假设或推论，或为定量研究进行探索性调查。

深度访谈法是指由具有高级访谈技巧的访问员对被调查者进行一对一的直接访问，以获取能够探寻和理解某一市场现象或问题相关的潜在动机、态度和情感等深层次信息。具体实施过程：①做好调查准备；②调查实施；③资料整理分析与调查报告撰写。深度访谈技术有阶梯前进、隐蔽问题探询和象征性分析等技术。访谈技巧有：①开始阶段要做好充分准备工作，尽快接近访谈对象。②主要阶段访问员要非常熟悉调查目的和访谈提纲，适当应用引述、挖掘、激发和道具等引导和追询技巧。③结束时必须迅速确认工作完成。它的优点有：更利于获得内心深处隐秘的信息、访谈不易受外部因素干扰、调查弹性很大、获得的信息更丰富有深度。它的缺点有：调查成本较高、时间较长，对访问员的要求高，以及受多种因素限制导致的误差。深度访谈法适用于个性化题材和对较复杂较抽象的市场现象或问题的调查。

◆ 实训项目

1. 实训项目：运用访谈法模拟进行市场调查。
2. 实训目标：确定特定的调查主题，对周围比较容易进行访谈的对象进行资料收集。让学生能够掌握访谈技巧，并学以致用。
3. 实训内容：学生分组确定一个适宜运用访谈法的市场调查项目，进行模拟访谈。
4. 实训组织：学生分组进行，组内不同的学生进行合理的分工和合作。
5. 实训考核：要求每组同学把访谈过程、访谈提纲及其成果制作成PPT进行演示，全班分享、交流和讨论。

◆ 复习思考题

1. 定性调查有哪些特点？
2. 焦点小组访谈法的原理是什么？
3. 请阐述焦点小组访谈法的具体操作步骤。
4. 什么是深度访谈法？请简述具体操作程序。
5. 请比较分析深度访谈法和焦点小组访谈法的优缺点和适用场合。

◆ 阅读材料：设计访谈提纲应遵循"可行的就是准确的"原则

访谈中提问题的方式是否可行不是由研究者说了算的，而是由被访问者决定的。只有那些能够让被访问群体明白问题意思，并能带动他热烈地参加讨论的提问方式才是真正可行的。通常这样的提问方式并不一定是研究人员熟悉的、所欣赏或喜欢的。访谈能否成功并不完全取决于研究人员的见识与知识，很大程度上取决于能否找到可以激发被访问者的方法。访谈方法的选择和使用不仅是科学的也是艺术的，需要主持人与方法的匹配。知名焦点小组访谈法专家诺米·亨德森提出了访谈提纲中10个对他本人来说十分合适可行的经典问题，即

1. 如果您是负责人，您会对此做出哪些改变？
2. 什么因素将会使这个产品获得好评？或者说，如果这个产品受到好评，这个好评将因何而来？
3. 如果您是主持人，您会乐意向这组参会者提出再下一个问题是什么？

4. 关于这个产品，如果您需要向您最好的朋友或家人进行介绍的话，您会说些什么？
5. 假定这个产品会说话，要它自我介绍，它会说些什么？
6. 如果可以对这个产品做一些改进的话，您会去改进它的哪一点？改进的主要理由是什么？
7. 为什么这样做会让这个产品受到更多好评？
8. 您能告诉我有关这个产品的 5 个可取之处吗？它的可取之处多小都没关系。
9. 如果您被指定负责销出 1 000 件这种产品，那么您会在广告宣传中强调的要点是什么？
10. 在您选择产品时，要做出接受或拒绝这个产品的决定，您最想知道的是什么？

◆ 参考文献

1. 袁岳，汤雪梅. 定性研究方法使用指南：焦点团体座谈会 [M]. 南京：南京大学出版社，2001.
2. 鲁宾 H J，鲁宾 I S. 质性访谈方法：聆听与提问的艺术 [M]. 卢晖临，连佳佳，李丁，译. 重庆：重庆大学出版社，2020.

第 9 章
CHAPTER 9

观 察 法

§学习目标

1. 了解观察法的定义和类型；
2. 掌握观察法的操作流程和应用场景；
3. 掌握观察法的记录技巧；
4. 掌握神秘顾客法的操作程序和技巧；
5. 能在调查方案设计和调查实践中正确应用观察法。

§本章导图

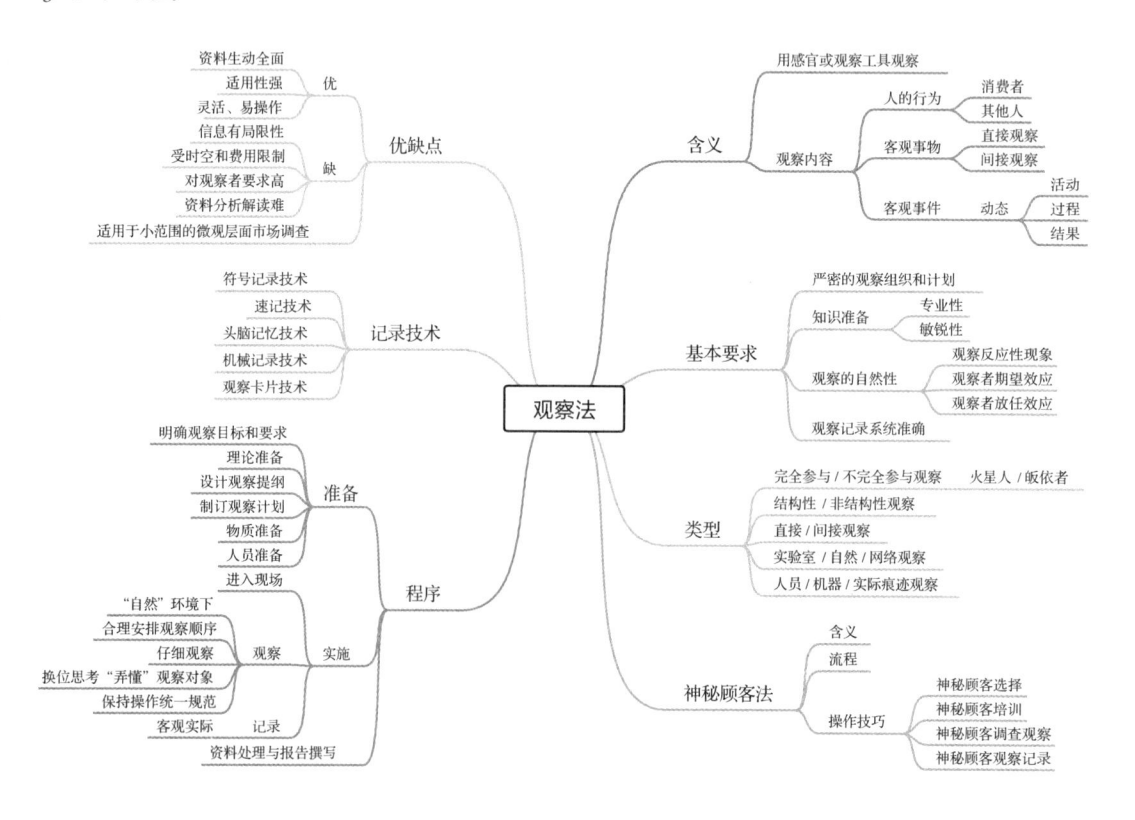

观察法
- 优缺点
  - 优
    - 资料生动全面
    - 适用性强
    - 灵活、易操作
  - 缺
    - 信息有局限性
    - 受时空和费用限制
    - 对观察者要求高
    - 资料分析解读难
    - 适用于小范围的微观层面市场调查
- 记录技术
  - 符号记录技术
  - 速记技术
  - 头脑记忆技术
  - 机械记录技术
  - 观察卡片技术
- 程序
  - 准备
    - 明确观察目标和要求
    - 理论准备
    - 设计观察提纲
    - 制订观察计划
    - 物质准备
    - 人员准备
    - 进入现场
  - 实施
    - 观察
      - "自然"环境下
      - 合理安排观察顺序
      - 仔细观察
      - 换位思考"弄懂"观察对象
      - 保持操作统一规范
    - 记录
      - 客观实际
    - 资料处理与报告撰写
- 含义
  - 用感官或观察工具观察
  - 观察内容
    - 人的行为
      - 消费者
      - 其他人
    - 客观事物
      - 直接观察
      - 间接观察
    - 客观事件
      - 活动
      - 动态
        - 过程
        - 结果
- 基本要求
  - 严密的观察组织和计划
  - 知识准备
    - 专业性
    - 敏锐性
  - 观察的自然性
    - 观察反应性现象
    - 观察者期望效应
    - 观察者放任效应
  - 观察记录系统准确
- 类型
  - 完全参与 / 不完全参与观察 火星人 / 皈依者
  - 结构性 / 非结构性观察
  - 直接 / 间接观察
  - 实验室 / 自然 / 网络观察
  - 人员 / 机器 / 实际痕迹观察
- 神秘顾客法
  - 含义
  - 流程
  - 操作技巧
    - 神秘顾客选择
    - 神秘顾客培训
    - 神秘顾客调查观察
    - 神秘顾客观察记录

§ 引例

"神秘购物法"

法国居伊·梅内戈点子公司的"神秘购物法"（mystery shopping studies）是一种观察法，它依靠那些经过专门训练的神秘顾客，由他们进行伪装购物，详细记录下购物或接受服务时发生的一切情况，以发现商家在经营管理中存在的各种缺陷。

9.1 观察法的含义与基本要求

9.1.1 观察法的含义

观察法（observational survey）是指观察者根据市场调查目的研究提纲或观察表，有组织、有计划地运用自身的感觉器官或借助科学的观察工具，对与调查项目有关的市场现象或问题搜集资料的方法。科学的观察具有目的性和计划性、系统性和可重复性。观察法利用科学方法和手段获得市场现象或问题的真相，并且其研究结果应该能够经得起反复检验。

观察法包括对人的行为的观察和对客观事物的观察。对人的行为的观察，可以通过语言、声调、表情、动作等做出判断。对事物的观察，可以是对市场现象或市场有关事件酝酿与发展过程的观察，也可以是对相对有限时间和空间内市场现象的综合考察，还可以通过观察各种有关的记录、实物和产品的生产经营过程，了解调查对象及其单位的情况。具体地，观察法的操作对象为以下几种。

1. 对人的行为进行观察

人是市场调查研究的重要对象，对人的行为的观察包括对现场静态行为的观察和对人的行为变化过程的动态观察。这里的"人"涉及市场调查对象的各种类型，主要包括消费者和其他类型的人，其中消费者是非常重要的调查对象。

（1）对消费者行为进行观察。消费者是市场现象的重要组成部分，"消费者是上帝"反映了消费者在市场经济中的地位。因此，消费者有怎样的需求、有怎样的行为以及有怎样的消费倾向都是企业必须了解的信息。但其中有很多如动机、需求和倾向等往往是很难通过语言这样的直接方式获得的。需要企业通过观察消费者行为及其变化，从一些看似微不足道或未曾料及的微妙行为中，分析、获取其内在价值和潜在需求的变化，从而尽可能掌握消费者行为特征及其规律。

（2）对除消费者以外其他人的行为进行观察，尤其是对经营者行为进行观察。除消费者以外，其他与市场现象相关的主体也可能成为观察的对象和内容。如在企业经营和销售活动中，营销人员的行为对企业绩效影响较大，像麦当劳和肯德基就会通过对营业门店及营销服务人员的行为的观察评估其绩效。对竞争对手的调查往往会将重点放在对竞争企业决策者行为的观察研究上。对企业产品质量和产品竞争能力的预测也可以通过对研发和生产员工结构、能力及其行为进行观察。

2. 对客观事物进行观察

对客观事物进行观察往往是对市场调查项目涉及的客观存在的实物进行观察，多属于静态观察，其内容很广泛，如对相关商品、商品规格与包装、商品陈列与布局、营业场所、设备、建筑物、广告设计等进行观察，可以直接获得相关资料。这些资料可以是非数字化的描述性资料，也可以是数字化的量化资料。具体资料的呈现形式可以根据观察对象的特征和调查项目的要求来确定。

3. 对客观事件进行观察

对客观事件及其过程进行观察，实质上是对各种与市场调查问题相关的客观活动、客观过程、客观结果等事情进行观察，如对企业的经营活动、企业产品供求变化、促销活动、市场经济周期、企业政策或技术环境变化、消费者消费方式转型和企业生产方式转型等的观察。它是对事物的动态的观察。对客观事件进行观察往往需要相对较长的时间，有时需要进行纵向调查，其调查结果对于企业的决策具有较大的战略指导价值。如在互联网经济发展初期，有的企业通过对外部技术环境的观察和调研，敏锐地感知并预测到企业未来发展的技术方向，作出利用互联网技术促进企业发展的重大决策，从而占据先入为主的优势地位。

9.1.2 观察法的基本要求

事实上，观察法通常不只是简单的资料收集方法，还是理论或结论生成的方法。观察者常常并没有预先明确的定义或假设，而是试图从无法预知的进程中发现有意义的信息或初步的结论，通过不断推进的观察修正认识，最终获得对市场现象或问题的系统科学认识。因此，观察法的基本要求主要包括以下四点。

1. 要有严密的观察组织和计划

科学的观察与日常生活中的观察是有明显区别的，科学的观察都有非常明确的研究目的，通过科学的方法和技术来保证结果的可靠性和准确性。因此，在观察法的实践中要对观察对象、时间、观察内容、观察顺序、记录内容和记录方式等制定周密详细的计划，有效组织实施和指导整个观察过程。

2. 有必要的知识准备，提高观察的专业性和敏锐性

每个市场调查项目都涉及具体的行业和调查内容，观察者必须具备相关的行业和专业知识，对观察的问题有比较清楚的认识，不仅对观察计划中的要求了然于心，还要对观察过程中出现的重要意外信息保持敏感和警觉。

3. 要消除观察干扰，保持观察的客观性和自然性

为了获得客观市场信息，要保持观察的客观性，尽量避免观察过程可能出现的各种干扰因素，还要保证观察的自然性，将观察对象置于自然情境下进行研究是必要的。观察中的干扰主要来自主客观两个方面，具体的表现和降低方法如下：一是客观性干扰因素，主要表现为观察反应性现象。观察反应性现象是指观察对象可能会基于被观察的事实而反应，从而使他们的行为与正常状态的行为不一致。降低这类干扰可以利用单面镜观察室，或事先接触被观察者，减少陌生感，让他对观察者"习以为常"。二是主观性干扰因素，主要表现为观察者的期望效应和放任现象。观察者期望效应是指观察者对观察对象有了先入为主的"解答"，在以后的观察活动中，观察对象往往会不自觉地以观察者的预设解答来看待观察对象，力图使观察结果与预期吻合，带上了主观性。观察者放任现象是指观察者自以为对观察对象了如指掌，在观察过程中不专心、没耐心、不深入，仅凭印象和经验，这样会失去观察的准确性和精确性。降低这类干扰的方法有加强对观察人员的培训，提高观察过程的监管能力，并利用多人的观察结果进行比较。

4. 要力求观察记录系统准确

观察法所获得的信息最终都要以记录的形式呈现或保存，这是利用观察法进行市场调查资料分析的基础，也是完成调查项目的必要条件。因此，在观察之前要对观察记录提出具体明确的要求，对记录的方式或形式要设计具体的提纲，对记录的过程要确保专业和规范，观察记录应尽可能保持"原汁原味"、系统完整。

9.2 观察法的类型

1. 按观察者参与观察活动的程度划分

观察者在观察调查过程中参与的程度不一，完全参与和完全不参与是两个极端的情形。Fred Davis 将观察者可能参与的两种极端角色比作"火星人"（martian）和"皈依者"（convert）。前者是指观察者将自己想象成被送到火星上的与火星人完全隔离的地球人，在完全不参与的状态下作为局外人观察火星上的生命和其他一切现象。后者则是指观察者深陷观察情境中，把自己融入观察对象，作为局中人进行观察。在实际的观察法实践中，观察者的参与程度介于两个极端情境之间。

（1）参与观察。参与观察指观察者直接参与到市场活动中对市场现象进行观察，收集市场信息。根据观察者参与身份是否公开，可以将参与观察分为公开的参与观察和非公开的参与观察。选择非公开参与观察的一个重要理由是，人们认为隐瞒研究者身份和研究目的可以让观察对象表现得更自然真实。事实上，无论如何，参与的"身份"都会对观察结果产生影响。一方面，观察者作为参与者已经改变了观察对象及其组成，还有，两者的互动都可能影响到观察对象的行动或过程，管理科学著名的霍桑实验就是最好的例证，正是研究人员的介入使观察对象的生产效率提高了——霍桑效应；另一方面，观察者作为参与者与观察对象打成一片，甚至真的成为其中的一员，可能会深陷观察情境之中，从而无法客观中立地观察和收集资料。

（2）非参与观察。非参与观察指观察者身份不变，只在调查时置身于调查事项中取得资料。根据观察者身份是否公开，可以将非参与观察分为公开的非参与观察和非公开的非参与观察。在非参与观察中，观察者是纯粹的"外人"和"旁观者"，很难对观察对象作出全面的"感同身受"般的理解，其观察往往流于表面，比较空泛。在较长时间的观察调查中，公开的非参与观察不可能持续太长时间，因为观察者通常会与观察对象由不熟悉到熟悉，从而由非参与变成参与。在实践中，为取得良好效果可能会更多地使用非公开的非参与观察方法，如神秘顾客法等。

在市场调查方案计划和实施中到底应该怎样把控参与程度，并没有明确的标准，往往需要根据具体的市场调查项目和研究者的情况来决定。但无论观察者是否参与、是否公开身份都存在伦理问题与科学价值的权衡。虽然没有观察者为了欺骗的目的而隐瞒其身份和研究目的，他们的"隐瞒"纯粹是为了让研究对象表现得更自然更真实些，使得观察所得信息具有更好的信度和效度，但是他们为此做出的"隐瞒"行为究竟有没有必然的伦理依据，是否符合道德呢？这是一个值得深入研究的议题。

2. 按观察是否有标准化结构划分

（1）结构性观察。结构性观察实质上是要求利用观察法收集信息的过程必须按"标准化"统一要求进行。具体而言，结构性观察指事先制定好观察计划，对观察对象、观察范围、观察内容和程序都做出了严格的界定，在观察过程中必须严格按照计划进行的观察。

（2）非结构性观察。非结构性观察并不要求通过观察收集信息的过程必须完全标准化，要收集什么信息及如何收集都可以根据观察过程适时进行调整或变动。具体而言，非结构性观察只要求观察者有一个总的观察目的和原则，或有一个大致的观察提纲，在观察时可以根据实际情况灵活应变完成观察任务。

3. 按观察者观察形式划分

（1）直接观察。直接观察强调用人的感官去感知观察对象。对直接观察的理解可以有狭义和广义两个角度。狭义的理解认为，直接观察是指用观察者的感官对所观察的物、事或人的行为进行直接观察和记录；广义的理解则认为，直接观察不仅指在观察法中利用人的感官直接观察收集资料，还包括在其他方法中，如在问卷法、访谈法和实验法中利用感官观察收集资料，这是收集市场相关信息过程中不可缺少的方法。

（2）间接观察。间接观察是指调查者不直接观察研究对象，而是通过中介观察获得信息。在市场调查中可以通过观察对象留下的痕迹或实物等来追索和了解所发生过的事情。尤金·韦伯（Eugene J. Webb, 2000）与他的同事在关于非介入性（unobtrusive）或无回应性（nonreactive）的研究中，建议通过观察人们不小心遗留下的线索来研究人的行为。如果要弄清楚博物馆里哪些展品是最受欢迎的，观察者应该去检查不同展品前地面的磨损程度；如果想弄清楚哪些项目最受儿童的欢迎，观察者应该去检查玻璃框上的口水。再如"垃圾是不会说谎的"，通过观察观察对象留下的垃圾，可以获得其消费方面的大量资料，这可能比直接询问获得的信息更加准确可靠。如汽车生产企业想了解产品的薄弱环节可以通过特约维修记录获取所需要的信息，现在诸多网络购物平台会根据消费者在网络平台中的浏览轨迹与购物记录推送相关信息，这也是利用了间接观察的方法。但是，消费者也常常会抱怨购物平台其实不懂"他的心"——很多时候推送的并不是他们真正想要的东西，这是为什么呢？请你思考一下。

4. 按观察环境划分

（1）实验室观察。实验室观察就是将观察对象置于特定的实验室环境中进行观察的方法。

（2）自然观察。自然观察是将观察对象置于自然环境中进行观察的方法。

（3）网络观察。网络观察与线下观察相对，指在网络的虚拟世界中获取观察对象的相关信息的观察方法。

5. 按观察方式划分

（1）人员观察。人员观察指由观察者对观察对象进行实地观察收集资料的方法。如调查机构为了了解某品牌某款手机的市场营销情况，就可以通过安排调查人员对销售现场、用户使用情况和厂商生产经销这款手机情况进行实地观察。

（2）机器观察。机器观察就是利用机器设备对观察对象进行观察的方法。例如，A.C.尼尔逊公司从电视用户中抽取有代表性的家庭为观察对象，为他们分别安装上一个收视计数器。当这些家庭观看电视时，计数器会自动提醒他们输入看电视的时间、人数、频道和节目等数据，这些数据很快会传到A.C.尼尔逊公司的信息中心，由此可以评估出全国的电视收视情况。

（3）实际痕迹观察。实际痕迹观察是指不直接观察观察对象，而是通过观察观察对象留下的痕迹进行调查的方法。例如，美国××大学的教授们通过观察者对家庭垃圾的观察与记录，收集家庭食品消费相关的资料，发现了一些非常有意义的结论：被丢弃的食品中有许多还是可以食用的；高收入家庭比低收入家庭浪费的食品更多；所有观察对象的家庭对方便食品的消费有增无减。

9.3 观察法的操作程序

1. 准备阶段

（1）确定调查项目中需要用观察法收集资料对应的内容或课题，明确具体的调查目标和要求。

（2）对观察课题及其核心问题的理论准备。运用文案调查法对观察课题相关领域的理论研究和实践成果进行探索性调查，明确界定所要观察的核心概念、变量及其指标或指标体系，有时还需要提出理论假设，为观察调查提供理论基础。

（3）设计观察提纲，制订观察计划。观察计划通常可以按5W1H模式来表达，是对观察对象、内容、范围、地点和时间做出的统筹安排，观察计划的制定需要考虑伦理道德问题的约束和观察结果的效度问题。观察提纲是实施观察计划的具体操作指南，主要包括观察对象，观察内容和范围，观察地点，观察时刻、时长和观察次数，方式或手段，观察顺序等。

（4）为实施观察进行物质准备。这主要是为实施观察提前准备所需要的各种物质条件，如记录本或电脑、笔、录音录像设备、礼品和交通工具等。

（5）为开展观察调查进行人员准备。根据观察调查计划配备相应素质要求的观察调查人员和助手，制定培训制度和培训手册，进行培训。

2. 实施阶段

观察法的实施阶段是由观察者按照观察计划开展资料收集的过程，主要包括进入现场，进行观察和记录信息等环节，在有些项目中可能还需要观察者与观察对象的交流沟通。如何观察，如何确保观察的客观性是观察实施阶段的关键，主要有以下技巧：①尽量在"自然"环境下观察，避免或减少观察实施对观察对象的影响和干扰。②合理安排观察顺序。这主要涉及不同观察对象、观察事件和观察时间的先后次序的安排，要让观察者便于操作且易于准确把握观察到的现象的意义。③仔细观察。观察不能止步于"表象"，要通过观察多元信息深度理解和描述观察现象。④要换位思考观察对象的行为和反应。这是准确解读观察结果的重要前提。为此，观察者要能够反思自己的前见，正确处理与观察对象之间的关系。⑤通过培训使不同观察者的观察保持操作的统一规范，以提高不同观察者之间的一致性。⑥充分利用先进的观察工具和技术。这些先进工具和技术的应用会为极大提高观察法综合效果提供条件。

3. 资料处理与报告撰写阶段

需要对观察收集到的资料进行整理和分析，并撰写调查报告。所采用的观察法是结构性的还是非结构性的决定了收集到的资料是定量的还是定性的，因此，资料整理和分析需要根据资料的性质选择合适的方法。在处理好资料后，结合理论进行逻辑分析，得出结论并进行解释。

9.4 观察法的记录技术

结构性观察法和非结构性观察法对记录技术的要求是有所不同的。相对而言，非结构性观察法需要应用的记录技术更多。观察记录的内容主要包括观察中实际观察到的信息、观察者相应的思考和对观察操作的建议等。其中：对实际观察到的信息的记录是最主要的，应该尽可能全面详尽地记录下来；观察者的思考实际上是对资料意义和本质的解读，虽然只是观察者本人的见解，却是更好地与其他研究者进行交流的需要；操作记录是对观察程序和方法的思考和建议。

1. 符号记录技术

符号记录技术是指事先确定一套符号及其含义的规范，在做观察记录时，观察者只需要根据观察到的情况用相应的符号做记录，或者事先设计好观察记录的现象与符号的对应表，如在相应的位置打勾或做其他规定的记录形式即可。这种符号记录技术提高了记录速度，简化了记录操作，便于资料整理，但可能因此丢失一些没有符号对应信息的记录和比较细致或微妙的信息，以致降低信息记录的质量。

2. 速记技术

速记技术是将书记员速记技术应用于观察法的记录中。速记技术中有一套利用线段、圈点等简便记录的符号系统来代表文字的规范，观察者需要掌握这套规范并熟练应用于观察记录中，这样的记录技术可以有效提高记录效率，有利于研究者获得更详尽的观察记录。

3. 头脑记忆技术

头脑记忆技术实质上是事后追忆观察过程并进行记录的技术，通常用于无法在现场即时记录的情形。造成无法在现场即时记录的原因可能是时间紧迫，也可能是受到观察对象的干扰，还可能是其他原因导致不适宜在现场记录。由于头脑记忆很难准确无误地记住所有的信息，观察者必须要重点记住关键信息，提纲挈领，事后要在尽可能短的时间内追忆并进行记录。

4. 机械记录技术

机械记录技术就是利用各种录音、录像、其他专用记录仪器等工具进行记录的技术。这些记录机械都是人类功能的延伸，能够减轻观察者现场记录的负担，更详尽记录观察信息，让观察者有更多深入的观察和思考。当然，"机械"的存在容易引起观察对象的顾虑从而导致观察结果不够真实，而且"机械"记录质量通常与机械放置的位置有很大的关系，并不能提供所有角度的信息。

5. 观察卡片技术

观察卡片技术主要应用于结构性观察法，是利用观察卡片或表格进行记录的技术。观察卡片的形式如表 9-1 所示。观察卡片或表格的设计是关键，具体设计步骤如下：第一步，根据观察提纲和观察内容列出所有需要观察记录的项目。第二步，对拟定的观察项目进行筛选，并对保留项目进行合理编辑和排序。第三步，检验并修改完善观察项目。通常可以进行小规模的观察试点检验观察卡片设计的质量，重点关注观察项目与观察目标的匹配性、操作的合理性和结果的有效性。第四步，定稿、选择卡片载体并制作观察卡片。观察卡片常用的载体有纸质和电子两种，可以根据调查项目的物质准备和条件选择合适的卡片形式。

表 9-1 观察法卡片示例

××公司员工上下班和工作时间利用状况观察卡片

员工所在部门：_____ 观察对象：_____ 观察地点：_____

观察时间：_____ 记录员：_____

观察项目	观察结果
1. 请假	□ 是 □ 否
2. 出差	□ 是 □ 否
3. 准时上班	□ 是 □ 否
4. 迟到	( ) 小时 ( ) 分钟
5. 准时下班	□ 是 □ 否
6. 早退	( ) 小时 ( ) 分钟
7. 办公时长	( ) 小时 ( ) 分钟
8. 吃早餐时长	( ) 小时 ( ) 分钟
9. 喝茶时长	( ) 小时 ( ) 分钟
10. 看报时长	( ) 小时 ( ) 分钟
11. 上网时长	( ) 小时 ( ) 分钟
12. 闲聊时长	( ) 小时 ( ) 分钟
13. 瞌睡时长	( ) 小时 ( ) 分钟
14. 办其他私事时长	( ) 小时 ( ) 分钟

9.5 神秘顾客法

神秘顾客法可能最早的方式是，一些银行和零售店聘请私人观察员以监控员工的偷窃行为。自 20 世纪 40 年代 Wilmark 提出"神秘购物"（mystery shopping）一词以来，神秘顾客法就在评估顾客服务领域得到很大的应用和发展。在这些西方国家的市场上有专业的神秘购物公司与神秘购物行业，还有相应的行业协会，如神秘购物供应商协会等。在中国，伴随着麦当劳、肯德基等外资企业进入中国市场，神秘顾客法在很多企业得到了应用和发展，如有些超市会将它应用于对服务人员工作绩效的评价上。

神秘顾客法是市场调查中常用的一种观察法，经过严格培训的观察者扮演"神秘顾客"（mystery customer）的角色，在规定时间内根据研究者事先设计好的观察提纲或观察表格对观察对象进行观察并记录所需要的资料。这种观察法中的观察者之所以被称为神秘顾客，是因为在观察现场的观察对象眼中，这些观察员与其他顾客没有两样，这样，观察对象的表现都会非常真实、自然，因而观察所获得的资料会更准确、可靠地反映客观现实状况。根据观察过程中神秘顾客是否需要严格地按照规定程序依据调查问卷进行观察记录，可以分为结构性神秘顾客法和非结构性神秘顾客法。

实践中，神秘顾客需要根据市场调查任务的具体要求决定是否需要与观察对象进行交流。如在观察展览情况或餐厅经营环境时，神秘顾客并不一定需要与观察对象进行交流，而在观察汽车销售人员、家庭贷款需求等方面的情况时，神秘顾客则必须与观察对象进行谈话交流，这些交流通常需要按事先准备的观察提纲进行访问。网络与智能技术的应用极大地提高了神秘顾客法的时效性。传统条件下神秘顾客需要在完成观察后的 7—10 日内提交观察报告，而在智能工具和网络技术的推动下，观察报告可以实时反馈。

9.5.1 神秘顾客法的基本流程

第一步，明确观察目的和目标；
第二步，确定观察程序，设计观察提纲或观察问卷；
第三步，明确神秘顾客招聘条件，并招募和培训神秘顾客；
第四步，让神秘顾客进入观察现场，按观察程序和要求进行观察并记录数据；
第五步，对观察数据进行整理和分析，按要求撰写并提交观察报告；
第六步，对实施过程进行复盘，一方面对观察结果进行检核，另一方面对操作技术进行完善，在复盘和分析基础上进行新一轮观察。

9.5.2 神秘顾客法的操作技巧

1. 对"神秘顾客"的选择技巧

"神秘顾客"是神秘顾客法实施的关键因素，是观察调查获得高质量资料的有力保证，要求具有较高的综合素质和能力。神秘顾客的基本素质要求通常包括客观公正的调查态度、稳定良好的心理素质、健全健康的身体素质、敏锐的观察和分辨能力、较强的理解和记忆能力等，要能确保选择做"神秘顾客"的观察员在观察调查过程中始终坚持公平、公正、中立、保密的工作原则，保质保量地完成规定的观察任务。

实践中，选择"神秘顾客"的具体方法有两种：一种是临时性的选择方法，也就是选择"即时神秘顾客"，即从那些正在消费或正在接受服务的顾客中随机抽取部分来扮演"神秘顾客"；另一种是选择长期担任"神秘顾客"的专业观察者。对第二种方法中人员的选择，公司需要专门招聘，并对他们进行相关培训，让他们能够成为对观察对象进行长期监测的专门人员。

2. 对"神秘顾客"的培训技巧

对"神秘顾客"的培训，除了要完成对一般调查方法中的培训内容外，还要重点培训"神秘顾客"掌握行为学和心理学的基础知识和技能，确保他们在观察调查过程中表现自然，不容易暴露身份，且能更准确地理解和把握调查对象的心理活动和反应，有发现重要信息的敏锐性和解读能力。

3. "神秘顾客"的调查观察技巧

"神秘顾客"要能够在观察调查过程中始终保持客观中立的工作态度，具有良好的心理和职业素养，能始终以普通顾客的状态专业地"眼看耳听、用心感受"获得调查资料。从字面上讲，"眼看耳听"就是要求"神秘顾客"按观察提纲或问卷规定的内容进行细心观察和认真倾听，以获得相应的信息；从本质上讲，"眼看耳听"是指在观察过程中"神秘顾客"要调动全部的感官参与调查资料的收集工作，通过各种感官的共同作用使获得的信息更加全面可靠。"用心感受"是要求观察具有深度，不能仅仅止步于"表象"信息，要通过感受环境特征、观察对象的态度及其变化，观察对象的表情或意识等更准确地理解信息背后的意义。

4. "神秘顾客"的观察调查记录技巧

结构性神秘顾客法的观察者需要事先对调查问卷的结构和内容了然于心，熟练到在观察调查时能严格地按照调查问卷进行观察和记录。为了防止"暴露"身份，最好不在现场填写问卷，这就需要观察者有很强的记忆力，并能在观察任务结束时尽快完成调查问卷的信息记录。对于非结构性神秘顾客法的观察者则需要利用各种记录技术，如符号、速记、录音录像工具和记忆等，在记录观察信息时要尽可能做到及时、全面、完整。当然，对于录音录像等工具的使用需要符合法律规范和职业道德等要求。

时至今日，神秘顾客法被认为具有诸多优点，如组织的系统性、实施的严密性、观察指标的客观性和结果分析的科学性等。因此，神秘顾客法不仅广泛应用于市场调查领域，如用于观察顾客体验、营销人员的服务情况、监测培训效果及其影响因素、评估组织和员工绩效等，而且作为一种先进的管理技术广泛应用于组织管理领域，如对客户服务部门及其服务质量的绩效评估、监管企业或产品是否合规、对服务质量的监控等方面。

9.6 观察法的优缺点与应用场景

1. 优点

（1）观察获得的资料生动鲜活，丰富全面，具有立体效果。这是其他资料收集方法很难做到的，因为观察法通过对正在发生的市场现象本身、市场现象的实际发展过程以及当时的环境氛围等多方面的综合观察直接获取具体生动的信息。

（2）对观察对象没有什么要求，适用性比较强。观察法主要是通过观察者的感官或借助于工具对观察对象进行资料收集，并不需要观察对象具有诸如语言或文字表达等方面的能力。因此，适用范围很广泛。

（3）观察法操作比较简便易行，且具有较大的灵活性，获得的资料比较真实、可靠。观察法主要依靠观察人员观察获得的资料，因此，只要观察者专业性强，经验丰富，就可以根据现场观察进行随机应变获得鲜活生动、准确性比较高的信息。

2. 缺点

（1）获得的信息有一定的局限性。通常只能获得反映客观发生的市场现象及其过程的相关描述性信息，而不能获得对其发生的动机和原因等方面的解释性信息。

（2）在很大程度上受到时空和经费等因素的限制，因此，主要适用于微观层面的涉及范围不太大的市场调查项目。由于观察法是对市场现象现场的观察调查，因而受到时间和空间范围的局限非常明显。另外，观察法需要消耗的资金和人力等资源也相对较多。

（3）观察者的素质和能力对最终调查资料质量的影响极大。相较于其他资料收集方法，观察法对观察者的专业能力和素质要求很高，需要他们不仅有较强的观察力和记忆力、心理学和社会学等方面的知识和技能，还有操作现代录音录像等设备的能力。

（4）对所获得资料的分析和解读有一定的难度。观察法主要依靠"耳听眼看"，无法直接获得调查对象内心的活动信息，即使观察者"用心感受"，也往往不能真正准确地解读其意义。

3. 应用场景

总体而言，观察法比较适用于小范围的微观层面的市场调查。如对农贸市场的调查、对零售商店营销活动及消费者购物过程的调查、产品质量调查和广告调查等。

◆ 本章小结

观察法是有组织有计划地运用感觉器官或借助科学的观察工具对人的行为或对客观事物进行观察收集信息的方法。基本要求包括具有严密的观察组织和计划、具备观察的专业性和敏锐性、保证观察的自然性和观察记录的系统性准确性等。观察法可以从不同的角度划分：按观察者参与观察活动的程度划分，有完全参与和完全不参与之别。按观察是否有标准化结构划分为结构性和非结构性观察。按观察者观察形式划分为直接观察和间接观察。按观察环境分为实验室观察、自然观察和网络观察。按观察方式划分为人员观察、机器观察和实际痕迹观察。观察法的操作程序分三大步：一是准备阶段，包括明确观察调查目标和要求、理论准备、设计观察提纲、制订观察计划、物质准备和人员准备等。二是实施阶段，由观察者按照观察计划开展资料收集的过程，主要包括进入现场、进行观察和记录信息等环节。三是对观察收集到的资料进行整理和分析，并撰写调查报告。观察记录的内容主要包括观察中实际观察到的、观察者对应的思考和对观察操作的建议等，常用的观察技术有符号记录技术、速记技术、头脑记忆技术、机械记录技术和观察卡片技术。

神秘顾客法是市场调查中常用的一种观察调查方法，经过严格培训的观察者扮演"神秘顾客"，在规定时间内根据研究者事先设计好的观察提纲或观察表格对观察对象进行观察调查并记录所需要的资料。神秘顾客法的操作技巧包括对"神秘顾客"的选择、"神秘顾客"的培训、"神秘顾客"的调查观察和"神秘顾客"的观察调查记录等方面。神秘顾客法被认为具有组织的系统性、实施的严密性、观察指标的客观性和结果分析的科学性等诸多优点，广泛应用于市场调查领域和组织管理领域。

观察法的优点主要体现在所获得的资料生动鲜活，具有立体效果，及方法适用性比较强、操作比较简便和具有较大的灵活性等方面。存在的缺点主要有获得的信息有一定的局限性、受到时空和经费等因素的限制、观察者的素质和能力要求很高以及对所获得资料的分析和解读有一定的难度。总体而言，观察法比较适用于小范围的微观层面的市场调查。

◆ 实训项目

1. 实训项目：运用观察法模拟进行市场调查。
2. 实训目标：确定特定的调查主题，对周围比较容易进行观察的市场现象进行资料收集。让学生能够掌握观察和记录的技巧，并学以致用。
3. 实训内容：学生分组确定一个适宜运用观察法的市场调查项目，进行模拟观察操作。
4. 实训组织：学生分组进行，组内不同的学生进行合理的分工和合作。
5. 实训考核：要求每组同学把观察过程、观察提纲及其成果制作成PPT进行演示，全班分享、交流和讨论。

◆ 复习思考题

1. 什么是观察法？具有哪些特点？
2. 简述观察法的操作流程和优缺点。
3. 比较结构性观察法和非结构性观察法的特点。
4. 什么是直接观察法？什么是间接观察法？请举例说明。
5. 什么是神秘顾客？有什么特征？简述神秘顾客法的操作技巧。
6. 比较观察法的记录技术。

◆ 阅读材料：垃圾不会说谎

美国亚利桑那大学人类学系的威廉·雷兹教授收到雪佛龙公司的委托：请他的团队帮助研究图森市的垃圾，威廉·雷兹教授竟然接受了委托！他们首先确定了一年时间内的多个垃圾搜集日，然后，在这些日子里，他们都会从垃圾堆中抽选出数袋垃圾，将各袋中的垃圾按原产品的名称、重量、数量、包装形式等进行分类、记录和研究分析。

威廉·雷兹教授团队通过对垃圾的研究，得出了图森市居民食品消费情况的很多有价值的发现：①劳动者阶层比高收入阶层消费的进口啤酒多，并得出各类进口啤酒品牌的占比；②中等阶层人士浪费的食物比其他阶层多，可能是因为他们没有时间处理剩余的食物；③依照重量计算，浪费的食物中有15%是可以吃的食品；④对垃圾内容分析可以得出人们消耗各种食物的情况，如减肥清凉饮料与压榨的橘子汁属高阶层人士偏好的消费品等。

雷兹教授总结说："垃圾袋绝不会说谎和弄虚作假，什么样的人就丢什么样的垃圾。查看人们所丢弃的垃圾，是一种更有效的行销研究方法。"

试讨论：

（1）本案例中，雷兹教授团队采用的是哪种类型的观察法？请说明理由。

（2）您认为案例中得到的结论可靠吗？这些资料对雪佛龙公司的哪些决策有价值？

阅读材料：神秘顾客在肯德基

美国肯德基公司遍布全球几十个国家，有成千上万个连锁店。那么肯德基总公司是怎么管理这么多分店，怎么能相信它的下属"循规蹈矩"的呢？一天，海南肯德基有限公司收到3份美国总部寄来的鉴定书。鉴定书对他们A快餐厅的3次工作质量鉴定评分，分别为81、83、86。这3个分数是怎么评定的呢？原来肯德基总公司雇佣了一批"神秘顾客"，他们伪装顾客，不定时地秘密潜入店内进行消费，实际是来观察检查并对店堂及其服务人员进行打分的。这样的考核方式让快餐厅的经理和工作人员时时感受到压力，丝毫不敢懈怠。

肯德基的神秘顾客都必须经过专业培训，熟知肯德基各个环节的标准和制度，按照拟定的"消费计划"——检测问卷（如表9-2所示）进行观察检查，然后按照规定的评分要求客观地给出评分，这些调查结果会成为快餐厅及其员工绩效考评的重要依据。

表9-2　肯德基的神秘顾客检测问卷

餐厅代码：			
检测日期和时间：　年　月			
神秘顾客对于本次用餐的总体评价			
本次回馈得分			
本月累计百分达成率			
环境美观整洁			
店外指示牌/招牌及灯饰/灯箱清洁无污垢，店外门口灯光亮度适宜			
门前人行道没有任何油渍、垃圾（包括纸屑、口香糖残渣等）、积水或其他任何不清洁的地方			
收银台物品洁净整齐，没有污垢和油渍			
就餐区域内的食物/食物包装被及时清理			
就餐区域桌子、椅子整洁，没有污垢			
就餐区域地面洁净，无垃圾			
提供给您用餐的塑料盒洁净无破损			
洗手台墙面和地面洁净，所有设备（洗手台、隔板、镜子等）没有污垢或积水			
服务真诚友善			
接待您的服务员服务态度主动、有礼貌			
您的任何问题都能得到及时和满意的回答*			
员工整体仪表干净整洁（制服、头发、帽子、鞋子、工牌）			
收银员向顾客重复点餐内容以保证不会搞错产品			
就餐区域的空调温度适宜*			
音乐的音量适中，不会让您有不舒适的感觉*			
产品及服务准确无误			
您第一次就收到了正确的找零，没有失误			
您第一次就收到了所点的所有产品及配料，没有失误			
店内装饰及设备维护完善			
洗手台内各种设施能正常使用			
洗手台内卫生纸及洗手液均有供应			
店内设施，包括灯具、桌椅等维护良好，没有损坏			
产品品质高且味道好			

（续）

产品的味道符合您的期望*			
产品份量符合您的期望*			
产品温度符合您的期望*			
产品的外观符合您的期望*			
服务迅速快捷			
当您到达柜台前，服务员立即会招呼您			
从开始排队算起，5分钟内您拿到了所有餐点*			

注：标注"*"的测试项目如果不达标，请注明具体原因，见下表

反馈—1	
不达标项目/原因或意见和建议：	
反馈—2	
不达标项目/原因或意见和建议：	
反馈—3	
不达标项目/原因或意见和建议：	

参考文献

1. MARSHALL C, ROSSMAN G B. Designing qualitative research[M]. Thousand Oaks：Sage，1995.
2. DAVIS F. The martian and the convert: ontological polarities in social research[J]. Urban Life，1973，2(3) 33-43.
3. 巴比.社会研究方法：第11版[M].邱泽奇，译.北京：华夏出版社，2018：279-280.
4. 麦克丹尼尔，盖茨.当代市场调研：第10版[M].李桂华，等译.北京：机械工业出版社，2019：163.
5. 王月辉，杜向荣，冯艳.市场营销学[M].北京：北京理工大学出版社，2017.

第 10 章
CHAPTER 10

投 影 技 法

§学习目标

1. 了解投影技法的含义和应用场景；
2. 掌握投影技法的类型和具体方法；
3. 了解投影技法的优缺点和适用条件；
4. 能评估投影技法实践方案的优劣。

§本章导图

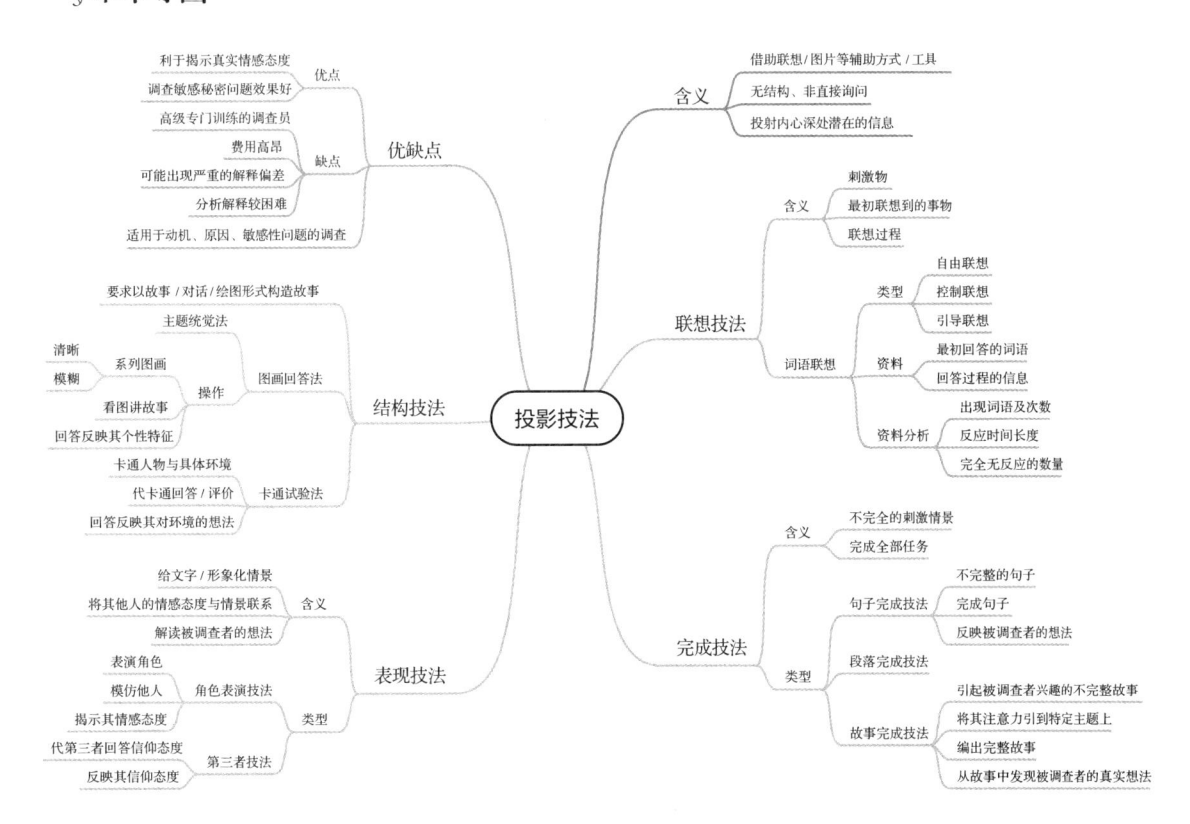

投影技法
- 优缺点
  - 优点
    - 利于揭示真实情感态度
    - 调查敏感秘密问题效果好
    - 高级专门训练的调查员
  - 缺点
    - 费用高昂
    - 可能出现严重的解释偏差
    - 分析解释较困难
  - 适用于动机、原因、敏感性问题的调查
- 含义
  - 借助联想/图片等辅助方式/工具
  - 无结构、非直接询问
  - 投射内心深处潜在的信息
- 联想技法
  - 含义
    - 刺激物
    - 最初联想到的事物
    - 联想过程
  - 类型
    - 自由联想
    - 控制联想
    - 引导联想
  - 词语联想
    - 资料
      - 最初回答的词语
      - 回答过程的信息
      - 出现词语及次数
    - 资料分析
      - 反应时间长度
      - 完全无反应的数量
- 结构技法
  - 要求以故事/对话/绘图形式构造故事
  - 主题统觉法
  - 图画回答法
    - 操作
      - 系列图画
      - 看图讲故事
      - 清晰
      - 模糊
    - 回答反映其个性特征
  - 卡通试验法
    - 卡通人物与具体环境
    - 代卡通回答/评价
    - 回答反映其对环境的想法
- 完成技法
  - 含义
    - 不完全的刺激情景
    - 完成全部任务
  - 类型
    - 句子完成技法
      - 不完整的句子
      - 完成句子
      - 反映被调查者的想法
    - 段落完成技法
    - 故事完成技法
      - 引起被调查者兴趣的不完整故事
      - 将其注意力引到特定主题上
      - 编出完整故事
      - 从故事中发现被调查者的真实想法
- 表现技法
  - 含义
    - 给文字/形象化情景
    - 将其他人的情感态度与情景联系
    - 解读被调查者的想法
  - 类型
    - 角色表演法
      - 表演角色
      - 模仿他人
      - 揭示其情感态度
    - 第三者技法
      - 代第三者回答信仰态度
      - 反映其信仰态度

§引例

投影技法与汽车品牌调研

汽车品牌调研是大多数汽车生产企业持续监测其品牌形象和影响力、进行品牌战略管理的基础性工作。由于汽车品牌在消费者心目中的形象需要通过获取消费者"说出来"和"心里想但没说出来"的信息才能准确评估,因此,汽车品牌形象研究中经常使用联想技法和完成技法。

1. 自由联想法

自由联想法是联想技法中常用的一种调查方法,也是描绘品牌最常用的方法之一。通过询问获得被调查者头脑中出现的第一个联想以及其他更多的联想结果就可以推断所研究品牌的形象。用自由联想法进行汽车品牌调查时,调查者通常可以这样提问:"提到××汽车品牌,您脑海中会想到什么?这个品牌对于您意味着什么?",还可以追问"为什么?"。调查者主要关注和收集被调查者头脑中最直接、最强有力的联想,各种联想结果的先后次序和被提及的次数以及需要引起重视的问题原因等资料,根据这些信息研究者就可以评估联想内容与品牌的强度,以及该品牌的联想范围,进而获得该品牌形象的总体描绘。

如果获得如图 10-1 所示的调查结果,研究者就可以进行如下的分析:①根据联想结果出现的顺序和次数发现,××汽车品牌在消费者心目中的主要形象是"大品牌,保有量大,质量口碑好";②在消费者心目中这个品牌的总体形象是正面积极的,因为自由联想出现的词语大多是正面的,只有少数的负面联想且提及的次数较少;③提出减少或根除负面联想的相关建议,根据出现的负面联想,调查者会追问为什么,获知产生这些负面联想的深层原因,从而提出有针对性的诸如改进产品、改善营销策略等方面的对策建议。

图 10-1 ××品牌消费者第一联想结果频数示意图

2. 故事完成技法和表现技法

在汽车品牌调查中,运用故事完成技法或表现技法中角色扮演法可以获得被调查者对该汽车品牌的评价及其购车决策行为的相关深层信息。通常的做法是:给被调查者讲一个故事或营造一个故事相关的情境,将被调查者的注意力引到与这个汽车品牌相关的某一特定话题上,由于给出的只是故事的一个片断,需要被调查者用自己的语言或用他们的行为完成这个故事,从而给出故事的结尾。例如,调查人员对被调查者或在××汽车品牌4S店的顾客给出下面的故事或情境:

一位还未拿到驾照的男士陪朋友在一家汽车4S店试驾,他非常中意一款车型,当即决定预定。这时,店内销售人员对他说:"先生,我们很快就会有这款车的新款车型,而且会有很多的优惠活动,您想了解一下吗?"

调查者需要关注和记录下所有被调查者的回答或反应,了解这样回答或反应的原因,研究者就可以分析得出消费者对这个汽车品牌的评价及影响其购买决策的主要因素等结论。

10.1 投影技法的含义与特点

投影技法是指利用联想、图画、漫画、卡片、照片、卡通人物或角色表演等辅助方式或工具，运用无结构、非直接的询问形式帮助调查者收集调查资料，以投射出被调查者内心深处潜在的动机、需要、信仰、态度、情感或价值观等信息的资料收集方法。

投影技法需要借助调查辅助工具，通过询问方式让被调查者描述或解释自己或他人的行为，这些询问信息可以间接投影出被调查者的动机、信仰、态度或感情等隐藏的心理活动，因此这类方法适用于对人们内心深处深层的动机、原因及敏感性问题的调查。

10.2 投影技法的类型与具体操作方法

投影技法主要有 4 种类型，即联想技法、完成技法、结构技法和表现技法。我们下面分别进行介绍。

10.2.1 联想技法

联想技法是指通过给予被调查者某个或某些刺激物，获取他们最初所能联想到的事物及联想过程的信息来得出调查结果的资料收集方法。最常用的联想技法是词语联想法（word association test），是指向被调查者提供的刺激物是一个或多个词语，让他们说出或写出最先联想到的事物或现象，然后调查者根据调查对象说出的词语及其反应过程，分析他们的情感或态度等。词语联想法的潜在假定是联想会让反应者或被调查者暴露出他们对有关问题的内在感情。词语联想法常用于测定商标、品牌名称、产品或标语等认知程度或熟悉强度。譬如，想了解某个手机品牌在同类产品中的知名度，就可以采用词语联想法。根据给出词语方式的不同，词语联想法有以下三种具体的方法：①自由联想法，就是不限制联想性质和范围，被调查者可以自主充分地发挥其想象力，并提供他们联想到的词语的资料收集方法；②控制联想法，就是给出一些词语，要求被调查者说出在某个限定范围内，最先所能联想到的事物或现象的词语，即反应物的资料收集方法；③引导联想法，就是调查者给被调查者提出刺激词语的同时，还提供相关联想词语，由被调查者选择回答的一种资料收集方法。

例如，为了了解消费者对汽车品牌形象的印象，调查者可以依次读出并同时拿出以下卡片（如表 10-1 所示），并对被调查者进行提问：我将读出以下一组词语，请您在听到词语后的 3 秒钟内说出最先想到的事物。

表 10-1　卡片与词语对应表

现代	宽敞	红旗	贝索斯	大海	……
卡片 1	卡片 2	卡片 3	卡片 4	卡片 5	……

调查者要关注被调查者做出的即时回答，时间最好在 3 秒钟之内，如果回答所用时间过长则认为被调查者受到了情感因素的困扰，答案不一定真实可靠。除了记录下被调

查者回答的词语外，还要记录下被调查者给出反应词语所用时长和态度类型。最后要计算卡片上每个词语的反应人数、反应的态度类型（如赞成、不赞成和中立等）和在合理的时间段内完全无反应的人数等信息。

实践中，采用词语联想技法时，通常希望获得的资料有两个方面。一是被调查者最先说出的词语，要按原话记录下每个回答。二是有关回答或反应的过程信息，即每个被调查者的回答方式和回答细节，主要包括以下信息：①被调查者给出每个联想词汇的时间。可用秒表或由调查者在等待回答时心中默数。②被调查者在回答时是否出现犹豫。如果被调查者虽然出现犹豫但最终给出了回答，则认为这个回答是可接受的，只是考虑的时间比较长；如果出现犹豫而且最终没有做出回答，则认为被调查者考虑得太多导致难以回答。

通过分析词语联想法获得的资料可以得出被调查者对所研究问题的潜在态度或情感。通常分析时要关注以下内容：①出现的词语有哪些，每个反应词语出现的次数；②在给出反应词语之前犹豫的时间长度；③在合理的时间段内，对某一试验词语完全无反应的被调查者数量等。

10.2.2 完成技法

完成技法是指给被调查者一种不完全或不完整的刺激情景，要求被调查者根据给定的部分情景完成全部的任务。常用的完成技法主要有句子完成技法（sentence completion test）和故事完成技法（story completion test）。

1. 句子完成技法

句子完成技法是指给被调查者提出一些不完整的句子，让他们根据自己的思考完成这些句子。通常被调查者给出的答案都不尽相同，这些不同的回答实际上反映了不同的想法。句子完成技法的操作与词语联想有些类似，但不如词语联想技法那样隐蔽，有些被调查者可能会猜到研究的意图。句子完成技法的一种变型法是段落完成技法，即给被调查者一个开头短语，要求他们根据这个短语的开头完成一篇短文。

例如：
（1）如果要筹备结婚典礼，会优先考虑_____
（2）拥有一辆自主品牌的汽车_____
（3）夏天购买衬衫最喜欢的面料是_____

显然，不同的人对上面这些句子的回答不尽相同，调查者可以通过他们的回答了解不同被调查者对婚礼形式或消费、汽车品牌和衣服材质等方面的态度，这对相关企业进行产品开发、广告策划以及销售策略选择皆具有重要的意义。

2. 故事完成技法

故事完成技法是指提出一个能引起被调查者兴趣但并不完整的故事，给出的部分故事要足以将被调查者的注意力引到某一特定的话题上，被调查者会用自己的语言编造出这个故事并给出故事的结尾。故事完成技法就是根据被调查者所完成的故事，从中发现被调查者真实的想法、态度和情感。例如，在服装网购消费行为调研中，要求被调查者完成下面的故事：

一位女士在过去的一周内已经在某网站花了约三个小时选中了一套她喜欢的桑蚕丝裙子。准备下单时她咨询客服人员快递情况，客服人员告诉她，他们店现在有特价的桑蚕丝裙子，质量高且价格便宜，建议她考虑选择购买。这位女士的反应会是怎样的，为什么？

从被调查者对上述故事的完成情况，调查者可以了解到被调查者在服装购买的自主决策和受他人影响的程度，在购买服装中的情感投资行为等。

10.2.3　结构技法

结构技法与完成技法非常类似，都是要求被调查对象以故事、对话或者绘图的形式来做出回答。结构技法中有两种主要方法，即图画回答法和卡通试验法。

（1）图画回答法。图画回答法的起源为主题统觉法（TAT法），之所以称为主题统觉法就是因为"主题"是从被调查者对图片的理解、推演和感觉概念中抽取出来的。具体做法是：显示一系列的图画，在其中的一些画面上，人物或对象描绘得很清楚，但在另外一些中却很模糊；要求被调查者看图讲故事。被调查者根据图画所讲述出来的故事实际上是反映了其自身的个性特征。

（2）卡通试验法。卡通试验法是指将卡通人物显示在一个与所研究问题有关的具体环境内，要求被调查者指出一个卡通人物会怎样回答另一个人物的问话或评论，调查者通过对被调查者提供的答案去揭示或解释出他对该环境或情况的感情、信念和态度。卡通试验法比图画回答法在实施和分析上都简单一些。

例如：调查者可以运用图画回答法对汽车品牌形象进行调查。他们需要事先设定具有特定测试目的的多张图片，这些图片要能够测试出消费者对某一汽车品牌的认知与感受，反映他们对品牌价值和品牌形象的真实想法。图片的选择至关重要，需要调查者有扎实的专业理论基础和实践经验积累。在调查时请被调查者在给定的图片中选出最能代表他们对测试品牌感知的图片，并请他们对图片进行分类，解释这样分类的想法及每一类图片的含义。调查者从被调查者对图片的归类和解读中揭示他们内心潜在的想法。

10.2.4　表现技法

表现技法是一种间接调查方法，指给被调查者提供一种文字的或形象化的情景，请他将其他人的情感和态度与该情景联系起来。表现技法有两种主要的方法：角色表演技法和第三者技法。

（1）角色表演技法，是指让被调查者表演某种角色或假定模仿其他人的行为。这个方法是基于以下假定：被调查者将会把他们自己的情感投入到角色中。调查者通过分析被调查者的表演，就可以了解他们的情感和态度。例如，在养老服务机构服务质量需求的调查中，要求被调查者扮演负责处理服务对象抱怨和意见的主管角色。被调查者处理服务对象意见的方式方法，反映了他们对机构的诉求、情感和态度。

（2）第三者技法，是指给被调查者提供一种文字的或形象化的情景，让被调查者将第三者的信仰和态度与该情景联系起来，而不是直接地联系自己个人的信仰和态度。第三者可能是自己的朋友、邻居、同事或某种"典型的"人物。这种方法是基于以下假定：当被调查者描述第三者的反应时，他个人的信仰和态度也就暴露出来了。让被调查者去反映第三者立场的做法，降低了他个人的压力，同时也能给出较真实合理的回答。

10.3 投影技法的优缺点与适用情境

1. 优点

与无结构的直接调查法（如小组座谈法和深度访谈法等）相比，投影技法的一个主要优点就是，有助于揭示被调查者真实意见和情感，对那些敏感、隐秘的问题尤为有效。在直接询问时，被调查者常常有意地或无意地错误理解、错误解释或错误引导调研者。特别是当要了解的问题是私密的、敏感的或有着很强的社会标准时，投影技法的作用会更明显。

2. 缺点

（1）这些技术通常需要经过专门高级训练的调查者去做个人面访，在分析时还需要熟练的解释人员。

（2）一般情况下投影技法的费用都是高昂的。

（3）有可能出现严重的解释偏差。

（4）除了词语联想法之外，所有的投影技法都是开放式的，因此分析和解释就比较困难，也易带有主观性。

3. 适用情境

此方法适用于对动机、原因及敏感性问题的调查。当用直接法无法得到所需的信息时，可考虑使用投影技法。在探索性研究中，为了了解人们最初的内心想法和态度，应使用投影技法。

本章小结

投影技法是指利用联想、图画、漫画、卡片、照片、卡通人物或角色表演等辅助方式或工具，运用无结构、非直接的询问形式帮助收集调查资料，以投射出调查对象内心深处潜在的动机、需要、信仰、态度、情感或价值观等信息的资料收集方法。投影技法主要有联想技法、完成技法、结构技法和表现技法,它们具有以下共性:非结构性、采用询问方式进行间接调查,通过获得的回答去探寻其背后的深度隐秘的内心想法。与无结构的直接调查法(如访谈法等)相比,投影技法的一个主要优点就是,有助于揭示被调查者真实意见和情感,对那些敏感、隐秘的问题尤为有效。特别是当要了解的问题是私秘的、敏感的或有着很强的社会标准时,作用就更明显。因此,这类方法的调查方案设计和对调查结果的分析都要求研究者有非常扎实的心理学理论功底和实践经验,如此才能获得其他调查方法很难得到的人内心深处的信息。

实训项目

1. 实训项目:寻找投影技法在市场调查中的成功案例。
2. 实训目标:通过搜集、选择和分析投影技法在市场调查中的成功案例,让学生能够掌握投影技法的类型和要点,知晓投影技法应用对调查者的专业和能力要求。
3. 实训内容:学生分组搜寻投影技法案例,分析其具体类型、操作方法和流程,评估结论的可靠性。
4. 实训组织:学生分组进行,组内不同的学生进行合理的分工和合作。
5. 实训考核:要求每组同学把搜寻和分析案例过程、对案例的评估制作成PPT进行演示,全班分享、交流和讨论。

复习思考题

1. 简述结构技法与完成技法的异同点,并举例说明。
2. 简述联想技法的类型和操作方法。
3. 分析两类表现技法的异同点。
4. 分析采用投影技法的好处和难处。
5. 本章引例采用了哪类投影技法?回答并分析以下两个问题:
   (1)×调查机构选择这种方法的合理性;
   (2)×调查机构对调查结果的解读可能存在怎样的风险。

第 11 章
CHAPTER 11

实 验 法

§学习目标

1. 理解实验法的含义与基本原理；
2. 掌握实验法的基本要求和关键术语；
3. 了解实验法的操作步骤；
4. 掌握各类实验设计的基本方法和对实验结果的解读；
5. 理解实验法的优缺点和应用场景。

§本章导图

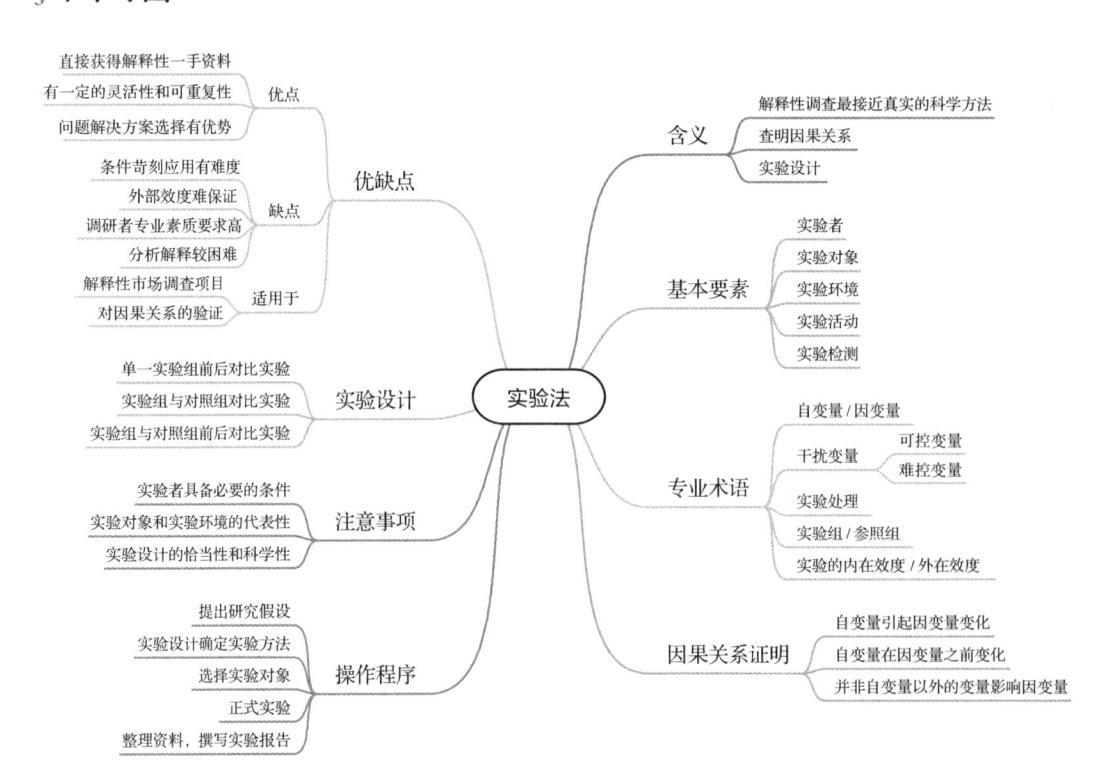

```
                    直接获得解释性一手资料
                    有一定的灵活性和可重复性  —— 优点
                    问题解决方案选择有优势                                              解释性调查最接近真实的科学方法
                                                                    含义 —— 查明因果关系
                    条件苛刻应用有难度                                                  实验设计
                    外部效度难保证
                    调研者专业素质要求高  —— 缺点  —— 优缺点
                    分析解释较困难                                                      实验者
                                                                                        实验对象
                    解释性市场调查项目  —— 适用于                    基本要素 —— 实验环境
                    对因果关系的验证                                                    实验活动
                                                                                        实验检测
                    单一实验组前后对比实验                   实验法
                    实验组与对照组对比实验  —— 实验设计                                 自变量/因变量
                    实验组与对照组前后对比实验                                           干扰变量 —— 可控变量
                                                                                                      难控变量
                    实验者具备必要的条件                             专业术语 —— 实验处理
                    实验对象和实验环境的代表性 —— 注意事项            实验组/参照组
                    实验设计的恰当性和科学性                          实验的内在效度/外在效度

                    提出研究假设
                    实验设计确定实验方法                                               自变量引起因变量变化
                    选择实验对象  —— 操作程序                因果关系证明 —— 自变量在因变量之前变化
                    正式实验                                                          并非自变量以外的变量影响因变量
                    整理资料，撰写实验报告
```

§ 引例

新冠病毒疫苗功效高达 95% 是怎么得出的

2020年11月18日，美国药品制造商辉瑞公司对外公布最新实验结果：他们研制的新冠病毒疫苗有效性为95%，且没有严重副作用。数字95%是怎么来的呢？据介绍，该公司招募了43 661名志愿者进行实验，其中50%的人为实验组，注射新冠病毒疫苗；另外50%的人为参照组，注射生理盐水，即安慰剂。持续观察两组患上新冠病毒的总人数，当有新冠肺炎症状且测试结果为阳性的总人数达到170人时实验结束。最终结果中162人属于接受安慰剂的对照组，只有8人属于接种新冠病毒疫苗的实验组。实验初步证明，该疫苗可以预防轻重度新冠病毒。

科学家运用"功效"定义实验组和参照组两组患者数量之间的相对差异，具体的计算方法是：(1-实验组感染人数/参照组感染人数)×100%。由此计算出该公司疫苗功效为(100%-8/162)=95%，成为证明疫苗有效的有力证据。由"功效"的计算方法可以发现，它并不说明接种疫苗后感染Covid-19机率降低的百分比，也不能说明大规模接种疫苗后，接种人群的疫情降低程度。

对照实验（也称A/B测试）被公认为是更接近事情真相的科学研究方法，得到的数据结果很有价值，从不会说谎。实践中，要想获得准确的消费者市场信息就要遵循科学的方式，准确地解读，对由于实验结果可能被误读保持十二分的警惕。

资料来源：根据以下资料整理而成。人人都是产品经理.新冠疫苗实验刷屏，科学的A/B测试是如何混淆视听的？ https://wap.peopleapp.com/article/rmh17191310/rmh17191310.

11.1 实验法的含义

11.1.1 实验法的界定

所谓实验法是指在市场调查中通过在一定条件下改变某些变量而保持其他变量不变，从而获取一手资料以衡量这些变量的影响效果的调查方法。

实验法最早应用在医学领域。18世纪，一位英国医生为了证明柠檬和橘子能有效治疗坏血病，他把患有坏血病的水手随机分成6组，对这6组患者采用不同的治疗方法。实验结果证明了他的预想，这是人类有记载的最早的实验法应用。现在实验法被视为进行解释性调查获得最接近真实的科学方法，其主要目的是查明是否存在原因和结果之间的关系。实验法在市场调查中已被广泛应用，如在传统线下市场活动中改变商品品质、变换商品包装、调整商品价格、推出新产品、广告形式及内容变更、商品陈列变动、使用新营业推广策略等活动前，或在线上进行企业页面改版、广告文案调整或产品开放前等，都可以采用实验法测试其效果，以提高决策的科学性。

实验法最大的特点是通过实验设计，将实验对象置于有控制的非自然状态下展开市场调查。为了获得准确可靠的资料，采用实验法进行调查需要满足一定的条件，要通过预先的实验设计并由调查者根据要求将调查对象控制在特定的环境条件下，对其进行观察以获得相应的信息。实验法有以下 5 个基本要素：

（1）实验者（调查者），即市场实验调查活动的主体。

（2）实验对象（被调查者），即市场实验调查活动的客体，是通过市场实验调查所要了解认识的市场现象。

（3）实验环境，即实验对象所处的市场环境，主要有实验室和现场两种，市场调查经常采用现场实验。

（4）实验活动，即改变市场现象所处市场环境的实践活动，与所要改变的变量有关。

（5）实验检测，即在实验过程中对实验对象所做的检验和测定。

11.1.2 实验法的关键术语

1. 自变量与因变量

自变量是被操控的实验变量，是被实际引入用以解释因变量变化的变量。因变量是要测量的非独立变量，即希望能够检验是否由自变量的变化而引起变化的变量。如在测试包装与产品销量之间关系的实验中，包装是解释变量，即自变量，产品销量是被解释变量，即因变量。

2. 干扰变量

干扰变量也叫外部变量或无关变量，指自变量和因变量以外，对实验有效性可能产生干扰或影响的因素。一般有两类：一是可控制的变量，如商场规模、地理位置、用户特征或流量大小等因素；二是难以控制的变量，如气候、竞争对手的策略、受试者成熟度变化、测试单元的损失等因素。

3. 实验处理

实验处理是指改变实验对象所处市场环境的实践活动，是研究者设置自变量不同水平以检验因果关系的具体操作。如在测试包装与产品销量关系的实验中，改变包装为新包装即为实验处理；如果有多个新包装需要进行选择，则这些新包装方案可以设置为包装变量的多个不同水平，即为实验处理。

4. 实验组与参照组

实验组指自变量被操控而发生变化的那些实验对象组成的组。参照组也叫控制组或对比组，指实验过程中自变量维持不变的那些个体组成的组。如新冠疫苗有效性的实验中，注射生理盐水的，即接受安慰剂的为对照组，而接种疫苗的为实验组。

5. 实验的内在效度与外在效度

实验的效度指实验获得的结果与真实状态相符的程度，有实验的内在效度和外在效度两种。实验的内在效度是指实验能够正确地反映自变量与因变量之间因果联系的真实程度；外在效度指将实验结果推论到实验外的事件或环境的能力，是表明实验结果可推广、可概括化和可一般化的程度及其应用范围的问题。实验内外效度的逻辑是不同的：内在效度的逻辑是实验本身的准确性，强调通过控制实验环境、以实验设计排除自变量之外其他变量的影响来证明自变量对因变量的解释能力；外在效度的逻辑则是实验与真实世界的切合，强调实验真实即自变量对实验对象的影响真实可靠，实验环境能够代表真实世界。因此，内外效度并不总是一致的，内在效度是外在效度的必要条件，但内在效度的实验结果并不总有很高的外在效度，两者有时会互相影响。

11.2 因果关系的证明

实验法属于解释性调研，是最有潜能证明一个变量（自变量）能否导致另一变量（因变量）发生预见性变化的调研。因果关系指的是某个或某些"起因"变量 X 影响或引起了某个或某些"效应" Y。变量 X 和 Y 构成因果关系的三个必要条件是：X 与 Y 有一种共变的关系；X 在 Y 之前发生，或至少 X 与 Y 同时发生；排除了所有其他可能的起因。因此，关于因果关系的证明需要进行如下分析：

（1）为了证明 X 的变化引起 Y 的某种特殊变化，我们必须首先说明相关关系，或者 X 与 Y 之间的相互关系，这种关系可能是正相关或者负相关。例如：广告和销量两个变量正相关；价格和销售量是负相关的关系。

实验者可以借助统计方法验证这些关系的存在和方向，但是相关关系并不能证明因果关系，只能认为两个变量碰巧以某些可预见的形式一起发生变化，不能证明一个变量的变化引起另一个变量的变化。因此为了证明因果关系，必须先证明相关性。

（2）为了证明两个变量之间可能存在的因果关系，必须证明两者发生的时间顺序是适当的。为了证明 X 引起 Y，实验者必须能够证明 X 在 Y 之前发生，如价格变化对销量的影响。然而即使证明了 X 与 Y 的相关性和 X 在 Y 之前发生变化仍然不能提供充分的证据证明结论：X 是引起 Y 变化的可能的原因。

（3）为了得出 X 和 Y 之间可能存在因果关系，最难证明的是 Y 发生的变化并不是 X 以外的其他因素引起的。因此排除其他可能的原因性因素是实验法中比较困难的步骤。例如，我们观察到广告费用的增加和产品销量明显增加的现象，相关关系和发生的适当的时间顺序也是存在的，但是这可以能是一种可能的因果关系吗？答案是"不能"。因为有可能是销售中的其他因素而不是广告的增加引起的变化，如，在广告费增加的同时，可能有竞争对手提高了价格，或者减少了广告投入，甚至撤离了竞争市场等，造成了销量的增加。即使是竞争环境不变，也可能是一个或者多个其他因素的联合作用影响了销量。

综上所述，实验法试图验证的因果关系是科学意义上的术语，它隐含了三个含义：X 是导致 Y 发生可观测变化的一个条件，即存在相关或共生关系；X 的出现使 Y 大概率发生，即时间的适当性；只能推断 X 与 Y 存在一种关系，即排除其他可能的原因性因素。此三类条件可用以推断出因果关系。

11.3 实验法的操作程序与实验设计

11.3.1 实验法的操作程序

1. 实验法的一般操作程序

（1）根据调查项目和课题要求，提出研究假设。在实验调查之前，实验者需要紧扣调查的目的和要求，在明确所要收集和分析的相关调查资料基础上，提出具有因果关系的若干研究假设，并确定实验中加以控制、改变的市场因素。

（2）进行实验设计，确定实验方法。实验设计是实验者进行实验活动、控制实验环境和实验对象的规划方案。实验设计是实验法的中心环节，决定着研究假设能否被确认，决定着实验对象的选择和实验活动的开展，直接影响实验结论。合理的实验设计是调查成功的关键，其具体形式要与实验对象相适应。

（3）根据调查课题的特点，选择实验对象。实验对象选取的优劣将直接影响调查结果的质量。在实验对象的选取过程中，可以使用随机抽样法，也可使用非随机抽样的方法，总的原则是尽量使实验对象具有广泛的代表性。

（4）遵照实验设计规定，进行正式实验。正式实验要严格按照预先设计好的实验方案和进程实施，并对实验结果进行认真观测和及时记录，必要时还可进行反复的实验和研究，以获得更为准确的实验数据资料。为了排除偶然性，可反复实验多次。

（5）整理资料，撰写实验报告。实验结束后，要对实验记录及有关资料进行统计分析，以揭示市场现象和相关市场因素之间的联系，得出市场现象的演变规律。实验者需要考虑各种因素的作用，排除偶然因素的干扰，慎重核对实验结果，最终将实验结果写成实验报告，便于相关部门使用。

2. 实验法的注意事项

（1）实验者应具备的必要条件。①思想解放，具有科学求实精神，敢于探索和创新；②有一定的实际工作经验和灵活处理问题的能力；③具备较强的应用各种调查方法和研究方法的能力。

（2）实验对象和实验环境的选择。实验对象和实验环境的选择，一定要在同类市场现象中具有高度的代表性，对于复杂的市场现象，还应具有不同类型、不同层次的代表性。要保证实验环境的可比性或相似性，提高实验数据的可靠性和准确性。

（3）实验设计的恰当性和科学性。在具体的市场实验调查中，要充分兼顾资源条件和调查目标进行实验设计，并非越复杂、越可靠越好。要在确保科学性的基础上，选择容易操作、省时省力的方式，因地制宜地进行实验方案的设计。

11.3.2 实验设计

实验设计是实验调查实施前研究者对实验活动、实验环境和实验对象等方面统筹规划的具体方案。它是实验调查各步骤的中心环节，是指导整个实验过程的操作指南，很大程度上决定了调查资料的质量和实验的水平。下面我们介绍在市场实验调查中常用的三种实验设计。

1. 单一实验组前后对比实验

单一实验组前后对比实验是指将若干实验对象都作为实验组进行实验处理，没有参照组，通过对比实验对象在实验活动前后的情况，得出实验结论。在市场调研中，经常采用这种简便的实验调研。

例如，绿扬食品厂为了提高本地传统特色糖果的销售量，认为应改变包装，将本地传统文化和特色景点元素加到了新的糖果包装设计中。为了检验新包装的效果，以决定是否在未来推广新包装，厂家取 A、B、C、D、E 五种糖果作为实验对象，对这五种糖果在改变包装的前一个月和后一个月的销售量进行了检测，得到的实验结果如表 11-1 所示。

表 11-1 实验组包装改变前后一个月销量对比表　　（单位：公斤）

糖果品种	实验前销量	实验后销量	销量变化量
A	522	560	38
B	295	314	19
C	420	450	30
D	410	463	53
E	455	500	45
合计	2102	2287	185

由表 11-1 的数据可以看出，使用新包装后五种糖果的月销量都增加了，总的销量增加了近 9%。但要由此得出是新包装使得销量增加的结论似乎理由还不够充分，因为无法排除其他因素的影响。由此可见，单一实验组前后对比实验虽然简便易行，但不足以得出实验结果，只有在能有效排除非实验变量的影响或者非实验变量的影响可忽略不计的情况下，实验结果才能充分成立。

2. 实验组与对照组对比实验

实验组与对照组对比实验是指在实验中需要有两类小组，一是需要进行实验处理的实验对象构成的实验组，还有一类是保持原状、不做任何处理的参照组，实验者通过对比实验组与对照组的实验结果得出结论。在市场实验实践中，要尽可能使实验组与参照组的实验对象构成和特征相同或相似，所处的实验环境也要尽量相同或相似。

例如，绿扬食品厂为了解糖果包装改变后消费者的反应，选择了六个商店进行实验。先选择 A、B、C 三个商店为实验组，再选择与之条件相似的 D、E、F 三个商店为对照组进行观察。观察一个月之后得到实验结果如表 11-2 所示。

表 11-2　实验组与对照组糖果月销量对比表　　　　（单位：公斤）

商店		原包装销售量	新包装销售量
实验组	A		330
	B		320
	C		162
参照组	D	233	
	E	166	
	F	168	
合计		567	812

由表 11-2 的数据可知，在市场实验的一个月内三个对照组商店销售原包装糖果共 567 公斤，三个实验组商店销售新包装糖果共 812 公斤[①]，两者的月糖果销售量差额为 245 公斤，在一定程度上说明了新包装有利于糖果销量的增加，但这种实验设计只是对实验组和对照组都采取了实验后检测，无法消除实验前后除实验变量以外其他不确定因素，如节日或季节因素、实验环境等变量对实验结果的影响。为此，可将上述两种实验进行综合设计，通常会将实验分为两个阶段，在前后两个阶段实验组与参照组进行互换，最后根据因变量的变化量来做判断。

例如，绿扬食品厂选择了六个商店进行实验，以 A、B、C 三个商店为实验组，D、E、F 三个商店为对照组进行观察。观察一个之月后，将两组对调再观察一个月，实验结果如表 11-3 所示。

表 11-3　实验组与对照组两阶段糖果月销量对比表　　　　（单位：公斤）

商店	原包装销售量		新包装销售量	
	第一个月	第二个月	第一个月	第二个月
A		270	330	
B		260	320	
C		149	162	
D	233			245
E	166			187
F	168			222
合计	567	679	812	654

由表 11-3 的数据可知，在市场实验的两个月内六个商店原包装糖果共销售了 567+679=1 246（公斤），新包装糖果共销售了 812+654=1 466（公斤），改变包装后糖果销售量增加了 220 公斤，增加超过 17%，说明新包装有利于糖果销量的增加。实验组与对照组的互换使六个商店都在相同时间段内销售了新老包装糖果，因而在很大程度上减少了除自变量以外其他因素对实验结果的影响，使得根据这个实验结果得到的结论更加准确可靠。

实践中，实验组与对照组对比实验设计要使两类组别具有可比性，即它们在规模、

---

① 1 公斤 =1 千克。

类型、位置、管理和营销渠道等各种条件方面应大致相同。只有这样，实验结果才具有较高的准确性。

3. 实验组与对照组前后对比实验

实验组与对照组前后对比实验是在对两类组别的所有实验对象分别进行前测和后测的基础上，将实验组与对照组的前后测因变量的变化量进行对比的一种双重对比的实验方法。所谓前测是指在进行实验前测量出的因变量取值；所谓后测是指测量出的因变量的实验结果。通过对实验组和对照组进行实验前后双重对比，吸收了前两种方法的优点，也弥补了前两种方法的不足。

例如，阳光公司为改进奶粉配方进行市场实验调研，选择了六个超市参加实验，通过随机抽样确定超市 A、B、C 为实验组，销售新配方奶粉，超市 D、E、F 为对照组，仍销售老配方奶粉。对六个超市该款奶粉月销售额进行实验前后对比，实验数据如表 11-4 所示。

表 11-4　实验组与对照组前后测月销量对比表　　（单位：百元）

企业		前测	后测
实验组	A	1 270	1 330
	B	1 260	1 320
	C	1 149	1 162
合计		3 679	3 812
对照组	D	1 233	1 245
	E	1 166	1 187
	F	1 168	1 222
合计		3 567	3 654

根据表 11-4 的数据进行汇总整理，得出实验组和对照组实验前后测的销售额合计，并计算出双重比较后的实验效果，具体计算过程与数据见表 11-5。

表 11-5　双组前后对比表　　（单位：百元）

实验单位	前测合计	后测合计	前后测对比	实验效果
实验组	Y_0=3 679	Y_n=3 812	Y_n-Y_0=133	$(Y_n-Y_0)-(X_n-X_0)$
对照组	X_0=3 567	X_n=3 654	X_n-X_0=87	=133-87=46

根据表 11-5 中的对比计算结果可以发现：实验组的销售额变动量 13300 元包含了实验变量即新配方的影响，以及其他非实验变量的影响；对照组的销售额变动量 8700 元只反映非实验变量的影响，没有包含实验变量的影响，因为对照组的奶粉配方未改变。实验结果是从实验变量和非实验变量共同影响的销售额变动量中，减去由非实验变量影响的销售额变动量，因此比较客观地反映了改变奶粉配方这个实验变量对奶粉销售额的影响和作用。由此可见，实验组与对照组前后对比实验是一种更为先进的实验设计方法，但相对于前两种实验设计而言，无论在设计，还是在实施实验方面它都相对复杂。

11.4 实验法的优缺点与应用场景

1. 优点

（1）能够直接获取大量的第一手资料进行解释性分析，以说明所研究的市场现象及其发展变化主要是由实验活动引发的。

（2）实验调查具有一定的灵活性和可重复性，调查结果及结论具有较强的说服力，准确性高。科学的实验设计能够有目的且具有主动性地改变某种条件，揭示或确立市场现象之间的关系。实验法获得的资料不但能够回答"是什么"，还能回答"为什么"，且实验具有可重复性，结论的可靠性较高。

（3）实验法在市场问题解决方案的选择上具有优势。实验法的主要目的是在多个方案中寻找最优，获取各方案所能获得收益的评估资料，因此，有利于探索解决市场问题的具体方法和途径。

2. 缺点

（1）实验法实施条件比较苛刻，因而给实际应用带来一定的难度。实验法要求实验的各个环节可控且除实验处理以外的实验条件要尽可能相同或相似，如实验对象和实验环境要相同且有代表性。在实践中这是不容易达到的。另外，实验过程不易控制、不易保密等也给实验实施带来一定的困难。

（2）实验的外部效度很难保证。由于实验过程中不可控因素较多，选出有充分代表性的实验对象和实验环境并不容易，因而实验结论往往局限在一些特殊条件下，使抽象化和普及推广受到影响。

（3）实验调查法对于研究者或调查者的要求都比较高，花费的时间比较长，费用较高。

3. 应用场景

实验法主要应用于解释性市场调查项目，注重对可能的因果关系进行验证。在实践中，实验法更多地应用于微观层面的市场问题研究，尤其是细节问题和方案选择的调研上。目前实验法的应用领域非常广泛，除了传统的线下领域的实验法应用外，很多互联网公司也在应用实验法，如A/B测试法进行产品迭代、开发和市场推广等方面。

◆ 本章小结

实验法是获取有关自变量的变化引起因变量可预期变化的资料和信息的调查方法。实验法验证的因果关系具有科学意义的概念，因果关系指的是某个或某些"起因"变量 X 影响或引起了某个或某些"效应" Y。变量 X 和 Y 构成因果关系的三个必要条件是：X 与 Y 有一种共变的关系；X 在 Y 之前发生，或至少 X 与 Y 同时发生；排除了所有其他可能的起因。实验法的一般操作程序：①根据调查项目和课题要求，提出研究假设；②进行实验设计，确定实验方法；③根据调查课题的特点，选择实验对象；④遵照实验设计规定，进行正式实验；⑤整理资料，撰写实验报告。在市场实验中常用的实验设计主要有单一实验组前后对比实验、实验组与对照组对比实验、实验组与对照组前后对比实验等类型。实验法既有优势，也有很多局限性，研究者需要根据具体决策及其目标进行选择和设计。

实训项目

1. 实训项目：寻找实验法在市场调查中的成功案例。
2. 实训目标：通过搜集、选择和分析实验法在市场调查中的成功案例，让学生能够掌握实验法的设计和操作要点，知晓实验法应用对实验者的专业和能力要求。
3. 实训内容：学生分组搜寻实验法案例，重点分析其实验设计和结论的可靠性。
4. 实训组织：学生分组进行，组内不同的学生进行合理的分工和合作。
5. 实训考核：要求每组同学把搜寻和分析案例过程及对案例的评估制作成PPT进行演示，全班分享、交流和讨论。

复习思考题

1. 简述因果关系证明的条件，并查阅文献进行举例说明。
2. 简述实验法的操作流程。
3. 简述市场实验中三类常用实验设计的思路，概括说明并比较它们的优缺点。

阅读材料：字节跳动A/B测试工具为企业市场实验插上翅膀

企业决策需要依赖于科学规范的市场调查和评估方法，主要有经验判断、非A/B测试分析方法和A/B测试方法。其中，A/B测试方法是能把因果关系论证得更准确、最能把握本质接近真实的方法。A/B测试法是对不同策略开展对比实验，选择最优方案的方法。其最早出现在医学领域，后被互联网公司采用，如谷歌公司将它运用于诸多产品开发和运营决策中。

字节跳动公司早就在做策略推荐类的A/B测试，希望开发出能够帮助企业提高决策质量的A/B测试数据产品。到2016年，公司已建立起能够支持大规模产品实验的A/B测试平台，此后相继接入抖音、西瓜视频等全线业务，把A/B测试应用在产品命名、交互设计、算法推荐、用户增长、广告优化和市场开发等诸多领域的决策活动上。公司开发的A/B测试工具已通过火山引擎向企业客户开放，支持客户端、服务端、推送、网页、可视化建站等多种实验场景，具有高度自动化、操作简单、功能全面、实验报表丰富和智能产出实验结果等特点。目前，字节跳动每天同时开展上万场A/B测试，单日新增至少1 500个实验，业务覆盖400多个。截至2021年3月底，已经累计完成70多万次测试。A/B测试项目已成为字节跳动快速发展的重要因素之一。

火山引擎A/B测试工具得到了客户的普遍认可，在缩短市场实验时间、提高实验综合效果方面非常显著，以往需要一周时间的实验现在可能只用一天就可以完成，分析结果更直观，并且可量化。字节跳动副总裁杨震原提醒用户，应充分意识到A/B测试法虽有优势，但也有很多局限性，如提高了商品推荐门槛，评分低的商品不会被推荐，短期和长期实验效果存在不一致性，还要考虑实验条件、置信度等设计问题。企业需要根据具体决策及其目标选择适合的调查方法。对战略型决策，要充分利用如专家法之类需要长时间思考和规划的方法；针对细节问题的决策，尽量考虑采用 A/B 测试法，同时关注分析结果的可行性。

资料来源：许洁. 字节跳动 A/B 测试工具投入企业市场累计已完成 70 多万场实验，https://wap.peopleapp.com/article/rmh20032632/rmh20032632.

案例分析：Airbnb 改版搜索页实验结果的多维解读

Airbnb 是一家将用户和房东联系起来、为用户提供多样住宿信息的服务型网站，搜索页是其业务流程中很重要的页面。因此，Airbnb 对搜索页进行了改版设计，新版更强调提供房源图片及房源所在位置的地图信息。为此，团队投入了大量资源。设计人员和产品人员都预测新版更好，定性研究也得到相同的结论。然而，对搜索页对比实验得出的结论并非如此，新版转化率并不理想。这个结果让人难以置信，因此研究者对数据结果进行了更加细致、深入的分析，试图找到造成这个结果的真正原因。

根据表 11-6 的数据我们可以发现，问题的根源主要在 IE 浏览器上，其他浏览器上新版的表现都优于原版的。这样的分解分析帮助研究者得出准确的结论：搜索页改版效果很好，造成 IE 浏览器上出现问题的根源是代码实现存在严重问题。IE 浏览器修复后的改版转化率增长超出 2%，证明了结论的正确性。

由这个案例可以发现，从多个维度对市场实验结果进行解释是很有必要的，研究人员应该尝试对数据进行分解研究，理解不同维度下实验的实际效果。

表 11-6　Airbnb 搜索页改版转化率变化统计表

浏览器	新版转化率变化（%）	P 值
所有	−0.27	0.29
Chrome	2.07	0.01
Firefox	2.81	0.00
IE	−3.66	0.00
Safari	−0.86	0.26
Rest	−0.74	0.33

第五篇 PART 5

市场调查实施与报告

第 12 章　市场调查实施
第 13 章　市场调查资料整理分析概述
第 14 章　定性市场调查资料分析
第 15 章　定量市场调查资料分析
第 16 章　市场调查报告

第 12 章
CHAPTER 12

市场调查实施

§ 学习目标

1. 了解市场调查实施全过程，并掌握实施队伍组织、培训和管理中所经常使用的方法；
2. 了解市场调查实施主管和督导的职责；
3. 掌握挑选调查员的基本原则；
4. 熟悉调查员培训的主要内容和方式；
5. 了解市场调查实施队伍如何监督管理。

§ 本章导图

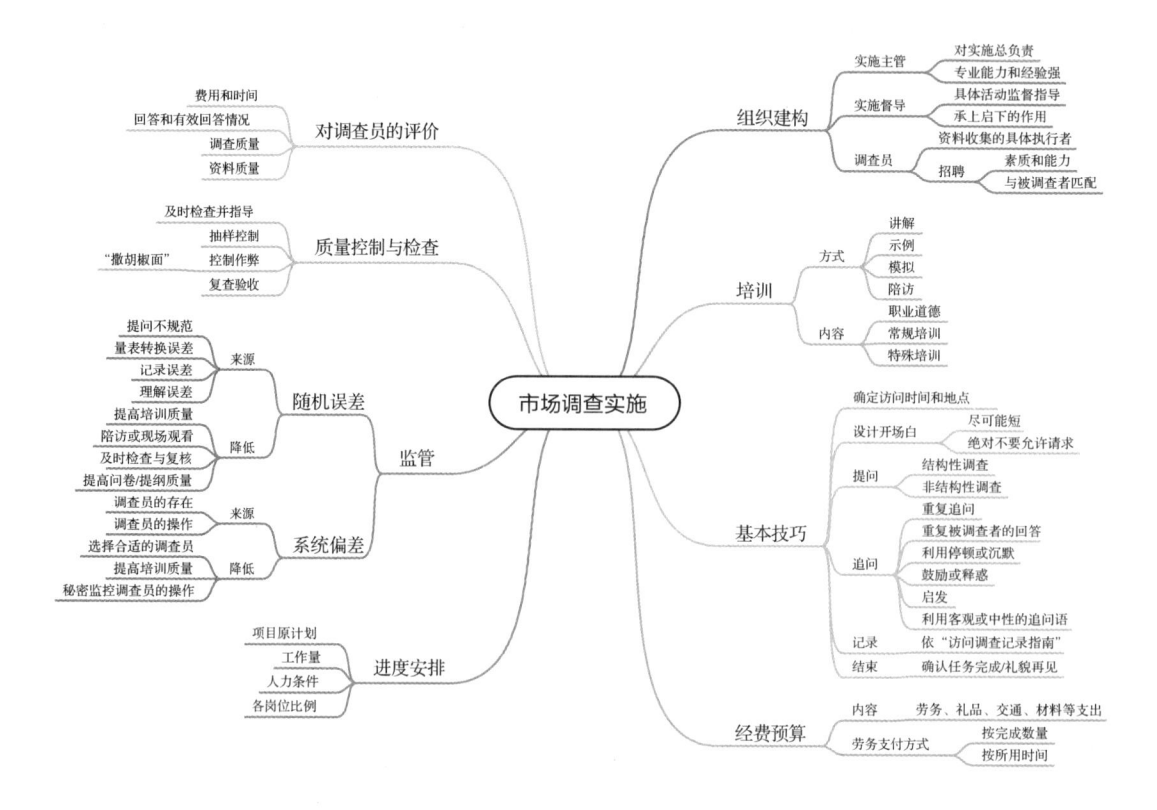

§引例

FD 公司委托 YZSI 市场调查机构关于南京移动通信产品服务满意度调查实施过程

FD 公司委托 YZSI 市场调查机构进行南京移动通信产品服务满意度调查。YZSI 采用问卷调查法，于当年 10 月 16—25 日组织调查实施，共调查 3 600 个个人用户和 800 个单位用户。整个项目调查实施过程主要包括以下工作：

（1）调查实施前的准备工作。确定了建立调查队伍的基本要求和组织结构，制定了调查实施的基本制度文件和培训手册。其中，调查员培训手册包括常规培训手册和项目实施培训手册两部分。

（2）委托南京一所大学的市场调查研究中心具体执行。该中心根据 YZSI 市场调查机构的要求在南京招聘了 3 名督导和 60 名调查员，督导由该中心的专业教师担任，调查员都是该中心所在大学的在校大学生，大多数有参加过社会调查的经历。

（3）YZSI 市场调查机构派出 1 位中层专业人员担任项目实施主管，前往南京对当地的督导和调查员进行了严格的培训。经过反复讲解、案例学习等方式的培训后，还安排 2 个课时让调查员分别扮演调查员和调查对象互相练习模拟实地调查后，使调查员真正掌握了这次问卷调查实施的要领和要求。

（4）督导每天随时做好以下检查和指导工作：一是了解调查员在调查中是否遇到问题，如果遇到了问题调查员是如何解决的，分析拒访率高的原因并进行必要的指导；二是及时验收调查问卷，进行监督并指导；三是对调查结果及时复核。另外，要按规定向实施主管汇报实施进展情况。

（5）实施主管每天做好检查监督和指导工作：一是了解调查实施情况和进度；二是及时发现调查中出现的问题并进行管理；三是对调查结果及时进行复核。

（6）验收和复核工作。调查问卷的验收主要在三个阶段进行：一是调查员在调查过程中自行检查；二是督导员检查验收；三是实施主管验收。对验收后的问卷要进行两次复核：一是督导进行电话复核或再次面访，复核率为 30%；二是实施主管进行再次的电话复核，复核率为 15%。

12.1 市场调查实施的组织构建

12.1.1 实施主管

1. 实施主管需要具备的条件

市场调查的实施主管是对整个市场调查实施过程进行管理的负责人。往往是由这个市场调查项目总负责人自己或指派的专业人员担任，有的专业机构也会设立专门的市场调查实施部，负责公司所有项目的调查实施。实施主管通常需要具备以下基本条件：一是要有扎实的市场调查专业理论基础和技能并具有大学本科或以上的相关专业学历；二是具有较强的沟通、组织和运作能力；三是具有至少两年的市场调查经验。实践中，专业调查机构常常会委派具有中层职位的专业人员做市场调查实施主管。

2. 实施主管的职责

概括地讲，实施主管的职责是对整个市场调查实施全过程负责。具体地讲，实施主管应关注以下工作。

第一，深入了解市场调研项目的目的、目标以及具体的实施要求。这是实施主管能够较好地完成其职责的前提，特别是如果实施主管没有参加项目调查方案设计等前期相关的工作，那么更需要认真对待。

第二，负责选择合适的实施合作对象或公司。如果市场调查项目实施实行外包，要确定可能合作的机构和选择标准，进行评估并确定合作伙伴，与之进行沟通交流。

第三，负责制定市场调查实施计划、规范和培训计划。实施主管要根据市场调查项目的总体安排和要求，制定调查实施的过程和各环节的具体要求，对调查实施的时间、组织和经费等进行合理的安排。

第四，负责选择实施督导和调查员。要确定实施督导和调查员的具体招聘条件，组织招聘和录用。如果调查机构有相对稳定的督导和调查员队伍，或者是与调查实施专业机构合作，那么这个方面的工作就会比较轻松。

第五，负责培训市场调查实施督导和调查员。由于每个市场调查项目都有其特殊性，具体的调查方法和要求也都有很强的针对性，因此每个市场调查项目的实施培训都必须认真对待才能保证后续资料收集工作的顺利进行。

第六，负责市场调查实施过程中的管理和质量控制。在调查实施的过程中，调查实施主管要能够对全局和全过程进行总体的把控，及时了解进展和调查质量，解决存在的困难或问题，并对督导和调查员的工作进行科学管理。

第七，负责评价督导和调查员的工作，给予反馈和适当的激励。在调查实施工作完成后要对督导和调查员的工作情况进行评估，认真总结经验和教训，为后续项目积累经验。

12.1.2 实施督导

1. 实施督导的含义

实施督导是对调查实施的具体活动和任务进行监督和指导的专业人员，通常由专业调查机构的基层岗位专业者或具有相关专业水平的外聘人员承担。他们在实施主管和调查员之间发挥承上启下的作用，负责对实施过程的指导监督和对调查结果的检查验收。

实践中，实施督导的身份可以是公开的，也可以是隐蔽的。两种做法各有利弊。采用公开的方式进行监督和指导，可能有利于督导更好地管理和指导调查员的工作，对调查员可能的违规想法产生抑制作用；采用隐蔽的方式进行督导，会给调查员工作营造比较轻松的氛围，特别是在调查员训练有素且具有明确的工作动机的情况下，或没有任何迹象表明调查员会有欺骗或犯错误的情况下，隐蔽的方式更利于激发调查员的工作潜能。

2. 实施督导的职责

实施督导的主要职责是负责市场调查资料收集现场的实施，指导和监督调查员完成资料收集任务，协助实施主管进行调查过程的管理和调查结果的检核。实践中，实施督导要尽可能及时检查调查员收集的资料，而且要尽可能早且频繁地进行检查；要将检查工作的重心放在正确完成资料收集任务的数量上，从而对调查任务完成进展有准确的把握；要对调查员工作中遇到的问题和困难给予及时的帮助和指导，对于检查出的调查错误或缺陷要尽快进行修改或补充调查；定期向实施主管汇报工作进展和所收集资料的质量等情况，协助实施主管进行调查资料的检查和复核。

12.1.3 调查员

调查员是调查实施的具体执行者，调查员的素质是调查实施能够成功的最重要的保证。选聘调查员有些类似于员工招聘，需要明确招聘条件，并对申请者进行科学的筛选后进行确定。确定需要招聘的调查员的选择标准，通常需要重点考虑两个方面的因素：一是调查员按时保质保量完成资料收集工作的素质和能力；二是与被调查者的匹配性。应当尽可能考虑到被调查者的性别、年龄、所在地域、文化程度和职业等人口特征和社会经济特征，尽量选择能与之相匹配的调查员。

招聘调查员的基本要求包括诚实守信、遵纪守法、能吃苦耐劳、身心健康、亲和大方、有较强的表达和沟通能力、乐于学习等方面。这些基本条件是由市场调查资料收集工作的特点所决定的。调查员的工作是与被调查者进行交流，让他们愿意提供客观真实的信息。优秀的调查员应该既善于按要求向他人询问，又能细心倾听、正确领会和解释他人的回应。另外，通常调查员只是临时工作或兼职，获得的相应收入很有限，很难保证全部调查员不想投机取巧或走捷径。因此，这些基本素质和能力应该成为调查员招聘的基本要求。

实践中，是否需要将有调查经验作为选择调查员的条件或选择时优先考虑的因素，这是一个有争议的问题。不同的调查机构或实施主管会有不同的偏好，但无论怎样，在招聘调查员时，对有经验的申请者也要像对没有经验的申请者一样，进行全面的考评，甚至对有经验者还要做更透彻的了解。

12.2 市场调查实施的人员培训

12.2.1 培训内容与培训方式

对调查员的培训内容一般包括常规性质的培训和即将实施项目的特别培训两个部分。只要是本调查项目聘请的调查员，不管他们是否曾为其他组织做过调查，都要进行常规培训和特别培训。如果调查实施是委托其他数据收集机构来完成的，那么也应该对所聘用的调查员进行相同的常规培训和特别培训。培训一般由实施主管负责。培训的具体方式有讲解、示例、模拟和陪访等。

常规培训包括三个方面的内容，即调查行业的职业道德、常规的调查方法和程序及其特殊培训等。通过常规培训让调查员能够正确理解调查员工作的重要性和职业道德的要求，掌握调查中的具体技能和要求并准确领会这些具体做法隐藏的科学理论和原理。

（1）关于调查员工作重要性和职业道德方面的教育，主要包括三方面：

1）调查员在调查实施过程中的重要作用，激发调查员对自己工作的认同感和自豪感。

2）调查员应具备诚实、客观、认真、负责的品德，这些品德既是人品的具体体现，更是调查员工作必须具备的基本品德要求。

3）调查员应遵循为被调查者保密、为客户保密等职责要求。

（2）关于调查实施工作"怎样做"的内容，主要要求调查员能掌握以下八个方面的技能和操作方法：怎样确定调查地点；怎样确定调查对象；怎样接触调查对象；怎样问候；怎样确认合格的被调查者；怎样询问；怎样追问；怎样结束访问。

（3）关于"为什么要这样做"的相关原理介绍和解释，主要包括对调查员说明调查指南、方法和程序设计的科学基础，讲清楚必须这样做的理由以及不这样做的后果，让他们明白在调查实施中严格遵循这些调查指南和调查程序的重要性。这部分内容的培训要避免过分抽象专业的分析，尽量采用通俗易懂的语言和方式进行，要让调查员明白为什么不能用他们认为的那些"容易做到"的方式，而要用调查培训中要求他们完成每项工作"怎么做"的那些"困难"的方式。

对调查员除了进行常规的培训和指导外，还要针对具体的调查项目，特别是调查问卷或调查提纲的使用方法进行针对性培训和指导。特别培训的主要内容如下：

1）介绍市场调查项目概况，包括调研目的和目标等。

2）讲解调查实施的目标和要求、实施指南和注意事项。

3）详细说明调查问卷或提纲的使用规范和方法。将调查所需要的材料，包括问卷、书面指导和必要的图片或卡片等分发给调查员，将问卷或提纲从头到尾非常细致地讲清楚，对每一个问题或答案、指导语、跳答提示及记录要求等都要清晰交待。

4）让调查员体验实际的调查过程，将前期的培训内容落实到调查工作中，使其对调查中可能遇到的问题和困难有解决的办法和能力。可以进行示范和模拟训练，如先请督导扮演调查对象，调查员进行模拟调查，引导培训学员对调查中出现的"问题"给出解决方法，培训者进行示范性指导。

5）运用适当的方式检查培训学员对学习内容掌握的情况。如可以通过考核或提问的方式，检查他们是否已经完全弄清了调查工作的所有要求和细节内容；可以模拟实际调查情境通过角色扮演让调查员相互练习1—2次，检验他们能否将所学熟练运用于实际调查工作之中。

6）给每个调查员或小组布置具体调查任务，分发现场实施所必需的材料和物品，宣布开始调查。实践中，有些市场调查项目也会安排陪访，即由督导陪同调查员进行

1—2次实地调查,让调查员快速进入工作状态。

对于一些外包的调查实施项目,特别是第一次合作的机构,实施主管最好亲自到该机构去指导和培训。如在路途遥远、同时委托多个数据收集机构或者数据收集工作非常简单明了的特殊情况下,实施主管无法在场,必须提供详细的书面指导,必要时还要通过电话或在线会议进行培训。如果调查员培训由所委托的专业实施机构单独执行,那么应该明确对委托的专业实施机构提出必须严格按照相同的方式和规范进行培训的要求,这是因为被委托的专业实施机构可能会为了降低成本而缩减培训时间,放松对调查员的要求,导致调查员收集到的调查资料的质量降低。实施主管必须避免这些情况的发生。

12.2.2 调查实施的基本技巧

相对而言,访问调查,尤其是非结构性访问调查的实施难度较大,在这里我们主要针对访问调查中的面对面访问调查的情况分析调查实施的基本技巧,其主要包括以下几个方面。

1. 确定访问时间和地点

调查设计会对调查时间和地点有一些原则性的规定,但由于现实环境的影响和情况的复杂性,往往这些规定和要求都比较宽泛,实践中会有很大的灵活性。调查时间和地点的选择会影响所收集资料的质量,如可能会影响到应答率的大小、调查样本的代表性,还可能会影响到对调查问题回答的质量等。因此,实施主管要具体规定访问的地点和时间段,进行严格监督和指导,以确保调查员能认真地执行相关规定和要求。

那么选择一周中的哪些天和某天中的哪些时间段进行调查合适呢?就入户调查来说,应尽可能安排在周末和晚上进行,比较适宜的时间段为9:00—20:00之间,同时注意避开吃饭和休息时间。这样的时间安排不仅可以调查到经常在家的家庭主妇、无业人员或离退休人员,而且可以调查到年纪较轻的或上班群体,从而能获得更具代表性的样本。在实践中,实施主管或督导应严格要求和管理调查员,确保他们按照规定的时间去调查。如果没有严格的监控,调查员可能不会根据被调查者方便与否或督导所规定的时间进行调查,而更倾向于根据自己的便利和喜好确定调查时间,这样会严重降低调查的效率和调查资料的质量。

访问调查的地点会对被调查者的答案产生重要影响。通常需要选择能够让被调查者感觉舒服、无压力、比较安静私密的地方进行访谈。如果是入户调查,调查员要争取进入被调查者家的许可,最好能与被调查者面对面地坐在一张桌子旁,这样便于提问、交流和记录。如果选择在购物中心、商城、咖啡馆之类的"公共"场所进行调查,调查机构或实施主管事先最好征得"公共场所"有关负责人的书面批准,并让调查员随身携带有关批文的复印件,以免在调查过程中受到打扰或发生误会导致调查工作出现"状况"或被延误。

2. 设计开场白

设计开场白的目的是让被调查者快速了解调查者后进入询问调查环节，因此，最有效的开场白往往是非常简短明了的。针对被调查者是否需要筛选，开场白是有所区别的。下面我们给出两个场景下的示例。

【需要筛选】您好！我叫××，是YZSE调查咨询公司的调查员。我有一些问题要询问那些吃过富硒大米或富硒面粉的消费者。请问您吃过没有？（如果吃过，继续调查；如果没吃过，结束访问）

【不需要筛选】您好！我叫××，是YZSE调查咨询公司的调查员。我有一些有关营养元素硒与健康相关的认知与消费方面的问题，想了解一下您的看法。（马上问第一个问题）

访问调查的开场白与前面介绍过的调查问卷中封面信的功能相似，但内容要少得多。在面对面的实地调查时，调查员一般在开场白中不必对调查项目作解释，能使被访者尽早开始回答问题的开场白就是好的开场白。开场白设计一般要遵循以下原则：

（1）尽可能简短，目的是让被调查者马上开始回答问题。一旦被调查者的注意力集中在调查问题上，就很少会去考虑是否愿意或是否应该参与调查了。

（2）绝不要请求获得允许。在开场白中不要说"我可以占用您几分钟时间吗？"或"你能花几分钟来参加这个调查吗？"之类请求允许调查的话，因为调查员作为陌生人，这样的问话很容易得到拒绝的回答。实践表明，不请求获得允许的开场白更容易获得被调查者的"同意"。

3. 提问

在非结构性访问调查中，访问提纲给调查员的调查提供了基本的问题框架，调查员可以根据调查提纲上的问题进行提问，但也不必拘泥于这个提纲，可以根据具体情况灵活执行。

在结构性访问调查中，调查员对被调查者的提问是标准化的，必须十分严格地按问卷的所有内容和要求不折不扣地执行，包括问题和答案的表达、顺序等。因为即使是很小的改动，也可能会改变原意而造成理解和回答等方面的偏差。实践中，在进行结构性访问调查时，调查员必须丝毫不差地按照问卷中的问题和指导语的要求来提问，绝对不能按照自己的理解来修改问卷进行提问。具体地讲，调查员的提问应当遵循以下基本原则：

（1）要对问卷十分熟悉，包括问卷总体结构和所有问题的具体细节。

（2）按问题和答案在问卷中设定的顺序来提问，如遇相倚问题，要遵照指导语进行跳答和提问。

（3）严格地丝毫不差地按照问卷中的措辞来提问，如果遇到被调查者不理解或不懂的问题，调查员也只能按问卷上的表达原封不动地提问，绝不能改用自己的语言进行提问。

（4）提问时说话要慢且清楚，要确保问卷上所有有关的问题都提问过。

（5）出示卡片或图片等物品的时间要恰当。如果在提问中需要出示卡片或图片等，一般在完成问题陈述后再出示。

在调查过程中，可能会出现各种不可预料的事情使提问中断。如果中断的时间比较短，则可以继续完成访问调查；但如果中断的时间过长，那么一般情况下就应放弃本次调查。

4. 追问

前面的访问调查中介绍的追问技巧，也适合用在其他有开放性问题的访问调查中，如问卷调查中设计的开放性问题，需要被调查者深入的回答。调查员的有效追问能让被调查者进一步地补充、阐明或解释他们自己的回答。追问技巧的关键是引出更加深入且客观的回答。常用的追问方式有以下几种。

（1）重复追问。重复提问同样的问题，激发调查者的深入思考，有效引出被访者进一步的回答。

（2）重复被调查者的回答。重复被调查者的回答可能会刺激他们讲出更深入的看法。调查员可边做记录边重复被调查者的回答。

（3）利用停顿或沉默。调查员在访问过程中可以利用停顿、沉默或注视，让被调查者沉浸在自己的思绪中，有较多的时间思考和表达，提供更深刻更全面的回答。这种技巧使用要适度，不能让被调查者感到难堪。

（4）鼓励或释惑。如果被调查者有些犹豫，调查员可进行鼓励或解释让他们放下疑虑。例如，可用"回答没有对与错，只是想知道您的想法。"如果被调查者希望调查员解释某些词语或说法，调查员应将解释的责任推还给被调查者。例如，可说："按您所认为的那样去理解就可以了。"

（5）启发。为促使被调查者给出完全的回答，调查员可以进行启发以引出进一步的回答，如，可说："我不太明白您所说的意思，请您再多谈一些。"

（6）利用客观的或中性的追问语。调查员可以使用以下不带自身立场的"追问语"进行追问，如："还有其他理由吗？""还有其他人吗？""您可以告诉我您心中所想的吗？""您是怎样想的？""对此您还能再谈谈自己的想法吗？""哪一个与您所感受到的形式更接近？"等。

5. 记录

调查员对调查资料的记录要按统一格式和要求，并且在实施过程中应使用相同的格式、符号和修改方法进行记录。对于结构性访问调查记录，主要要求调查员用规定的符号在对应的号码或空格中做记录。对于开放性问题，主要要求调查员逐字逐句记录下被调查者的原话。以下是美国密歇根大学社会学研究所调查中心针对开放题指定的访问调查记录指南。

（1）在调查过程中随时记录回答（不要事后补记）；

（2）记录被调查者自己的原话（不管是否为方言，不管语法、用词等是否准确）；
（3）不要对被调查者的回答进行归纳总结或解释（只记录被调查者的回答）；
（4）记录全部与问题有关的内容（不能删减被调查者的回答）；
（5）记录所有的追问语和对应的回答（记录对应的问与答）；
（6）边记录边重复所记录的答案（重复实际上是核对信息）。

6. 结束

在确认资料收集齐全后就可以结束调查。如果正式访问之后，被调查者自发地发表的想法也要记录下来，调查员应当耐心地回答被调查者关于调查项目的提问，给被调查者留下好印象。最后，赠送小礼品，并诚挚地表示感谢。在跟被调查者说再见之前一定要再次回顾和检查，确认调查需要的资料没有遗漏。

上述调查技巧也适用于电话访问调查。电话访问调查对调查员的要求更高，因为调查员只能完全依靠自己的声音来控制调查过程。电话访问调查的时间管理非常重要，一般不要超过15分钟。实践表明：5分钟以内的电话访问调查几乎不会提前中断；10分钟左右的访问调查也还能维持友好谈话气氛而少有被拒或中断发生；超过15分钟被拒或提前中断的情况会明显增加。在线视频访问调查比电话访问调查更适用上述访谈技巧，信息技术的发展也使之成本更低而效率更高。

12.2.3　调查实施中的面访工作指南

在面访调查项目实施培训中，可以参照美国调查研究协会调查员面访工作指南设计该项目调查员的工作指南，从操作层面更加细化访谈的规范化要求。美国调查研究协会调查员面访工作指南的主要内容如下：

（1）如果被调查者问起，调查员应该将自己的全名以及调查机构的联系方式告诉被调查者；
（2）完全按调查问卷上写的问题和答案提问，如果出现任何其他问题要尽快向督导报告；
（3）按问卷指示的顺序提问题，如有跳答则按要求的顺序提问；
（4）以中立的态度阐述对被调查者的提问；
（5）不诱导被调查者；
（6）除非委托方允许，一般不暴露其身份；
（7）对中断的调查做上记号，并记录中断的原因；
（8）在调查过程中始终保持中立的态度，对被调查者的回答既不表示同意，也不表示不同意；
（9）说话要慢且清楚，让被调查者轻松理解所提问的问题；
（10）逐字记录所有的回答原话，不做任何修改；
（11）尽量不与被调查者做不必要的聊天；

（12）如果没有特别说明，对开放式的问题一般都要进行追问，以获取尽可能充分的回答；

（13）书写要整齐清晰；

（14）要认真检查全部的调查结果后才能交给督导；

（15）如果需要中断对被调查者的调查，要以适当的方式进行；

（16）对所有调查相关资料，包括问卷、培训资料、卡片、名单、访问指南等，都要保密并在调查工作结束后要全部交回；

（17）对任何问题、答案和被调查者，都不能弄虚作假；

（18）对被调查者要表示感谢。

12.3 市场调查实施的管理与质量控制

12.3.1 调查实施的经费预算

调查实施的经费主要包括调查员和督导的劳务费、被调查者礼品费、交通费、材料费、资料印刷费、实施主管的薪金和必要的办公费用等项目。这里主要讨论调查员劳务费的计算和支付方法。它通常有两种支付方法：一是按完成有效调查问卷的份数或有效访问过的人数计算，二是按调查工作实际所用时间（通常以小时为单位）计算。除此以外，也有按月或根据全部工作量付酬的，但这些方式应用极少。不管采用哪种计费方法，其他由调查员垫付的直接花费都要单独还给调查员。下面我们来分析调查员劳务费两种主要支付方式的优缺点。

（1）按完成数量计算劳务费的优缺点。

主要优点：①鼓励多劳多得，提高调查效率。这种方式鼓励调查员尽快熟悉调查任务并努力工作，完成有效调查任务数量越多的调查员得到的报酬越多。②防止草率的工作，提高调查质量。只有有效的、完全的和有用的调查工作才能得到相应的报酬，而不合格的调查得不到报酬，这迫使调查员必须按要求认真完成调查任务。③计算准确，易于准确预算。研究者可以准确地估算实施所需的劳务费用，调查员也很容易算出自己应得的报酬。鉴于此，该支付方式有一定的激励作用。

主要缺点：①有可能会纵容作弊行为。这是因为有的调查员为了获得更多的报酬可能会采取欺骗手段增加调查数量。②有可能调查质量不太高。因为有些调查员会为了赶进度而匆忙地记录，或对被调查者"挑肥拣瘦"，有意识地避免那些比较难合作的或反应太慢的调查对象。③制定一个合理的支付标准较复杂。研究员应事先准确地估计调查的难度、难度分布情况和所需的时间，规定一个对调查员和客户都比较公平的付费标准，但显然在具体的调查项目中这不是一件容易的事，通常可能只是按市场行情大概进行确定。

适用情形：适用于每份调查任务的难度大致相当，或对不同难度的工作几乎已经做了均衡分配的情况。

（2）按工作实际时间计算劳务费的优缺点。

主要优点：可以有效克服按完成数量支付劳务费方式的缺点。由于这种方式是按实际工作时间计算劳务费的，所以调查员就没有必要作弊，也不太会有意避免调查那些比较"难"的被调查者，也不必为赶进度而不顾调查质量，等等。

主要缺点：①对调查员劳务费预算有难度。这是因为很难事先准确地估计整个调查实施所需要的总时间，也不容易估计每个调查所需的平均费用。②需要更严格的管理监督。因为按工作时间付费可能会使调查员不够努力工作，比较容易出现懒散、聊天甚至拖长工作时间等情况。

适用情形：按时间付费比较适用于调查工作差异较大的情形。当调查员被固定地安排在不同的时段或区域工作，完成调查任务的工作量更多地与所分配的地区或时段有关。

12.3.2　进度安排

调查实施的进度安排要考虑以下因素：①客户或调查项目的要求。②工作量的大小及参与实施的人力条件，人力主要考虑参与调查实施工作的调查员和督导的数量。调查员和督导的数量比例要合理，因为督导所能监督管理的幅度是有限度的，每位调查员每天所能完成的工作量也是有限度的。因此时间安排要充分兼顾影响调查质量的各种可能因素。

12.3.3　调查实施的监督管理

调查实施质量的高低决定了市场调查项目最终结果的可靠性和有效性。调查员完成的调查任务之间的偏差越大，所带来的随机误差和系统偏差也越大，调查资料和数据的可靠性和有效性也就越低。为了得到可靠和有效的结果，应当努力对调查实施进行监管和质量控制，尽量使所有的调查过程始终保持一致的标准。

随机误差会降低调查数据的可靠性，而系统偏差将减少结果的有效性。随机误差和系统偏差可能来自研究者，也可能来自调查员或被调查者。实施阶段的质量控制主要针对调查员和被调查者。

1. 调查实施的随机误差及其监管

（1）随机误差的来源类型。

随机误差是调查实施中各种偶然因素对调查所收集到的资料质量的影响。调查实施过程中的随机误差主要有以下 4 种来源：

1）调查问卷和提问不严格执行标准化要求，主要体现在调查过程中调查员在调查问卷指导语的陈述、问题的表达及其顺序、答案提示和物品展示等操作中没有严格按照问卷设计的标准化要求执行所导致的误差。在实践中，有的调查员认为已记住调查问卷上的所有内容和所有要求，于是不再照着念照着做，而是用背诵或自己偏好的方式进行，觉得跟要求没有什么区别，但实际上这种操作上的偏差在问卷调查中会导致很大偏差。相对而言，在非结构性访问调查中，不严格按提纲进行提问操作所产生的影响相对较小，因为这类调查过程本身是有一定的灵活性的。

2）量表转换误差，主要体现在将调查资料中的量表转换为数字表达时产生的误差。如李克特量表通常有一个对应的赋值表，如果在问题答案转换成数字时没有严格按赋值表的设定进行转换，就会产生转换错误，导致误差。

3）记录误差，主要体现在调查员在记录过程中漏记、多记或没有"原汁原味"地记录。调查中需要记录的内容越多，产生记录误差的可能性也就越大；用文字记录比只用数字或字母记录造成误差的可能性要大得多。实践中，调查员如果用自己习惯的表达记录，简要地记录被调查者的回答或记下了自己的思索等情况都会导致记录偏差。

4）理解误差，主要体现在调查员在调查过程中对被调查者的回答理解不够准确而产生的偏差。例如，调查员对被调查者的回答不懂而无法展开调查，这可能是由于调查员的能力有限，也可能是由于被调查者的见解较独到；又如，有些开放性问题调查员要按指导语的要求操作，必须先听完被调查者的回答再在问卷中提供的各种可能答案中选择一个对应的答案，在这种情况下，如果被调查者没有用与问卷答案完全相同的表达来回答，调查员就必须判断回答者的意思再选择最接近的答案进行记录。有可能因理解不完全准确和不相匹配产生误差。

（2）降低随机误差的监管。

为了降低调查中的随机误差，在整个调查实施过程中实施主管和实施督导都必须认真仔细地进行监督和管理，具体策略如下：

1）提高培训质量，防患于未然，从源头上减少随机误差的产生。具体需要关注以下几个方面：一是提高调查员对严格执行调查规范和要求的意识，通过培训让他们真正懂得这样做对确保调查资料质量的重要性，理解调查中即使十分微小的差异也会影响被调查者的回答；二是培训工作要扎实和细致，让调查员养成良好的调查工作习惯，培养良好的责任心；三是对培训效果的评价和提升，在培训考核和模拟环节要注重操作规范化，严肃对待细小的偏差，通过言传身教尽可能使每个调查员都能严格执行操作规范。

2）实施主管要进行实地陪访或现场观看，督促调查员准确地按规范实施调查。对于不规范的操作要严肃对待，及时指出并纠正。

3）通过对调查资料进行及时检查与复核，减少随机误差的产生。在调查实施过程中实施主管和督导要各负其责，及时认真地检查调查回来的资料，并进行适当比例的复核，了解资料收集的真实状况，以对调查实施过程进行有效监管，从而减少随机误差的产生。

另外，调查实施中随机误差的大小还与调查问卷或调查提纲的设计密切相关，因此研究者在设计阶段需要重视并充分考虑调查实施的可行性和便利性，努力为降低实施中的随机误差提供条件。

2. 调查实施的系统偏差及其监管

（1）系统偏差的来源类型。

调查实施中产生系统偏差的原因主要有以下两个方面：

1）调查员的存在。由于调查员的存在对被调查者的回答产生影响而导致的偏差，常见的影响主要有6种：

①社会需要偏差，是指在询问有关个人偏好、看法或行为时，被调查者可能倾向于按照被社会接受或受社会尊重的准则来回答，而不是回答其真实的想法，从而产生了社会需要偏差。被调查者的情况与社会公认的准则差异越大，其回答产生的偏差越大。

②默认偏差，是指被调查者会倾向于提供他们认为调查者偏好的回答而产生的误差。被调查者一旦同意参加调查，就意味着其有合作的倾向。他们在无意中会"揣摩"某些问题怎样回答会更符合调研者的想法，从而有可能自动地提供这样的回答，从而形成默认偏差。

③威望偏差，是指被调查者通常倾向于提供能让自己在别人眼中"显得好一些"的回答，这种希望得到尊重的愿望会产生威望偏差。几乎每个人都喜欢在别人面前展示自己好的一面，因此，被调查者可能会夸大自己好的方面，少说或不说不太好的方面等，从而产生威望偏差。

④恐惧偏差，是指如果有些调查问题所涉及的内容和结果对被调查者有很大的负面影响，会对被调查者构成某种心理威胁从而产生恐惧偏差。

⑤敌意偏差，是指如果有些调查内容或问题引发了被调查者强烈的敌意或不满，且不容易很快地被驱散，那么产生敌意或不满的被调查者有可能会将这种情绪带到后面的问题回答中，从而产生敌意偏差。

⑥主办偏差，是指如果被调查者事先知道该调查项目的主办方或赞助方，他们就有可能将对主办方或赞助方的感情或情绪带入他们对问题的回答中，从而产生主办偏差。

相对而言，在自填问卷调查中调查员对被调查者的影响较小，而在现场进行的面访或电话调查中，调查员对被调查者的影响会比较大。

2）调查员的实际操作。除了上述由于调查员的存在有可能产生的偏差外，调查员的实际操作也有可能导致回答的偏差。例如：若被调查者认为某调查员的讲话或非语言表达似乎有威胁意味，就可能会不讲实话，从而产生恐惧偏差；若调查员的行为举止比较粗鲁或过于逼迫，也可能影响被调查者的回答使被调查者产生敌意偏差等。总之，调查员在调查实施中的操作越规范，得到的调查资料就越准确可靠。

（2）减少系统偏差的监管。

减少系统偏差需要从选择合适的调查员、提高调查员规范操作的能力并进行有效监管 3 个方面入手：①选择调查员时要考虑到与被调查者的匹配，尽可能选择那些不会给被调查者带来压力的人参与调查实施；②提高培训质量，培训时要让调查员知道偏差类别及其可能的原因，清楚地了解每一个问题的标准提问方法和正确规范动作，并能落实到调查实践中；③秘密地监控调查员的操作，观察他们是否在制造或放大某些类型的回答偏差，实施主管和督导应及时指出并进行纠偏。总之，调查员与被调查者越"和谐"，对调查员的培训越好，调查员的目的越明确，实施主管和督导对调查员的监督越严密，调查员及其言行就越不可能成为回答偏差的来源。

3. 质量控制与检查

为确实保证调查员能按照培训中所要求的规范和方法进行资料收集工作，对项目实施负总责的实施主管及其协助者实施督导要做好监督管理工作。

（1）及时检查并指导。

在调查实施过程中，实施督导要及时监督、检查调查员的工作并给予指导，同时每天还要与实施主管进行沟通。具体地讲，一是每天要对部分调查员的工作进行"监视"，及时发现操作问题并予以纠正。了解调查员的情况，必要时实施督导也应亲自做一些调查工作。二是每天回收调查员当天完成的问卷或调查记录，并且逐份进行检查，查看资料是否完整准确、字迹是否清楚等，并将检查结果反馈给调查员。三是每天总结调查工作，准确掌握时间进度与计划完成程度以及调查员遇到或存在的问题，检查所有调查资料和结果的保密状态。四是实施督导应每天如实地向实施主管报告项目实施的情况，如果发现可能无法按预期完成调查任务之类的重大问题，要及早告知实施主管、有关领导或机构。

（2）抽样控制。

抽样控制的目的是通过了解调查员的抽样操作情况来监控他们严格地按照抽样方案去抽取样本进行调查。控制抽样的具体工作主要由实施督导来完成。一般地，需要事先设计一份抽样控制表格，该表格通常包括样本类别或配额变量的完成情况、已完成样本的人口特征情况等。实施督导每天要对调查员所做的调查工作进行分门别类的统计和汇总，其内容包括被调查者不在的数量、拒绝接受调查的被调查者数量和调查员调查完成的数量，已完成的配额情况等，并汇总出调查员每天和全部完成的数量和配额。

（3）控制作弊。

市场调查实施中的作弊行为在所难免。为了减少作弊行为，可采取"撒胡椒面"类的方法进行检测，通常的做法有两个：

1）在调查问卷中"撒"上一些用于检测的问题。设计这些具有检测功能问题的思路是在问卷中适当增加一些与其中问题高度相关或实质相同只是表述不同的问题，通过检测这些问题回答的一致性来判断被调查者是否可能有作弊行为。如果是真实的调查,被调查者不应该出现矛盾的回答;如果这些问题回答有矛盾,则很可能是作弊行为所致。

2)在调查对象名单中"撒"上一些用于检测的"查账者"。通常"查账者"可以由专业调查机构或者委托单位的工作人员担任,对调查员来说,他们与其他调查对象没有不同,因此,调查员会对这些"查账者"开展正常的调查活动。如果调查员有任何调查作弊的行为,会很容易暴露出来。

(4)复查验收。

经实施督导检查后的调查结果需要提交给实施主管,实施主管进行必要的核实和复查后才能验收。复查需要以在调查问卷或调查资料中记录的被调查者的有效联系方式为前提,一般来说,抽出10%—25%的被调查者进行核查。复查的目的是检查调查的真实性和调查过程的规范性,了解调查员是否真正认真地按要求进行了调查。就访问调查而言,一般要询问被调查者访问的时长和质量、对调查员的印象、收到什么礼品等。必要的情况下还可重复询问被调查者一些诸如人员的基本特征等方面的问题,检查与调查员收集的信息与之是否一致。

4. 对调查员的评价

评价调查员既包括对调查员个人调查工作的评价,也包括对调查员团队工作的评价。一方面要从中识别出素质和能力较强的调查员,为后续调查实施贮备调查员人才库;另一方面要通过对调查员团队的评价来发现本次调查实施的经验和教训。评价调查员的准则应在培训调查员时就明确地告诉他们,以激励他们依据这些准则要求来做好调查工作。通常评价准则主要有以下几条:

(1)费用和时间。

兼顾区域和时间范围等因素,在可比的条件下比较每位调查员完成一份问卷或一个访问任务的总费用,还要评价他们在一份问卷或访问任务中花费的总时间及其构成比例,包括联系时间、实际调查时间、路途时间和组织管理时间等。

(2)回答和有效回答情况。

关于调查员在调查实施中获得合作和进行有效调查的情况评价,通常参照美国民意调查研究协会(AAPOR)1998年5月提供的关于电话调查和入户调查的各种比率计算的标准定义,主要有回答率、合作率、拒绝率和接触率4个指标,它们的含义和计算方法如下:

1)回答率(response rates),是指完成的调查单位数占样本中合格的调查单位数的比例。即

$$回答率 = \frac{完成的调查单位数}{样本中合格的调查单位数}$$

2）合作率（cooperation rates），是指接受调查的单位数占所接触的所有合格单位数的比例。

$$合作率 = \frac{接受调查的单位数}{所接触的所有合格单位数}$$

3）拒绝率（refusal rates），是指拒绝接受调查或中断调查的单位数占所有接触的合格单位数的比例。拒绝率等于1减去合格率。

$$拒绝率 = \frac{拒绝接受调查或中断调查的单位数}{所有接触的合格单位数}$$

4）接触率（contact rates），是指找到的被调查单位数占全部待调查单位数的比例。

$$接触率 = \frac{找到的被调查单位数}{全部待调查单位数}$$

根据以上4种指标的计算方法需要分别针对每个调查员和整个项目进行计算，通过比较每个调查员的回答率和有效率可以发现表现出色的调查员，通过对项目的总回答率和有效率的评估，可以总结经验和教训。

（3）调查质量。

调查质量的评估主要依据实施督导陪访或其他监督检查方式观察到的调查员调查过程的信息。主要考虑以下环节：开场白的恰当性；提问的准确性；以无偏差的方式进行追问的能力；提问敏感性问题的能力；调查中与人交往的能力；结束调查时态度举止的恰当性等。

（4）资料质量。

通常评价调查员所完成的问卷或访谈资料的质量，除要考虑调查过程的规范性，如是否完全按指导语提问等以外，还要考虑调查数据的质量。高质量的数据有以下表现：记录清楚明了；开放式问题的答案是逐字记录的；对开放式问题追问的答案是有意义的；回答是比较完全的；未答的项目比较少等。

事实上，数据质量评估并不是件容易的事，不仅要考虑结果本身，还要掌握资料收集的过程。美国调查研究协会制定的调查员面访工作指南中明确了哪些是调查员应该做的，哪些是不应该做的，这既可以指导调查员的工作，也能成为数据质量评估的要点。

◆ 本章小结

市场调查实施通常由符合条件的实施主管、实施督导和调查员各负其责组成实施组织。在实施前通常采用讲解、示例、模拟或陪访等方式对调查员进行培训，培训内容一般包括常规性质的培训和即将实施项目的特别培训两个部分。常规培训包括调查行业的职业道德、常规的调查方法和程序及其特殊培训等3个方面的内容。特别培训是针对具体的调查项目，特别是调查问卷或调查提纲的使用方法所进行的培训和指导。有关调查实施中的基本技巧主要体现在调查时间和地点的确定、开场白的设计、追问的方式和记录技术等方面。开场白要尽可能短，绝不要请求获得允许；常用的追问方式有重复追问、停顿或沉默、鼓励或释惑、利用客观的或中性的追问语等。调查资料的记录要真实全面，逐字逐句记录下被调查者的原话。在确认资料收集齐全后才能礼貌地结束访问。调查的成功实施需要有效的管理和控制，这主要包括经费预算、进度安排、减少和控制随机误差和系统偏差、质量控制与检查、复查验收和对调查员的评价等。

◆ 实训项目

1. 实训项目：班级或小组调查项目实施。
2. 实训目标：通过实施班级或小组市场调查项目，让学生能够亲身体验调查实施的全过程，感受调查实施的管理重要性，掌握相关知识和技能。
3. 实训内容：组织班级或小组开始调查项目，完成资料收集工作。
4. 实训组织：学生分组进行，团队合作。
5. 实训考核：要求全班所有同学完成相应数量的调查任务；每个人对调查实施的过程进行复盘，撰写总结报告，其包括过程、感悟和思考等方面；按小组完成总结PPT进行演示，全班分享、交流和讨论。

◆ 复习思考题

1. 请画出调查实施的组织结构图，简述各职务的素质能力要求和职责。
2. 请阐述调查实施培训的主要内容和培训方式。
3. 调查实施中的随机误差有哪些来源？如何减少？
4. 调查实施中源于调查员的偏差可能有哪些？如何克服或减少？
5. 美国调查研究协会制定的调查员面访工作指南的主要内容有哪些？

第 13 章
CHAPTER 13

市场调查资料整理分析概述

§学习目标

1. 了解市场调查资料整理与分析的作用与类型；
2. 了解市场调查资料整理分析的基本条件和基本步骤；
3. 掌握对原始资料和现成资料审核的内容、方式和步骤；
4. 掌握问卷资料编码及编码本的编制技术、录入及其审核方法、统计预处理技术；
5. 了解数据分析任务书及其主要内容、统计方法和统计分析结果呈现方式选择的基本思路。

§本章导图

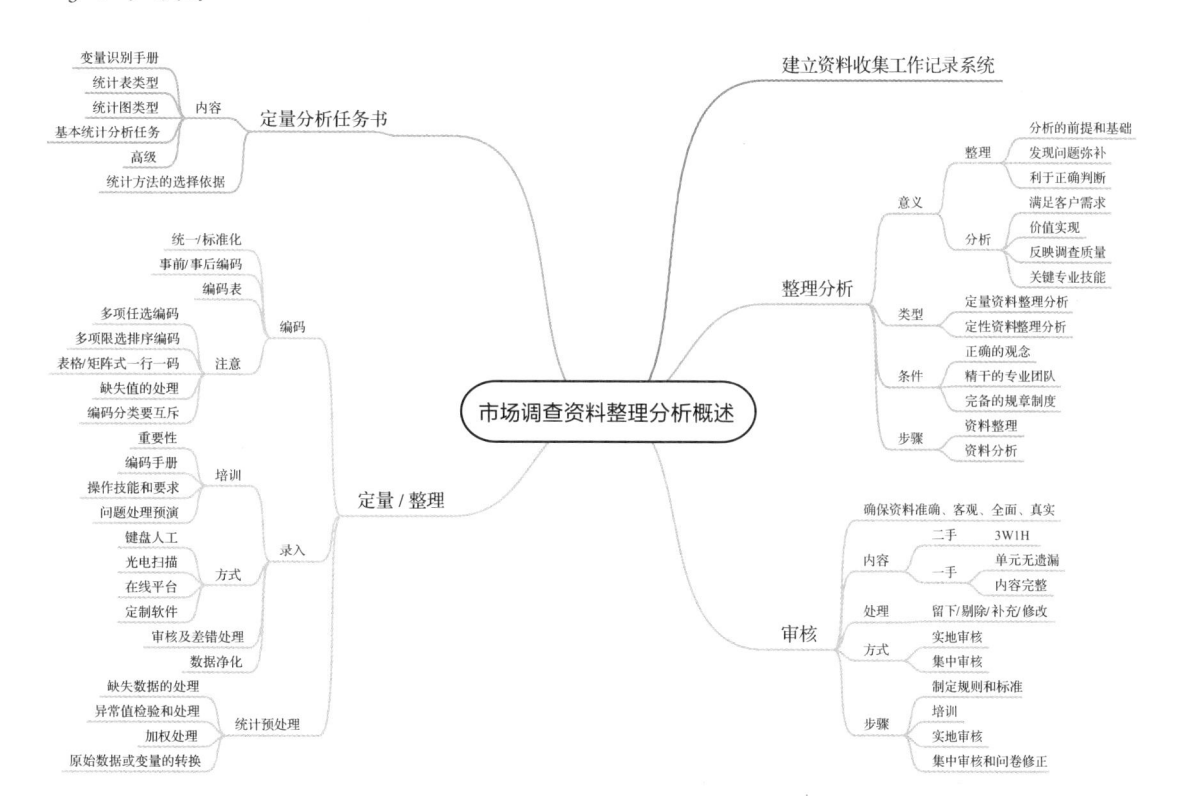

市场调查资料整理分析概述

- 整理分析
  - 意义
    - 整理
      - 分析的前提和基础
      - 发现问题弥补
      - 利于正确判断
    - 分析
      - 满足客户需求
      - 价值实现
      - 反映调查质量
      - 关键专业技能
  - 类型
    - 定量资料整理分析
    - 定性资料整理分析
  - 条件
    - 正确的观念
    - 精干的专业团队
    - 完备的规章制度
  - 步骤
    - 资料整理
    - 资料分析

- 定量/整理
  - 编码
    - 统一/标准化
    - 事前/事后编码
    - 编码表
    - 注意
      - 多项任选编码
      - 多项限选排序编码
      - 表格/矩阵式一行一码
      - 缺失值的处理
      - 编码分类要互斥
  - 培训
    - 重要性
    - 编码手册
    - 操作技能和要求
    - 问题处理预演
  - 录入
    - 方式
      - 键盘人工
      - 光电扫描
      - 在线平台
      - 定制软件
    - 审核及差错处理
    - 数据净化
  - 统计预处理
    - 缺失数据的处理
    - 异常值检验和处理
    - 加权处理
    - 原始数据或变量的转换

- 定量分析任务书
  - 内容
    - 变量识别手册
    - 统计表类型
    - 统计图类型
    - 基本统计分析任务
    - 高级
  - 统计方法的选择依据

- 建立资料收集工作记录系统

- 审核
  - 内容
    - 确保资料准确、客观、全面、真实
    - 二手：3W1H
    - 一手
      - 单元无遗漏
      - 内容完整
  - 处理：留下/剔除/补充/修改
  - 方式
    - 实地审核
    - 集中审核
  - 步骤
    - 制定规则和标准
    - 培训
    - 实地审核
    - 集中审核和问卷修正

§引例

对"电商平台推送信息的消费者感知及其对消费影响"的深访资料整理分析

专业调查机构 YZMR 于 2021 年受 W&R 电商平台的委托，要求建立电商平台推送信息对消费者购买行为影响的理论模型。通过搜集相关文献发现，这方面的研究还很少，需要通过专门的调查来回答这个问题。YZMR 希望通过运用深度访谈法了解消费者的购买行为习惯及心理特征来研究这个理论模型的基本框架。

在完成深度访谈之后，YZMR 的研究人员针对每一篇访谈录音稿进行了如下数据整理和分析工作：

（1）逐字阅读访谈录音稿，熟悉文本并回顾访谈情境；
（2）将录音稿分成若干板块，首先将平台推送给消费者的信息类型和频率进行分类，然后将同一类信息有关的文字段落归为同一板块；
（3）仔细阅读每一板块的文字，提取反映消费者对推送信息认知、消费行为和心理特征的关键信息，并进行编码；
（4）讨论并形成初步的编码表；
（5）补充访谈后，基于新的访谈录音稿更新编码表；
（6）基于主要分析结果及最终的编码表开展头脑风暴，确定理论模型的分析框架；
（7）用图示方式展示分析结果，并形成分析报告。

通过以上分析，YZMR 设计了电商平台推送信息对消费者购买行为影响的理论模型，为后期的定量研究奠定了基础。

13.1 市场调查资料整理和分析的作用与类型

市场调查资料的整理和分析非常重要，至少和资料收集过程具有同等重要的意义。犹如蜜蜂要酿出美味香甜的蜂蜜，不仅需要蜜蜂从花丛中采集到足够多且高质量的花粉，更需要对花粉进行精心加工和酿造，市场调查的结果需要科学研究方法的支撑，无论市场调查收集到的是原始资料还是现成资料，都需要对收集到的资料进行认真甄别、消化和分析，挖掘出可靠的信息，从而得出准确的结论。

有关市场调查资料整理与分析的具体要求和安排，已经在市场调查方案设计阶段就制定好了，但真正着手整理是从实际收集到的第一份资料或第一份问卷开始的。调查机构通常需要科学管理调查实施过程，非常仔细地控制数据收集和整理的全部工作。为此，项目组应该设计一套资料收集工作记录系统来处理原始资料，工作记录系统通常包括接受日期、资料编码、完成情况、存放处和备注（如需要补充完成的任务、需要特别说明的情况等）等，具体的样表可以如表 13-1 所示。在接受市场调查资料的过程中必须自始至终坚持这个工作系统。

表 13-1　资料收集工作记录系统

日期	资料编码	完成情况	交付人	存放处/接收情况	接收人/保管人	备注

13.1.1　市场调查资料整理的意义

（1）市场调查资料整理是调查资料分析的前提和基础，有利于提高资料信息的价值。通常市场调查所收集的资料数量大，来源多，范围广，信息分散，真假掺杂，因此，需要对资料进行审核和甄别，在确保其真实性、准确性和完整性的基础上才能使用，要剔除错误或不准确的资料，核实可能有误的资料，补充缺乏的重要资料等等。在保证市场调查资料完整、准确、可靠的基础上进行资料的汇总和整理，初步提炼出资料中隐藏的信息，发现市场现象的特征规律、市场机会或市场风险，为进一步深入分析提供思路和假设。

（2）市场调查资料整理有利于发现市场调查前期工作中的不足，并及时弥补和改进。通过对所收集到的市场调查资料的检核，会从中发现前期市场调查过程中存在的问题和缺陷，如发现不真实、有错误的资料时必须果断地删除，或发现不完整、不系统的资料时则需要想办法补救或改进；甚至在资料整理过程中会发现出现问题的阶段不只在资料收集和实施阶段，还可能存在于调查设计阶段，必须尽力弥补或完善；还有可能在资料整理过程中发现一些异乎寻常的结果或结论，必须非常认真地对待，找出根本原因，加以解决，确保市场调查资料的质量。

（3）市场调查资料整理有助于对市场现象或问题做出正确的判断。调查资料整理是在审核所收集到的全部资料的基础上，聚合资料中的信息，概括出初步结果。这些初步发现不仅有利于企业或调查机构对调查项目实施情况做出判断和评价，也有助于他们理解所研究的市场现象，从而为进一步的深度分析做好准备。

13.1.2　市场调查资料分析的意义

（1）市场调查资料分析可以实现企业与其消费者或用户之间的有效沟通，有助于满足需求和价值实现。市场调查所收集的资料只是"原汁原味"地传达出消费者或用户的声音，但是通常过于分散、零碎和隐秘，企业很难准确把握，通过科学的市场调查资料分析可以获得比较准确、可靠且具有概括性的市场信息，从而帮助企业准确理解消费者、用户和市场。

（2）市场调查资料分析直接影响调查项目能否成功，直接反映调查研究的质量和水平，决定整个项目最终价值和目标的实现。调查资料分析本质上是从众多纷繁复杂、分散零碎的信息中发现、整合和挖掘有价值的信息,因此,能否对所收集的资料进行准确的分析,也就是要保证分析的科学性是最基本的要求,能分析和挖掘出什么样的信息是由分析者的思维方式和所采用的方法决定的,这会在很大程度上决定市场调查项目最终结果和整个调查项目的价值。

(3)市场调查资料分析是调查机构及其研究者的关键专业技能,是反映其行业竞争能力的重要因素。因此,企业在选择专业市场调查机构时要重点了解其调查资料分析水准和能力。而对于市场调查机构及其专业人员而言,需要加强科学研究开发和创新调查资料分析方法,以提升资料分析水平和行业竞争力,更好地为市场调查提供专业服务。

市场调查资料分析质量是建立在资料整理工作的基础之上的,资料整理工作可以在一定程度上弥补资料收集工作的不足并加以完善,市场调查资料分析是对调查资料的挖掘和价值发现。因此,对市场调查资料整理分析作用的认识要有全过程视角,不能简单割裂开来考虑。

13.1.3　市场调查资料分析的类型

市场调查资料分析方法的选择主要依据资料呈现的形式。通常,市场调查资料分析的类型也依此而定,具体分为定量资料分析和定性资料分析。

1. 定量资料分析

定量资料分析,顾名思义,是指所收集的资料主要呈现定量数据的形式,需要运用量化方法进行分析。一般情况下,对问卷调查收集的资料、文案调查收集的统计数据资料、观察法中结构性方法收集的资料、实验法收集的资料等需要运用定量资料分析。定量资料分析时比较常用的是统计分析、计量分析和结构方程等方法。

2. 定性资料分析

定性资料分析,顾名思义,是指所收集的资料主要呈现文字描述的形式,需要运用哲学思辨和逻辑推理的方法进行分析。一般情况下,对访谈法收集的资料、文案调查收集的文献资料、观察法中非结构性方法收集的资料等需要运用定性资料分析。定性资料分析主要依靠分析者的思维能力和思维方式,比较常用的有样板式分析、编辑式分析和融入式分析等方法。

13.2　市场调查资料整理分析的基本条件与步骤

市场调查资料整理与分析是技术性很强的工作,需要满足一定的基本条件且遵循科学的程序才能确保工作的顺利进行。

13.2.1 市场调查资料整理分析的基本条件

（1）正确的观念。作为市场调查全过程的重要阶段，调查资料整理分析同样需要遵循实事求是原则、科学性原则和系统性原则，在调查资料整理分析过程中所有工作人员要不带主观偏见，不先入为主，用科学的方法对资料进行系统的整理和分析，这是确保调查资料整理分析准确可靠的重要前提条件。

（2）高效精干的专业人才。调查资料整理分析需要所有工作人员的细心、敬业、专业和合作精神，任何个人的疏忽大意或错误行为都可能会导致重大失误的产生，因此要根据调查资料分析工作的特点和具体调查项目的特征确定招录人员要求和标准，精挑细选资料整理分析人员，为开展准确可靠的调查资料整理分析提供人力资源保证。

（3）完备的规章制度。市场调查资料整理分析是整个市场调查项目的一个重要环节，也是系统性和技术性非常强的工作，需要制定整个调查资料整理分析工作过程中各项任务完成的具体要求和操作规范，通过完备的规章制度为整个调查资料分析阶段提供制度保障。

13.2.2 市场调查资料整理分析的基本步骤

1. 市场调查资料整理

为了确保市场调查所收集的资料是有价值的资料及能够开展深入分析和信息挖掘的资料，需要进行调查资料的整理。调查资料的整理通常包括资料的审核、编码和汇总等工作。调查资料的审核可以确保资料的准确性、可靠性和完整性；调查资料的编码是为了更好地从资料中寻找和挖掘信息；对资料的汇总则是对资料的初步整理，可以从中得出一些初步的结论或发现一些问题。

2. 市场调查资料分析

在确保资料准确可靠完整的基础上，运用科学的方法挖掘资料中隐藏的有价值信息是调查资料分析最重要的任务，也是对研究者或分析者专业能力的考验。分析者不仅要针对具体的资料选择合适的分析方法和工具，而且要熟练运用这些方法进行分析，并对结果作出准确的解读和创新性的发展。

13.3 市场调查资料审核的内容、方式与步骤

市场调查的根本目的是获取全面客观准确的市场信息，调查资料审核的根本要求就是要保证所收集的资料能准确、客观、全面、真实地反映所研究的市场现象或问题。

市场调查资料审核的内容与方式会因市场调查资料的来源和呈现形式而有所不同。市场调查收集到的资料根据其来源可以分为原始资料（也称一手资料）和现成资料（也

称二手资料)。由于现成资料的收集通常有各种不同的途径,提供资料的研究者、研究目的和研究方法等各有不同,所以现成资料有很大的局限性,在使用时要特别谨慎,甚至要抱有质疑的眼光去审核和检查。由于原始资料是针对特定市场调查项目收集的一手资料,所以在审核时更加注重对资料本身及其资料收集过程的审核。市场调查资料还可以根据资料表现形式分为定性调查资料和定量调查资料。定性调查资料主要以文字描述的形式呈现,即使以音频、视频或实物模型等形式呈现的调查资料通常也会转化为文字描述形式。定量调查资料的形式则主要以数据的形式呈现。

由此可见,由于调查资料来源和表现形式差异,不同类型调查资料的具体审核也会有所不同,不能用简单统一的方式来规范调查资料的内容和具体方法,需要区别对待。

13.3.1 资料审核的内容

1. 分析二手调查资料审核的内容

相对而言,二手资料收集成本较低,收集速度快,是调查者优先考虑的资料来源。但二手资料往往并不是针对调查研究者所想调研的问题而开展的,在回答所想调研的问题方面可能存在着诸多欠缺,如二手资料与之相关性不足、核心概念界定与之并不完全一致、主要概念或核心指标测量设计有差异、研究者有特定的立场、调查方法并不很规范甚至不够科学等。因此,在对二手调查资料审核时要特别关注3W1H的内容:一是审核"调查资料是谁提供的"。这主要是对二手资料提供者的身份和能力的审核。通常具有中立立场的研究者或机构提供的资料更具可靠性,具有较强行业竞争力和社会信誉度的研究者或机构提供的信息更可信,如政府提供的宏观经济信息比一般专业调查机构提供的信息更可信,学术性研究者提供的资料比相关产品提供商提供的信息有更高的可信度。二是审核"为什么目的进行这个调查研究"。这主要是从二手资料调查目的角度审查与所想调查问题的匹配程度,有时候这方面的审核需要与"谁调查的"一并考虑,因为有时它们之间有一定的关联性。如某些利益相关者为了自身利益而利用市场调查收集资料,这样的资料往往是不客观的,是相当可疑的,需要慎重对待。三是审核"资料是如何收集的"。资料收集的方法非常多,不同方法适用的条件和服务的调查目的会有差异,所获得资料的解释力和说服力也会有所不同。因此,只有弄清楚调查资料是如何收集的,才能客观准确地评估调查资料的质量。四是审核"资料是什么时候收集的"。这主要是审核资料的时效性,要清楚资料所反映的具体时间。二手资料涉及的时间都是"过去时",离"现在"越近的资料越具有更强的时效性。除了审核"3W1H"以外,有时可能还要注意各资料中主要概念界定、测量指标和计量方法等方面是否相同。

对二手资料的审核还需要注意定性资料和定量资料的不同。对定性资料审核的重点是真实性、目的性和系统性。定性调查资料的真实性是最基本的审核内容,要详细了解资料的出处、提供方和研究目的,以辨别资料的可靠性和权威性,尽量确保资料提供者研究的客观公正性。定性研究要尽可能多地收集各方面的信息，以构建起不同资料在证据、结果等方面之间的相互佐证关系和合理逻辑关系，从而形成有说服力的证据链。总之，对于定性调查资料的审核要紧紧围绕市场调查项目的调查目的开展，保证资料的真实可靠性、客观公正性和全面系统性。对二手定量资料的审核主要是关注其发布机构是否权威，时间的有效性，统计指标计算方法和计量单位是否一致，指标的计算范围甚至当时的时代背景等，在具体审核方式上与定性调查资料审核相似。

2. 分析一手调查资料审核的内容

一手调查资料都来源于调查者实地开展的特定市场调查项目，所以审核的主要工作是针对调查收集资料的具体表现和内容检查市场调查方案的实施情况，检查资料中是否有错误，要确保资料的客观性、准确性和完整性。完整性审核主要包括两个方面：一是检查应该调查的单元是否都调查到了；二是检查应该调查的项目内容是否都收集好了。客观性和准确性主要是检查调查内容是否客观准确，资料有没有错误、异常或不合常理的情况。

对一手资料的审核同样需要注意定性资料和定量资料的不同。对一手定性资料审核还需要注意资料的全面性和关联性，要尽可能利用收集到的信息构建起相互佐证关系和合理逻辑关系，从而在一定程度上保证资料的准确性和客观性。一手定量资料通常主要是采用问卷调查的方式获得的。下面主要针对利用问卷调查形式收集资料的审核进行分析。

审核调查问卷实际上是对调查问卷完成质量的检查，主要检查3个方面：资料的真实性、完整性和准确性。检查的重点内容如下：每份问卷的回答是否完整，有没有遗漏；每个问题的回答是否按照设计要求，是否将答案按要求的方式记录在规定的地方；整个问卷回答信息之间是否有明显矛盾，是否合情合理；如果是用访问法调查收集的问卷，还要对调查员记录的访谈信息进行审核，以保证资料的真实可靠。

问卷的审核中，"问题"问卷通常存在如下几种情况：①回答不完整，如个别或少量题目没有回答、某一页或几页没有填写、从某个问题开始都没有回答等。②回答完整，但有少量回答有错误或瑕疵，如没使用规定的符号标示答案、单选多选或限选等题型没有按要求回答、没有按跳答提示回答问题等。③回答完整，也无明显"毛病"，但可能存在问题。如整个问卷问题答案的选择项几乎没有变化，前后问题回答出现相互矛盾的地方等。如在问卷中所有回答都选择了第一项；又如，问卷中回答为"未婚"的却在"配偶职业"处填写了"公务员"。④其他问题。如问卷是由不符合调查对象条件的被调查者回答填写的，问卷完成不在规定调查时间段（不管是早于规定时间，还是晚于规定时间），问卷回收时间不在规定时间内等。

理论上讲，对于存在"问题"的问卷应该剔除，以确保调查资料的质量。但在实际操作中，考虑到时间或调查成本等因素，一般情况下可能会对部分可以"容忍"的问题问卷进行补充调查或完善，对于特定问题（如问卷中关于经济收入类题目，基本没有回答或回答明显不可信等）要在删除后再做判断。具体操作方法：问卷审核人员将所有问卷逐份逐题认真检查，区分出可以直接接收的问卷、存在明显问题需要剔除的问卷、存在疑问的问卷三类。对于审核人员难以作出判断的问卷，需要研究者检查并做出取舍决定。

在检查问卷质量的基础上要评估问卷所代表的样本质量。如果合格问卷数量少于预先设定的样本量要求，则必须做补充调查以满足样本量和样本代表性要求；如果合格问卷数量足够，但没有满足配额规定或子样本数量要求，则应该对合格问卷进行分类并确定其子样本数量，补充调查以满足要求。

13.3.2 资料审核的方式

不管是调查问卷审核，还是其他类型调查资料的审核，常常在调查资料收集的同时就开始了。也就是说，在培训调查员时就要把调查资料审核的具体要求、内容和方式告知调查员，要求他们在收集调查资料时就地进行资料的审核。这是资料审核的一种方式，被称为实地审核。实地审核的最大优点是在现场审核发现问题时可以得到最及时的修改，确保调查资料的质量。实地审核对调查员的要求比较高，要求他们能够准确理解审核标准。

一般在资料收集工作结束后还要进行集中审核，这也被称为办公室审核。这是针对所有收集到的调查资料进行独立、专门的检查。这种方法的最大优点是比较容易做到审核标准统一，审核中出现疑问或难以判断的情况时可以得到及时统一的解答或处理。比较明显的不足是，在发现资料有问题时补救可能存在一定的难度，只有在可以追溯调查资料的来源或能够找到被调查者的情况下才可能进行修改，而在通常情况下这是不容易做到的。

在实践中，需要将实地审核和集中审核相结合，以提高市场调查项目的效率和效果。首先要在调查方案设计时充分考虑调查项目的特点和研究目的，设计出优质的结构性调查问卷或调查提纲，更好地获得被调查者的支持，减轻资料审核的难度；其次是招聘精兵强将并重视培训，让调查员准确掌握调查的基本要求和资料审核的具体标准，提高现场审核的工作质量。如在非结构性访问调查和非结构性观察调查中，优秀的调查员不仅能够依照事先设计的访问提纲收集资料，而且会根据现场调查中收集到的新信息，甚至意想不到的新情况进行创新性的深入调查，这就不是简单地进行资料的审核，而是在资料审核基础上的高水平资料收集工作，可为集中审核打下良好基础。最后是集中审核，通过专门的集中审核可以更好地确保资料的全面性、准确性和完整性，为后续的资料整理和分析提供高质量高水平的调查资料。

13.3.3 资料审核的步骤

由于非结构性调查资料收集的过程很难在事先完全确定，资料内容也很难事先预料，所以非结构性调查具有"随机应变"的特点，其资料审核非常依赖于研究者。相较于非结构性调查资料的审核，结构性调查资料审核更易于"管理"。下面我们主要分析结构性问卷调查资料审核的具体步骤。

（1）制定问卷审核规则和标准。在调查方案设计的时候就应该认真制定调查资料审核的具体要求和标准，规定可接受问卷在完成问题数量和每一题完成情况的具体要求。

（2）培训调查员掌握审核标准和方法。要将调查资料审核方法和标准作为培训的重要内容，采用讲授、案例分析和模拟等方法，让调查人员都能正确理解并掌握。

（3）实地审核。要求每个调查员在收集资料的同时进行资料审核，如果发现有疑问，一定要及时弄清楚，确保资料质量。为了提高实地审核的效果，可以将调查资料质量作为最终考核的重要指标之一。

（4）集中审核和问卷修正。在调查资料收集结束后要集中组织问卷检查，彻底检查每一份问卷、每一个问题的回答，区分出能接受的问卷、不能接受的问卷和存疑的问卷。对于一些有问题但通过修正仍然可以使用的问卷可以进行修正，但一定要保证资料的客观性。对于存疑问卷最好由研究者统一处理，以确保资料审核标准的一致性和科学性。

具体审核主要关注两个方面：一是找出不合格的问卷，包括不能接受和存疑的问卷，具体表现有：①不完整回答的问卷。②字迹模糊潦草或填写不规范的问卷。③回答明显有错误的问卷，如前后不一致或矛盾。④没有按题型要求填答的问卷，如有题目没按多选、限选、排序、单选或跳答等要求填写。⑤回答者或收到时间等不符合要求的问卷。二是妥善处理"问题"问卷，主要是区分出不能用和可修正后使用的问卷。这种区分要符合科学规范，要根据具体情况灵活处理，应该谨慎对待。处理"问题"问卷的主要做法：①找到原被调查者或场景，重新调查或修补错误数据。这是有条件的，也就是必须能准确找到"问题"问卷的被调查者，如果可能最好能在当初调查相同或相似的情境下进行，即使这样也很难保证再次调查数据与原调查数据是一致或相同的，这是因为时间和其他许多不可控因素对被调查者产生了影响。②对于数量较少且非关键题目可以有条件地按缺失值处理，主要条件包括：有"问题"答案的问卷数量很小；每份不合格问卷中"问题"答案比例很小；"问题"答案的变量不是关键变量。③对于"问题"严重的问卷只能作为废卷处理。如下情况通常作废卷处理：样本量很大，删除"问题"问卷对分析结果影响很小，甚至没有什么影响；"问题"问卷中不合格答案比例很大；"问题"问卷与合格问卷之间信息区分度很小；"问题"问卷中关键变量回答缺失；等等。值得注意的是，对"问题"问卷的处理都在一定程度上对所设计的调查抽样方案产生"破坏"，处理方法也存在一定的主观性，也可能导致数据偏差。注意到这一特点，可以有意识地在进行补充调查时做一些针对性的弥补。

（5）补充调查。经过资料审核和修正后，如果发现合格问卷数量不能满足要求，或如果合格问卷数量足够但子样本数量不满足设计要求，就需要组织进一步的调查，以补充调查获得足够的样本量和较好的样本结构。当然，补充调查同样需要按上面的步骤开展审核工作。

13.4 市场定量资料的整理

13.4.1 定量资料数据的编码与录入

在对问卷等原始数据资料审核的基础上，需要将这些原始数据转换成计算机能"懂"的语言并录入计算机，为数据编码就是实现这个信息转换的重要环节。数据的编码与录入为利用计算机分析定量数据做好了准备，为数据编码时必须保证标准统一，数据录入必须保证准确无误。

1. 编码

编码就是对每一个问题及其不同答案给出计算机能识别的数字代码的过程。在同一道题目中，每个代码只能代表一个观点，那些计算机"不懂"的文字需要转换成计算机能"懂"的数字，然后才能将它们以数字形式输入计算机。通过编码将大量数字和文字信息压缩成一份数据库，使信息更为清晰和直观，便于对数据进行整理和后期分析。因此，问卷编码工作是问卷调查中不可缺少的流程，是数据整理汇总阶段重要而基本的环节。

问卷编码分为事前编码和事后编码。针对问卷中问题呈现形式和调查的实际情况，问卷编码在调查之前就进行的，就是事前编码；问卷编码在调查结束后再进行的，就是事后编码。由于问卷通常具有较好的"结构性"，研究者往往会在事前对问卷进行编码，但也会在事后对问卷中获得的"意外"信息进行补充编码。如表 13-2 所示的是一个事前编码表案例，其中代码即为相应变量（指标名称）的编码，右上角计量单位即为表中所有变量的计量单位，金额为相应变量的值。

表 13-2　国家统计局居民可支配收入抽样调查的事前编码表

表　　号：T 3 0 2 表
制定机关：国 家 统 计 局
文　　号：国统字〔2020〕105 号
有效期至：2 0 2 1 年 6 月

综合机关名称：　　　　　　2 0　　年　　　　　　　　　　计量单位：　　　元/人

指标名称	代码	金额	指标名称	代码	金额
甲	乙	1	甲	乙	1
可支配收入	01		（三）第三产业净收入	10	
一、工资性收入	02		三、财产净收入	11	
二、经营净收入	03		（一）利息净收入	12	
（一）第一产业净收入	04		（二）红利收入	13	
1. 农业	05		（三）储蓄性保险净收益	14	
2. 林业	06		（四）转让承包土地经营权租金净收入	15	
3. 牧业	07		（五）出租房屋净收入	16	
4. 渔业	08		（六）出租其他资产净收入	17	
（二）第二产业净收入	09		（七）自有住房折算净租金	18	

（续）

指标名称	代码	金额	指标名称	代码	金额
（八）其他	19		7. 赡养收入	28	
四、转移净收入	20		8. 其他经常转移收入	29	
（一）转移性收入	21		（二）转移性支出	30	
1. 养老金或离退休金	22		1. 个人所得税	31	
2. 社会救济和补助	23		2. 社会保障支出	32	
3. 惠农补贴	24		3. 外来从业人员寄给家人的支出	33	
4. 政策性生活补贴	25		4. 赡养支出	34	
5. 报销医疗费	26		5. 其他经常转移支出	35	
6. 外出从业人员寄回带回收入	27				

资料来源：住户收支与生活状况调查方案（公开版）（2020 年统计年报和 2021 年定期统计报表）. http://www.stats.gov.cn/tjsj/tjzd/gjtjzd/.

通常，封闭性问题多在事前编码，开放性问题在事后编码。封闭性问题的编码大多可以在调查问卷设计的同时进行，开放式问题和封闭式问题的"其他"项通常需要在事后编码。事前编码和事后编码合并为一个编码本。编码本通常要包括项目或问答题的顺序编号，变量名及变量含义说明，变量赋值代码占用栏数及所在列的位置，变量值及变量值标识和有无缺失值的说明，如表 13-3 所示。

表 13-3 问卷编码表的基本形式示例

项目/问题题号	变量名	变量含义	宽度	列位置	答案赋值	缺失值
城市	CS	城市	1	1	1=南京，2=苏州，…	
个案号	ID	个案号	4	2—5	根据问卷上编号填写	
问题 A1	A1	性别	1	6	1=男，0=女	Null
问题 A2	A2	年龄	2	7—8	按实际填写年龄写	Null
问题 A3	A3	职业	1	9	1=农民，2=工人，3=医生，4=企业家，…	Null
问题 A4	A4	文化程度	1	10	1=小学及以下，2=初中，3=高中，…	Null
…	…	…	…	…	…	…
问题 C	C	是否网购过	1	22	0=否，1=是	Null
…	…	…	…	…	…	…

编制编码本要做到统一和标准化才能确保后续数据录入的规范和统一。在实践中，最好由经验丰富的研究者或对该市场调查项目非常熟悉的研究者负责制定编码本。如果有多位研究者共同合作编制编码本，一定要统一思路，保证编码的一致性。在具体编码工作中要注意以下几点。

（1）多项任选题的编码。

多项任选题不能简单地作为一个变量对待，而必须将多项任选题的选项个数当作变量个数来处理。也就是说，多项任选题有多少个选项就应该给予相应数量的变量，因为多项任选题本质上是由选项个数和变量个数二项选择题的组合。确定每个选项作为具体变量后，可以采用"1，0"编码："1"表示"是"，即选了这一项；"0"表示"否"，即没选这一项。

┊例 13-1┊

您认为纸质读物的主要优势是：[任选题]
①有质感、真实感　　②书写方便，易于做笔记　　③有目录、页码，易翻阅
④有收藏价值　　　　⑤排版严谨，错误较少　　　⑥其他＿＿＿＿＿＿

上面这个问题至少要安排 6 个变量，如果"其他"项有出现频率比较高的内容有多个，则需要将这几个内容列示出来，并作为变量一一编码。假设在实际调查中发现"其他"比重很小且答案很分散，则可以作如表 13-4 所示的编码。

表 13-4　认为纸质读物主要优势编码表

变量名	编号及说明	变量名	编号及说明
有质感、真实感	1：选中；0：未选	有收藏价值	1：选中；0：未选
书写方便	1：选中；0：未选	排版严谨	1：选中；0：未选
易翻阅	1：选中；0：未选	其他	1：选中；0：未选

举例来说，如果一个被调查者选择了 1、3、4 这三个选项，则在这个问题上他的回答的编码为 1 0 1 1 0 0。

（2）多项限选排序题的编码。

多项限选排序题的编码可以采用与多项任选题类似的方法，将每个选项编为一个变量，每个变量的取值按重要程度的排序位置进行赋权。如一个限选三项的排序题，每个变量的赋值可以按"第一重要的为 3，第二重要的为 2，第三重要的为 1，未选中的为 0"处理。

还有一种方法就是以题干中核心概念的重要性程度为变量进行编制，同样以一个限选三项的排序题为例，这个问题题干中核心概念按最重要、第二重要和第三重要编为三个变量，变量取值选项即为问题选项，依次赋值 1、2、3 之类的数字或选项本身的数值。以多项任选题的例题为例，可以如表 13-5 所示进行编码。

表 13-5　认为纸质读物最主要的三个优势编码表

变量名	编号及说明
纸质读物最大优势	1：有质感、真实感　　2：书写方便，易于做笔记 3：有目录、页码，易翻阅 4：有收藏价值　　5：排版严谨，错误较少　　6：其他
纸质读物第二大优势	1：有质感、真实感　　2：书写方便，易于做笔记 3：有目录、页码，易翻阅 4：有收藏价值　　5：排版严谨，错误较少　　6：其他
纸质读物第三大优势	1：有质感、真实感　　2：书写方便，易于做笔记 3：有目录、页码，易翻阅 4：有收藏价值　　5：排版严谨，错误较少　　6：其他

（3）表格式或矩阵式问题的编码。

表格式或矩阵式问题的编码也不能用一个变量代表一个问题，而应该根据其中包含的单项选择题的数量给予相应数量的变量。

（4）对缺失值（user missing value）的处理。

在调查问卷中还会出现一些问题的回答有瑕疵，这就需要用能显著区别于其他正常取值的数字来表示。例如，一些问题没有回答，即缺失值，一定要用特定的数字来表示，且每个题都用一致的数字。通常用这个变量所占列数的最大整数来表示，如变量值占了2个栏位则用"99"表示，三个则用"999"表示，诸如此类。如果问题没有回答的原因有多个且比较明确，则需要用不同的数字区分缺失值产生的原因，例如可以用下面的编号方式以示区分：

0，90，990 访问员漏问
9，99，999 拒答
8，98，998 不知道

（5）过滤问题和相倚问题的编码。

对过滤问题和相倚问题的编码可以参考多项单选题型的编码，而不适合回答的问题则采用缺失值处理。举例说明如下：

|例 13-2|

1. 请问您使用过电动牙刷吗？①使用过　②没有（跳到第3题）
2. 您使用电动牙刷几年了？　　　　年
3. 您是否打算购买电动牙刷？①是　②否　③没考虑过

对以上三题，可以编码如表 13-6 所示。

表 13-6　编码表

问题编号	变量名称	变量含义	变量赋值及含义	缺失值
1	SYF	使用电动牙刷	1=使用过；0=没有	9
2	YEAR	电动牙刷使用年限	填写的年限数据；99=不必回答	999
3	WILLTB	电动牙刷购买意愿	1=是；2=否；3=没考虑过	9

（6）变量编码分类要保证互斥性。

在问卷设计时对答案的设计要坚持穷尽性和互斥性原则，但也会有疏忽情况出现，因此，在对于给定变量编码时要注意检查选项分类是否相互排斥，如果出现如下类似的情况，则要进行修改后才能编码。

|例 13-3|

1=知识分子　2=教师　3=工人　4=农民　5=企业家　6=私营业主　7=自由职业者

8= 其他

显然，选项中第一个选项知识分子包括了第二个选项教师，因此第二个选项只能归为选项一的编号中。

有了编码本作为编码指南，所有的编码员就可以根据统一的标准和方法对所有有效问卷进行编码。这有助于分析员更轻松方便地识别、理解数据资料中各变量的信息，也有助于数据录入人员更加准确高效地进行数据录入工作。表13-7是一个问卷编码结果示例。

表13-7　问卷编码结果示例

	编号
城　　市：苏州	2
问卷编码：2156	2156
问题A1　您的性别　✓①男　②女	1
问题A2　您的年龄是　36　周岁	36
问题A3　您的职业是　①农民　②工人　③医生　✓④企业家　⑤自由职业　⑥其他	4
问题A4　您的文化程度是　①小学及以下　②初中　✓③高中　④大专及以上	3

2. 数据录入

数据录入是将问卷中的全部内容根据编码表的统一规则转换成计算机能处理的数据形式。由于问卷收集资料的具体方式不同，最终问卷调查的原始数据资料有纸质问卷资料和计算机辅助收集的资料两种形式。纸质问卷资料的数据录入要在资料全部收集完成后进行，而计算机辅助收集的资料要同时完成数据录入。为了确保数据录入的完整准确，需要对录入员进行科学的选择和严格的培训，需要对录入结果进行认真核查，在确保录入准确的基础上还要对数据进行更彻底更全面的深度检查，即数据净化。

（1）录入员的培训。

不管是纸质问卷的数据录入，还是电子问卷数据的录入，录入人员都扮演着非常重要的角色。因此，需要通过培训让录入人员明确自己的任务和职责，清楚自己工作的具体要求，并能在数据录入过程中及时地解疑释惑。通常录入员培训的主要内容包括：①提高录入人员对工作重要性的认识，介绍调研项目的目标和数据录入在其中的重要性，强调数据录入对准确性的要求；②培训录入人员熟悉并掌握数据编码手册，对编码手册中的具体细节和要求进行逐条讲解；③详细介绍录入设备及相关设施的操作方法和要求，安排所有录入人员使用设备实训练习，并给予实训指导，确保每一个录入人员熟练操作；④让录入人员了解工作中各项任务具体详细的要求，要提前预判录入人员在数据录入中可能遇到的问题或困难，并给出应对办法，将这些可能遇到的问题和解决办法在培训中予以讲解或演示。培训的具体方式不仅要有讲授和案例，还需要演示和陪录，特别是在数据录入的开始阶段，研究人员必须在现场指导、展示和核查，确保每一个录入人员都能严格地按统一的规范和要求工作。

（2）数据录入方式的选择。

随着互联网和移动互联网技术在市场调查领域的不断拓展，在线问卷调查或利用在线设备进行问卷调查的规模不断扩大，传统数据录入方式有被不断蚕食之势。目前比较常见的数据录入方式有人工键盘输入式、光学扫描方式和计算机辅助数据录入等。虽然数据录入方式决定了数据录入的质量和速度，但应该选择哪种数据录入方式还要视具体的情况而定。如要考虑研究者的能力和资源条件、客户的需求和市场调查的规模等因素。不同的数据录入方式，各有特点，具体表现如下。

1）通过键盘人工录入。这是比较传统的数据录入方式，对设备及其计算能力等方面的要求不高，因而成本相对较低。人工数据录入主要的不足是速度慢，易出错，比较适合小规模调查或研究者资源条件有限的情况。目前应用比较普遍的计算机统计分析软件主要有 Excel、SPSS、SAS 和 Stata 等，选择一些合适的软件会有助于提高键盘录入的效率和质量，如 SPSS 软件的数据窗口和变量窗口，如图 13-1 和图 13-2 所示。研究者可以将编码表的内容输入变量窗口设计成统一的数据录入模版发给所有的录入人员，这不仅可减轻录入人员的工作量，而且通过可视的变量窗口可提供即时的检查帮助。

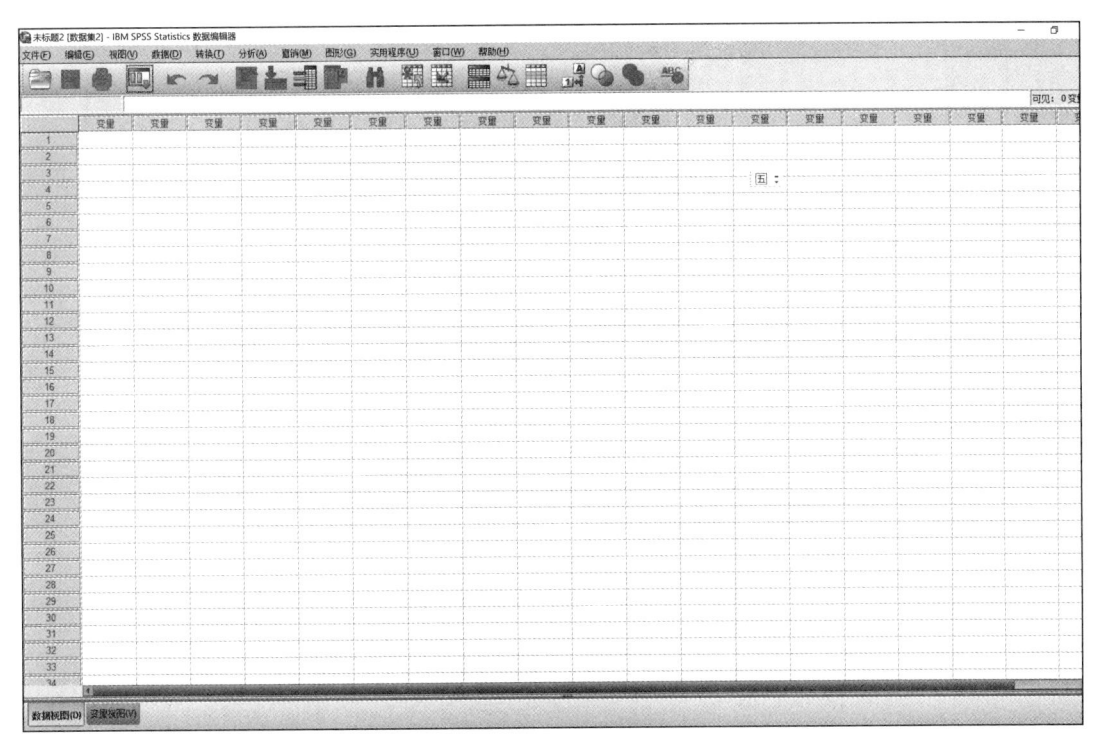

图 13-1　SPSS 数据输入窗口

另外，还有专门的数据管理软件可供选择，目前较常用的有 FoxPro、Epidata 等。这些数据管理软件常常为数据录入设计更加清晰简洁的窗口、更便捷自动的跳转，甚至有跳转下一数据栏编码时的提示声音，从而使数据输入更准确，效率更高。

2）对纸质问卷进行光电扫描录入。这类录入方式主要是利用光电扫描设备将纸质问卷的信息录入，对设备的要求较高，而且需要对数据的格式进行转换。光电输入包括光电扫描和条形码判读两种方式。光电扫描要求用专门的光电扫描纸登录上已经编好码的数据，然后用扫描仪器将扫描纸上的数据扫描到计算机中。扫描纸的纸质要好，不能折叠，而且记录笔要符合要求（如要求 2B 硬度的铅笔等），否则扫描时容易出错。条形码判读是利用条形码判读器将问卷上与答案编码相对应的条形码直接扫描到计算机中。使用这种方法有三个前提条件：一是准备专门的条形码判读器；二是在印制问卷时，要将与问题的每一个答案相对应的编码设置成条形码，一起印在问卷上；三是要预先编写相应的输入程序，这样在输入数据时只要将选中答案的条形码逐一扫描进计算机即可。光电扫描主要解决结构性问题的数据录入，开放式问题需要辅以手工录入。相较于人工键盘输入，这种数据录入方式速度快，准确性高，但对设备和技术的要求较高，因而限制了这种方式的应用。这种方式曾在中国经济普查中使用过。

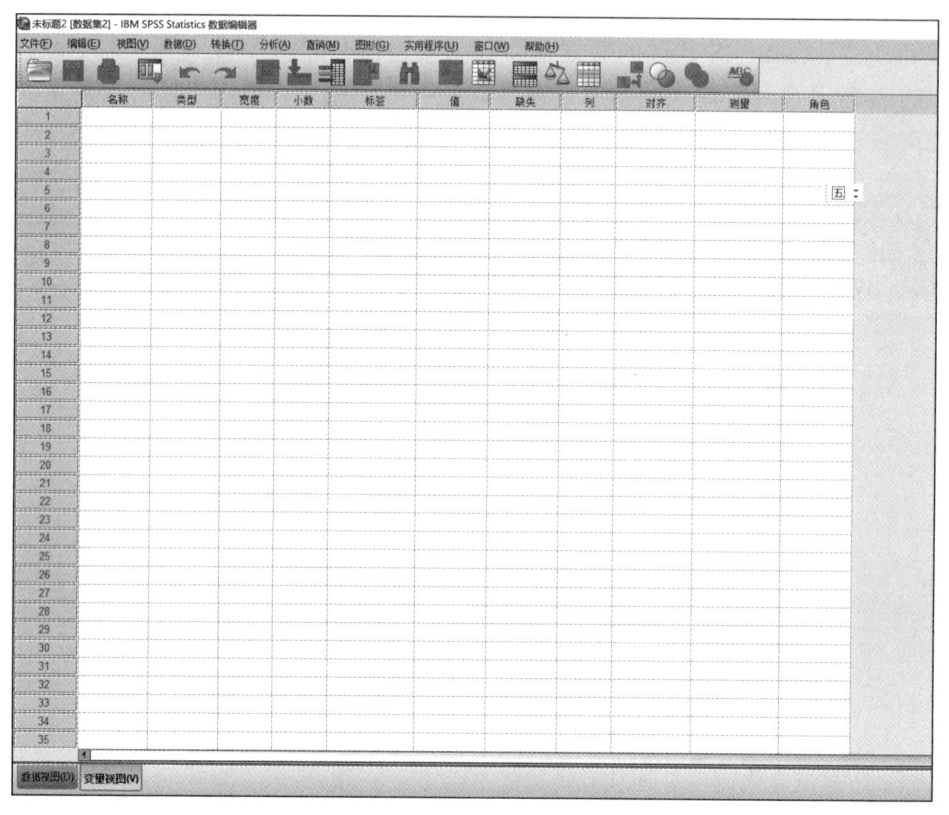

图 13-2　SPSS 变量定义窗口

　　3）利用通用在线调查平台进行数据录入。这种方式可以在调查结束时导出相应的数据库，然后根据研究需要对数据进行适当的调整以满足研究需要。对于一般的研究者或调查机构来讲，这也许是一种经济快速的数据收集和录入方式，但要特别关注抽样的代表性。

　　4）采用专门软件进行计算机辅助数据录入。这种数据录入方式几乎是与数据收集过程同步进行的，且这个过程是可控的。使用这种方式的前提是需要安排专门的技术人员针对所开展的调查项目进行软件开发和测试，要通过测试预判在软件使用中可能出现的问题并能给出解决办法以确保后续使用顺利。2017 年完成的中国第三次农业普查就应用了这种方式：调查员在国家统计局专属的平板电脑上下载统计局为此专门开发的

PDA 软件，根据调查的具体填表要求依次完成软件中所有普查表格的内容，数据提交后该软件系统会即时完成数据录入与审核。这种数据录入的优点是速度快，效率高，非常适合大规模调查。

（3）数据录入审核及差错处理。

人工数据录入难免会出现一些差错，因此，需要对录入的数据进行审核，发现差错要及时处理，以确保准确度。通常采用的审核方法有：①人工审核。即在数据全部录入后审核员将录入数据与原始问卷进行比对，检查录入数据是否有误。人工审核可以进行全面审核，也可进行抽查审核。全面审核工作量大，费时费力。实践中，通常会抽 1/4 或多一些的数据进行审核。如果发现录入错误很少，就不必进行全面审核；如果发现错误比较多，就需要进行全面审核，或者安排其他录入员重新录入数据。②双机录入。安排两个录入人员将每一份问卷上的内容分别录入两台不同的计算机上，最后将两个数据库进行比对，找出不同之处进行修改。两个数据库的比较可以将相同变量的相应数据放到一起，求其差额，如果都为 0 说明录入正确，如果不是则至少有一个错误，需要修改。这种比较方法实际上隐含了一个假设，即两个录入员同时录入同一数据错误属于小概率事件。三是计算机辅助审核。利用设计好的软件直接对数据进行自动审核，效率高，成本低。这也许是未来数据录入审核的趋势。

（4）数据净化。

数据净化，实际上是指对调查数据的深度审核，是在数据录入形成初始数据库以后，统计分析进行之前，从整体上检查初始数据库中存在的错误或不合理的地方，并进行一致性检验。数据净化主要包括有效数据范围的清理、数据逻辑一致性的清理和数据质量抽查。造成异常值、极端值或逻辑不一致的原因可能出现在被调查者回答（包括调查员记录）、编码员编码或数据录入人员输入数据等环节上。因为这些环节都涉及人的活动和工作，无论安排多周到、工作多认真，都难免会出现一些错误。因此，需要在数据清理阶段进行更加深入全面的检查和清理。

数据净化是对完整数据的检查与修改。应利用计算机进行更彻底、更广泛的检查，为后续的定性分析提供更加准确可靠的数据库。数据净化通常借助于统计分析软件，具体做法如下。

1）有效数据范围的清理。这实际上是找出初始数据库中超出数据合理范围的异常值或极端值，通过利用统计描述分析进行审核。完成一张所有非连续变量的频数表，计算连续变量的均值、标准差、最大值、最小值等统计量，超出范围或极端值就可以查出并进行修改。

例 13-4

您的年级是：[单选题] *
○大一　　○大二　　○大三　　○大四　　○大五

如果选项的编码依次为 1—5，缺失值为 9，那么该题统计出的频数表中只应该出现 1—5 和 9 这六个数字，如果出现了其他数字，则说明这些数据是错误的。通过 SPSS 统计出年级人数分布结果（详见表 13-8）。统计结果中出现的年级编码范围外的数字"6"和"7"（它们的频数都大于 0），属于异常值，需要检查出处，同原始问卷资料进行核对，根据原始数据进行处理。

表 13-8　年级分布统计表

年级（grade code）	人数（frequency）	占比（percent）(%)
1	56	22.4
2	65	26.0
3	54	21.6
4	57	22.8
5	10	4.0
6	3	1.2
7	5	2.0
合计（total）	250	100.0

2）逻辑一致性的清理。其基本思路是根据调查问卷中问题之间存在的相互逻辑关系来检查相关编码数据的合理性。例如，可以利用过滤问题和相倚问题之间存在的逻辑关系进行数据检查，通常可以将过滤问题的答案编码归类排列，如升序或降序排列，分别检查不同答案编码后相倚问题的答案编码是否符合填答要求。又如，可以利用统计图或统计表检查相关问题回答上的逻辑一致性。通过编制交叉表进行交互分析，或利用统计图分析数据分布特点，从中发现逻辑上不合理的数据并进行修改。

|例 13-5|

请根据表 13-9 判断数据中是否存在逻辑上不一致的地方。

表 13-9　某品牌牙膏购买数量和知晓程度交互分析表

知晓程度	已购买数量（支）			
	10	6	2	0
非常了解	62			9
比较了解	41		19	66
了解		51	39	148
不太了解		29	51	199
不知道	3			98

从表 13-9 中很容易发现有 3 个被调查者根本不知道该牙膏的品牌，竟然还购买了 10 支这种牙膏，这明显是不符合情理的。这里存在逻辑上不一致性，需要检查数据原始资料并修改。

3）数据质量抽查。通过上面有效数据范围的清理和数据逻辑一致性的清理是不是能确保数据准确无误呢？答案是否定的，因为仍然会有一些错误无法被检查出来。例如，在某一份问卷的数据录入时，在性别变量数据录入时把回答为"女"（编码应该为"0"）的数据错误地输入了"1"（实际上是回答为"男"的编码），而整个问卷上也没有与性别变量之间有逻辑关系的问题，那么无论是"有效数据范围的清理"，还是"数据逻辑一致性的清理"都无法检查出这个数据的错误。

要查出上述这种数据错误的唯一方法就是对原始数据进行全面逐一的核查和校对，但在实践中没有人会这么做，因为工作量太大。通常人们采用的是随机抽样的方法，即从中抽取2%—5%的个案进行校对，根据样本个案数目的多少，以及每份问卷中变量数和总字符数的多少来推断和评估全部数据的质量。例如，一项市场调查所用调查问卷的数据个数为200个，样本量为2 000个，从中随机抽取3%的个案。结果发现有6个数据错误，则推断数据的错误率为6/（200×2 000×3%）=0.05%，在总共40万个数据中大约有200个错误数据。通过随机抽样检查可以对数据质量进行合理评估，了解全部数据中错误数据的比例和错误数据的规模，从而可以合理地预判对调查结果产生影响的大小。

13.4.2 定量资料的统计预处理

经过编码、数据录入和数据净化形成的初始数据库还不能直接进行定量数据分析，因为其中还存在一些数据问题需要通过统计预处理形成比较完善的数据库。统计预处理主要包括缺失数据的处理、异常值检验和处理、加权、原始数据或变量的转换等。

实践中，如果对缺失数据、异常值或加权进行了处理，以及进行了数据转换，都应该有备忘录详细准确地记录下这些具体的技术处理，并且还要分析和评估这些技术处理可能对调查结果产生的影响。在合适的时间还要用合适的方式向客户报告做法和可能的影响。

1. 缺失数据的处理

调查实践中存在少量的缺失数据是在所难免的，但要努力使缺失数据保持在最低水平。通常缺失数据的比例低于10%可以容忍，超过10%的数据质量就很难保证了。对于缺失数据的处理通常是在一定的假设前提下设计相对合理的处理方法。在实践中需要综合考虑具体数据及其缺失数据的特点以及各种处理方法可能带来的后果等因素，并在这些因素的基础上选择合适的方法进行弥补。

（1）缺失值插补处理。

缺失值插补的基本思路是利用调查中已经获得的相关数据找出可以替代缺失数据的值代替缺失数据。具体地讲，有两种处理思路：一是利用缺失数据相应变量的其他数据构造出一个数值代替它。二是利用缺失数据相应变量与其他变量之间的关系构建数学模型，利用缺失数据个案的其他信息和这个数学模型得出一个数值代替它。实践中通常使用以下方法进行缺失值插补处理。

1）平均值插补法是最常见的利用样本统计量进行插补的方法。这种方法简单地讲就是用变量的平均值代替缺失值，可以根据具体情况选择将缺失值相应变量的全部样本数据的平均值，或者缺失值所在子样本对应的平均值代替缺失值。平均值插补法隐含假定：同一插补类中所有被调查者使用相同的无回答权数进行调整。即无回答是一致的，且无回答的被调查者与提供回答的被调查者具有相似的特征。显然这样的假定很难在现实中找到，因此，这种插值方法对最终数据分析结果会产生不利影响，在实践中比较适用于没有辅助信息可用或只有少量记录需要作插补处理的情境，通常是迫不得已的选择。

例 13-6

一个被调查者没有填写"每月网购的消费金额"，那么就可以用其他全部样本的平均每月网购消费金额插补这个被调查者的月网购消费金额，也可以按这个被调查者所在的某个子样本，如按年龄或按职业或按月工资收入等划分的子样本，计算平均数进行插补。最终选择哪种平均值插补需要分析具体情况。

平均值插补法的主要优点：计算简单；插补后该变量的平均值保持不变，其他统计量也不会受很大影响，不会对数据的分布产生实质性影响。主要缺点：插补后均值点很可能形成人为"峰值"，破坏分布形态和变量之间的关系，低估最终的方差。

2）构建统计模型进行插补的方法中比较常用的模型有回归模型和判别分析模型。

①回归模型插补法。利用调查数据库中缺失数据相应变量与其他变量之间可能的关系构建回归模型。具体思路是，假定缺失值对应变量 y 与其他 n 个变量 x_i（$i=1,2,\cdots,n$）近似服从线性关系，则可以构建回归模型 $y=a_0+a_1x_1+a_2x_2+\cdots+a_nx_n+\varepsilon$。其中 ε 是模型的随机误差项，调查数据库中观察值 y_i 在这条直线上下波动，波动的幅度是随机项 ε_j。这样可以根据回归模型和缺失值对应个案的变量 x_i（$i=1,2,\cdots,n$）取值计算出相应的 y 值代替缺失值。回归模型插补法的优点是不因插值而改变变量之间的关系，比均值插补法更稳定。主要缺点是插值替代可能在一定程度上"扭曲"插补变量的原始分布，利用标准方差公式计算会导致数据总体偏差被低估，从而影响数据用户对数据分析结果和数据质量的判断。为了弥补这个缺陷，估计插补变量方差时要综合考虑抽样方差（由抽样引起的方差）和插补方差（由插补引起的方差）。

实践中，通常选择一个或几个相关变量构建回归模型进行插补。如通常认为"月网购消费金额"与"家庭规模"和"家庭收入"有密切关系，而且通过对已有资料的分析基本确认存在这种关系，就可以根据这三个变量的已知数据构建二元线性回归模型，利用这个回归模型计算出被调查者"月网购消费金额"的估计值代替缺失值。当然，在具体构建回归模型时可以考虑使用全部样本数据，也可以选择某个子样本数据。由此可见，回归模型插补法的精度通常受到两个因素的影响：一是要插补的变量与已知变量之间是否存在密切的关系；二是构建模型是利用全部数据还是限定在一个插补类别子样本的数据。

例 13-7

一项调查城乡居民家庭消费方式的调查问卷中，有居民家庭月收入总额 y_i 项和家庭人

口数 x_i 项的调查，其中一份问卷填写了城市居民和家庭人口数，但未填写家庭月收入总额项，那么，如何构建回归模型进行插补？是用全部样本数据，还是用城市居民子样本数据？哪个更好呢？请你思考。

②判别分析模型插补法。该方法常常用于分类变量的插值处理。具体操作思路：寻找一个判别函数，这个函数可能由一些独立特征变量来解释，使其能够区分出不同群体的特征，从而根据无回答具有的特征确定所要插补的数值。

|例 13-8|

在洗发产品消费者行为调查中有关于是否购买防脱发功能洗发水的调查项，有不少消费者选择了"不清楚"，如果只是简单地删除，将会导致严重的预测偏差。

处理方法：根据完整问卷数据分析发现，购买与不购买防脱发功能洗发水消费者在年龄、职业、岗位、性别和受教育程度等方面有显著差异，可以根据这些特征变量区分为买与不买两个群体。那么，根据回答"不清楚"者的这些特征将其划入买或不买的群体中。

（2）删除缺失值个案法。

删除缺失值个案法是将有缺失值的个案整个删除的方法。这种方法不但"消除"了缺失值，而且还删除了有缺失值的全部个案的数据资料。这种方法会导致样本量减小和样本代表性降低，因为有缺失回答的被调查者与全部回答的被调查者之间可能存在显著的差异，从而因被删除缺失值的被调查者信息的"消失"而导致数据质量严重下降。另一方面，从市场调查经济性角度看，被删除的这些个案数据的获取花费了大量的时间和资金等成本，但对调查结果却没什么贡献，这是不经济的。实践中，只有当样本量比较大，缺失值数据非常少，删除它们对样本质量影响很小的情况下可以考虑使用。其他情况下一定要谨慎选择和使用删除缺失值个案法。

（3）排除缺失项目法。

排除缺失项目法就是保留有缺失值的个案，只有在做与缺失项目相关的数据分析时将缺失项目做必要的排除的方法。这种方法会因变量缺失值情况不同导致不同变量计算时所使用的样本及其样本量的差异，得到不适宜的结果。如在使用不同变量计算结果进行进一步综合分析的时候就不能直接使用，需要根据不同变量计算时样本的情况做适当修正。实践中，排除缺失项目法常常会被研究人员选择使用，特别是在样本量很大、缺失值很少、存有缺失值的变量之间不是高度相关的情况下还是比较适合选择使用的。

|例 13-9|

运用 SPSS 22 软件分析"扬州市大学生旅游消费偏好调查"问卷录入数据时，得到有关性别变量数据的整理结果，如表 13-10 所示。

表 13-10　大学生消费偏好调查性别分布表

1= 男，0= 女

		次数	百分比	有效的百分比	累积百分比
有效	0	271	51.1	51.1	51.1
	1	258	48.7	48.7	99.8
	2	1	0.2	0.2	100.0
总计		530	100.0	100.0	

显然，分析结果中性别变量取值"2"不在合理范围，属于异常值。因为样本量较大，异常值只有1个，可以考虑删除个案或排除缺失项目处理。

2. 异常值检验和处理

异常值检验的主要目的是发现和确认可疑的数据记录。因为异常值的存在可能会对数据分析产生较大的影响而导致结果的偏差，所以通常需要通过检验判断是否存在异常值，如果存在异常值还需要对它们做适当的处理以提高数据质量。

（1）几个概念的界定。

1）异常值也称离群值，指看起来与数据集合中的其他观察值不一致的一个观察值或一组观察值。异常值可以是单变量或多变量，包括极值和影响值。

2）单变量异常值是指只对应一个变量的异常值。多变量异常值是指对应于多个变量的异常观察值。如存在多个年龄小于16周岁和受教育程度为大学本科及以上的被调查者。很显然，符合年龄小于16周岁和受教育程度为大学本科及以上的人是非常少见的，这是一个多变量异常值的例子。

3）极值是指一组定序观察数据中的最大值和最小值。影响值是指一个变量数据和抽样权数的组合对估计有较大影响的观察值。极值和影响值并非总是一致的，极值不一定是影响值，影响值不一定是极值。

（2）异常值检验方法。

导致异常值的原因有多种：有的是数据本身的特征反映，如在偏态分析中处于分布尾部，是完全可能的观察值；也有可能多个模型或分布数据的混杂所导致；也有可能是数据确实存在错误。因此，对于异常值首先要查明是不是技术原因导致的数据错误，如果确认是技术上的失误产生的异常值，那么都必须毫不犹豫地舍弃。只有不存在技术原因的异常值才进行统计检验，以判明是否应该保留。

最常用的异常值检验方法是单变量检验法。具体思路是通过构建统计量，利用待检验的一组数据本身确定判断异常值的取舍范围。在构建检验统计量时一个重要的考虑因素是标准差 σ 是否已知。在标准差已知的情况下，可以使用统计量 $T = \dfrac{X_d - \bar{X}}{\sigma}$。式中 X_d 是被检验的异常值，$\bar{X}$ 是一组观察值的算术平均数，σ 是由不包括异常值在内的其他观察值求得的标准差。如果 T 值大于相应置信度下的临界值，则 X_d 作为异常值舍弃。实践中，大多数情况下标准差 σ 是未知的，这时只能利用待检验的一组分析数据本身来检验其中的异常值是否应该保留或舍去。常用方法有拉依达法、狄克松法、肖维特法、格鲁布斯法、t 检验法和极差法等。下面介绍这些方法的具体统计量和检验方法。

1）拉依达法。若 $|X_d - \bar{X}| > 3s$，式中 X_d 是被检验的异常值，$\bar{X}$ 和 s 分别是一组观察值的算术平均数和标准差，那么可以判断 X_d 是异常值，应该舍去；否则，应该留下。

2）Q 检验法。Q 检验法也称狄克松法，具体操作程序如下：

第一步　将分析数据由小到大依次排列，记为 x_i（$i=1$，2，…，n），其中最可能为异常值的是最小数或最大数。

第二步　计算统计量 $Q = \dfrac{X_2 - X_1}{X_n - X_1}$ 或 $Q = \dfrac{X_n - X_{n-1}}{X_n - X_1}$。$Q$ 值越大，说明 X_1 或 X_n 越有可能是异常值。

第三步　根据观测次数和给定的置信度查表，如果 Q 值大于查表得到的数值，则对应的 X_1 或 X_n 被判定为异常值，应该舍去；否则，应该留下。

3）肖维特法。计算统计量 $\omega = \dfrac{|X_d - \bar{X}|}{s}$，$\bar{X}$ 和 s 分别是包括异常值在内全部 n 个观察值的算术平均数和标准差；如果 ω 大于肖维特系数表中相应观测次数时的值，则可以判定 X_d 为异常值，应该舍去；否则，应予保留。

4）格鲁布斯法。具体操作程序如下：

第一步　将分析数据由小到大依次排列，记为 x_i（$i=1$，2，…，n），其中最可能为异常值的是最小数 X_1 或最大数 X_n。计算出这组数据的平均值 $\bar{X}$ 和标准差 s。

第二步　计算统计量 $G = \dfrac{|X_n - \bar{X}|}{s}$ 或 $G = \dfrac{|X_1 - \bar{X}|}{s}$。$G$ 值越大，说明 X_1 或 X_n 越有可能是异常值。

第三步　根据观测次数和给定的置信度查表，如果 G 值大于查表得到的数值，则对应的 X_1 或 X_n 被判定为异常值，应该舍去；否则，应该留下。

5）t 检验法。计算统计量 $K = \dfrac{|X_d - \bar{X}|}{s}$，$\bar{X}$ 和 s 分别是不包括异常值在内的 $n-1$ 个观察值计算得出的算术平均数和标准差；根据观测次数和给定的置信度查表，如果 K 值大于查表得到的数值，那么可以判断 X_d 是异常值，应该舍去；否则，应该留下。

6）极差法。计算统计量 $t_R = \dfrac{|X_d - \bar{X}|}{R}$，式中 R 是极差，即分析数据中最大值与最小值之差。根据观测次数和给定的置信度查表。如果 t_R 值大于查表得到的数值，那么可以判断 X_d 是异常值，应该舍去；否则，应该留下。

面对以上介绍的异常值检验方法，在实践中需要根据具体数据资料的属性和特征以及样本量大小等因素综合考虑选择合适的方法，有时也可以用多种方法进行检验，建议利用统计分析软件完成异常值检验。统计软件设定的方法一般通过残差分析部分来完成异常值检验。

(3) 异常值处理方法。

在对定量资料进行手工审核时，主要由研究者根据主观判断是否存在异常值。这时对异常值的处理经常有两种方式，一是对异常值进行插补处理，二是虽然存在异常值，但影响并不大，不需要做处理。这一阶段对异常值的判断和处理主要依赖研究者的经验和主观判断。不过无论怎样处理，只要存在异常值就会不同程度地影响数据质量。

在审核时没有处理的异常值可以考虑在统计预处理时进行处理，这时进行异常值处理的主要目的是通过对异常值进行合理的纠偏，从而减小对估计量抽样误差的影响。常用解决思路有三种方法：替代、赋权和选用稳健估计量。

1) 替代法。处理异常值的一个简单思路就是用比较合情合理的数值代替异常值，通常采用缩尾化方法，即用与异常值最"靠近"的数值代替它。具体操作程序：将样本 n 个数据从小到大依次排列，如果认为处于尾部的 k 个值为异常值，则用前面 $n-k$ 个样本数据中的最大值代替这 k 个异常值。缩尾化方法比较适用于处理单个变量的情形。

2) 赋权法。如果对异常值的处理只是简单地进行去或留的选择，那么对异常值的抽样分别赋权 0 或 1。赋权法是通过确定一个比较合理的异常值权数从而达到既保留异常值中部分"正常"信息，又降低异常值中部分"异常"信息对数据结果可能产生的偏差。具体操作方法：赋予异常值一个小于 1 的权数以降低其影响，其中权数的确定是核心也是难点。实践中，异常值权数的确定可以根据历史数据或研究者经验进行确定，也可以借鉴一些相关研究成果。赋权方法特别适用于具有偏态分布特征总体的调查数据分析。

⫶ 例 13-10 ⫶

对某市 100 家汽车零配件生产企业全年生产经营状况抽样调查数据的统计预处理中，发现并判定 A 企业的年销售额为异常值。但按历史数据及 A 企业当年的其他数据看没有发现异常，且 A 企业是全市同行中少数几个"龙头企业"之一，其销售额占比很大。若简单删除该异常值必然会严重低估全市该行业年销售总额，这时用降低异常值权重的方法可以降低偏差，又能保留这个异常值中部分"合理"的信息。

3) 选用稳健估计量法。统计分析中经典估计理论都是以总体参数的估计服从某种分布为假设前提的，而且大多数情况下假设估计量（如均值、比例和样本方差）服从正态分布或与此相关的分布，如 t 分析、χ^2 分布或 F 分布，这些估计量对异常值非常敏感。为此，可以考虑选择一些对分布假设不太敏感的稳健估计量作估计，如选用中位数代替均值、选用四分位差代替方差。

3. 加权处理

加权处理在市场调查研究中比较常用，通常主要有两个目的：一是增加部分样本的代表性；二是强调部分被调查者群体的重要性。加权处理的具体做法：给数据库中每一个个案或被调查者以一个权重，用于反映其相对于其他个案或被调查者的重要性不同。其实质效果是相对增加或减少具有某些特征的样本个案数量。加权处理应用比较多的情形有两种：一是在具体特征指标方面使样本更好地代表总体，如当样本在主要研究指标上的个案数量比例关系与总体有较大差异时，可以通过加权处理使样本在这个主要研究指标上的比例关系一致；二是通过赋予具有某些特征的被调查者群体更大的权重来调整各子样本（群体）数据对结果的贡献，从而使最终分析结果更准确。如在有关某个新产品的调查中，相对于普通用户被调查者，专家被调查者群体的数据通常被认为更重要，因此可以考虑赋予专家群体更大的权重。

┊例 13-11┊

一个市场调查项目按被调查者月可支配收入分层抽样的样本分配如表 13-11 所示，如何通过加权处理使样本与总体在各层的比例一致？具体加权处理如表中所示。

表 13-11　通过加权处理使样本更好地代表总体示例

月可支配收入	占总体比例（%）	样本规模（人）	样本占比（%）	权重
2 000 元以下	9.8	20	10	0.98
2 000 元—3 999 元	23.8	40	20	1.19
4 000 元—5 999 元	24.6	40	20	1.23
6 000 元—7 999 元	18.8	40	20	0.94
8 000 元—9 999 元	14.8	40	20	0.74
10 000 元及以上	8.2	20	10	0.82
合计	100.0	200	100	—

4. 原始数据或变量的转换

有时在进行数据整理时会发现可以通过对原始数据进行适当的分类或合并得出更加能够揭示其意义的编码或变量，通过对数据的适当转换或重新定义更加有利于数据之间的比较和分析。下面主要介绍相关的三种情况：重新分类或重新编码、变量的重新定义或修改、数据标准化。

（1）重新分类或重新编码。

重新分类或重新编码的主要目的是将数据分成更有意义的类别或通过合并成更少的几个大类别更好地揭示其意义。重新构成的类别必须满足以下条件：①完备性。所有情况都已包括在新的类别之中。②互斥性。各个类别之间没有交叉或重叠。③类别差异性。类别间差异大于类别内差异。

（2）变量的重新定义或修改。

利用虚拟变量进行变量的重新定义。虚拟变量（还称为二值变量、指示变量）指只有两个取值的变量，通常取值为 0 和 1。可以通过虚拟变量重新定义分类变量以便于分析。对分类变量进行重新定义的一般规则：如果一个定类变量有 K 个类别，那么需要用 $K-1$ 个虚拟变量来表示，因为只有 $K-1$ 个独立变量。如果变量只有两个类别，则只需要一个虚拟变量就可以表达清楚，如变量"是否网购过"取值只有"是"和"否"两种情况，因此可以用下面的虚拟变量表示：

$$X_1 = \begin{cases} 1, & 网购过 \\ 0, & 没有网购过 \end{cases}$$

再如，如果变量"户籍所在地"共有三个类别：南京、扬州和镇江，则需要两个虚拟变量 X_1 和 X_2 表示：

$$X_1 = \begin{cases} 1, & 如果是南京 \\ 0, & 其他 \end{cases}$$

$$X_2 = \begin{cases} 1, & 如果是扬州 \\ 0, & 其他 \end{cases}$$

很显然，当 X_1 和 X_2 都是 0 时，表示户籍在镇江。

（3）数据标准化。

对数据进行标准化处理，主要解决使用不同单位或不同量表的变量导致的数据间不具可比性问题。通过标准化处理数据在分析中就可以进行比较了。通常采用的标准化方法是将一组观测数据 X_i（$i=1, 2, \cdots, n$）转换成标准化得分 Z，即

$$Z_i = \frac{X_i - \bar{X}}{\sigma_{\bar{X}}}$$

其中 $\bar{X}$ 和 $\sigma_{\bar{X}}$ 分别表示变量 X_i（$i=1, 2, \cdots, n$）的平均值和标准差。

13.4.3 数据分析任务书设计

1. 概述

在数据分析之前数据分析主管需要对数据分析所要达成的目标，以及为此需要完成的具体任务做全面的计划，将计划通过一份详细列出全部必须完成统计工作的可操作的清单呈现出来，以便完成具体数据分析操作工作的人员，包括计算机程序员或数据处理人员，能够明确并按计划完成所有的数据分析任务，这个计划的设计就是数据分析任务书设计。全部可操作的统计任务清单就是数据分析任务书，其通常包括五个方面的内容：①变量标识和变量值标识的编制手册；②需要完成的基础统计表数量及类型选择；③需要完成的统计图数量及形式选择；④需要开展的基本统计分析任务；⑤需要开展的高级统计分析及模型选择等。由此可见，对统计方法和统计分析结果呈现方式的选择是

编制数据分析任务书的核心内容。

在设计调查数据分析任务书时，要将市场调查总体方案中有关数据处理与分析的安排作为其重要的依据，同时要结合考虑数据采集与预处理完成后实际获得数据的特点，详细列出数据分析的具体要求。数据分析任务书要具有很强的操作性才能为专业人员后续完成全部的统计工作提供指南。

2. 选择统计方法的注意事项

数据分析任务书的编制离不开统计方法的选择。目前数据分析一般会选择使用现成的统计软件，其中会有多种统计方法可供选择。选择统计方法时通常需要考虑如下方面。

（1）研究目的和调查任务是最基本和最重要的依据。

数据分析的最终目标是为研究者和客户服务，因此必须紧紧围绕研究目的和客户的决策需要进行数据分析计划的设计和安排，采用合适的统计方法，提供正确决策所需要的有用信息，并选择恰当的数据表现形式展现最终的数据分析结果。市场调查项目属于描述性还是解释性，是纯粹地为客户服务还是有学术性研究在其中，都会对统计方法和数据分析结果的选择产生重要的影响。

（2）要充分考虑数据的属性。

统计数据的性质不同，可供选择的统计方法及其类型范围差异很大。数据具有多重属性，选择统计方法时至少要考虑数据如下三个方面的特点：

1）抽样方法与样本类型。如随机抽样获得的数据与非随机抽样获得的数据、随机的大样本数据与小样本的实验数据、等概率抽样的样本数据与不等概率抽样的样本数据。抽样方法和样本量大小决定了样本对总体的代表性，反映了样本所涉及的主要变量的特点，因而在选择统计方法时都会因此受到不同的限制。

2）量表类型与变量类别。定类量表测量的数据为定类变量的值，只能做计数之类的统计分析，统计表格只能选择统计分布表之类的表格，统计图主要有条形图和饼形图之类可供选择；而由定比变量测量出的结果是定比变量的值，可供其选择的统计方法和统计图表就非常丰富了。

3）数据预处理方法。通过前面的学习可知，数据预处理主要涉及缺失值和异常值的处理、加权和数据转换等方面，每一类问题的预处理方法可能有多种，在选择统计方法时都要考虑这些处理方法对数据产生的影响，通过选择合适的统计方法恰当地回避不足，减少误差。

（3）准确把握统计方法使用条件和适用场合。

每种统计方法都有使用前提和适用场合。例如，描述统计中的集中程度度量通常用众数、中位数和平均数等方法，但并不是所有测量层次的统计数据都可以选择它们，定类数据的集中度度量只能选择众数,而数值型数据则三种方法都可以使用,到底选择哪种方法好还要看数据的分布特征和研究者对数据来源的重视程度等因素。推断统计方法则有更多的角度和复杂性,往往存在推断假定,所以这类方法的选择所需要考虑因素则更多,通常要考虑到方法的使用前提条件、适用的场合和方法的优缺点等方面。因此,如果对统计方法作用和性质没有基本的认识,就可能会滥用统计软件中的方法,造成严重的错误而浑然不知。发挥统计软件给数据分析带来的便利需要数据分析主管和其他分析人员在统计分析的科学理论和方法方面有非常扎实的功底,这在数据分析统计方法选择中至关重要。

(4)要充分考虑研究者的特点和客户的需求偏好。

市场调查数据分析归根结底是为研究者和客户服务的,而项目研究主管的工作习惯和专业经历会影响他们对统计方法的选择;而客户对调查结果的要求和对最后报告形式的喜好和需求,如喜欢简洁明了和直截了当还是深入分析和建模也会直接影响分析主管对统计方法的选择。

3. 数据分析任务书的主要内容

(1)变量识别与变量值识别手册。

数据分析是以数据统计预处理后形成的数据库为对象的。数据录入是以编码手册为指南,数据库中各变量及其含义都可以在编码手册中查到,但在数据分析时还会派生出许多变量,例如一些抽象概念的测量是通过多个变量综合形成的,会产生出许多新的变量。因此,在数据分析的起始阶段要制定变量识别(简称变标)及其变量值说明(简称值标)的相关文件供分析人员在分析中查阅,以保证理解的统一性。通常变量识别和变量值识别手册包括变量序号、变量名、变量说明、对应题号、变量类别和变量取值识别等内容,如表13-12所示。

表13-12　变量识别和变量值识别手册示例

对应题号	变量序号	变量名	变量说明	变量类别	变量取值识别
1	1	Gender	性别	定类变量	1=男,0=女
2	2	Grade	年级	定序变量	1=一年级,2=二年级,3=三年级,4=四年级
3	3	Feesnet	月网络消费费用	定比变量	实际支付费用金额(元)
4	4	Fundsou1	资金来源	定类变量或虚拟变量	1=父母,0=没选
4	5	Fundsou2	资金来源	定类变量或虚拟变量	1=打工,0=没选
4	6	Fundsou3	资金来源	定类变量或虚拟变量	1=亲戚,0=没选
4	7	Fundsou4	资金来源	定类变量或虚拟变量	1=其他,0=没选

(2)需要完成的基本统计表的数量及类型选择。

市场调查项目的定量分析通常需要研究者对所有问卷调查数据进行基本的统计分析并选择合适的统计表呈现分析结果。从内容看,一般研究者需要向客户提供的最基本统

计表主要有两部分:

1)所有问答题(或变量)的频数分布表。离散型变量主要用频数分布表,连续性变量可以提供频数表,也可以用均值和标准差等数据表达。这些都需要在数据分析任务书中具体说明。

2)反映被调查者背景资料的变量与所有其他问题(或变量)的交互分析表。如果调查的分析单位是人,那么通常有关被调查者的背景资料包括性别、年龄、文化程度、所在地、职业和收入等变量;如果调查的分析单位是企业或非营利组织等,那么有关被调查者的背景资料就是关于这些组织的,可能包括组织类型、所在区域、职工人数、注册资金等变量。需要在任务书中明确要对哪些变量之间进行交互分析,是简单的交互分析,还是复合的交互分析;如果是连续性变量,还需要说明交互分析表是在分组前还是分组后。

对于某个具体的变量来说,基本统计分析方法及基本统计表的选择范围很大程度上由这个变量的类型所决定,具体如表 13-13 所示。

表 13-13 变量类型与统计表的关系

变量类型		统计表
单变量	定类变量 定序变量 定距变量 定比变量	简单频数(频数)表 分组频数(频数)表 单变量简单分组表 单变量并列分组表
两个变量	变量两两交互 四种变量类型	二维列联表(简单、并列分组或复合分组)
三个及以上变量	引进一个或多个控制变量	多维列联表(简单、并列分组或复合分组)

任务书中有关需要完成的基本统计表数量及类型选择内容的详略程度和具体写法很大程度上取决于分析主管的工作习惯和与分析团队成员的关系以及分析团队的特点。如果分析团队是为本项目临时搭建的或是初次合作的,那么这部分内容就需要写得比较具体比较详细;如果分析团队已有多次合作,团队成员与分析主管配合默契,那么这部分内容就可以写得比较概括。统计表通常的表达方式如下:

1)关于频数分布表。
- 计算以下变量的频数并用频数表:(列出具体变量名)
- 对以下变量计算均值:(列出具体变量名)

2)关于交互分析表。
- 将样本分成(列出子样本类别名称)N 部分表示为新变量 U 的取值。分类的原则是(列出具体内容)
- 计算变量 U 与以下变量的交互分析表:(列出具体变量名)
- 按变量 U 计算以下变量的分类均值:(列出具体变量名)
- ……

(3)需要完成的统计图数量及形式选择。

统计图具有表达形象直观、简洁明了的特点。现有的统计图形主要有饼图、直方图、条形图、茎叶图、箱线图、散点图、雷达图、玫瑰图、气泡图、脸谱图、冰状图、树状图、等高图、三维透视图、因素效应图、平滑散点图、调和曲线图、棘状图、Cleveland 点图、星状图、四瓣图、颜色图、马赛克图、符号图、热图、生存函数图、小提琴图、地图等。统计图的选择很大程度上是由变量测量层次决定的，不同的变量类型可以在不同范围内选择合适的统计图形式，常见统计图表如表 13-14 所示。建议在最后提交的报告中最好多用统计图。数据分析任务书中对需要完成的统计图数量及形式选择进行具体的说明：

1）需要作图问答题及其数量；
2）各种类型的图形分布；
3）样本数据作图与分析单位背景资料分类作图等。统计图的表达方式如下：

关于统计图

- （列出具体变量名）用直方图表示，（列出要求）
- （列出具体变量名）用折线图表示，（列出要求）
- ……

表 13-14　不同变量类型适用的常见统计图形式类型

变量类型	统计图图形
定类变量	条形图（含帕累托图）、饼图（含环形图）等
定序变量	条形图、饼图、折线图（含累计折线图）、轮廓图
定距变量	通用：条形图、饼图、折线图、直方图、轮廓图
定比变量	仅适用于原始数据：箱线图、茎叶图 仅适用于多变量：散点图、雷达图、气泡图等

（4）需要开展的基础统计分析任务。

基础统计分析任务是指完成一般调查报告所需的最低要求的分析任务。基础统计分析主要包括单变量统计分析和部分基础性常用多变量统计分析，如表 13-15 所示。单变量统计分析主要包括描述性统计和单变量统计推断分析，如集中度和离散度测算、参数估计和假设检验（t 检验、卡方检验或 F 检验）和单因素方差分析等；有些市场调查项目中基础统计分析可能还涉及多变量统计分析，如列联表分析、多因素方差分析、相关分析和回归分析等。基础统计分析的选择必须考虑所分析变量的测量层次，层次不同方法也有差异，具体如表 13-16 所示。确定需要开展的基础统计分析任务还需要充分了解客户的需要，并将确定的基础统计分析工作在任务书中提出具体要求，但通常不必对具体统计分析任务所需要使用的方法进行详细的说明。关于基础统计分析通常的表达方式如下：

- （变量名）等需要计算平均数:（具体方法和要求）
- （变量名）的估计:（具体方法和要求）
- （变量名）的预测:（具体方法和要求）
- 方差分析:（具体变量名、具体方法和要求）
- 相关分析:（具体变量名、具体方法和要求）

- 回归分析:(具体自变量和因变量名、具体方法和要求)
- ……

表 13-15　基础统计分析与内容列示

基础统计分析	分析内容
描述统计	规模分析、结构分析、比较分析;频数、频率;指数
	集中度分析:均值、众数、中位数、分位数
	离散度分析:方差或标准差、变异系数、异众比率、极差、四分位差
	分布形态:偏态、峰度
	样本误差分析:抽样方差、抽样标准差、变异系数
统计推断	推断指标:均数、比例、方差;点估计、区间估计
	相关分析:相关系数、列联表
	平均数差异分析:单因素方差分析
	回归分析:F统计量、t统计量、参数估计

表 13-16　常用基础统计分析(单变量分析技术)

定类变量			定序、定距、定比变量		
单个样本	两个或以上样本		单个样本	两个或以上样本	
	独立样本	配对样本		独立样本	配对样本
频数分析 卡方检验	卡方检验 W检验 $K-S$检验	符号检验 马克纽摩检验	Z检验 t检验	Z检验 t检验 单因素方差分析	Z检验

（5）需要开展的高级统计分析及模型选择。

一般情况下，前面四个部分的统计分析已经能够满足绝大多数客户的要求，但对一些比较专门的或深入的调查研究，高级统计分析或模型是必要的。特别是当研究人员希望能够呈交给客户一份更具吸引力、更能提示内在规律的报告时。高级统计分析方法涉及多个变量的统计分析，如表 13-17 所示。

表 13-17　常用高级统计分析方法列示

对称性技术（不含因变量）		非对称性技术（含因变量）	
变量间的相互依存关系	变量间或对象间的相似性	一个因变量	两个及以上因变量
主成分分析	聚类分析	多维列联表	多元方差协方差分析
因子分析	联合分析	方差分析	典型相关分析
综合评价	对应分析	多重回归分析	多组判别分析
	多维标度分析	两组判别分析	结构方程模型
		对数线性模型	
		方差协方差分析	
		多元回归分析	
		Logistic 回归	

◆ 本章小结

市场调查资料整理与分析就是对资料进行甄别、消化和加工，挖掘出可靠的信息，得出准确的结论。资料收集、分析前需要设计一套包括资料接收日期、资料编码、完成情况、存放处和备注等的资料收集工作记录系统，必须自始至终坚持这个工作系统。市场调查资料整理与分析通常按所收集资料的形式而分为定量资料整理分析和定性资料整理分析两种类型。市场调查资料整理与分析是技术性很强的工作，需要满足诸如拥有正确的观念、高效精干的专业人才和完备的规章制度等基本条件。市场调查资料要先整理，确保准确完整可靠的前提下才能进行分析。对不同来源调查资料的审核是有所不同的。对二手调查资料审核时要特别关注"3W1H"内容。对二手定性资料审核的重点是真实性、目的性和系统性。对二手定量资料的审核要点主要是关注其发布机构是否权威，时间的有效性，统计指标计算方法和计量单位是否一致，指标的计算范围甚至当时的时代背景等，在具体审核方式上与定性调查资料审核相似。对一手调查资料的审核要重点检查资料中是否有错误，确保资料的客观性、准确性和完整性。对调查问卷的审核重点包括回答是否完整、是否按要求填答，回答信息之间是否有明显矛盾，还要对调查信息进行审核。资料审核有实地审核和集中审核两种方式。

　　定量市场调查数据整理包括编码和录入数据净化和统计预处理。编码就是对每一个问题及其不同答案给出计算机能识别的数字代码的过程。通常，封闭性问题多在事前编码，开放性问题在事后编码。数据编码必须保证标准统一，编码本通常要包括项目或问答题的顺序编号，变量名及变量含义说明，变量赋值代码占用栏数及所在列的位置，变量值及变量值标识、有无缺失值的说明等内容。数据录入是将问卷中的全部内容根据编码表的统一规则转换成计算机能处理的数据形式，必须保证准确无误。数据录入方式有键盘人工录入、对纸质问卷进行光电扫描录入、利用通用在线调查平台进行数据录入，以及采用专门软件进行计算机辅助数据录入。常用的数据录入审核方法有人工审核、双机录入和计算机辅助审核。数据净化实际上是对调查数据的深度审核，主要包括有效数据范围的清理、数据逻辑一致性的清理和数据质量抽查。对初始数据库还要进行统计预处理，主要包括：缺失数据的处理、异常值检验和处理、加权、原始数据或变量的转换等，这样才能形成比较完善的数据库。除此之外还要详细准确地记录下这些具体的技术处理，并且评估这些技术处理可能对调查结果产生的影响。数据分析之前需要设计数据分析任务书，即列示出全部可操作的统计任务清单。统计任务清单通常包括五个方面的内容：①变量标识和变量值标识的编制手册；②需要完成的基础统计表数量及类型选择；③需要完成的统计图数量及形式选择；④需要开展的基本统计分析任务；⑤需要开展的高级统计分析及模型选择等。对统计方法和统计分析结果呈现方式的选择是编制数据分析任务书的核心内容。

◆ 实训项目

1. 实训项目：班级或小组调查项目数据整理与分析。
2. 实训目标：通过对班级或小组市场调查项目所收集数据的整理与分析，让学生能够亲身体验调查数据整理与分析的全过程，感受调查数据整理与分析的规范性和重要性，掌握相关理论、方法和技能。
3. 实训内容：组织班级或小组调查项目进行资料整理与分析工作，涉及第13—15章的学习内容。
4. 实训组织：全班或小组学生分工合作。
5. 实训考核：要求全班共同完成编码本制作；所有同学各自完成相应数据的审核和录入任务，完成班级或小组数据库；每个人/小组进行数据分析工作，完成数据分析报告作为考核依据。

复习思考题

1. 市场调查资料收集工作记录系统主要包括哪些内容？需要如何使用？
2. 简述对二手调查资料审核的主要内容，比较对二手定性和定量资料审核内容的差异。
3. 简述对原始资料审核的主要内容，比较原始定性资料和定量资料审核的差异。
4. 对问卷调查获得资料的审核可能会发现哪些问题？该如何处理？
5. 比较实地审核和集中审核两种资料审核的方式，说明如何在问卷调查实践中应用它们。
6. 为什么要对市场调查问卷进行编码？如何编制标准统一的编码本？
7. 数据录入有哪些方式？请你进行比较分析。
8. 简述数据净化的目的，说明数据净化的主要内容及其主要净化方法。
9. 简述缺失数据的处理思路，说明各种缺失数据处理方法的具体做法，比较它们的优缺点。
10. 简述异常值检验中的单变量检验法的具体思路，请举例说明。
11. 重新分类或重新编码时，重新构成的类别必须满足哪些条件？
12. 简述数据分析任务书设计的含义，说明数据分析任务书的主要内容。
13. 选择统计方法时要考虑哪些因素？为什么？

参考文献

1. 郝大海. 社会调查研究 [M]. 北京：中国人民大学出版社，2019.
2. 徐映梅，张海波，孙玉环. 市场调查理论与方法 [M]. 北京：高等教育出版社，2018.

第 14 章
CHAPTER 14

定性市场调查资料分析

§ 学习目标

1. 了解定性分析的基本概念；
2. 理解并掌握定性分析的分析工具；
3. 掌握定性分析的资料范围、程序和要求；
4. 掌握组织与联结的方式。

§ 本章导图

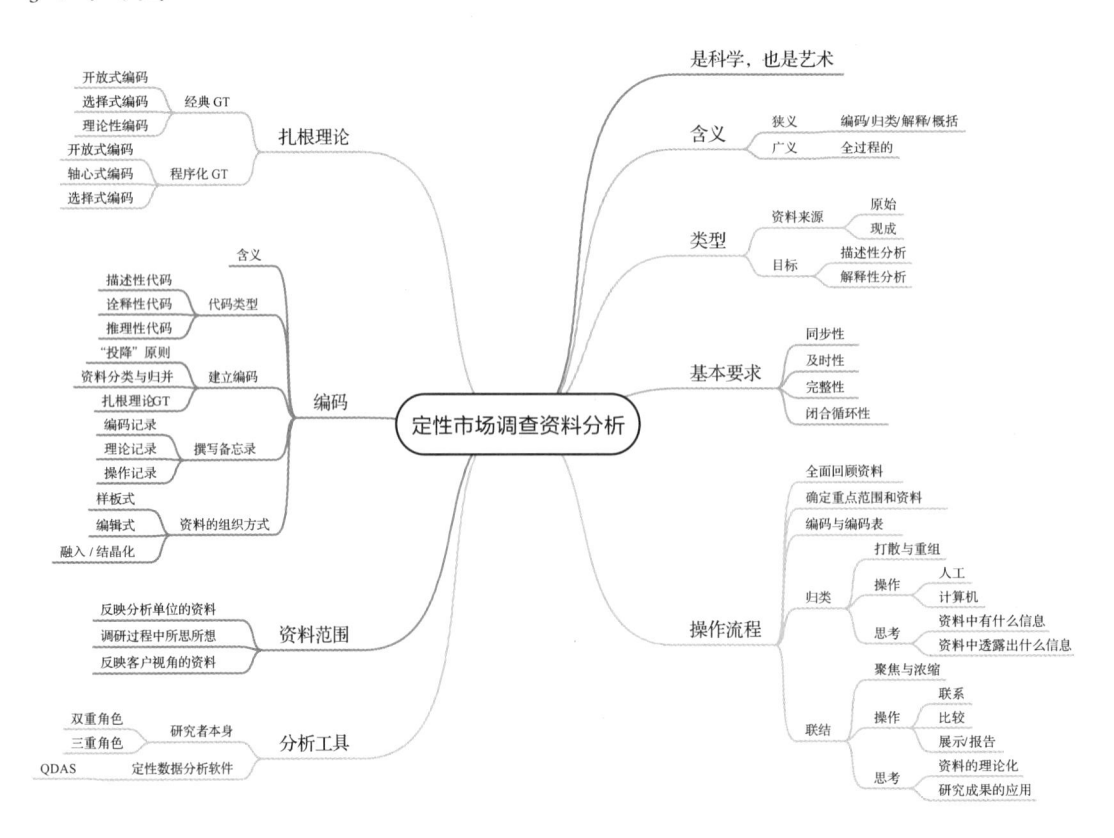

§引例
职业女性服装消费行为与体验的开放式编码

第一步 全面阅读和回顾资料，分析者在认为有价值的文字附近可用批注的方式加上代码，代码可能会随着阅读资料数量的增加和分析的深度而进行调整。

下面是"职业女性服装消费行为与体验调查"中对一个被调查者的一段调查记录。分析者用 [ ] 将可能的编码放在其中，[ ] 中的文字字体和颜色要与调查原始记录明显区分开来。

"质量方面也很重要，有些品牌的衣服穿上很舒服，所以我宁可买好一点的，而且那些衣服一般不会很快就过时 [品牌代表质量]。品牌还是很重要的，它代表了一种态度 [品牌代表态度]，不仅是对衣服表现的风格，也是一种专业精神的体现。一个人会不会穿衣服，就看这个人能不能把自己的优点表现出来，把那些缺陷掩盖住 [品牌消费艺术]。所以要选择适合自己的品牌 [品牌选择]，尽管自己可能不是某个品牌的拥护者。比如说，去上班就要穿得淑女一点，或者有女人味一点 [职业服形象]，但是我还是喜欢穿得比较轻松一点，我喜欢的衣服都是那些适合出去玩的，比较运动系 [喜欢休闲化着装]。女孩子都是爱美的 [女性爱美]，所以我会注意让衣服穿起来能显示自己的个性 [服装体现个性]，自己满意的衣服穿上去也会让自己更自信啊 [服装体现自信]。上班就要穿得成熟一点、正式一点啊 [上班着装要正式]，不管是什么职业的人，至少要让人看起来专业一点 [上班着装体现职业]。其实我很受不了那些上班穿的衣服，太规矩太老了，像套装、西服，都是死板的 [厌恶上班服装的死板]。"

第二步 根据对调查资料编制的代码进行分类和归纳，形成范畴间一定的维度和层级关系，可以用编码表的形式表达。根据以上资料编码形成的初步编码表，如表14-1所示。

表14-1 初步编码表示例

1. 品牌态度 　1.1 品牌代表质量 　1.2 品牌代表服装消费态度 　1.3 品牌消费要注意选择 2. 职业场合着装规范 　2.1 正面评价： 　　2.1.1 淑女、女人味（女性性别角色在职业服装的延伸） 　　2.1.2 成熟、正式 　　2.1.3 职业化特征 　2.2 负面评价： 　　2.2.1 太规矩 　　2.2.2 太老套 　　2.2.3 太死板	3. 女性性别角色着装偏好 　3.1 一般态度： 　　爱美 　3.2 个人态度： 　　3.2.1 个性 　　3.2.2 自信 　　3.2.3 休闲化；轻松舒适； 　　3.2.4 注意场合（上班和下班的着装区别和界限：上班正式一些，但是"我"受不了那死板，所以有意休闲一些）

资料来源：职业女性服装消费行为与体验. https://wenku.baidu.com/view/89e66ca3b0717fd5360cdc1e.html.

虽然1978—2018年在市场调查研究中较偏向于定量分析方法的应用，但定性分析（qualitative analysis）不仅早于定量分析，而且作为资料分析方法也很有用。最近包括市场调查在内的社会研究领域开始重新关注定性分析。有人认为定量分析中应用的统计方法不容易掌握，也有人通过死记硬背方式掌握了某些定量分析方法，但在实践中却总觉得无从下手。如果因此产生定性方法更容易掌握的想法，可能就要失望了，因为定性分析更依赖分析者自身的经验、创新思维和专业水平。但值得庆幸的是，当下定性分析不仅有被证明是可行的程序和方法，还有一些分析软件帮助分析者。

14.1 定性分析工具与资料范围

14.1.1 定性分析的内涵与分类

市场调查资料的定性分析与定量分析在本质上是一致的，都是通过对收集到的全部资料进行研究和解读，探寻其中有价值的信息，并用科学规范的方式表达出来。而所谓定性分析主要是针对各类定性调查方法获得的非数字化市场调查资料的评估、挖掘与解读，是根据市场调查研究目的去理解、领会并提炼出有关研究对象真实想法和相关事实的过程。因此，定性分析不仅是科学的，有其自身的逻辑和技术，更是艺术的，需要分析人员自身的理解与领悟能力、包容与创新心态。

根据对市场调查过程所涉及阶段的不同，我们常常将对定性分析内涵的理解分为狭义和广义两种。所谓狭义的定性分析主要界定在市场调查资料收集起来以后，向客户提交最终报告以前所开展的一系列工作，包括对所获得原始资料进行编码、归类、解释并概括资料所呈现的意义等活动。而广义的定性分析则基于对整个市场调查全过程定性资料的分析，包含从整个市场调查项目开始，甚至是从市场调查项目投标开始，到整个市场调查项目结束给出调查结果，或解释全过程中的每一个思考过程。就此而言，定性分析是市场调查研究的本质任务，而其他工作都是为这一任务服务的。

根据定性市场调查资料的来源，还可以把定性分析划分为原始调查资料的定性分析和现成调查资料的定性分析。采用定性分析的原始调查资料通常来源于实地调查，如焦点小组访谈、深度访谈和非结构性观察等，这些实地调查获得的定性资料包括语言和非语言等多种形式的信息，并且还拥有大量丰富的情境信息。这类实地调查通常是基于项目研究者详细周密的计划，以项目调查目的为基础而开展的资料收集活动，因此所有获得的资料应该都是围绕调查目的的，资料的针对性比较强。而采用定性分析的现成调查资料通常都是通过文案调查法获得的二手资料，是其他人基于自身调查或研究目的而获得的资料或得出的结论，因此，不同资料研究目的存在差异，在定性分析中需要进行甄别和选择才能真正为我所用。

根据定性分析所希望达到的目标，可以将其划分为描述性定性分析和解释性定性分析。顾名思义，这两类定性分析所期望达到的目标分别是对所研究市场现象或问题进行描述（如对频率、等级和结构等特征的分析）和因果关系分析。描述性定性分析可以是对当下市场现象或问题的分析，也可以是对历史现象的描述分析和预测。解释性定性分析，重在发现概念及概念之间可能的关系，在资料收集、分析与理论（可以是已有理论，也可以是假设理论）之间进行持续、紧密的交互，试图证明对市场现象或问题的理解。当然，在实际的市场调查项目中这两种定性分析可能同时存在，并不需要做过多的强调，但由于这两种定性分析适用方法有较大区别，所以在实际操作时还是要加以关注。

14.1.2 定性分析工具

一般情况下，定量分析主要根据市场调查的目的和所收集数据的特点，依据统计学原理选择合适的统计分析方法，借助成熟的统计分析软件（如 Excel、SPSS 等）进行。相较而言，定性分析涉及的学科领域和具体方法众多，更多地需要研究者对问题的思考、理解和感悟。因此，从根本上讲，定性分析的工具就是研究者本身，定性分析的质量与水平在很大程度上依赖于研究者及其项目团队的思维、专业水平和创新能力。市场调查资料分析中的定性研究人员通常被称为分析人员。

吉尔·伊利奥特认为，当代商业或市场研究服务提供者为解决问题和为组织提供相关服务的专业技能远远超出了营利性公司范畴，他们越来越多地为公共部门和其他非营利组织提供专业服务。市场研究者要牢牢记住，他们的市场或商业研究技能和实践可能不再总是"商业"的。采取专业或商业方法进行定性研究涉及双重角色和双重责任（the dual role and a dual set of responsibilities）：一边追求公正的理念以及"好的"研究，另一边是最大化市场研究对客户有用性的追求。在分析和解释中，这涉及采取特定立场以达到客户的目标、假设和观点，在客户利益驱动的情况下分析人员需要将其内部化，而作为研究者还需要保留外部化并作为其研究分析过程的一部分。因此，分析人员在分析过程中常常需要扮演双重角色（dual role）：受委托的合作者（committed partner）和纯粹的研究者（pure researcher 具体如图 14-1 所示）。分析人员承担"受委托的合作者"角色，是客户的忠实代理，就应该接纳客户组织的现状、想法和意图，并将自己紧密且牢固地置身于与客户组织合作的商业联盟之中，接受委托并完全支持客户的目标，做出认为符合客户组织最大利益的明智判断和建议。这就要求他们在进行分析的过程中，必须站在客户的立场接纳客户的兴趣和偏好，帮助客户从其角度厘清问题并确定研究目的，根据客户的想法和切身需要提供专业服务，帮助客户解决想要解决的实际问题，保证研究分析结果的有用性。为此，分析人员必须具备基于特定市场调查项目业务顾问的"专业"技能，包括丰富的行业知识和经验，对客户意图的完全承诺，丰富的业务知识和精通的沟通技巧，以及精湛的资料分析能力，要能够真正做到设身处地想客户所想，为客户提供所需要的、有针对性的结果。分析人员承担着"纯粹的研究者"的角色，必须以公正、专业的方式对资料进行分析、质疑和检查。这就要求分析人员尽可能不带任何"立场"地看待和分析调查中涉及的各种信息，用专业的眼光和技能，对资料进行评估与整理、分析与解释，构建概念性思维分析框架和模型等为客户提供比较客观公正的结论和报告。而在这种角色下得到的结果可能与在"受委托的合作者"角色下得出的结果不完全一致，这时分析人员需要寻找其中不和谐甚至有冲突的领域，并用特定的分析技能来处理信息，为"受委托的合作者"角色下得出的结果提供有益的补充或纠偏。

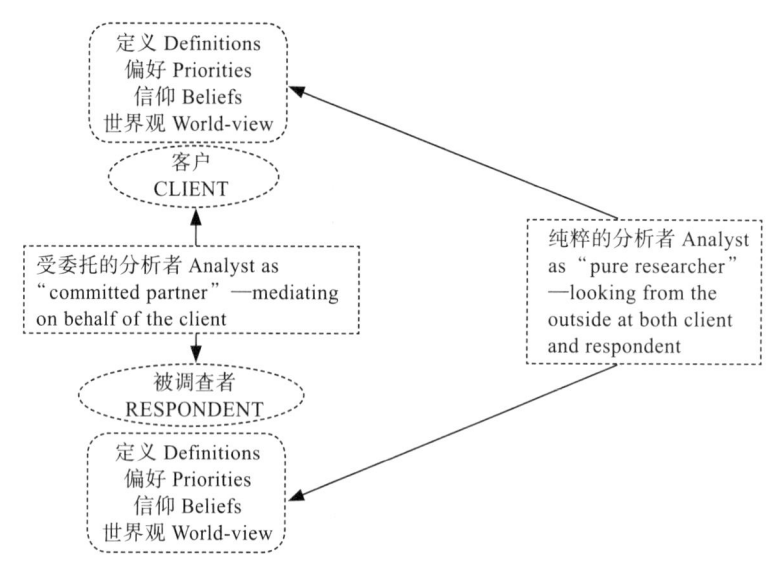

图 14-1　定性分析与解释中的双重角色

在市场调查实践中，客户和研究者实际上是相互独立的。"双重角色"概念源于对市场调查实践的考察。这两者虽然在角色、活动和技能方面有很大的重叠，但它们其实有很大的不同，尤其是在对待客户立场和角度等方面。如果要在有客户赞助的市场调查项目定性研究中进行出色的分析，分析人员需要同时具备这两种角色必备的技能和研究程序。分析人员的一项基本技能是同时担任这两个职位，并具备解决它们之间可能出现的任何冲突的能力。

事实上，分析人员不仅要同时承担"受委托的合作者"和"纯粹的研究者"双重角色，而且他还是"他自己"，也就是说作为现实中的人他有自己的思想、经历、经验和认知，这些都会在不同程度上影响到他对市场调查及其资料的认识和分析，这是无法避免的。这就要求分析人员必须时常提醒自己区分基于委托客户、研究对象和自我三个不同角度对市场调查资料的分析结果，通过经常性的自我反省，判断基于这三个角度对研究过程和研究结果的影响，最终为客户提供比较合理、有价值的分析结果和建议，如图 14-2 所示。

定性市场研究是一项基于经验的业务，通常通过学徒制和实际执行项目来学习技能。客户非常看重分析人员积累的丰富的业务经验。实务分析人员与学术性研究人员非常明显的主要区别在于，实务调查人员组织或参与调查研

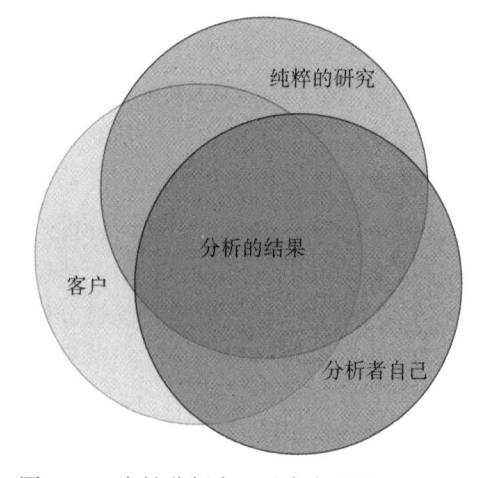

图 14-2　定性分析者三重角色的协调和权衡

究项目的数量和种类都比较多。经验丰富的研究人员可能每周都会组织两三个小组讨论并进行分析，周周如此，这种情况并不少见。为更好地理解其真实含义和与客户问题相

关的信息，经验丰富的分析人员会注重以下三个方面知识的积累：①了解人们在接受市场调查时个人或团体的行为习惯；②对特定产品或业务领域或日常生活中特定方面的知识；③快速筛选、分类和评估定性数据方面的高级技巧。

14.1.3 定性分析的资料范围

由于定性分析的内涵有广义与狭义的理解，资料来源有现成资料与实地调查之别，研究目的也各有不同，具体市场调查项目的定性分析对象千差万别，一旦开始汇集资料就会遇到一个挑战：资料来源和资料格式多种多样。这些资料还会不断补充和增加，尤其在刚开始的时候总会认为每样资料都很重要。如果不能对搜集到的定性资料范围进行界定，很可能无法区分出哪些资料是重要的，导致难以集中注意力汇集筛选和整理它们，也就难以开展分析和得出结论的工作了。

根据市场调查项目的目的和客户的特定需求，分析人员需要将定性分析的资料范围重点划定在与分析单位有关的资料，包括直接反映分析单位的资料、调查者在调查过程中的思考与感悟的资料以及反映客户立场的资料等方面。具体地，定性分析的资料范围包括以下三方面。

（1）反映分析单位的资料。

与分析单位直接相关的资料来源有二手资料和一手资料。这类二手资料可能来自企业外部或内部。反映分析单位的一手定性资料也可能有多种来源，如来自非结构性的观察、深度访谈、小组访谈或问卷调查中的开放式问题等，这些资料主要包括直接获得的有关分析单位的资料和调查过程中产生的资料。访问调查是获得市场调查定性资料的主要方法，以此为例，说明需要关注的重点资料。

1）访谈记录（interview records）。访谈记录是指在小组访谈、深度访谈、投影技法或问卷调查开放式问题访谈等调查过程中调查者所做的有关被调查者用语言和非语言方式所表达的信息的记录。访谈记录有多种呈现媒介或形式，主要包括录像与录音及其对应的文字稿、研究者在现场所做的访谈笔记和对录像或录音等内容分析后形成的资料。

2）访谈过程中被调查者产生的资料（materials produced by respondents）。这类资料主要是指在访谈过程中，被调查者根据调查要求完成一些规定任务或活动时留下的资料，包括照片、卡片、广告、模型、图画、故事、拼贴画，甚至一些小礼物等。对这类资料的分析重点并不在资料本身，更多的是对有意识或无意识地附着在这类资料上的意义的寻求，这常常需要运用内容分析方法中符号学的分析技术。以符号学来看，任何表示一定意义的东西都是符号，符号的特定意义都是对于特定的人或特定的对象而言的。在市场调查中对这类资料的分析往往处于相对次要的位置，可能用于对样本特征的比较分析或在研究报告中有更生动具体的演示素材。也有分析人员重视对这类资料的直接分析和解读，甚至将其作为主要的研究分析资料，这就要求分析人员能够通过这些资料推测被调查者或研究对象的所思所想，这不仅要求分析者具有很强的心理学功底，而且要尽力避免主观臆断对分析结果的负面作用。

（2）调查者在研究过程中记录下的所思所想。

在调查研究过程中，调查者除了尽可能客观准确地记录下访谈或观察的信息，往往还会将有助于更好地理解调查过程及其所获信息的感悟或思考记录下来，如调查中的观察评论，对被调查者或被观察者、调查场所及其周围环境等因素的第一印象及后续印象。这些资料可以被称为与访谈或观察等调查过程相关的田野笔记和观察记录等。

田野调查是直接观察法的实践与应用，源于人类学学科，指所有实地参与现场的调查研究工作。田野调查通常通过调查者参与被调查者或群体的生活，在严格界定的时空范围内体验其日常生活与思想境界，运用田野笔记详细记录被调查者生活的各方面，并试图从这些具体观察的资料出发，通过对田野资料的收集、记录和分析得到一般性的模式或理论解释。田野笔记或观察记录可以通过多种媒介存储下来，如纸质笔记、电子笔记、录音或录像（访谈或观察结束后用录音/录像设备录制自己的感想或感悟）、照片录像（调查中或结束拍下的照片/视频）等。田野调查大多基于归纳原则，从收集到的资料中寻找出一个最能描述资料特点的模式。但由于田野笔记和观察记录往往是通过调查者的"感观"得到的，难免会附加上很多主观性理解，这是资料分析时分析人员要知晓且谨慎对待的。建议分析人员在市场调查资料分析中将其作为辅助资料，并与其他资料相结合，进行演绎与归纳的交互分析。

（3）反映客户视角的相关资料。

在委托性市场调查项目中研究者也需要站在委托客户的角度看待问题，这就要求分析人员重视对能够反映客户视角相关资料的整理与分析。这些资料包括通过多种渠道获得的、有利于理解和把握委托客户企业文化、价值、观念、意图和真实生存或生产经营状况等方面的资料，既可以是有意识、有目的系统收集到的有关企业及其所在行业或环境等方面的"硬"信息，也可以是在与委托客户沟通过程中意外获得、甚至在"坊间"不经意间所获得的"软"信息。

这些反映客户视角的相关资料至少有两方面作用：①有助于分析人员用委托客户的眼光看待和理解问题，从委托客户的视角领会和把握研究对象提供资料的意义和价值；②有助于研究者对"委托客户视角"有准确的评估，对自己的观点以及纯粹研究的视角有清晰的认识，从而帮助分析人员更加准确地聚焦调查问题，收集和评估信息。由此可见，对反映委托客户视角相关资料的重视并不能简单地认为研究者必须完全内化客户的观点，而更应该通过这些资料，分析者在对委托客户视角有准确评估的基础上作出更加科学理性的分析和判断，当然，在必要的时候分析人员可以通过有效的交流沟通"改变"客户的观点，也许这对客户会有更大的帮助。

14.2 定性分析的程序和要求

14.2.1 定性分析的程序

定性分析有不同的目的：有的定性分析只是为了纯粹描述而进行的"浅层次"分析，如有调查研究项目就详细描述先前未曾有过且不为人了解的互联网"原著民"——90 后和 00 后的消费习惯；有的定性分析则重在寻求构建因果关系的解释模式，这就需要在资料中"挖掘"信息，通过更具创造性的"深层次"分析构建概念及概念间的可能关系，与理论进行持续的互动激荡，当然这种"深层次"分析通常离不开"浅层次"分析。无论研究的具体目的如何，定性分析都是试图通过挖掘资料中有价值的信息，将资料浓缩为具有一定结构和内在关系的意义系统。定性分析的本质就是归纳（inductive）和推理（deductive），归纳就是通过组织和整理将资料结构化，推理就是通过资料之间的联结和分析使其意义化。这里，从一般意义上探讨定性分析的操作程序。

定性市场调查资料的分析基本上可以分为两步进行。第一步是对资料的初步分析，主要包括对定性资料进行评估筛选和在补充资料基础上进行分类与归类。这一步有许多分析活动与定性资料的整理交织在一起，也有些定性分析活动必须以资料整理为基础。面对大量基本上是非数字形式呈现的素材和信息需要通过编码对分散的信息进行分门别类。编码可作为一个检索系统，分析人员在需要的时候能够快速搜寻到所想要找的文件。利用编码建立的编码系统可以对定性资料中的信息进行汲取和梳理，分析人员可以像搭积木游戏那样运用各种组合方式将资料中的信息"打散"或"重组"，以发现更多有价值的信息。第二步是对资料的深度分析，深度分析需要跳出定性资料的具体细节，构建更高层次的概念及概念之间的关系，寻找对市场现象或问题进行理论性解释的模式。编码对于深度分析探寻不同资料之间的关系和通过对资料"聚焦"和"浓缩"形成概念和理论假设至关重要。

在市场调查定性分析中，定性分析的两个阶段或层次并不是截然分离的，这只是为了叙述方便而进行的概念划分。实际上，研究者从一开始阅读定性资料起就在判断和筛选，在对资料进行筛选和整理的过程中就在编码、做记号和做笔记（包括摘抄、要点概括、思考与感想、整体分析框架的构建与完善等），在筛选与分类的过程中研究者已经逐步形成了一定的想法和假设，而假设的建立可能需要时常返回资料整理的阶段进行检查，甚至需要通过调整对资料的分类方式来发现有启发、有价值的信息。在定性分析的两个阶段都需要分别完成两类任务：一是操作性任务；二是思考性任务。在定性资料的初步分析阶段操作性的任务更为繁杂、琐碎，需要在对资料的回顾和筛选的基础上进行分类和归类。而深度分析阶段思考性任务更加繁重，需要研究者在理性思考和不断反省的同时，通过资料、假想与理论之间的互相"激荡"创造新的概念、模型或理论。总之，无论在定性分析的哪一个阶段，都需要分析人员亲自完成相关的操作性任务和思考性任务。

实践中，市场调查项目的定性分析需要完成两个阶段的两类任务，但具体的操作要求和最终分析结果的目标却各不相同，这就要分析人员在定性分析前设计好分析路线和计划。分析路线和计划要依据具体项目的分析目标，厘清各阶段各类任务的重要性，明确不同分析任务的顺序，给比较重要的任务安排更多的资源投入，以确保调查目标的实现。分析路线和计划的设计还需要综合考虑以下多方面因素的影响，诸如项目定性分析人员数量、项目特征与目标、研究者相关职业素养和能力以及用于定性分析的时间和资源投入等。举例来说，一项企业管理问题诊断性的定性分析旨在寻找企业存在"问题"的根源，就需要把更多的时间和精力投放在资料及其获取情境的回顾上，因为定性资料及其相应情境中可能"雪藏"了重要的信息，需要分析人员"融入"其中才能获得对问题根源的洞见，有的可能还需要分析人员通过子群体资料的比较分析更准确地发现问题"根源"。再如，一项旨在了解新生代互联网原著民消费行为特点的访谈调查项目的定性分析，如果调查目的是了解互联网原著民消费行为特点，则分析人员可能要把重点放在了解被访者对某些概念的理解以及不同概念在其心目中的地位上，因而需要将对主题或概念的编码、分类和概念界定作为定性分析最重要的任务；如果调查目的是构建互联网原著民消费行为理论模型，则分析的侧重点可能就在发现概念及概念之间关系的深度分析思考性任务上。

14.2.2 定性分析的基本要求

定性分析过程极为复杂，分析人员在面对大量、零散而又庞杂的非数字资料时，往往缺乏可供直接选择的分析工具或分析方法，需要依赖分析人员本身的经验与智慧，因而分析过程具有极大的弹性，分析策略也会因分析人员及市场调查项目的不同而有所不同。虽然理论上将定性资料分析的过程划分为对资料的"组织"——分析人员将浩如烟海的资料打散和重组与对资料的"联结"——分析人员对资料聚焦和浓缩，并对资料进行意义解释。但在实践中，组织与联结两个阶段的分析活动是紧密相连、相互交织的。不仅如此，定性资料的搜集过程与分析过程也不能截然分割，两者往往也是相互整合的。总之，定性分析不是一个简单的线性过程，而是一个循环往复、螺旋式前进的动态过程，如研究设计、资料收集、整理与分析、检验和报告等过程。因此，定性资料的整理和分析需要满足以下要求。

1. 同步性

市场调查项目通常对时间的要求比较高，需要在比较短的时间内完成，因而定性分析的各项活动并不一定非是按某种先后顺序开展的，而经常是并行交叉进行的。定性资料分析人员要具有主观的能动性和思考的连贯性，因为对资料的编码与组织并非简单机械式的工作，实质上也是分析人员对资料的思考、感悟和分析的过程，在对资料的梳理与组织中分析人员常常会获得启发，这能为深度分析打下更好的基础，也能在对资料的聚集和浓缩过程中发现前期整理时需要补充调查或进一步完善的地方。定性分析的同步性主要体现在两个方面：一是定性分析过程中各项具体工作可以并行同步开展，二是定性分析和资料收集的各项具体工作可以交叉同步进行。

2. 及时性

从广义角度看定性分析贯穿市场调查项目全过程，从狭义角度看定性分析至少应该贯穿资料搜集、整理和分析、报告等过程。定性资料的表现形式不仅仅有以物为载体记录下来的信息，如笔记、录音和录像等，而且有很多有价值的信息是以人脑的记忆和领悟呈现的，但其时效性较差，有时可能是"一闪念间"，需要及时整理和分析并记录下来。因此，很多经验丰富的分析人员非常重视对在资料搜集和整理的过程中不断及时地针对调查过程及其与被调查者交流等获得的信息进行分析，得到对当时调查问题的思考和总结。市场调查过程中及时整理和分析所获得的定性资料有助于分析人员及时掌握调查的进度，了解资料间的断层，为后续资料搜集工作提供方向和聚焦的依据，让分析人员及时反思自己的习惯性预设或偏见，使资料搜集工作更具针对性和方向性，确保调查资料的质量，提高市场调查项目资料搜集和整理的效率。

在市场调查过程中，定性资料整理和分析应该越早越好，尽量在资料搜集的过程中及时进行，让阶段性资料整理分析与资料的收集过程交叉进行，不断循环前进。在这个过程中分析人员要有开放心态，不能太保守。具体而言，分析人员需要在市场调查推进过程中用开放的心态接受新获得的资料，并在资料整理分析中不断及时调整或改变前期的"结论"，以指导后续的资料搜集工作，最终得出与客观事实相一致的结论。

3. 完整性

为了保证定性分析的科学性和可靠性，避免得出有偏见性的结论，必须保证调查资料的全面性和完整性。为了确保调查结果的可检验性，必须保证调查所获得的资料和整理分析相关的资料的完整性。完整性具体体现在以下三个方面：

①调查搜集资料的完整性。在调查过程中获得的资料要完整保存下来，并且确保对它们的整理要"原汁原味"。以录音资料为例，要求一字不漏地记录下声音信息，在必要的地方甚至需要将语气语调等信息标注在相应位置，尽可能完整地记录下录音中所能提供的信息，因为在记录时看似不重要的信息也许在后续的整理分析时会发现很有价值，但如果遗漏了，则永远无法从中发现其价值。

②分析的完整性。一方面要对所有获得的资料进行全面的分析，不要随便地进行取舍；另一方面要对获得的原始资料进行全面的分析，如对访谈资料的分析要逐字逐句的阅读和梳理，将其中所有有价值的信息都提取出来，以确保能完整理解。可能有些信息与当前的市场调查课题关系不大，但对相关现象或问题的理解有重要的参考价值，也应予以分析，以备后续分析或研究之需。

③资料保存的完整性。无论是调查获得的资料，还是分析过程中形成的资料都要尽可能完整保存，以备后期查找或检核，为此分析人员需要对资料进行编码提供检索系统。因为资料整理时需要对原始资料做剪贴或摘抄，所以资料分析时看到的也许只是被

挑选出来的资料片段，分析人员可能需要查找原始资料来理解它的真实含义。

4. 闭合循环性

定性分析必须以市场调查目的实现为目标形成一个闭合的阐释循环（hermeneutic circle towards closure），以保证理解的确切性和研究的效度。具体体现在以下三个方面：

①部分与整体的循环。在定性资料分析过程中，分析人员要在资料的部分与整体、细节与结论之间来来回回反复思考，探寻它们之间的统一性。在"整—分—合"的分析过程中，分析人员需要循环往复不断将具体细节与整体概括相互协调，当新的资料细节被整体分析所接纳，整体分析框架不再因新的资料细节而必须修正时，部分与整体的循环就趋于稳定。部分与整体的循环要求资料分析人员要做到以下两方面：第一，注重情境化的理解，不能孤立地看问题。当分析人员理解定性资料时，不能只是简单地关注语言性信息，还要充分考虑其他非语言性信息、相关背景和环境因素等特殊性，要在特定情境条件下理解每一个部分。第二，注重基于细节的概括，不能主观臆想。对资料的整体理解要建立在对所有细节的把握之上，并用具体的资料去验证整体概括的准确性，不能只依赖分析人员的经验或判断去得出结论。

②资料与假设的循环。资料与假设的循环要求分析人员调查全过程要重视并持续开展假设与资料的循环。在市场调查项目设计阶段分析人员就要根据调查目的和特点提出"假设"，这主要体现在调查提纲中。在实地调查过程中调查者要通过每一次的资料收集活动检验和修正前面的假设，通过假设的不断完善实现资料和知识的积累，直到这些假设很难再受到新资料的挑战，这样分析人员就能够得出非常可靠的结论。

③循环的闭合性。定性分析的循环性旨在通过研究假设或观点与定性资料之间的反复循环论证，寻求分析人员、客户与被调查者三者之间最契合的结论。因此，定性分析的循环必须是一个以最终能够找到三者之间平衡点的闭合循环。在这个平衡点上，所有的具体资料及其细节与由此概括出的整体概念和结论都是一致、稳定的关系。

14.3 定性资料分析：组织与联结

通常，定性资料分析可以由初步分析——对资料的组织和深度分析——对资料间联结关系的探析三个阶段组成。因为具体市场调查项目的目的和对最终调查结果的要求各不相同，所以这里主要针对需要完成三个阶段分析的情形进行讨论，探讨资料组织和联结的分析方式、分析流程及各项主要任务。

14.3.1 定性资料的组织方式

在市场调查研究中，一个项目往往由多位分析人员共同完成，不同的分析人员可以根据自身所长，采取不同分析方式，相互补充和配合。William L. Miller 和 Benjamin F.

Crabtree 认为定性原始资料分析有三种理想化的组织方式，即样板（template）式分析、编辑（editing）式分析和融入与结晶化分析（immersion/crystallization）。

1. 样板式分析

样板式分析，顾名思义就是分析人员在阅读原始定性资料之前就已经界定了分析单位并且获得了编制好的编码表，分析人员只需要一边阅读原始资料一边依据编码表进行编码，在编码的基础上就可以对资料进行归类和浓缩，由此得出概括性的结论，如图 14-3 所示。

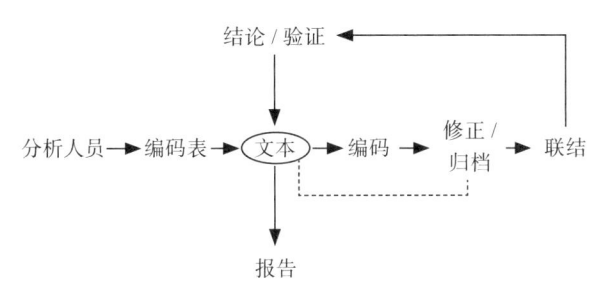

图 14-3 样板式组织方式流程图

通常编码表可以根据或借鉴已有文献的、项目组研讨的、过去项目用的或者其他人用过的等。对于访谈调查而言，访谈提纲体现了调查项目的目的和分析人员的思考。如果访谈提纲设计较好，做到主题明确、结构清晰，调查过程中调整较少，可以考虑将其作为制作编码表的依据和版式。

样板式分析的优点是分析人员易于理解和操作，易于对原始资料进行聚焦。这种分析方式的缺点是容易忽略那些事先没有预料到的信息，分析过于固化，缺乏灵活性和适应性。总体而言，样板式分析比较适合初学者选择使用。

2. 编辑式分析

编辑式分析，顾名思义，分析人员像编辑那样事先没有编码表，而是直接进入文本，一边逐字逐行进行开放式阅读，一边在阅读过程中进行筛选和分析，对那些最贴近研究主题、最有价值的信息进行概念化并设立编码，由此逐步建构出编码表，如图 14-4 所示。

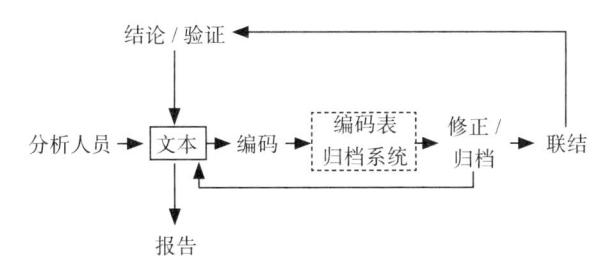

图 14-4 编辑式组织方式流程示意图

编辑式分析经常应用于扎根理论、民族志和诠释学等领域，随着这些领域收集资料方法引入市场调查领域，市场调查定性分析人员也开始应用这种分析方式。这种分析方式的明显优点是资料分析过程是开放的，分析人员对待资料心态是开放的，能够充分关注定性资料中出现的新信息并保持对新资料足够的敏感性，从而使最终的研究结论更准确更可靠，使编码表与全部定性资料提供的信息更加贴合。这种分析方式存在两个缺点：一是对分析人员的要求较高，最终成果及编码表的质量和水平比较依赖于分析人员的能力和直觉；二是由于编码表需要根据新的资料不断调整，因而分析过程很难提前计划。

3. 融入与结晶化分析

融入与结晶化分析方式要求分析人员完全沉浸于所收集到的调查资料之中，分析人员通过其直觉进行不断反省，"出现对于资料的一种直觉式的融入与结晶输出"，经过分析人员对于资料的融入与结晶化的反复循环，达到对资料的概括和诠释。有些情况下分析人员最后会编制出编码表，但这个编码表不是用于资料归类整理，而只是用于验证结论的参考，如图14-5所示。

融入与结晶化分析的优点是常常能够获得超越所收集资料表面的深度信息，获得具有更高价值的结论和理论贡献。这种分析方式的缺点是程序性操作不强，分析工作基本上都在分析人员的头脑中进行，需要分析人员将对资料的初步分析和深度分析融为一体。因此，只有具有很高素质的分析人员才能使用这种方式进行定性分析。

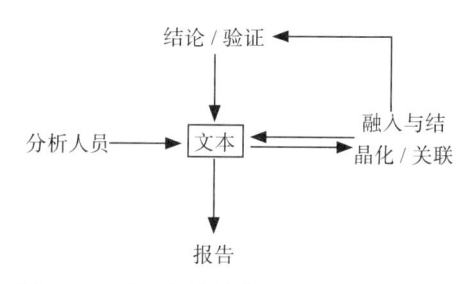

图14-5 融入与结晶化组织方式流程示意图

综上分析，三种定性分析方式各有利弊，具有不同的操作流程，适用条件也不尽相同，归纳结果如表14-2所示。实践中，对于多人合作的市场调查项目定性分析任务，可以根据分析人员团队成员的经验、能力和水平选择各自合适的分析方式。在具体的定性分析过程中也可以考虑三种分析方式的组合使用，常见的组合使用方式有以下四种：①单一的使用方式：只选择使用一种分析方式；②阶段的使用方式：在不同的分析阶段选择使用不同的分析方式；③流动的使用方式：交替或同时使用两种或三种分析方式；④分层的使用方式：针对不同类型的定性资料选择使用不同的分析方式。

表14-2 样板式、编辑式和融入与结晶化三种分析方式的比较

比较内容		分析方式		
		样板式	编辑式	融入与结晶化
利弊	优点	易于操作，时间效率高，更易聚焦	更具开放性，编码表更完备	更能与文本深度对话和互动；可能获得高价值的结论
	缺点	编码表可能不全面，容易遗漏新信息；分析过于固化，缺乏灵活性	编码过程需要不断调整、难以计划；更依赖于研究者的直觉	更依赖于研究者的直觉和反省；对分析者要求很高

(续)

比较内容		分析方式		
		样板式	编辑式	融入与结晶化
适用情形	研究者特征	擅长归纳、结构或推论的逻辑	擅长归纳、结构或推论的逻辑	擅长直觉地分析
	研究目的	检验理论或假设	了解新的市场现象，需要更具开放性的研究	了解新的市场现象，需要更具开放性的研究
	已有相关知识	丰富	少	少

资料来源：柯惠新，丁立宏.市场调查[M].2版.北京：高等教育出版社，2019.

14.3.2 定性资料分析的操作流程与方法

一旦开始汇集和整理资料，就会发现资料的庞杂与分散，以及资料来源和格式的多元化，因此面临一个很大的挑战。跟定量资料分析相比，定性资料分析还有一个更大的挑战是文字比数字蕴含的意义更加丰富，有时文字中可能还有多重含义，对这类资料不仅要分析其显性内容，更要把握其隐性内容，往往需要结合上下文提供的信息才能准确理解其真实含义。因此，高质量的定性分析能够更深入地挖掘出资料中的"深度"信息，价值更大。通常分析人员花在定性资料处理和分析上的时间比资料搜集的时间要多很多，而且只有在整体上了解和准确把握已收集到资料才可能准确获取其中的信息。定性资料分析需要在全面回顾所收集到的资料的基础上，依据调查目的和研究问题确定资料的范围和涉及的主要概念，建立编码表，进行定性资料信息的撷取、分类和归类，通过进一步的提炼和推演最终获得新的模式或理论等研究结论。

1. 全面回顾资料

不管选择哪一类资料分析方式，都需要分析人员全面仔细阅读所有收集到的资料，对所有各种类型和来源的资料进行全面的回顾。回顾资料可以使分析人员将注意力聚集到资料中来，沉浸其中，确保分析人员对资料的全面了解、整体把握和对局部片段准确理解，为后续部分与整体之间反复循环论证提供条件。定性调查资料的来源和形式多种多样，回顾资料有别于普通的阅读和视听，其基本原则是分析人员要兼具目的性和开放性，要以开放的心态包容和接受新的甚至是"出其不意"的信息，又要围绕研究目的有针对性地提取有价值的信息。资料回顾要完成以下三方面任务：①无一遗漏地阅读文字稿和视听所有资料，确保分析人员能从整体上准确把握全局，不至于迷失方向。②唤起调查者对现场情景的记忆，如除言语以外的场景、氛围和情绪等信息。③唤起调查者当时在现场的感觉和体验，激发他们的新思考，帮助分析人员发现这些资料对研究的意义。

在资料回顾和后续的资料分析过程中，都需要用到备忘录（memo）。备忘录是定性分析中所作的记录，可以是回顾和阅读资料过程中记录下的要点、对重点内容的分析或是对资料的选择与分类甚至是其他较为复杂的图示表达等。实践中，这些备忘录都是定性分析资料的一部分,可以为自己和项目中的其他人积累资料与引发思考。有关备忘录更详细的介绍在本节后半部分。

2. 确定重点资料范围并筛选资料

实践中,通常在调查方案设计时都会将调查内容和调查项目作为重要的工作内容进行规划。在定性资料收集过程中经常会有不少意外的收获,这就需要在资料分析时清晰地界定资料范围,为资料的筛选提供准确的依据。

(1)重点资料范围。

分析人员筛选资料的标准要兼顾两方面:一方面要充分考虑具体调查项目目的的要求,另一方面要考虑到分析者的多个角色。通常以下几类资料可以作为重点分析资料:①与客户委托任务直接相关的资料。这是特定调查项目资料分析根本任务的必需资料,是资料中的重中之重。②可能与客户委托任务间接相关的外围信息。这主要包括虽然与委托任务没有明显或直接关系但分析人员认为对后续研究可能比较重要的资料,或者根据经验一般客户通常比较关心的、有价值的资料等。对外围信息的选择比较依赖分析者的职业判断力和敏感性。③基于分析人员视角的有价值资料。分析人员视角实质上有两个方面,第一方面是纯粹的分析人员,还有一个方面是分析人员本人。对于那些分析人员感兴趣或困惑的信息可以加以关注,这些资料可能的作用是有助于分析人员基于客观中立的立场看待和分析问题,尤其是一些让分析人员感觉困惑的资料可能会引导出重要的信息,也可能有助于分析人员更好地理解客户及其行为。④具有隐含意义的资料。这主要体现在有"言外之意"的资料或在特定上下文语境中有隐含了特殊意义的资料等,分析人员不能只注意到其字面表达的意义,还要能够关注到字面下隐含的意义。

(2)筛选资料的方法。

资料筛选的方法有人工和计算机两种,虽然现在有很多资料分析的工作可以借助计算机软件完成,但其基本原理仍然与人工方法基本一致,而且定性资料的分析本质上还是依赖于分析人员,所以这里主要介绍人工筛选资料的方面,后面会对定性资料中的软件进行简要的介绍。

实践中,对市场调查定性资料的筛选往往与资料回顾同步进行,在有些资料分析方式中还与资料编码交织在一起。如样板式分析事先已经构建了编码表,资料筛选只要根据这个编码表进行取舍、编码、分类和归类。实际操作中,资料筛选的具体方法主要有:①做批注。在文本资料上可以直接对重点信息进行批注,可以用常规的重点符号标记,也可以在页面边缘做笔记,也可以用便利贴做批注,当然做批注方法也可以用在实物资料上。②做笔记。分析人员可以单独用一个本子将重要资料的要点按照某种顺序记录下来。③直接摘引。有的分析人员直接将原始资料印在纸上,按需要将其剪开,并将纸片分别放在相应的文件夹中,如果该段内容可以归为多个类别,则可将其复制相应的份数并分别放在相应类别的文件夹中。直接摘引实际上是将资料的筛选过程嵌入资料的分类过程。

3. 编码与编码表

分析人员筛选出重要资料后还要将资料"打散"和"重组"及"聚焦"和"浓缩",旨在探寻和发展出与研究问题相关的主题、概念或概念间的关系、模式等有价值的信息,从而将资料与研究目的联系起来。在这个过程中编码起着非常关键的作用,是资料的分类和归类、信息聚合与联结的基础。当然,编码在不同定性分析方式中与其他任务的关系有所不同。如在样板式分析中会预先设计好编码表,而在编辑式分析中编码过程往往与回顾资料、资料筛选等过程同步进行,并在资料分析过程中逐渐发展出一定的主题、概念和结构,通过不断的优化调整才能形成比较完善的编码体系,然后据此对资料编码、组织与联结。

(1) 编码的含义与代码类型。

编码实质上就是分析,是阅读定性资料时有意识地切割并保留各部分之间关系的工作。代码就是给相应的资料指定标签,这些标签是有意义的单位,标签的意义是分析人员将相应资料放在给定脉络或某一逻辑框架中就其含义所做的选择,这意味着在这个市场调查项目的定性资料分析中这个标签只代表所选择的意义,排除了可能代表这个资料含义的其他解释。代码主要有两种功能:①用于检索。可以利用代码将各定性资料及其部分进行标注,便于分析人员查找。②用于组织资料。分析人员可以针对具体的研究问题、概念或假设利用标签抽出相关资料、段落或文块,对其归类,通过资料的聚集和浓缩资料的展示,为引出结论提供依据。

定性分析中通常使用的代码有描述性代码、诠释性代码以及主题或模式代码三种类型。描述性代码只是根据资料表述的信息选择用一种词汇归类某一类现象,很少对信息进行诠释。例如,对消费者的访谈记录为"我之所以购买××品牌洗发水是因为最近我掉发比较厉害,而我的同事告诉我她使用这个品牌洗发水之后基本不掉发了"。如果仅仅从文字表述的内容归类,则可以选择"消费动机"作为代码,此代码就属于描述性代码。如果随着阅读资料数量的增多分析人员发现了更多更复杂的"隐性"的动机类别,如有的消费者选择这个品牌洗发水只是为了吸引同辈群体的认同,从而获得更多的认同感和归属感,那么就可以用"表面消费动机"和"隐性消费动机"两个代码分别标注,这两个代码不仅仅是描述性的,而且是诠释性的,这就是第二类代码——诠释性代码。第三类代码具有很高的推理性和解释性——主题或模式代码,这类代码通常在资料整理分析的后期阶段才能被提炼或揭示出来。在资料整理分析过程中分析人员可能会在某个时刻意识到可以提炼出一个主题或模式,并在继续阅读分析资料中渐渐地发现有很多资料可以很好地证明这个主题或模式的存在。诠释性代码通常是一个被概括的主题、主旨、模式或因果关系的词汇。譬如,在进一步的资料整理中分析人员发现,消费者是否购买××品牌洗发水还与其经济收入水平有密切的关系,为此分析者可以在这些资料上加上一个代码"主题——购买力"。综上分析,编码并非一蹴而就的事情,随着时间的推移，往往需要在最初编码的基础上对编码进行反复的调整，在必要的时候甚至要重新阅读已编码的资料，并添加上新的编码。

（2）建立编码。

编码是针对同一主题、类别或概念的资料使用同样的代码标示出来的过程。编码表是将所有代码与其所代表的意义集中在一起的表格。分析人员利用编码表可以对所有重要资料标示相应的代码，依据代码将资料分类并归类。

在市场调查定性资料分析中如何具体建立编码？有些研究者会根据调查项目的、调查提纲和所要达成的最终目标，将理论与经验相结合，确定可能需要获得的主要概念及表现，然后通过对资料的阅读分析和标注，逐步归类合并或分解细化概念，完善编码并最终制定编码表。或者分析人员对全部资料进行开放式阅读整理，从中提炼出能包含与研究相关的思想或见解的信息，并对资料进行初始分类和标注，用更高层次的抽象概念将意义上或内涵上有关联的事物、事件或行为归到这个概念之下，最终找出资料中的主要概念及概念之间的关系。这类编码的做法比较适合于调查问题比较明确，或具有"验证性"特征的市场调查项目。而那些分析人员事先了解较少并需要通过定性调查和分析获得"新发现"的市场调查项目，更适合用扎根理论的编码方法。

扎根理论（grounded theory）被誉为 20 世纪末"应用最为广泛的定性研究解释框架"，是 1967 年由美国学者巴尼·格拉泽与安塞姆·斯特劳斯提出的。扎根理论研究主要用深度访谈法和参与观察法搜集材料，定量材料与定性材料同等重要。运用理论抽样（theoretical sampling）选取研究对象，强调围绕研究对象间的联系和异同进行持续比较，以此发现理论元素。扎根理论中的编码即分析资料的过程，最初是开放性编码，从原始资料提炼概念，并基于概念的特征/内涵（properties）和范畴/外延（dimensions）发展充实，随着核心类别的呈现开始进行选择性编码（只对与核心类别相关的类别编码），直至饱和（无新内容出现）。扎根理论后来逐渐发展出多个流派，其中格拉泽的经典扎根理论和斯特劳斯的程序化扎根理论使用较为广泛。

经典扎根理论认为，其研究的问题、相关的概念与范畴都是随着研究的深入而自然涌现的，强调发现概念和理论。如表 14-3 所示，编码包含两个步骤：实质性编码（substantive coding，由形成的范畴及特征所赋予的概念化意义）和理论性编码（theoretical coding，从理论上将实质性编码相互联系起来）。其中实质性编码又包括开放式编码（open coding）和选择式编码（selective coding）两个子步骤。

表 14-3　经典扎根理论的编码步骤

步骤	主要内容
开放式编码	目的是找出与被调查者相关的众多概念。步骤：首先逐字逐句检视定性材料，用关键词标记出每一个事态（incident）；其次将关键词聚拢分类，尽可能多地建立概念的范畴（conceptual category）；然后经过持续的搜集、整理、比较和分析，概念范畴及不同范畴之间的关系会逐渐变得清晰；最后就会涌现（emerge）出一个核心范畴（core category）
选择式编码	集中关注核心范畴和其他与之有意义联系的范畴，据此对调查提纲做相应调整，并通过理论抽样搜集证据；当核心范畴变得足够厚重，与其他范畴间关系变得足够清晰时，研究就达到了饱和（saturation）状态，这时就可以对不同范畴进行整合和压缩，进一步抽象化，以得到一些实质性概念（substantive concept）

（续）

步骤	主要内容
理论性编码	最后一级的抽象，确定多个实质性概念之间的关系，这种关系表明了研究现象背后的潜模式（latent pattern）——研究期望发现的理论。在这个过程中，可以参考既有文献，同时借助访谈中所做的备忘录来撰写论文

经典扎根理论因在编码实践过程中具有高度个人化特征而使分析人员难以学会和应用。为此，斯特劳斯和他的学生朱丽叶·科宾于1988年提出了程序化扎根理论，试图将扎根理论的步骤和技术细化为"一步一步来"（step by step fashion），这是一种程序化水平更高、编码过程更加系统严格的扎根理论，具体如表14-4所示。

表14-4 程序化扎根理论的编码步骤

步骤	主要内容
开放式编码	与经典扎根理论的开放式编码过程类似，要求从定性资料中抽象出一些概念，并寻找概念的属性（property），将其维度化（dimensionalization）后，再从不同维度考察它们的频率、强度、持续时间等，并确定变化范围
轴心式编码	确立主范畴（overarching category）和次范畴（sub-category），按照范式模型将次范畴围绕着主范畴组织起来，确认若干主范畴
选择式编码	在多个主范畴中确定一个核心编码，找出与其他编码相关的范畴，通常两个轴心式编码就可以构建成更宽泛的范畴，从而构建关系模式或新理论。分析人员可以按5个步骤来进行：①使用分析性术语表达的几句话给出一条总体描述所研究的现象的故事线（storyline）。故事线要描述出核心范畴所引导的理论线索。②继续使用范式模型，找到核心概念的辅助范畴（subsidiary category），确定其间的关系，构建理论：A（条件）→B（现象）→C（环境）→D（行动/互动及其策略）→E（后果）。③确定核心概念的属性和维度，在维度层面对辅助范畴进行分类与定位。④结合经验证据，考察上述分析过程得到理论的可靠性。⑤通过理论抽样填补遗漏的细节，确保足够的范畴密度（category density）。以上顺序并非固定

注：范式模型（paradigm model）是指按因果条件（causal conditions）、环境（context）、干扰条件（intervening conditions）、行动/互动及其策略（action/interaction、including strategies）、后果（consequences）5个方面分析主范畴。在界定上述5方面的时候，可以借助"条件矩阵"（conditional matrix），该工具把条件和后果等元素从微观到宏观划分为8个层次：①行动（action）；②互动（interaction）；③群体、个体、集体（group、individual、collective）；④次组织、次制度（sub-organization、sub-institution）；⑤组织和制度（organization and institution）；⑥社区（community）；⑦国家（nation）；⑧国际（international）。分析人员可以将定性资料对号入座。

程序化扎根理论中，编码分为开放式编码（open coding）、轴心式编码（axial coding）和选择式编码（selective coding）三个步骤，并增加了维度化、范式模型、条件矩阵等新工具，优化了编码步骤和分析技术。这是一套可以与量化定量分析相匹敌的严谨的定性分析程序，目前得到了最为广泛的认可和应用。

综合以上分析发现，定性资料编码方式和技术有很多类型，对资料打散和重组的程度有比较大的差异，对资料信息的挖掘深度也有明显的不同。在实践中，分析人员需要根据市场调查项目的实际需要，特别是对调查项目最终分析结果的要求，选择合适的编码技术进行科学规范的分析。

（3）撰写备忘录。

定性分析主要依靠分析人员本身，分析人员对被调查者和研究问题的认识会在调查过程中不断丰满,分析目标能够越来越接近"真相"。然而与最终面对大量庞杂的调查资料才开始定性分析相比,很多的分析人员选择了从资料搜集开始就逐步进行分析累积的做法。这在很大程度上是习得了扎根理论研究中撰写备忘录贯穿资料收集和资料分析全过程的做法。在全部调查研究过程中要持续撰写备忘录,记录下分析人员自己在研究过程中的各种思考和想法。备忘录有助于调研团队的沟通交流,有助于提高资料编码和整合、形成理论逻辑和得出最终研究成果等工作的质量和效率。备忘录本质上是分析人员对所研究问题形成的理论意识流的即时记录,用语不必考究,但需要不断累积、修改和整理。

斯特劳斯区分了三种类型的备忘录:编码记录、理论记录和操作记录。编码记录会记录分析中有关编码所对应的含义。这一点非常必要,因为在具体的定性分析中每个名词的内涵和外延都可能随着资料的收集和分析而变化,分析人员记录的分析过程中所用编码对应的清晰含义,有利于最终编码和编码表的建立。理论记录涵盖了概念和维度的发展、概念之间关系和理论假设等众多主题,是分析人员探索事物本质及其意义过程的记录。研究中分析人员可不拘形式随时记录下自己的想法,记录分析思路及研究过程,经理论整理(theoretical sorting)分门别类;组合整理结果,联结类别,进而完成理论撰写(theoretical writing)。操作记录主要是记录方法论问题和与操作技术相关的事宜和思考,例如记录有关资料收集环境的信息对后续理解资料意义,对完善后续资料收集和分析方法的思考有用等。

(4)编码的注意事项。

编码和分析中要坚持"投降"原则,这是实事求是原则在这一环节的具体体现。"投降"原则要求分析人员在资料编码和分析过程中要尊重调查中获得的资料,从整体上透彻理解资料及其蕴含的意义,不能只按照分析人员的经验和视角去理解和分析。因此,分析人员要坚持向资料、感觉和体悟"投降",通过多层次、多角度挖掘资料去寻找和理解其中真实的"意义"。譬如,编码中代码的命名要尽量用"本土概念"——被调查者自己的语言,这样可以"原汁原味"地保留资料,准确真切地表达他们的思想,避免因为对资料的概括而偏离被调查者的原意。在一项与创造力相关的调查中,分析人员就选择了被调查者对创造能力理解的原话"举一反三"作为代码,因为被调查者在访谈过程中特别强调"反对'举一反一',即反对学生死记硬背、依样画葫芦,提倡创新、挑战传统",还强调"反对'举零反一千',即反对现代年轻人没有一定知识基础的盲目挑战,提倡以知识为基础的创新"。很显然,这里,如果选用更加宽泛更加规范的概念如"创新能力"作为代码,而不是用本土概念"举一反三"作为代码,就不能准确表达被调查者的真实意思的。通常对本土概念的提取主要依靠分析人员的直觉和经验,以下几种概念可以考虑作为本土概念:被调查者表达时常用的词汇;虽不是被调查者常用词汇,但使用时却带有强烈感情色彩的词汇;资料中容易引起分析人员特别关注的概念等。

4. 归类与联结

定性资料的归类和联结实际上反映了定性资料初步分析和深度分析两个阶段的重要

任务，两者有非常密切的关系，但在分析层次上又有明显差异。归类是指分析人员将具有相同代码的资料归为同一类别，反映其共同特征，形成一些主题或范畴。联结则是在归类基础上探寻不同主题或概念之间的关系、结构、过程或模式等，从而揭示出规律或形成理论。关于如何进行定性资料的归类与联结需要考虑到编码方式的差异。如果资料编码只使用了开放式编码，则资料的归类和联结就需要花费较多的时间和精力去进行；如果资料编码不仅使用了开放式编码，而且还使用了选择式编码、轴心式编码或理论式编码，那么资料的归类和联结就已在编码的同时基本完成。因此，这里主要针对开放式编码探讨如何进行资料归类和联结。

（1）归类的操作方法和需要思考的问题。

1）讨论归类的操作方法。对定性资料归类，可以有人工和计算机两种操作方式：

①人工归类。人工归类可以有两种具体的操作方法。一是做笔记，即分析人员用备忘录等笔记形式记录下在资料整理分析中发现的主题或范畴，以及它们的信息要点。通过对笔记内容的分析发现不同范畴对调查目标的意义以及不同范畴之间的关系。二是"剪刀＋糨糊"的方式，按编码将定性资料分剪开来，如果同一个纸片有多个编码则复印多份，将相同代码的资料剪贴在一起或者放在一起，然后对每一代码的资料分别做分析。

②计算机归类。计算机归类也可以有两种具体的操作方法。一是分析人员利用电脑进行人工归类，即利用电脑录入、编码和储存定性资料，进行简单的文字处理，利用"查找"或"搜索"功能快速查找包含同一代码信息的段落或文件。这种方式可以更快捷地复制和更便捷地编辑，但本质上仍是人工归类。二是利用定性分析软件归类。目前已有不少定性数据分析软件（qualitative data analysis software，QDAS），如 Maxqda、ATLAS.ti 和 Nvivio 等，可以为定性分析人员提供包括归类在内的多项定性分析功能。

其实，分析人员关于定性资料分析是否需要计算机软件一直是有争议的。有人认为应用软件定性分析操作更容易且分析效率能极大提升；但也有人认为软件无法像人那样思考，而分析人员却可能因为使用软件分析而缺乏对资料全面、深刻、系统的把握和理解，应坚持用传统的笔编码。无论怎样争执，他们有一个基本共识，那就是定性分析应主要依靠分析人员本身，对软件的依赖程度没有定量分析那么强。

2）在资料整理和归类过程中分析人员主要关注和思考的问题包括两个方面：

①关注和思考"资料中有什么信息"，这是分析人员在开始整理和分析定性资料时首先要关注和思考的问题。虽然不同的市场调查项目所要分析的对象和达成的目标不同，但一般都会特别关注与研究问题相关的资料及其意义，可能包括明显的语言信息及与其相关的非语言信息。

②关注和思考资料中"透露出什么信息"，这是分析人员在确认哪些信息值得关注之后，需要深度思考"这些信息可能意味着什么"。通常需要思考以下三个方面：第一，对有助于形成研究问题相关假设和观点的资料内容的思考，如被调查者的真实想法是什

么，这种反常现象意味着什么，可以从其他角度或用其他方式来分析这些信息吗，这些信息与研究问题有什么关系，这些信息与客户视角有什么联系。第二，对有助于解释和评估被调查者言语及其"意义"准确性的环境或互动过程信息的思考，如为什么被调查者此时或此处有如此反应，这句话的言外之意是什么，被调查者为什么在这时进行这样的评论。第三，对有助于评估研究效度的研究情境和分析人员对研究对象影响的信息的思考，如分析人员个人或群体对解读被调查者话中的意义有什么影响，被调查者在这种情况下的反应是否正常。

（2）联结的操作方法和需要思考的问题。

定性资料深度分析的主要任务是探寻概念及概念之间的关系，并试图为其构建理论模型。因此，联结的操作方法和需要思考的问题都以寻找资料间的联系、进一步归类和浓缩、发现核心主题、做出结论为目标。

1）联结的操作方法。

①联系。通过将具有相同代码或属性的资料归为同一类属，借助"联系"分析不同类属间的关系，形成更宽泛的类属及其相互关系。作为较大意义单位的类属呈现出一个观点或主题，可以以一定的概念命名。如此不断归类设定更高层次的抽象类属，识别类属之间的联系，最终找出"核心类属"及其与其他类属的关系，构建概念图，借此建立并揭示概念之间的联系。

②比较。比较定性调查子群体之间的差异。比较的前提条件是定性分析的样本规模较大，能够通过分群进行不同子群的分析和比较。如何分群是定性分析"比较"子群体的首要任务。通常有两种分群方式：第一，按研究对象明显的自然分界特征，如人口统计特征或用户群的明显特征进行分群；第二，按与研究问题相关的主要特征变量进行分群，这些特征变量往往不是事先想好的，而是在收集和分析资料过程中逐渐展现并被发现的。定性分析中子群体的比较研究可以为定量研究提供相关假设和视角。

③展示/报告。市场研究中常以图示的方式展示概念关系和群体特征等信息。资料图示有多种方式，常用的有矩阵图、曲线图、等级分类图、报表、网络图、认知图、模型和因果关系图等。如矩阵图常用于子群体的比较，而网络图或模型可以很好地展示不同概念之间的关系。图示方式呈现研究结果更直观更生动，也可以检验资料收集和分析的充分性，使研究结果更可信。展示也可以是一种分析手段，而且在分析过程中可以持续进行。进行资料分析时随时可以用图示的方式展示数据资料，并且要随着分析的不断深入持续调整和完善，直到稳定模式出现时，便可以撰写研究报告进行最终的展示。

深度分析得出的结果只有经得起检验才能确认为最终的结论。通常可以采用的检验方法如下：再次回到文本，编制新的编码本进行分析，通过寻找替代解释去验证；对整个资料分析过程进行自我反省；请专家评价、提建议或通过展示初步结论与他人交流，获得评价和建议。实践中，很多分析人员也会借鉴扎根理论研究中利用理论抽样进行检验，直到增加新的样本资料没有新的内容需要调整，达到稳定的模式或分析结果。

2）资料联结中主要思考的问题。

深度分析的目标是基于资料前期分析的结果进行更加深入的分析，构建更高层次的概念体系或关系模式。因此，分析人员要跳出"细节"着眼"大处"。在这一阶段，分析的素材是前期分析"聚集"后的精简浓缩资料，而不再是原始资料；关注的焦点是更加抽象、更加概念性的问题，而不再过多关注资料中的细节；最主要思考的两个问题是资料的理论化和研究结果的应用。"理论化"需要思考的主要问题是：所有资料蕴含的意义是什么；资料分析得出了什么样的理论或模型。"应用"需要思考的主要问题是：所有资料基于客户视角的意义是什么；这些资料对于客户需要解决的问题有什么作用；客户的想法是否与其目标群体的价值观、行为和需求一致，有哪些不一致的方面，不一致的程度怎样，不一致处的客户是否可控，哪些方面可控，程度如何，哪些方面是不可控的。

14.4 定性分析实务与案例分析

案例：消费者与商家在线体验式互动对其购买意愿影响调查的定性资料、三级编码与结果检验。

1. 研究目的

目前关于消费者与商家在线体验式互动的研究中对相关概念的界定相当缺乏，从消费者与商家进行在线体验式互动到最后产生购买意愿的过程也知之甚少。鉴于当前的现实可行性和理论匮乏性的现状，本研究试图通过访谈调查研究构建消费者与商家在线体验式互动对其购买意愿影响的理论模型。

2. 数据来源

被试样本是按扎根理论的理论取样抽取的，即选择与研究目的密切相关，能够反映某一类别现象的典型的代表性群体。据此，本项目选择的受访对象都有本科及以上学历、有丰富的网购经历、乐于评论和善于思考的人。样本量按照理论饱和的原则确定，最终共选择了23个受访对象进行深度访谈。

3. 调查定性资料的三级编码

第一步 开放式编码：对采集的原始定性数据进行开放式研究，开放性体现在对原始定性数据不断编码和反复研究中。本研究对18位受访者的访谈资料逐字逐句进行编码、标签、录入，再将性质与内容相近的要素重新综合产生初始范畴。进行范畴化时，分析人员反复在资料、概念和范畴之间进行求同性和求异性比较，剔除重复频次≤3次的初始概念，仅选择重复频次＞3次的初始概念。此外，还剔除了个别前后矛盾的初始概念，最终凝练出62个概念、18个初始范畴，如表14-5所示。

表 14-5　开放式编码形成的概念及初始范畴

初始范畴	原始语句示例（初始概念）
A1 吸引力	店铺装修很精致，很唯美（a1 精致唯美） 商品的每个细节都可以看得很清楚（a2 细节清楚） 货架上商品的摆放很富有创意（a3 富有创意） 商家以碧海蓝天为背景，还能听到海鸥声和大海声，声画配合，烘托出裙子的美（a4 声画配合） 看商家介绍商品的视频，给人一种引人入胜的感觉（a5 引人入胜）
A2 感染力	好多人在里面询问，那场面才壮观呢（a6 场面壮观） 介绍商品时，一会儿有人剁手，一会儿有人偷偷加入购物车，人气超级火（a7 人气旺） 线上迎客活动的场面热闹，全体线上员工为浏览者大合唱，以示欢迎（a8 热烈欢腾）
A3 表达正面情感	可以发香吻、献鲜花、打手势、发表情，甚是欢快（a9 欢快感） 在线客服的声音不快不慢，听着很舒服（a10 舒服感） 在线客服设定的背景音乐，使人一身轻松（a11 轻松感） 在线客服始终展现出良好的服务态度，服务热情、周到（a12 关怀性） 我一进来，在线客服一起献祝福，以示欢迎（a13 惊喜）
A4 表达负面情感	问的问题，半天没有人回应，很是郁闷（a14 郁闷） 没想到这家的在线客服态度这么差，说话不冷不热的，太让人失望了（a15 失望） 在线客服没有及时回复，就很不爽（a16 很不爽） 发出去的信息没人回复，一直等着让我感觉有点儿浪费时间（a17 浪费时间）
A5 参与性	以古代美人为虚拟模特，自由选择，我体型微胖，选的是给"杨贵妃"搭衣服（a18 虚拟模特趣味赛） 点评《初相见》你最喜欢女明星的哪款穿衣打扮"活动（a19 主题式活动） 在线客服给我设计了一个角色，来解答其他消费者问题（a20 虚拟角色帮助他人） 和在线客服一起通过产品材料、产品设计等来给产品定价，和在线商家的当前价格进行比对（a21 参与产品定价）
……	……

注：其他 13 个初始范畴分别为 A6 个性化、A7 寓教于乐、A8 试用秀、A9 生动性、A10 亲近性、A11 社会交流、A12 社会认同、A13 物理空间感觉、A14 个体投入程度、A15 现实主义、A16 在线商家信誉高、A17 在线商家信誉低、A18 自己下单意愿。

第二步　轴心式编码：在开放式编码的基础上继续对数据进行编码分析。基本任务是区别出主范畴和副范畴，发现各范畴之间的潜在关系，这种关系可以是某种逻辑关系或过程关系。本研究通过对各范畴之间在概念层次上的相互关系和可能存在的逻辑关系进行探索，最终形成 4 个主范畴和 9 个副范畴，具体如表 14-6 所示。

表 14-6　轴心式编码形成的主范畴与对应副范畴

主范畴	副范畴	初始范畴
C1 在线体验式互动	B1 在线感官体验式互动	A1 吸引力 A2 感染力
	B2 在线情感体验式互动	A3 表达正面情感 A4 表达负面情感
	B3 在线娱乐体验式互动	A5 参与性 A6 个性化 A7 寓教于乐 A8 试用秀
	B4 在线行为体验式互动	

(续)

主范畴	副范畴	初始范畴
C2 在线存在感	B5 在线物理存在感 B6 在线社会存在感 B7 在线自我存在感	A9 生动性 A10 亲近性 A11 社会交流 A12 社会认同 A13 物理空间感觉 A14 个体投入程度 A15 现实主义
C3 在线商家信誉	B8 在线商家信誉	A16 在线商家信誉高 A17 在线商家信誉低
C4 在线购买意愿	B9 在线购买意愿	A18 自己下单意愿

第三步　选择式编码：对轴心式编码再精炼和再整合，即从主副范畴中挖掘"核心范畴"，通过描述现象的"故事线"来分析核心范畴与主副范畴的联结关系，进而发展出实质性的理论框架。本研究中，经过选择性编码发现主范畴的典型关系结构有 4 个，具体如表 14-7 所示。确定"消费者与商家在线体验式互动对其购买意愿的影响"为核心范畴，围绕核心范畴的"故事线"，可以概括为：消费者与商家在线体验式互动分别对其在线存在感和在线购买意愿存在显著影响；消费者在线存在感对其在线购买意愿存在显著影响；消费者在线存在感在在线体验式互动对在线购买意愿影响中起中介作用；在线商家信誉在消费者在线存在感对在线购买意愿影响中起调节作用。以此"故事线"为基础，构建和发展出一个全新的消费者与商家在线体验式互动对消费者购买意愿影响的理论框架，如图 14-6 所示。

表 14-7　主范畴的典型关系结构

典型关系结构	关系结构的内涵
在线体验式互动→在线购买意愿	在线体验式互动对在线购买意愿产生影响
在线体验式互动→在线存在感	在线体验式互动对在线存在感产生影响
在线体验式互动→在线存在感→在线购买意愿 在线商家信誉 ↓ 在线存在感→在线购买意愿	在线存在感在在线体验式互动对在线购买意愿影响过程中起中介作用 在线商家信誉在在线存在感对在线购买意愿影响过程中起调节作用

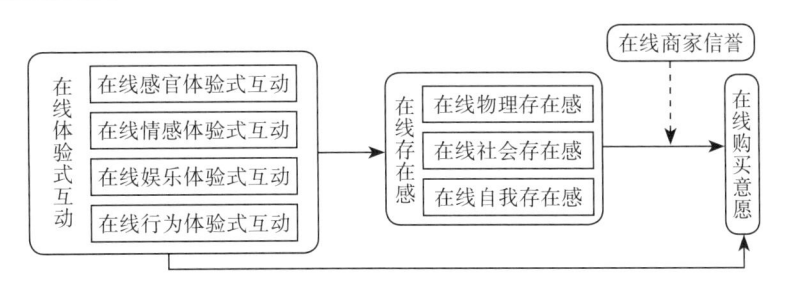

图 14-6　消费者与商家在线体验式互动对其购买意愿影响的模型

4. 理论饱和度检验

用剩下的 5 份访谈资料做理论饱和度检验。用这 5 份访谈资料对之前的开放式编码、轴心式编码和选择式编码进行比对分析，没有发现新的主范畴关系结构，4个主范畴内部也没有发现新的构成因子。由此可见，图14-6展示的模型在理论上是饱和的，是一个稳定可靠的理论模型。

资料来源： 董京京，许正良，方琦，等．消费者与商家在线体验式互动对其购买意愿影响的模型构建[J]．管理学报，2018年11月：1722-1730．

14.5 定性分析软件简介

定性数据分析软件提供了多种功能和工具帮助定性分析，如转录、编码、文本解释、递归抽象、内容分析和语义分析等功能。不同的定性分析软件除提供基本的定性分析功能外都具有各自的特色，学习者可以根据自己的使用习惯和偏好进行选择。目前，这方面的软件很多，如计算机辅助定性数据分析（CAQDAS）软件具有编码工具、链接工具、映射或网络工具、查询工具以及编写和注释工具的功能。Maxqda、ATLAS.ti、QDA Miner Lite，编码分析工具包（CAT），计算机辅助文本标记和分析（CATMA），Aquad，Compendium，Cassandre，LibreQDA，RQDA，TTAMS Analyzer，ELAN，FreeQDA，Weid QDA，Qiqqa，QCAmap，ConnectedText，Transana，Nvivo，Tosmana，Gate，Kirq 都是一些定性数据分析软件。下面简单介绍几个常用定性分析软件。

（1）Maxqda 是用于定性和混合方法研究的软件包，在 Windows 和 Mac 上提供相同功能的 QDA 文件，可以分析访谈记录、报告、表格、在线调查、焦点小组讨论、视频、音频、文献、图片等数据类型。可以将访谈、观察或文件之文本数据录入、储存、分析，可以输出变项表至统计软件或 Excel，也可以从 SPSS 或 Excel 输入变项表。

（2）Nvivo 是已有多个版本的质性研究软件，具有窗口化的接口，可以弹性地探索和解释，扎根理论研究者使用较多。该软件具有搜索文字或编码的功能，链接统计数据以及撰写备忘录，具有较弹性的编码系统。可以通过鼠标的拖拽功能改变节点在树状结构中的位置，可以在文档的右边将编码的范围以长线条标示出来，还可以用反白的方式将编码的段落显示在屏幕上，能让用户很清楚知道自己在资料中的编码情形。

（3）ATLAS.ti 最早版是由德国柏林科技大学跨领域研究团队 ATLAS（1989—1992年）开发的，是专门针对文字、图形、声音及影像等数据类型的质性研究的分析软件，它具有资料统整化、大纲及超链接等功能，视觉化界面可以让分析人员更关注数据本身，操作简单，还可多人一起对相同专题的资料进行分析，允许转换研究的资料。

（4）QDA Miner Lite 是 Provalis Research 开发的一种混合方法和定性数据分析软件，具有简单编码和分析功能，适用于初学者或经费有限的分析人员。

本章小结

定性分析主要是针对各类定性调查方法获得的非数字化市场调查资料的评估、挖掘与解读，是根据市场调查研究目的去理解、领会并提炼出有关研究对象真实想法和相关事实的过程。定性分析是科学的，更是艺术的，需要分析人员有较强的理解与领悟能力、包容与创新心态。根据涉及阶段的不同，有狭义和广义定性分析两种；根据资料来源，可分为原始调查资料的定性分析和现成调查资料的定性分析；根据定性分析的目标，可分为描述性定性分析和解释性定性分析。定性分析的工具是分析人员，他们在分析过程中常常需要扮演受委托的合作者和纯粹的研究者双重角色。事实上，定性分析人员同时承担"受委托的合作者""纯粹的研究者"和"他自己"三重角色，需要协调和权衡，分析人员需要丰富的业务经验积累。定性分析的资料范围包括反映分析单位的资料、调研者在研究过程中记录下的所思所想和反映客户视角的相关资料等三方面。定性资料分析基本上分为两步：第一步是对资料的初步分析，即将资料中的信息"打散"或"重组"；第二步是对资料的深度分析，即对资料"聚焦"和"浓缩"形成概念和理论假设。定性资料的整理和分析需要满足以下要求：同步性、及时性、完整性和闭合循环性。定性资料的组织有样板式分析、编辑式分析和融入与结晶化分析有三种方式，联结有联系、比较和展示/报告等方式。编码是针对同一主题、类别或概念的资料使用同样的代码标示出来的过程。编码表是将所有代码与其所代表的意义集中在一起的表格。利用编码表可以对所有重要资料标示相应的代码，依据代码将其分类并归类。经典扎根理论编码包含两个步骤：实质性编码和理论性编码，其中实质性编码又包括开放式编码和选择式编码两个子步骤。程序化扎根理论编码分为开放式编码、轴心式编码和选择式编码三个步骤，并增加了维度化、范式模型、条件矩阵等新工具，优化了编码步骤和分析技术。编码和分析中要坚持"投降"原则，这是实事求是原则在这一环节的具体体现。对定性资料归类有人工和计算机两种操作方式，分析人员应主要关注和思考"资料中有什么信息"和"透露出什么信息"两方面问题。联结的操作方法通常有联系、比较和展示/报告等，需要思考的问题都以寻找资料间的联系、进一步归类和浓缩、发现核心主题、做出结论为目标。定性数据分析软件提供如转录、编码、文本解释、递归抽象、内容分析和语义分析多种功能和工具来帮助定性分析。

复习思考题

1. 简述定性分析的含义和特点。
2. 阐述吉尔·伊利奥特的定性分析者双重角色理论和分析实践中定性分析者三重角色该如何协调。
3. 简述定性分析的基本要求和程序，说明不同阶段的主要任务。
4. 比较分析定性资料分析的不同组织方式。

参考文献

1. 柯惠新，丁立宏. 市场调查 [M]. 2版. 北京：高等教育出版社，2019.
2. MILES M B., HUBERMAN A M. 质性资料的分析：方法与实践 [M]. 重庆：重庆大学出版社，2018.
3. EREAUT G. Analysis and interpretation in qualitative research[M]. SAGE Publications, 2002 (25): 15-17.

4. CRABTREE B F，MILLER W L. Doing Qualitative Research[M].California:Sage Publications,1992.
5. CRABTREE B F, MILLER W L. 质性方法与研究 [J]. 黄惠雯，译 . 台北：台湾韦伯文化事业出版社，2002（3）：25.
6. GLASER B G，STRAUSS A L．The discovery of grounded theory: strategies for qualitative research[M]. Chicago：Aldine Transation，1967.
7. 吴肃然，李名荟 . 扎根理论的历史与逻辑 [J]. 社会学研究，2020（2）：75-98.
8. 黄刚 . 组织与联结：浅谈访谈资料的整理和分析 [EB/OL]. (2002-04-05) [2022-06-07]. https://wenku.baidu.com/view/07fcc90e76c66137ee061915?bfetype=new.
9. 董京京，许正良，方琦，等 . 消费者与商家在线体验式互动对其购买意愿影响的模型构建 [J]. 管理学报，2018（11）：1722-1730.

第 15 章
CHAPTER 15

定量市场调查资料分析

§学习目标

1. 掌握不同测量层次数据统计表的展示方法和软件分析技能；
2. 掌握不同测量层次数据的优秀统计图的特征、展示方式和软件分析技能；
3. 掌握数据的描述统计方法和软件分析技能；
4. 掌握数据的推断统计方法和软件分析技能。

§ 本章导图

定量市场调查资料分析

- 推断统计
  - 单变量
    - 假设检验 — 小概率原理
    - 参数估计
      - 点估计
      - 区间估计
  - 多变量
    - 相关测量法
      - 相关系数
      - 显著性检验
      - 削减误差比例
    - 方差分析 ANOVA
      - 原理
      - 单因素
        - 操作步骤
        - 关系强度
        - 多重比较
      - 双因素
        - 无交互作用
        - 有交互作用
    - 线性回归分析
      - 一元
        - 模型
        - 拟合优度
        - 显著性检验
        - 模型评估
        - 预测
      - 多元
        - 模型=检验=评估
        - 多重共线性问题
        - 变量选择问题
  - 适用于低层次数据的都适用于高层次
  - 借力统计软件 SPSS/Excel

- 描述统计
  - 集中趋势
    - 定类 — 众数
    - 定序 — 中位数、分位数
    - 数值型 — 平均数
  - 离散趋势
    - 异众比率
    - 极差/四分位差
    - 标准差/变异系数
  - 偏峰度
    - 偏度
    - 峰度
  - 相对程度
    - 结构/比例比较
    - 强度/计划完成程度
  - 动态分析
    - 水平分析
    - 速度分析

- 统计表
  - 结构
    - 总标题
      - 3W
      - 简洁明了
      - 表格上方
    - 行标题
    - 列标题
    - 数字资料
    - 其他
      - 注释
      - 资料来源
  - 类型
    - 简单表
    - 简单分组表
    - 复合分组表
  - 设计和使用规则

- 统计图
  - 内容和信息是统计图的灵魂
  - 考虑因素
    - 变量数—一/二/三维
    - 变量层次
  - 构成
    - 图
    - 标题 图下方
  - 优图原则
    - 最短的时间
    - 最少的墨水
    - 最小的篇幅
    - 最大的信息量
  - 优图特征
    - 服务于明确的目的
    - 显示数据
    - 简洁明了
    - 精确
    - 结构完整

- 展示
  - 定类变量
    - 表
      - 频数分布表
      - 列联表
    - 图
      - 条形图
      - 饼形图
  - 定序变量
    - 累积分布表
    - 累积分布曲线
  - 数值型变量
    - 单变量图
      - 分组
        - 单变量
        - 组距
      - 分组
        - 直方图
        - 折线图
        - 茎叶图
        - 箱线图
      - 未分组
    - 多变量图
      - 散点图
      - 汽泡图
      - 雷达图
      - 轮廓图

§ 引例

定量资料统计分析实际上是按照数据分析任务书的具体要求，对调查数据进行全面系统地分析，以满足客户对相关决策信息的需求和研究者的需要。定量资料统计分析可以按照数据资料分析的程度分为基础统计分析和高级统计分析。涉及的具体统计分析方法在《统计学》等相关课程中有系统介绍。基础统计分析主要是应用单变量技术，适用于一个单位只有一个度量值的样本，或样本中虽有多个度量值，但每个度量值都是按一个变量单独进行分析的情况，按变量测量层次和样本数量可分为更细的类型。高级统计分析主要采用多变量技术，适用于样本中的一个单位有多个度量值，而且对应的多个变量是同时进行分析的情况。按变量中是否有因变量和因变量个数可以再细分。本节主要针对市场调查实践中经常会运用到的统计分析技术及相关软件的应用进行简要的介绍，以帮助读者较快地学会相关技术并应用于市场调查实践。

定量数据分析可以应用的统计软件有很多种，如 Excel、SPSS、SAS、S-plus、Minitab、JASP、Statistica 和 Eviews 等。Excel 是 Microsoft 公司推出的 Office 系列产品之一，是一个功能强大的电子表格软件，在我国有着广泛的应用。其特点是对表格的管理和统计图制作功能强大，容易操作。Excel 的版本有十多个，功能有所不同。较高级的版本往往具有更多功能。较低的版本主要有两个缺点：一是在数据非常多的情况下分析者会感觉到运算速度相对较慢。二是统计方法不全。但是从 Excel 2010 开始，推出了 Power Query 的插件，可以弥补传统 Excel 的不足。目前，在 Excel 较高级版本中已嵌入了多个强大的数据分析和展示插件，如 Power Query（超级查询，简称 PQ）和 Power Pivot（超级透视，简称 PP）、Power View（数据可视化，简称 PV）和 Power Map（数据地图，简称 PM）等插件，基本上能满足一般市场调查项目所需要的数据统计分析功能。SPSS（Statistical Product and Service Solutions）"统计产品与服务解决方案"软件最初的全称为"社会科学统计软件包"（Statistical Package for the Social Sciences），现为 IBM 公司推出的一系列用于统计学分析运算、数据挖掘、预测分析和决策支持任务的软件产品及相关服务的总称，它有多种版本。其在社会调查（包括市场调查）领域应用非常普遍。因此，本章数据分析的软件操作方法主要应用 SPSS 或 Excel。

15.1 数据的图表展示

如表 15-1 所示，研究者通常会利用统计图或统计表展示定量市场调查数据资料，因为统计图或统计表可以把大量杂乱的数据有条理地组织起来，更清晰明了地展示数据及数据之间的关联性。相对于用文字描述数据，优秀的统计图表具有简单明了、直观有趣的优点。之所以强调优秀的统计图，是因为并不是只要运用统计图表就一定能突出这些优点。只有知晓并掌握统计图表设计的基本原理和方法才有可能编制出优秀的统计图表。只有理解并掌握各类统计图表编制的条件、要点和规范，才能"轻松地指挥"统计软件准确绘制出精美的统计图表，才能准确且规范地表达分析者所想。

表 15-1　企业经历过程的重大危机类型与企业传承相关性统计表

危机内容	比例（%）	与企业传承相关性	危机内容	比例（%）	与企业传承相关性
竞争对手恶性竞争	46.1	0.060	重大安全事件	8.8	−0.007
现金流危机	37.7	−0.028	员工身体突发疾病	8.0	0.078*
销售渠道危机	29.2	−0.032	重大生产失误	6.9	0.040
重组改制危机	24.5	0.160**	重大劳资纠纷	6.8	−0.026
重要高管离职	24.1	0.036	自然灾害	4.6	0.013
外部金融危机	14.7	−0.008	员工家庭重大变故	4.1	0.013
商业伙伴背叛	13.5	−0.014	社会舆论危机	3.4	0.021
政府关系危机	11.6	0.019	重大环境污染事件	3.0	0.015
核心技术危机	11.4	0.074*	恶意并购	1.4	0.040
投资者关系恶化	10.9	−0.036			

注：** 表示相关系数在 0.01 水平上统计显著，* 表示相关系数在 0.05 水平上统计显著。
资料来源：李兰，仲为国，彭泗清，等.企业家精神与事业传承：现状、影响因素及建议——2020·中国企业家成长与发展专题调查报告，南开管理评论．

15.1.1　统计图表编制的基本要求

1. 统计表的基本结构和设计要求

统计表是指能将大量统计数字资料加以综合，并运用表格形式表现统计结果的载体，是统计和展示数据的常用方式与工具。统计表使资料呈现更加紧凑、简明、醒目和有条理，不仅有利于分析者发现数据之间的关联，从而更好地描述现象、揭示现象的本质和规律，还有利于读者阅读和理解。

从形式上看，统计表必须由总标题、横行标题、纵栏标题和数字资料等构成，通常还有计量单位、制表日期、资料来源和注释等信息。总标题是对表格中主要变量及其内容的高度概括，一般要满足 3W 要求，即说明统计数据的时间（When）、地点（Where）及内容（What）；总标题可以视为表格的名称，应该放在表格上方；在同一篇调查报告中所有的表格都需要统一编号并依次排放。横行标题与纵栏标题通常表示的是所研究问题的类别名称和变量名称，通常安排在统计表的第一列和第一行；横行标题揭示每一横行内数据的意义，纵栏标题揭示每一纵栏内数据的意义。数字资料是指各空格内按要求填写的数字。在数据计量单位相同时，一般把计量单位放在表格的右上角。如果各项目的数据单位不同时，可放在表格里注明。制表日期放在表的右上角，表明制表的时间。其他信息，包括资料来源、指标的注释、必要的说明等内容通常放在统计表的下方。

统计表有各种类型。统计表按其功能可以区分为统计调查表、汇总表、分析表，按分组情况可以区分为简单表、简单分组表、复合分组表。简单表是指不经任何分组，仅按时间或单位进行简单排列的表格。简单分组表是指仅按一个标志进行分组的表格。复合分组表是指按两个或两个以上标志进行层叠分组的表格。

设计和使用统计表时要遵循以下规则：
（1）统计表的总标题应简洁明了，准确概括表中信息的主要内容。

（2）合理安排统计表的结构。横行标题与纵栏标题位置可以互换。各栏排列次序应以时间、数量或空间位置等自然顺序编排。

（3）合理安排统计表的形状。从排版美观角度看，统计表的形状通常以横长方形为宜，统计表的横竖长度比例恰当，避免过高或过扁的表格形式。

（4）统计表格的上下两端封闭且为粗线，表内尽量少用横竖线。

（5）统计表中的数据一般右对齐，有小数点时则应统一小数位数且小数点要对齐。

（6）统计表不应该出现空白单元格。对于没有数据的单元格，应以"—"表示。

（7）统计表栏目多时要编号，一般按甲、乙、丙或按（1）（2）等次序编号。

（8）在必要时应在统计表下方写明资料来源等信息，以表达对所引资料的作者的致谢和尊重，也为读者查阅提供便利。

2. 统计图的类型与设计准则

统计图的种类非常多，从涉及的变量数量看，有一维、二维和多维的统计图。在实际应用中以线和面可以直观表达的一维和二维统计图为主，超过三维的数据只能通过高维投射到低维空间或降低维度（主成分分析、因子分析方法等）的方法在线、面或体（即一维、二维或三维空间）上表达。也就是说，在实践中主要是应用一维、二维和三维统计图展示统计数据，其中使用最多的可能是二维统计图。统计图的类型还与所要展示的统计变量测量层次密切相关，不同测量层次的变量能够选用的统计图有明显的不同，当然较高测量层次的统计变量可以选择的统计图类型更多，这是因为高测量层次变量具有低测量层次变量的所有特征和所能够进行的运算。不同变量类型适用的常见统计图形式类型详见表13-14。

从形式上看，统计图至少由两部分构成，一是图，二是标题，标题是对统计图核心信息的高度概括，表达与统计表总标题的要求相同，通常放在图的下方。除此以外，通常还和统计表一样需要一些附件，如资料来源、注释和说明等，具体要求与统计表相同。另外，统计图上常常还需要做标签。标签上的内容是分析者对数据的解释。总而言之，图形要具有完整性、相对独立性和准确性，要确保阅读者不借助于其他资料就可以轻松准确地理解分析者所要表达的信息。

什么样的统计图是规范而又漂亮的呢？塔夫特（Edward R. Tufte）在其著作 *The Visual Display of Quantitative Information*（1983）中提出"优图原则"（Principles of Graphical Excellence），即用最短的时间、最少的墨水、最小的篇幅传达最大量的信息（Edward R. Tufte，2001（second edition））。他还给出鉴别统计图优劣的五项准则：①一张好图应当精心设计，有助于洞察问题的实质；②一张好图应当使复杂的观点得到简明、确切、高效的阐述；③一张好图应当能在最短的时间内以最少的笔墨给读者提供最大量的信息；④一张好图应当是多维的；⑤一张好图应当表述数据的真实情况。

由此可见，一张优秀的统计图应该具备如下特征：

（1）服务于一个明确的目的。统计图本质上是统计数据及其隐含信息的展示，是为某个特定的目的服务的，统计图可以更加高效地向分析者或客户透露信息、表达观点、揭示真相。

（2）显示数据。这是一张好图的基本要求，统计图用数据"说话"，这是统计图优势存在的基础和前提。一张好图应该重点突出，显示数据及其变化，强调数据之间的比较，而非突出其设计的花哨或抢眼。

（3）简洁明了。应避免一切不必要的修饰，将读者的注意力吸引并集中到统计图的内容上，而不是制作图形的技巧上。统计图的主要功能是表达观点和传达信息，因此过于花哨的修饰往往会使读者的注意力分散甚至偏移，以致分析者无法很好地通过统计图传达信息。

（4）精确表示数据，避免歪曲。统计图如果设计不良会产生对数据信息的表达错误，进而会导致读者无法获得准确真实的信息，产生错误的理解。图形产生的视觉效果应与数据所体现的事物特征相一致，否则有可能歪曲数据，给人留下错误的印象。

（5）结构完整，有对图形的统计描述和文字说明。统计图并不是一般意义的上简单图形，应具有完整规范的结构：不仅有图，还需要有相应的文字对其进行描述和说明，如标题对整个统计图信息的概括描述，标签准确地表达对数据的解释等，通过使用清晰、详细和精准的文字等方式的说明来消除图形可能产生的数据失真和理解歧义。

简而言之，一个优秀的统计图应该是为了某个明确的目的而完整、准确、简洁精练、高效地展示数据的有效工具。内容和信息是统计图的灵魂，形状和形式只是更好地让统计图成为分析者传达信息、阅读者领会和理解这些信息的"好帮手"。约翰·图基（John Tukey）曾经强调："图形的最大价值就是使我们注意到我们从来没有料到过的信息。"图形上做过多修饰往往会得不偿失，也许还会画蛇添足。设计统计图时，应尽可能简洁，以清晰地显示数据，准确表达数据所要传递的信息，合理地表达统计目的为标准。

15.1.2 定类数据的整理与展示

定类数据是对事物的一种分类，即主要进行分类整理，针对每一类别汇总频数，计算频率、比例、百分比或比率等。这些分析结果可以用文字描述，也可形成频数分布表，也可用条形图、帕累托图、饼形图或环形图等图式展示。一个优秀的统计图表往往会更加直观形象地展示出分析结果与隐藏的信息。下面举例说明具体的操作方法。

1. 频数分布表

根据所要汇总频数的变量个数及是否涉及变量间的关联表达，可以有频数分布表和列联表。使用 SPSS 软件生成频数分布表或列联表的操作步骤基本相同，都是在"分析"菜单下选择相应的项目，并在对话窗口中按要求选定所要分析的变量和输出数据任务要求，单击"确定"就会输出结果。下面利用"扬州大学本科生旅游消费偏好问卷调查数据库"详细说明利用 SPSS22.0 中文版（简称 SPSS22）生成频数分布表和列联表的操作步骤。

【例 15-1】

针对"扬州大学本科生旅游消费偏好问卷调查数据库"数据建立被调查者性别分布表。利用 SPSS22 生成频数分布表的操作步骤：

第一步 选择"分析"→"描述统计"→"频率"（如图 15-1 所示），然后进入频率分析主对话框（如图 15-2 所示）。

图 15-1 SPSS22 频数分析界面

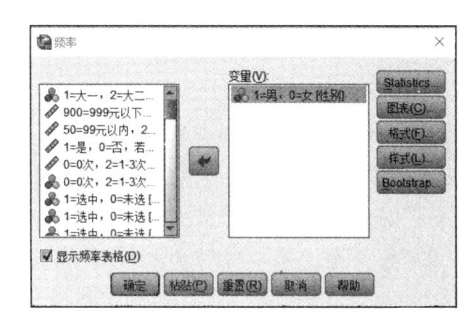

图 15-2 SPSS22 频数分析变量选择与统计要求示意图

第二步 将"性别变量"选入"变量"，单击"确定"，就可以出现默认的频数分布数据，主要包括次数、百分比、有效百分比和累积百分比等统计结果。输出结果如表 15-2 所示。

表 15-2 性别频数分析结果示例

1=男，0=女

		次数	百分比（%）	有效的百分比（%）	累积百分比（%）
有效	0	52	43.3	43.3	43.3
	1	68	56.7	56.7	56.7
总计		120	100.0	100.0	100.0

如果还需要对性别变量进行描述性统计分析，则单击"统计"（Statistics），就可以根据需要选择各种测量集中程度和离散程度的统计方法；其他如"图表""格式"和"样式"等

方面的设计要求也可以通过单击相应按钮进行选择和确定。

如果想对SPSS22生成的样本性别频数分布数据（见表15-2）的形式做调整，则选中频数分析结果双击，就会出现如图15-3所示的对话框，单击"透视"就会出现选择项供选择调整。

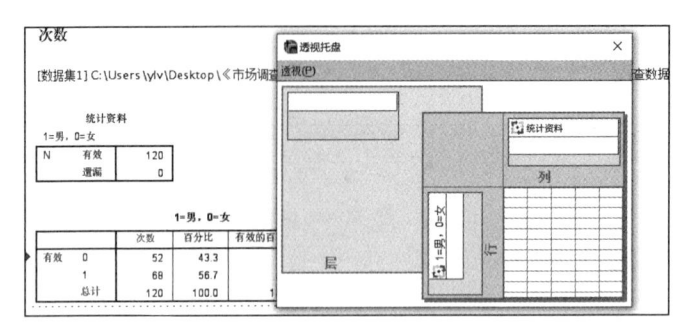

图15-3　频数分布分析结果透视表设计选择示意图

第三步　用规范的统计表格展示频数分析结果。如图15-3所示的SPSS22生成的样本性别频数分布数据并不一定都出现在最终表格中，通常在最终数据展示或写调查报告时还要根据实际需要选择数据并用规范的统计表进行展示，如表15-3所示。

表15-3　被调查者性别分布表

性别	人数	频率
女	52	43.3
男	68	56.7
总计	120	100.0

┋例 15-2┋

针对"扬州大学本科生旅游消费偏好问卷调查数据库"数据建立被调查者性别和年级交叉频数分布表。利用SPSS22生成列联表的操作步骤：

第一步　选择"分析"→"描述统计"→"交叉表格"，进入主对话框，如图15-4所示。若需要描述统计量或图形等，单击"统计量"或"图表"等，并选择相应的选项。

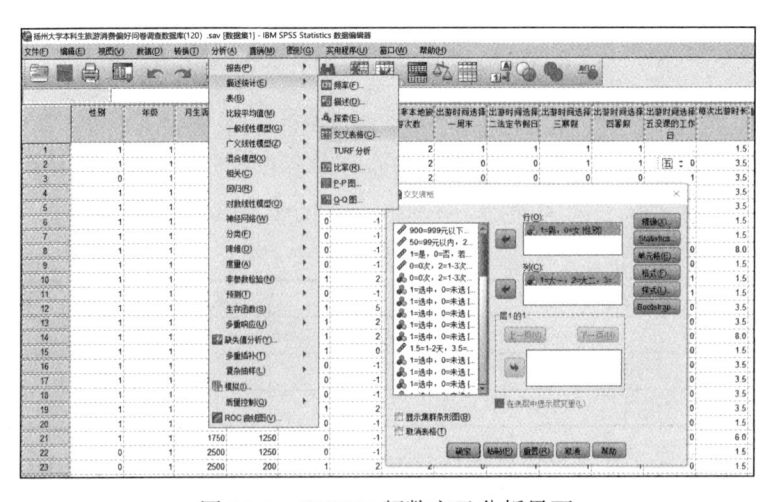

图15-4　SPSS22频数交叉分析界面

第二步 选中"性别变量",单击进入"行",再将"年级变量"选入"列"(可根据实际需要进行行列互换),单击"确定",就会出现统计分析结果,如表15-4所示。

表15-4 性别与年级交叉列表输出结果示例

1=男,0=女,1=大一,2=大二,3=大三,4=大四,5=大五交叉列表

计数

		1=大一,2=大二,3=大三,4=大四,5=大五				总计
		1	2	3	4	
1=男,0=女	0	12	16	11	13	52
	1	20	17	16	15	68
总计		32	33	27	28	120

交叉表通常又称为列联表,从形式上看要包括行(row)、列(column)和合计(total)等内容,如果在上面的对话框中单击"单元格"并要求计算期望频数、分别按行和列计算相应的百分比,其结果如表15-5所示。请读者自己认真观察和分析这个结果,设计出正规表达的统计表。提醒:可以根据实际需要选择部分或全部数据设计出多种统计表。

表15-5 性别和年级频数交叉分析结果示例

1=男,0=女,1=大一,2=大二,3=大三,4=大四,5=大五交叉列表

			1=大一,2=大二,3=大三,4=大四,5=大五				总计
			1	2	3	4	
1=男,0=女	0	计数	12	16	11	13	52
		预期计数	13.9	14.3	11.7	12.1	52.0
		1=男,0=女 内的%	23.1%	30.8%	21.2%	25.0%	100.0%[①]
		1=大一,2=大二,3=大三,4=大四,5=大五 内的%	37.5%	48.5%	40.7%	46.4%	43.3%
		占总计的百分比	10.0%	13.3%	9.2%	10.8%	43.3%
	1	计数	20	17	16	15	68
		预期计数	18.1	18.7	15.3	15.9	68.0
		1=男,0=女 内的%	29.4%	25.0%	23.5%	22.1%	100.0%
		1=大一,2=大二,3=大三,4=大四,5=大五 内的%	62.5%	51.5%	59.3%	53.6%	56.7%
		占总计的百分比	16.7%	14.2%	13.3%	12.5%	56.7%
总计		计数	32	33	27	28	120
		预期计数	32.0	33.0	27.0	28.0	120.0
		1=男,0=女 内的%	26.7%	27.5%	22.5%	23.3%	100.0%
		1=大一,2=大二,3=大三,4=大四,5=大五 内的%	100.0%	100.0%	100.0%	100.0%	100.0%
		占总计的百分比	26.7%	27.5%	22.5%	23.3%	100.0%

① 计算过程中会因四舍五入而导致和不是100%。

第三步 用规范的统计表格展示频数交叉分析结果,如表15-6所示。

表 15-6　被调查者性别和年级频数交叉分析表

性别	年级 一	二	三	四	总计
女	12	16	11	13	52
男	20	17	16	15	68
合计	32	33	27	28	120

从以上分析可以看出，定类数据的统计分析可以展示出多种结果，除有频数分布表或交叉分布表进行描述外，还可以使用比例、百分比、比率等统计量进行描述。比例（proportion）是一个总体或样本中各个部分的数据与全部数据之比，通常用于反映总体或样本的构成。比例不会大于1，且所有部分的比例之和为1。百分比（percentage）是用百分数表示的比例，即用比例乘以100得到的数值，用%表示。百分比不会大于100%，且所有部分的百分比之和为100%。比率（ratio）是总体或样本中不同类别数据之间的比值，相互比较的两个部分对调将使比率发生改变，因此，比值可能大于1。

2. 定类数据的图示

频数分布用图形展示会更加直观。分类数据的图示方法主要有条形图（其中包括帕累托图）和饼形图（其中包括环形图）。这些图可以有简单图和复式图，如果有两个及以上总体或样本的分类相同且变量可比，则可以考虑作复式图形展示，这时不仅可以对各总体或样本进行频数分析，还可以对不同总体或样本进行比较研究。

（1）条形图。

条形图（bar chart），也称为柱状图（column chart），是用相同宽度的条形对应定类变量取值，用条形的高度或长度表示变量频数或频率的图形。条形图可以横置或纵置，横置条形图以定类变量为横轴，以频数或频率为纵轴，纵置条形图则将这两轴的位置互换。条形图有简单条形图和复式条形图两大类。条形图中还有一种特殊的图形叫帕累托图，是按各类别数据出现的频数多少排序后绘制的条形图，是以意大利经济学家V.Pareto的名字命名的。下面利用"扬州大学本科生旅游消费偏好问卷调查数据库"数据，介绍SPSS22生成简单和复式条形图的基本操作步骤。

第一步　用SPSS22打开需要绘制条形图的数据文档，确定需要绘制条形图的变量，如年级变量。

第二步　在SPSS22软件数据窗口分别选择"图形"→"旧对话框"→"条形图"（如图15-5 a所示），弹出条形图对话窗口。在对话窗口中选择"简单"→"个案组摘要"→"定义"，进入条形图性质特征定义窗口（如图15-5 b所示）。

第三步　在"定义简单条形图：个案组摘要"对话框中，选中"个案数"，将年级变量拖至"类别轴"（如图15-6所示），单击"确定"就会出现年级频数条形图（如图15-7所示）。这是关于一个变量的条形图，是简单条形图。如果希望纵轴上的指标是百分比或"其他统计量"，则需要在"定义简单条形图：个案组摘要"对话框中单击选中相应的标签，并进行相应的设定，即可获得想要的条形图。

第 15 章 定量市场调查资料分析　283

图 15-5　SPSS22 条形图绘制窗口

图 15-6　SPSS22 定义条形图对话框　　　　图 15-7　年级人数分布条形图

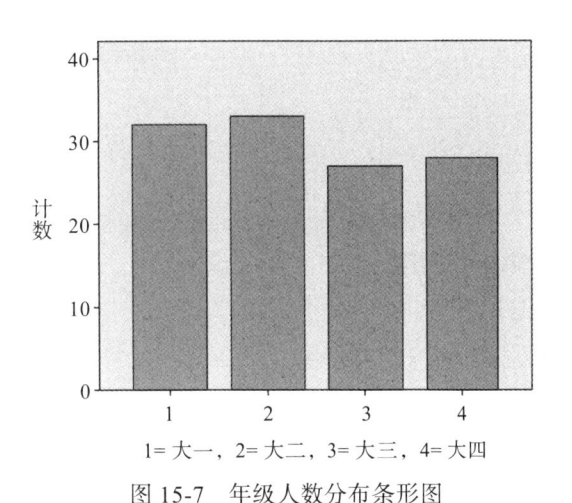

如果希望绘制"各年级学生月平均生活费"条形图，则可以在"定义简单条形图：个案组摘要"的对话框中选中"其他统计（例如平均值）(S)"，将"月生活费变量"拖至"变量"框中，单击这个变量框使之成黄颜色，然后单击"更改统计（H）"出现"统计"对话框（如图 15-8 所示）；选择"值的平均值（M）"，然后继续。在"类别轴"中选择"年级"，类别轴是指横轴，然后确定，"各年级学生月平均生活费"条形图就做好了（如图 15-9 所示）。

如果想要将"月生活费变量"的

图 15-8　SPSS22 条形图其他统计对话框

其他统计结果作为条形的长度，则可以在"统计"对话框中进行选择，如中位数或众数等，其他步骤相同，就得到相应的条形图。

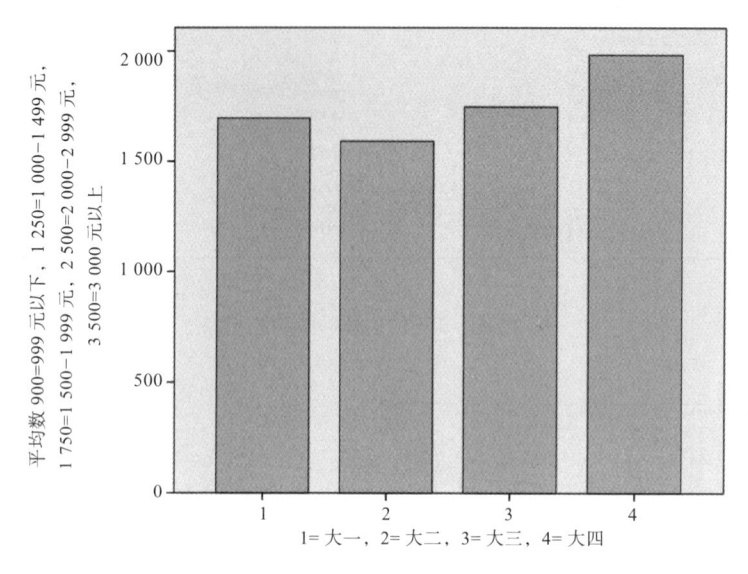

图15-9　各年级学生月平均生活费条形图

第四步　对条形图进行美化调整。如果想要条形图更加美观，可以双击图形，进入图表属性编辑窗口"图表编辑器"，可以对已经绘制的条形图进行"填充与边框""数据值标签""图表大小"和"文本样式"等多方面的调整，最终设计出理想的优秀统计图。如图15-10所示。

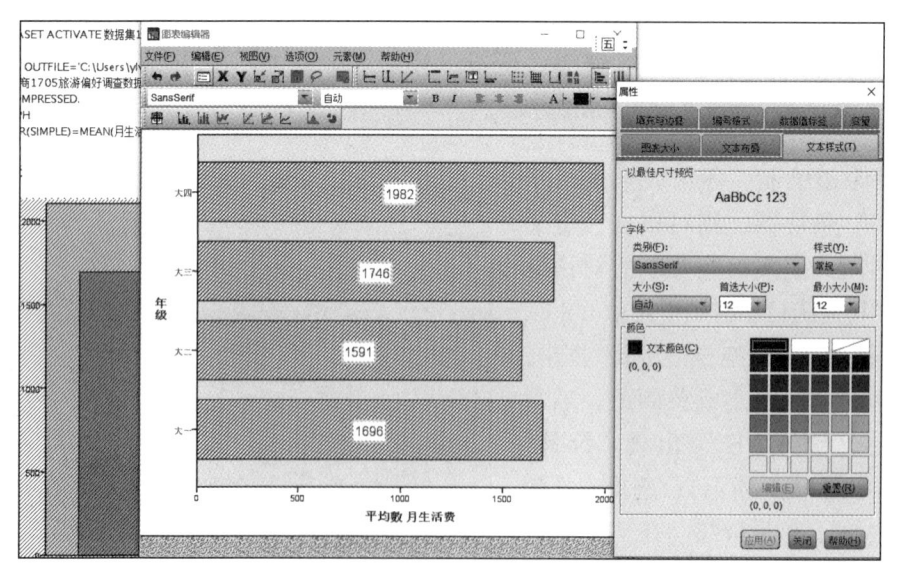

图15-10　各年级学生月平均生活费条形图属性编辑窗口

以上是绘制简单条形图的基本步骤。如果要绘制各年级男女学生月平均生活费复式条形图，需要在图15-5 SPSS22中"条形图"对话框中选择"集群条形图"，单击"定义"后会弹出"定义集群条形图：个案组摘要"（如图15-11所示），将相应变量分别拖至"变量""类别轴（X）"和"定义聚类（B）"中。如果不是选用"个案数"作为条形的长度，如选择变量的其他统计量，则需要选择"其他统计（例如平均值（S）"，具体操作如前所述。最后，单击"确定"即可得"各年级男女学生月平均生活费复式条形图"（如图15-12所示）。

图15-11　SPSS22定义集群条形图对话框

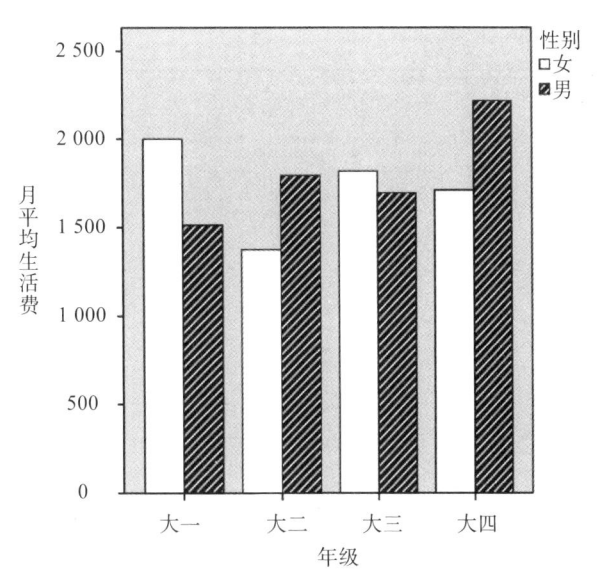

图15-12　各年级男女学生月平均生活费复式条形图

帕累托图（Pareto chart）本质上是一种有特殊编制要求的条形图，要求定类变量取值的排序要按它们各自出现频数由高到低进行有序排列。用帕累托图展示数据可以使读者更容易看出哪些变量取值（即类别）频数更高，哪些更低。通常，帕累托图有两个纵轴，其中左侧的纵轴表示计数值（count），即频数，右侧的纵轴表示累积百分比。

虽然帕累托图是条形图的一种特殊形式，但在SPSS22软件中操作方法却有明显的不同，因此需要详细说明。下面以"扬州大学本科生旅游消费偏好问卷调查"中关于问题"您出行旅游时，愿意选择什么类型的旅馆？　A.经济型　B.舒适型　C.高档型　D.豪华型"的调查数据为基础，介绍SPSS22生成帕累托图的基本操作步骤。

第一步　打开数据库，单击数据窗口上方的"分析"按钮，在其下拉菜单中选定"质量控制"，单击它右边的小箭头，选择"帕累托图"（如图15-13 a所示），单击进入"帕累托图"对话框（如图15-13 b所示）。

第二步　在"帕累托图"对话框中选择"简单帕累托图"→"个案组的计数或和"，单击"定义"后会弹出"定义简单帕累托图：个案组的计数或和"（如图15-14所示）。在"条的表征"中选择"计数"，然后在"类别轴"选择"旅游旅馆选择偏好"，类别轴即横为轴，单击"确定"，就会得出"旅游旅馆选择偏好"帕累托图，具体如图15-15所示。

如何准确地解释帕累托图从而得出准确的结论呢？从图15-15中我们可以看出被调

查者在旅游时对不同类型旅馆选择偏好的情况。其中：舒适型旅馆最受欢迎，其频数明显高于其他类型旅馆很多，占总人数的比重超过 60%；排在第二位的是经济型旅馆，占比超过 20%；由右侧累计比重看，舒适型和经济型旅馆偏好超过 90%，是大多数大学生在旅游时的选择；排在第三位和第四位的分别是高档型和豪华型旅馆，频数都很小。由此可见，大学生在旅游中非常偏好舒适型和经济型旅馆，反映他们在旅游旅馆选择上的理性和对住宿品质的偏好。

图 15-13　SPSS22 帕累托图绘制窗口

图 15-14　SPSS22 定义简单帕累托图对话框

第三步　对帕累托图进行优化设计，以提高其表达效果和视觉感受。具体的操作方法如前所述，选中已经绘制好的帕累托图并双击，就会弹出"图表编辑器"及其"属性"对话框，根据实际需要进行设计调整。

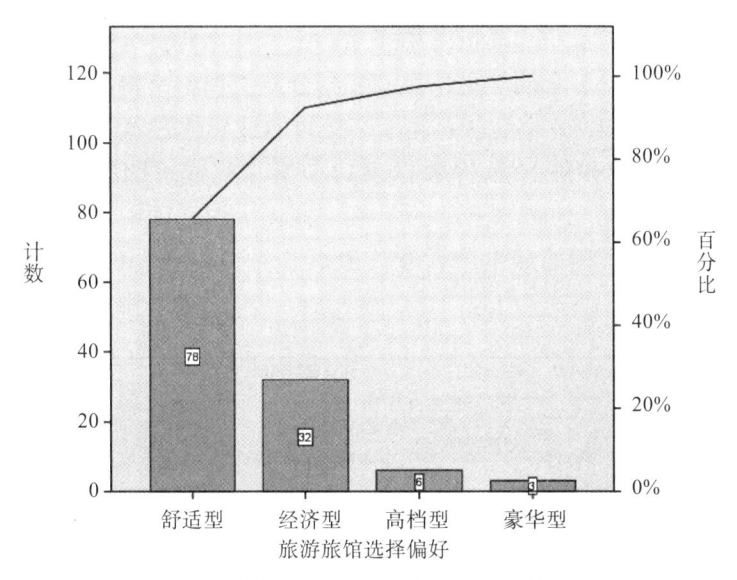

图 15-15　被调查者旅游旅馆选择偏好帕累托图

（2）饼形图。

饼形图（pie chart）借助于圆形及以其圆心为顶点形成的扇形表示一个样本或总体中某个变量各组成部分占变量总和的比例，比较适用于结构性问题研究。例如，不同年级人数分布数据绘制的饼形图如图 15-16 所示。

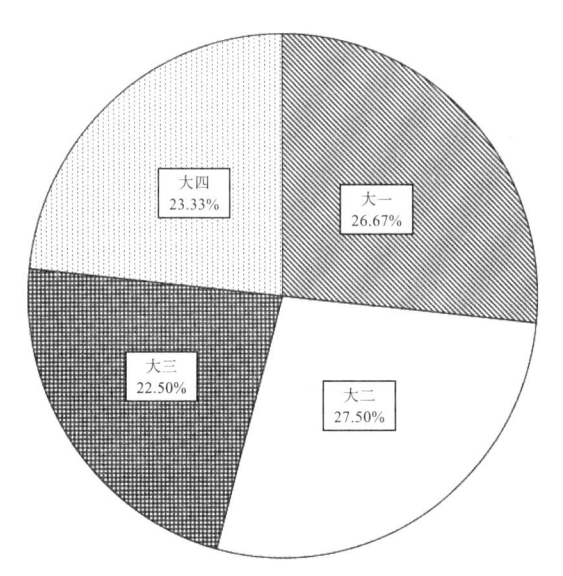

图 15-16　各年级人数分布饼形图

饼形图有简单饼形图和复合饼形图。图 15-16 只是对全部被调查者所在年级进行结构分析的简单饼形图。如果需要分别表示男生和女生各年级的分布情况，就需要用复合饼形图。饼形图还可以"挖去"中间的部分变成环形图（doughnut chart）。环形图与饼形图类似，但又有区别。环形图因中间"空心"，每个环表示一个样本，样本中的每一部分数据用环中的一段表示。当环形图用于显示多个样本各部分所占的相应比例时就成了复合环形图。当要表达多个同类主体具有相同分布类型但结构不同时，可以考虑选择复合饼形图或复合环形图，它们比较适用于多个样本或总体之间的结构研究。

简单饼形图可以在 SPSS22 软件数据窗口中操作完成，如图 15-17 所示，依次单击"图形"→"旧对话框"→"饼图"后，在"饼图"对话框中进行操作即可得到。复合饼形图在 SPSS 比较早期的版本中属于交互式作图，但现在的版本已很难找到这个功能。

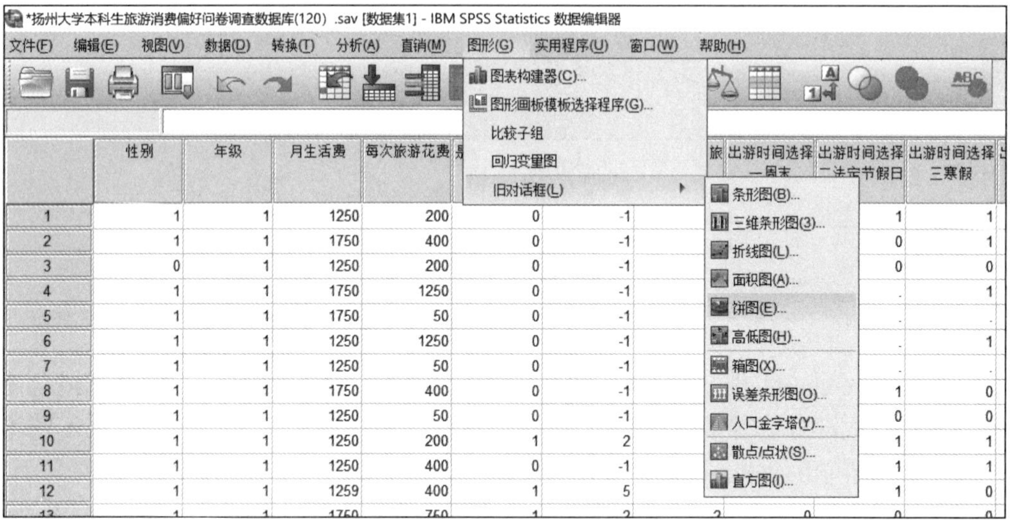

图 15-17 SPSS22 绘制简单饼形图操作

相比较而言，Excel 在绘制统计图方面具有相对优势。Excel 有绘制简单饼形图和复合饼形图的功能。Excel 中绘制复合饼形图有多个操作路径。其中有一个方法是可以借助于"数据"工具栏中的"数据分析"→"直方图"分析工具计算数据单元格区域和数据接收区间的单个和累积频率，用于统计数据集中某个数值出现的次数，然后再调整图形为饼形图。需要提醒的是，如果你的 Excel 中还没有"数据分析"功能，那么你需要安装后才能使用。Excel 版本不同加载功能操作有所不同，但基本步骤差别不大，可以参考以下安装步骤：首先，在 Excel 工作表界面中单击"文件"后选择单击"选项"，在弹出的对话框中选择"加载项"。然后，在"加载项"中单击"管理（A）"后选择框中的小箭头，选择" Excel 加载项"，然后单击"转到"，在"分析工具库"前点上✓。最后，单击"确定"即安装成功。

还有一种方法是利用"数据透视表"后经过"环形图"生成复合饼图。下面利用"扬州大学本科生旅游消费偏好问卷调查数据库"数据介绍利用 Excel"数据透视图"编制频数分布表或交叉列表的方法、绘制简单和复式饼形图或环形图的基本操作步骤。

第一步　将调查问卷获得的有关"性别"和"年级"两个变量的原始数据进行汇总整理，得出它们的交互分布表。可以单击"插入"，找到"数据透视图"并选中"数据透视图和数据透视表（P）"，具体如图 15-18 所示。

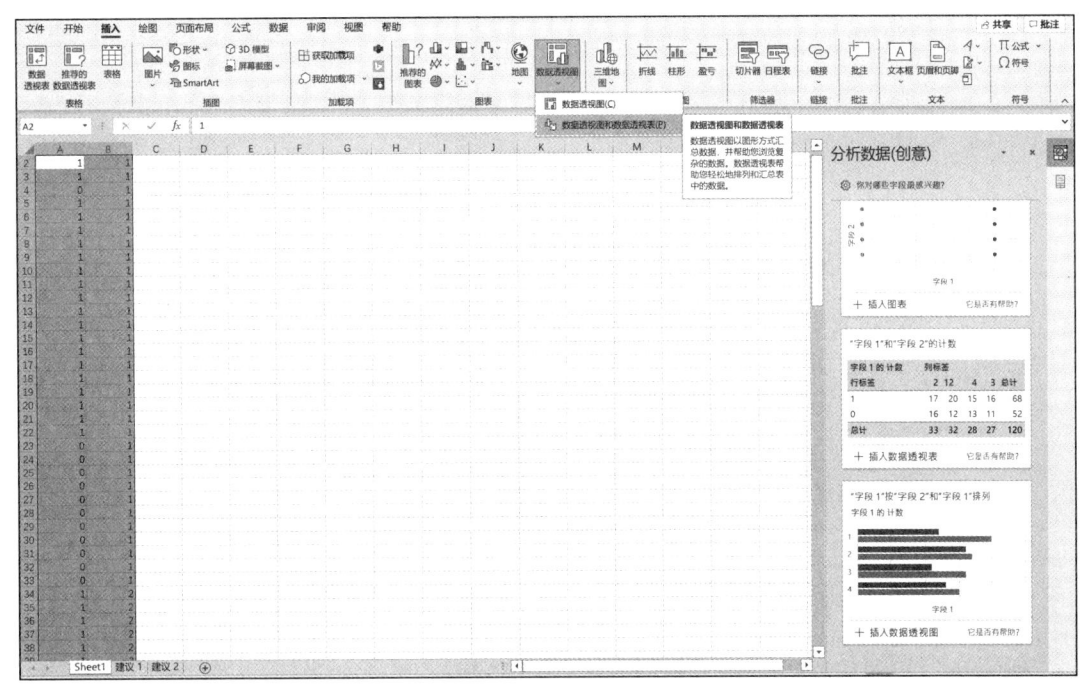

图 15-18　Excel "数据透视图和数据透视表（P）"操作

第二步　单击"数据透视图和数据透视表（P）"后会弹出"创建数据透视表"对话框，将要进行分析的所有数据全部选中，就会在"表/区域（I）"中显示所有数据所在位置，然后根据自己的喜好"选择放置数据透视表的位置"，若选择"现有工作表"，则需要在表中任一可以放置数据透视表的起始位置单击一下，就会在"位置（L）"中显示结果所在的位置（如图 15-19 所示），然后单击"确定"。

第三步　单击"确定"后就会在选择放置透视表的位置出现相配套的数据透视图和表，整个界面的右侧出现"数据透视图字段"对话框（具体见图 15-20），然后将分类比较的变量拖至"轴（类别）"中，将每类别中需要计数的变量拖至"图例（系列）"，选中"∑值"下方的选项，方框内填充色变绿并会出现

图 15-19　"创建数据透视表"对话框

多个指令供选择，选中"值字段设置"就会出现相应的对话框，本例中需要在计算类型中选中"计数"，单击"确定"，则"∑值"下方的选项方框内就改为选中计算类型，与此同时，数据透视表和数据透视图就按要求绘制出来，这实际上就完成了年级与性别的交叉分布表的绘制和不同年级的性别分布条形图的绘制。

第四步　借助数据透视图绘制出复合环形图或饼形图。选中绘制出的数据透视图，右击并选择"更改图表类型（Y）"→"饼图"→"环形图图标"，单击"确定"，出现图 15-21 的复合环形图。

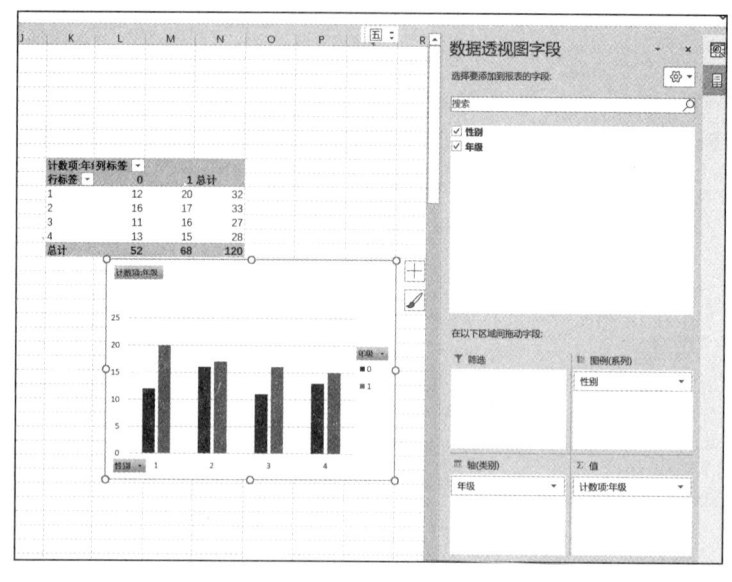

图 15-20　数据透视字段设置与图表绘制

第五步　对初始环形图进行设计和调整，绘制出优秀的复合环形图或复合饼形图。分别右击图中每一个小块，在弹出的菜单中选中"填充"和"边框"分别进行设置；右击圆环选择"添加数据标签"，根据选项对数据标签进行相应的设置，数据标签对应的数值可以是频数或百分比等形式；双击环形图后整个界面右侧出现"设置数据系列格式"对话框，调整"圆环图圆环大小（D）"——这实际上是指环形图中心被"挖出"的圆的大小。如果希望绘制饼形图，则输入 0%；如果希望绘制环形图，则输入大于 0 的数，如果希望中心空得大些，则输入的数据就大点。最终得到的复合饼形图和复合环形图如图 15-22 a 和图 15-22 b 所示。

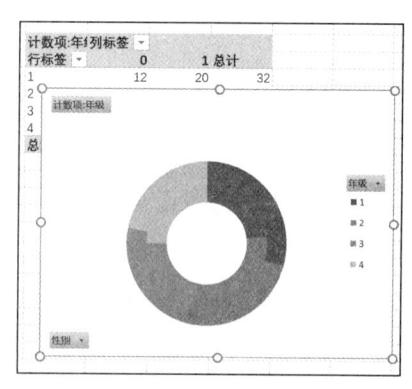

图 15-21　Excel 绘制的数据透视表和初始环形图

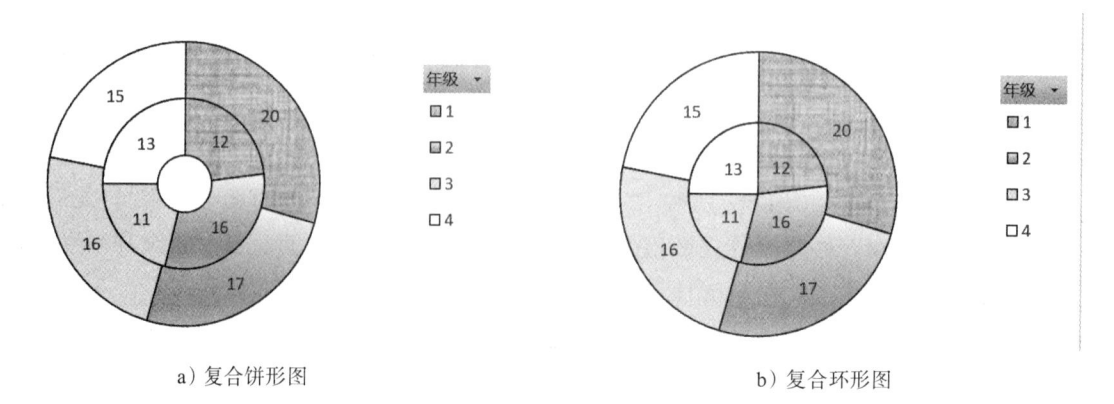

a）复合饼形图　　　　　　　b）复合环形图

图 15-22　被调查者按性别划分各年级人数构成图

复合饼形图或复合环形图实际上是两个或两个以上简单饼形图的嵌套,主要用于展示两个或多个分类变量的构成比较。相较于绘制多个简单饼形图,复合图示既经济又便于比较。

15.1.3 定序数据的整理与展示

由于定序数据具有分类数据的全部特征,因此,所有适用于分类数据的频数分布表和图示方法,如频数、比例、百分比、比率、条形图和饼形图等都适用于对定序数据的整理与图示。定序数据的整理和图示还可以用一些分类数据无法应用的方法,如计算累积频数和累积频率(百分比)。

1. 累积频数与累积频率

累积频数(Cumulative Frequencies)是将各有序变量取值(也可称为类别或组)的频数逐级累加起来得到的频数。频数的累积方法有两种:一是向上累积,是指定序变量按取值的某种顺序排列后,按照这个顺序从第一个取值的频数开始,依次向后对它们的频数进行逐步累加,直到累加到最后一个取值的频数的累加方法。二是向下累积,是指从定序变量最后一个取值的频数开始,依次向前逐项累加频数,直到最后一个取值频数的方法。频数的累积方法同样适用于更高度量层次的数值型变量,数值型变量的数据进行频数累加时主要按变量值由小到大的顺序排列,并由此确定向上累积和向下累积。累积频数计算可以提供在某一类别(或数值)以下或某一类别(或数值)以上的频数之和,由此可以更清晰地看出某个或某些类别为界的频数分布特征。

同样的方法可以对频率或百分比进行有序累加,得到累积频率或累积百分比(cumulative percentages)。具体方法也有两种,即向上累积和向下累积两种方法,分别是从前向后和从后向前将各有序类别或组的百分比逐级累加起来。

2. 累积分布表和累积分布曲线

累积频数或累积频率可以用累积分布表进行展示。根据累积频数或累积频率分布表可以绘制出累积频数分布曲线或累积频率分布图。可以累积分布曲线的绘制方法在前面介绍运用 SPSS22 绘制帕累托图的制作步骤时已经学习过,即累积分布曲线与条形图组合的操作方法。简单地讲,就是在 SPSS22 数据视图中单击工具栏中的"分析"按钮→"质量控制"→选择"帕累托图"→"简单帕累托图"→"个案组的计数或和"→"定义"→"定义简单帕累托图:个案组的计数或和"→"条的表征"中选择"计数"→"类别轴"→选定要计数的变量→"确定"。

下面举例说明运用 Excel 制作累积分布表和累积分布曲线的基本操作方法。

【例 15-3】

某市对居民对生鲜农产品网购满意程度进行了调查,其中关于总体满意程度问题的数据可以利用 Excel 中的"数据透视表"等得到频数分布表，然后设计为累积分布表，如表 15-7 所示。

表 15-7　某市居民对生鲜农产品网购满意程度的频数累积分布表　　　　（%）

满意程度	人数	百分比	向上累积 人数	向上累积 百分比	向下累积 人数	向下累积 百分比
很不满意	7	8.75	7	8.75	80	100.00
不太满意	14	17.50	21	26.25	73	91.25
一般	16	20.00	37	46.25	59	73.75
满意	28	35.00	65	81.25	43	53.75
很满意	15	18.75	80	100.00	15	18.75
总计	80	100.00	—	—	—	—

基于以上累积分布表绘制向上和向下累积分布曲线。第一步，选中"向上累积人数"后单击"插入"→"折线图"，这时就会出现初始的向上累积人数折线图；第二步，选中图中折线并进行右击，在菜单中选择"数据选择"并单击，在弹出的对话框中对坐标轴和图中刻度等进行设计；第三步，单击图中折线并选择"设置数据标签格式"设置合适的数据标签形式；第四步，为累积分布表添加总标题，确保统计图的完整和美观。累积分布图最终结果如图 15-23 所示。

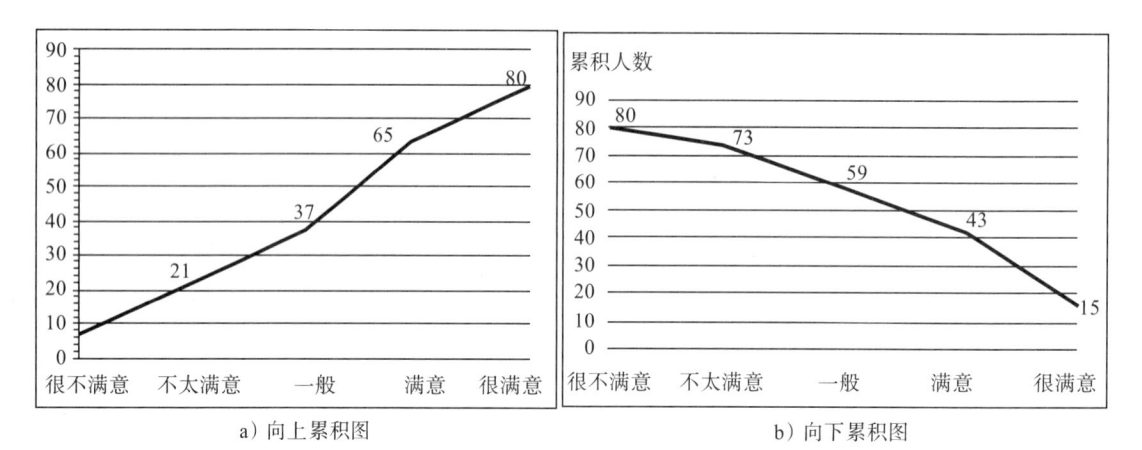

a）向上累积图　　　　　　　　　　　b）向下累积图

图 15-23　某市居民对生鲜农产品网购满意程度频数累积分布图

15.1.4　数值型数据的整理与展示

数值型数据可以用定类数据和定序数据整理与图示的所有方法，还可以用其他一些特定的整理和图示方法，当然这些方法并不能用于定类数据和定序数据的整理和展示。概括地讲，定类数据和定序数据整理与图示的本质是分类整理，而数据型数据的整理还可以作分组整理和展示。因此，我们下面主要针对数值型数据的分组整理进行探讨。

1. 数据分组

所谓数据分组就是指根据市场调研的目的和要求，将收集到的原始数据按照某种标准分成不同若干互不重叠而又穷尽的组别。经过分组的数据称为分组数据（grouped data）。根据变量取值的类别多少和特点可以选择不同的数据分组方法，主要有两种方法：单变量值分组和组距分组。当变量取值是离散型数值，且变量值较少的情况下通常选择单变量值分组，即将每一个变量取值作为一组；当变量取值是连续型数值或变量值较多的情况下，通常采用组距分组。组距分组是将变量所有取值划分为若干个依次连接的区间，将一个区间的变量值作为一组。

应用组距分组时需要一些专门的专业术语帮助分析者更好地表达。在组距分组中，一个组的最小值称为下限（lower limit），一个组的最大值称为上限（upper limit）。根据是否存在下限或上限，数据组可以分为开口组和闭口组，显然，闭口组指既有下限又有上限的组，只有上限的组称为下限开口的开口组，同理，只有下限的组称为上限开口的组。组距（class width）表示该组数据分布的跨度，可以用公式"组距＝上限－下限"进行计算。组中值（class midpoint）是该组数据大小的代表，通常用该组数据的均值计算组中值，但由于分组区间有开口和闭口之别，因此，组中值的计算方法会有所不同，开口组的组中值计算实际上是在开口组组距等于相邻组的组距的假定下进行的，具体计算公式如下：

$$闭口组的组中值 = \frac{上限 + 下限}{2}$$

$$下限开口组的组中值 = 上限 - \frac{相邻组的组距}{2}$$

$$上限开口组的组中值 = 下限 + \frac{相邻组的组距}{2}$$

在对数据进行分组时应遵循以下原则：

①组数要适当，以便能够真实地反映数据的差异。组数太少，可能会掩盖重要的信息；组数太多，又起不到分组的作用。一般情况下，一组数据所分的组数不应少于5组且不多于15组，即5≤组数≤15。实际应用时，可根据数据的多少和特点以及分析的要求来确定组数。

②组距要合理，要考虑到研究的需要，还要考虑到计算的方便和意义解释的要求。譬如：组距分组时通常组距比较适合取5或10的倍数；第一组的下限应低于数据的最小值，最后一组的上限应高于数据的最大值；每组组限取个位为0或5的数为宜。在数据分析时要根据实际需要和研究目标选择等距分组或不等距分组，如对年龄的分组通常会按不等距分组，如"18周岁以下、18—35周岁、35—60周岁、60周岁及以上"，有时也会进行等距分组。

③要使各组内的回答性质相同，答案相似；而各组之间的回答应有差异，即各组之间的答案性质不同。这是数据分组的重要思路，也是数据分组的目标，因为数据分组的主要目的是更好地发现数据的分布特征。

④数据分组要保证各组之间是互相排斥的，且所有组又包含了所有数据，也就是说，分组需要遵循不重不漏的原则，各组之间不能有任何重合部分，每一个答案只能放

在唯一的组内。同时，全部的组又包含了所有可能出现的数据，不存在任何一个数据找不到合适的组归类的情况。譬如，对于连续变量分组，既可以根据"上组限不包括在内"的通行约定规则采取相邻两组组限重叠的方法，也可以对一个组的上限值采用小数点的形式，但无论怎样处理都要确保数据分组以后所有数据都有对应的唯一的组。

对于分组数据同样可以绘制出频数分布表，也就是针对每一组分组数据可以分别汇总出它们出现的次数，然后用统计表的形式呈现出来。下面结合具体的例子说明数据分组的方法和频数分布表的编制过程。

|例 15-4 |

某市居民生鲜农产品网购满意度调查项目中，关于该市居民上月网购水果家庭人均消费金额（单位：元）的问卷调查数据如表 15-8 所示。表中数据已进行了升序处理，即按从小到大的顺序排列。建议在手工分组而非在利用统计软件分析时这样做，可以减轻工作量。

表 15-8 某市居民上月网购水果家庭人均消费金额原始数据

	A	B	C	D	E	F	G	H	I	J
1	191	209	216	222	227	232	238	246	253	264
2	193	210	217	223	227	233	239	246	253	265
3	194	210	218	223	228	234	239	246	255	268
4	199	211	218	224	228	235	239	246	256	273
5	200	211	218	224	228	236	240	246	257	275
6	202	212	220	224	229	236	240	247	258	276
7	203	213	221	225	229	237	241	247	259	278
8	203	213	221	225	229	237	242	248	260	283
9	204	214.	222	225	230	237	244.	248.	260	283
10	205	215	222	225	230	237	244	250	261	284
11	206	215	222	226	231	238	245	251	261	284
12	208	215	222	226	232	238	243	252	203	287

首先弄清楚数据分组的思路和实现路径，然后利用统计软件来提高数据分组的综合效能。这里，我们通过对原始数据的手工分组过程，来介绍数据分组的思路和实现路径。具体步骤如下：

第一步　确定组数。组数是否恰当主要以最终得到的分组数据能否更加清晰地展示出数据的分布特征为标准，因此组数的确定要考虑到数据自身的特点及数据规模。组数太少，数据分布可能会过于集中；组数太多，数据分布可能会过于分散，都很难显示数据分布的特征。实践中，通常的做法是，组数一般为 5—15，兼顾表 15-8 中数据规模，确定分为10 组。

第二步　确定组的类别。找出全部数据中的最大值和最小值，计算全距，对全部数据进行有序排列后初步观察数据的分布状况，重点关注最大和最小部分的数据分布是否分散。如果发现最大和最小的少数数据与其他数据相差悬殊，为了避免出现没有数据的组或个别极端值被漏掉的情况，可以在相应的第一组或最后一组采取开口组形式表达，如"×以下""×及以上"。在计算开口组的组中值时通常会以相邻组的组距作为其组距。如果没有这些特殊情况的出现，则会选用闭口组形式表达。

第三步　确定组距。确定组距实质上是要确定各组的上限与下限。具体的做法是找出全部数据中的最大值和最小值，然后根据"（最大值－最小值）/组数"计算出的数值，兼顾组距宜为10或5的倍数的常规做法，确定组距。表15-8中最小值和最大值分别为191和287，根据(287－191)/10=9.6确定组距为10。如果确定采用开口组表达，则在计算组距时会考虑除特别悬殊数据以外的数进行计算和确定。

第四步　确定各组区间。根据分组后不能遗漏任何数据的要求，兼顾各组上下限为10或5的倍数的常规做法，依据已确定的组距，确定各组区间。针对表15-8中的数据，最小值为191，考虑到第一组的下限必须小于191，因此确定第一组的下限为190，组距为10，则上限确定为200，即第一组的区间为190—200元，其他依次列出。

第五步　编制数据分组的频数分布表。根据各组区间进行分别计数，由于已经对数据进行了从小到大的排列，计数工作会比较方便而且不易出错。这里要注意的是，对于各组区间计数时要遵循"上限不在内"原则，也就是说，如果刚好等于某个组上限的数值不应计入该组，而应该计入以该数为下限的那个组。要编制频数分布表时要注意按统计表的基本规范进行展示，经过分组统计后得到的分组频数分布表如表15-9所示。

表15-9　某市居民上月网购水果家庭人均消费金额的频数分布表

家庭人均消费金额分组（元）	频数（个）	频率（%）
190—200	4	3.3
200—210	9	7.5
210—220	16	13.3
220—230	27	22.5
230—240	20	16.7
240—250	17	14.2
250—260	10	8.3
260—270	8	6.7
270—280	4	3.3
280—290	5	4.2
合计	120	100.0

然后，我们利用SPSS22编制分组频数分布表的流程，包括计算全距、决定组数和组距、列出区间、分组归类和频数统计。具体如下：

第一步　确定数据分组的组数、组的类别、组距和各组区间。具体方法同手工分组的前4步。

第二步　将原始数据转换为能反映第一步确定的各组区间的新变量。具体操作方法：单击数据视窗工具栏中的"转换"，选择下拉菜单中的"重新编码为不同变量（R）"，在"重新编码为不同变量"对话框中"输出变量"处为新的变量取名，这个名字将是按各组区间对原始数据重新编码的新变量名（如图15-24所示）；然后单击"旧值和新值（O）"出现"重新编码为其他变量：旧值和新值"（如图15-25所示），在对话框中"旧值"框中单击"范围"并将确定的各组上下限依次输入下面的框中，同时在"新值"框中选中"值"并输入相应组的序号，然后单击"添加"就会在"旧→新（D）"中显示各组区间与组序号之间的对应关系，当全部组区间都与其序号对应后单击"确定"即可生成一列新的变量（如图15-26所示）。这里需要提醒的是，SPSS22在旧值转新值的过程中是按"上限在内"来设定的，因此在"旧值"输入的各组上限时要比手工分组设定的上限小一点，目的是在计数时不能包括上限值。在本例中各组上限都比手工分组时的上限值小 1，这主要是因为原始数据（人均消费金额）都是整数。

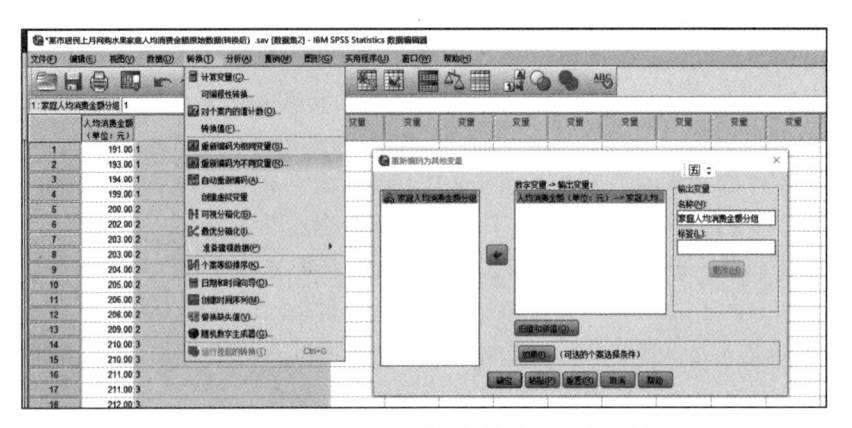

图 15-24　SPSS22 原始数据转换为分组变量界面

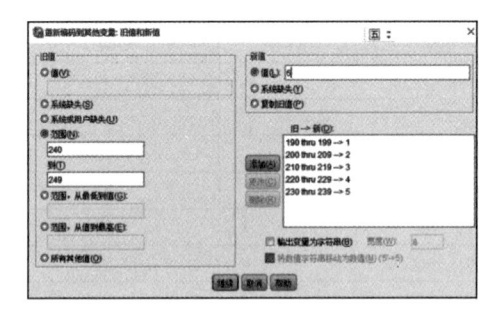

图 15-25　SPSS22 数据分组重新编码为其他变量对话框

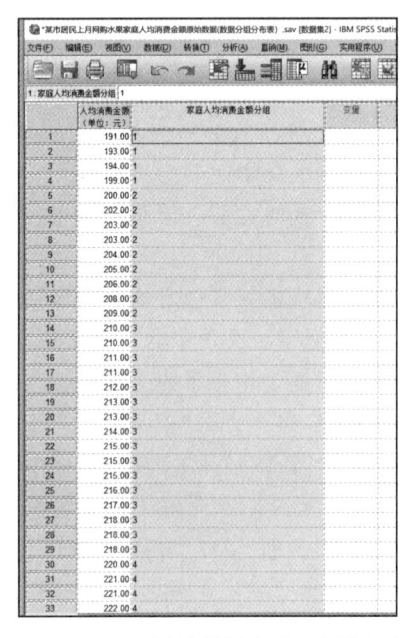

图 15-26　SPSS22 原始数据生成组距分组新变量

第三步 利用SPSS22建立分组后的频数分布表。针对数据转换后的分组数据统计各组的频数，具体操作方法与简单频数分布表相同。在数据视窗中单击工具栏中的"分析"，在其下拉菜单中选择"描述统计"，再选择"频率"，在"频率"窗口中将新变量导入需要分析的"变量（V）"中，单击"确定"即可得到分组数据的频数分布表。

第四步 根据研究要求或调查报告的需要设计出规范表达的数据分组频数分布表，如图15-27所示。

图15-27 SPSS22转换新变量生成数据分布表

2. 单变量数据的图示

单变量数据的图示是指只是用来表示单个变量的统计图，即使由多个统计图组合为一个图也只是表示多个彼此独立的总体或样本的统计特征。如前面介绍的条形图、饼图、环形图及累积分布图等都是单变量数据的图示方式。此方法同样适用于展示数值型数据。数值型数据还具有定类数据和主序数据所不具备的性质，因此作为单变量数据的展示还有一些其他方法只适合于数值型数据，如直方图、折线图、茎叶图和箱线图。

（1）分组数据：直方图和折线图。

直方图（histogram）是借助于矩形的宽度和高度来表达分组数据各组区间及其频数的一种统计图。具体来说，直方图表现为以数据分组对应的变量为横轴、以频数或频率为纵轴的平面直角坐标系中的一个个相连接的矩形构成。根据直方图可以画出相应的折线图，以反映数据的分布特征，通常频数分布有对称分布和不对称分布两类，不对称分布又包括左偏分布和右偏分布两种。

∷例15-5∷

依据"表15-8 某市居民上月网购水果家庭人均消费金额原始数据"画出直方图。下面是利用SPSS22得到本题直方图的步骤：

第一步　打开SPSS22，选择"图形（G）"，单击下拉菜单中的"图表构建器"按钮就会弹出"图表构建器"与"元素属性"两个对话框（如图15-28所示）。

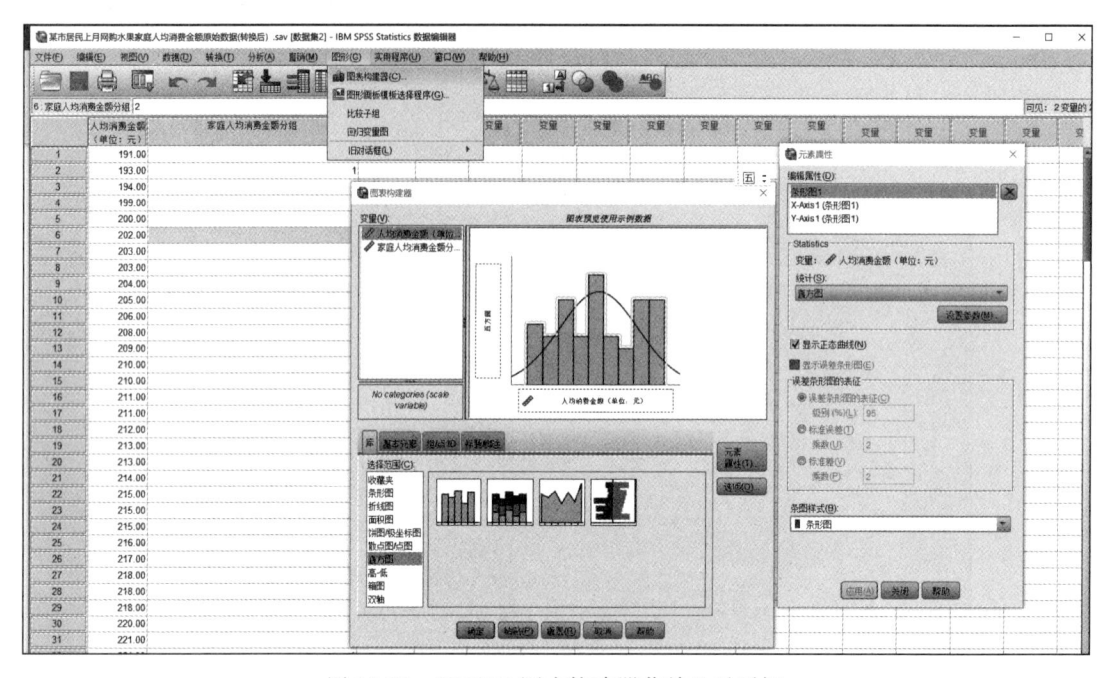

图15-28　SPSS22图表构建器菜单及对话框

第二步　设置组数和组距，绘制出直方图。在"图表构建器"对话框中拉入需要绘制直方图的原始数据对应的变量名；在"元素属性"对话框中单击"设置参数"就会弹出对话框"元素属性：集合参数"，单击其中的"定制"按钮并将确定的组数和组距分别输入到"区间数量"和"区间宽度"对应的方框中，然后单击"继续"，最后单击"确定"（如图15-29所示），会输出直方图（如图15-30所示）。

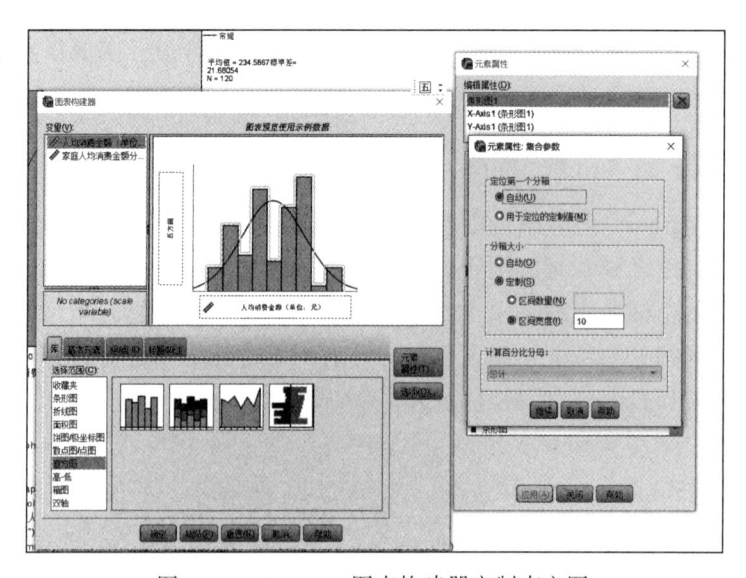

图15-29　SPSS22图表构建器定制直方图

第三步 如果需要对输出的直方图进行编辑,可以通过双击直方图弹出"图表编辑器"进行修改。

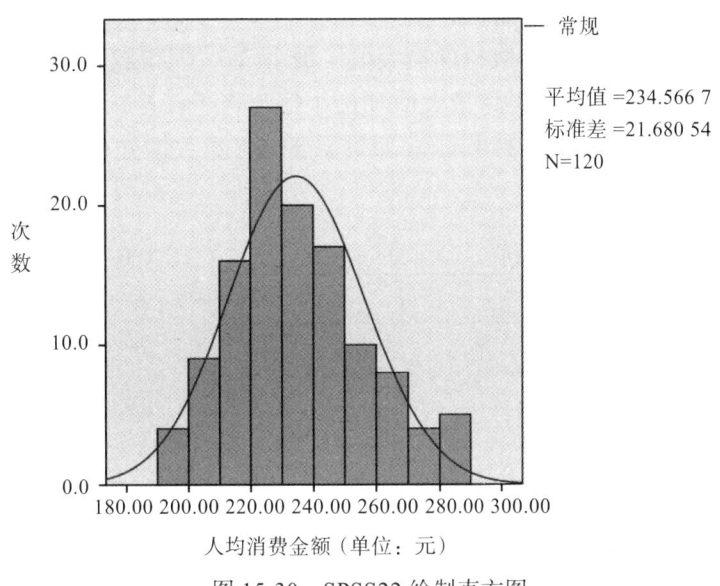

图 15-30 SPSS22 绘制直方图

在统计数据的图形展示中直方图与条形图比较容易被混淆,主要原因是它们的"样子"比较像,但两者实质上有比较大的区别。首先,最主要的区别是两者适用的数据类型不同。条形图适用于各类数据,包括定类、定序和数值型数据;而直方图只适合于数值型数据,且主要适用于连续性数据。然后,条形图用条形的长度表示各类别频数的多少,其宽度没有长短之别,只是表示类别,所以是固定的;而直方图的高度与宽度都有实际意义,其高度表示每一组的频数或频率,宽度则表示各组的组距,其面积的大小表示各组频数的多少。最后,两者的条形彼此间的距离不同。直方图各矩形通常是连续排列的,这是由分组数据具有连续性决定的;而条形图则是分开排列的,因为它们代表的是不同类别。

(2)未分组数据:茎叶图和箱线图。

茎叶图(stem-and-leaf display)是将数值型数据区分为"茎(stem)"和"叶(leaf)"两部分来进行展示的统计图,主要适用于原始数据的频数分布。绘制茎叶图的关键是设计好树茎。通常只是区分数据中构成数字的前后位置,将除最后一个数字以外的高位数值作为"茎",最后一个数字作为"叶"。例如,386 分成 38|6,39 分成 3|9,5.48 分成 54|8(单位:0.01),等等。也就是说,"|"前面的部分是树茎,可以是一个数字或多个数字;"|"后面的部分是树叶,只能是一个数字。制作茎叶图时,把具有相同"茎"的数归为一类,这一类数的全部"叶"按从小到大的顺序依次排列,"叶"的数字个数实质上反映了对应"茎"的数值的频数。

箱线图(box plot)也是一种适用于反映数值型原始数据分布特征的统计图。箱线图是由一组数据的最大值(maximum)、最小值(minimum)、中位数(median)、上下四分位数（quartiles）等五个特征值绘制而成的。其中：中位数是一组数据按由大到小或由小到大排序后处于中间位置上的变量值，用 M_e 表示；四分位数是一组数据排序后处在 25% 位置和 75% 位置上的两个数据，用 Q_L 表示下四分位数，Q_U 表示上四分位数。箱线图的绘制方法是：先找出一组数据的最大值、最小值、中位数和两个四分位数；然后，连接两个四分位数画出箱子；再将最大值和最小值与箱子相连接，中位数在箱子中间。简单箱线图的一般形式如图 15-31 所示。如果需要对多数数据分布特征进行比较时也可以考虑应用箱线图。

图 15-31 基本箱线图

|例 15-6|

依据"表 15-8 某市居民上月网购水果家庭人均消费金额原始数据"画出茎叶图和箱线图。下面给出用 SPSS22 绘制茎叶图和箱线图的操作步骤：

第一步 选择"分析"→"描述统计"→"探索"，进入"探索"对话框。

第二步 在"探索"对话框中将变量选入"因变量列表"（本例为人均消费金额），单击"绘制"；在"探索：图"对话框中选择"茎叶图"（提示：如果要绘制直方图，在这种操作下也可以选"直方图"完成），单击"继续"回到"探索"对话框，单击"确定"，就会得到本例的茎叶图和箱线图（如图 15-32 a 和图 15-32 b 所示）。

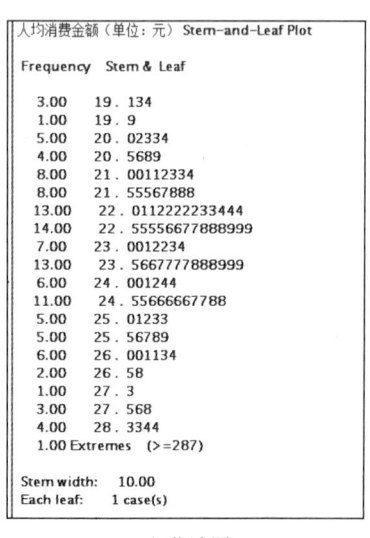

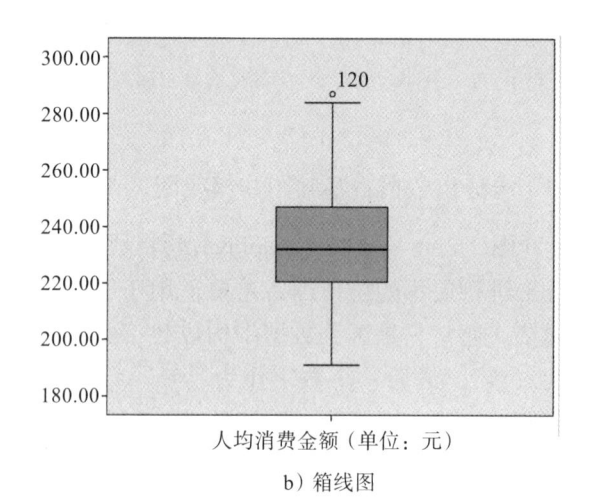

a) 茎叶图　　　　　　　　b) 箱线图

图 15-32 某市居民上月网购水果家庭人均消费金额茎叶图和箱线图

图 15-32 a 中的第一列给出每根茎上叶子的频数，第二列是茎，第三列是叶。最后标出了 1 个极端值（extreme）287、茎的宽度（stem width）为 10、每片叶代表一个数据（案例）。

SPSS22 自动将每根茎分为两个部分，第一部分展示数字为 0—4 的叶；第二部分展示数字为 5—9 的叶，这样可以使数据分布的细节展示得更加清晰。通常把超过四分位差（即上下四分位数的差额）3 倍的数值定义为极端值，用"*"表示。

第三步　可以根据需要对茎叶图进行设计，如图 15-33 所示。

由上面的茎叶图可以直观地展示出数据的分布形状及数据的离散状况。如本例中可以发现，某市居民上月网购水果家庭人均消费金额分布基本对称且数据比较集中，存在 1 个极端值等。由此可见，茎叶图类似于横置的直方图。与直方图相比，茎叶图展示的信息更加丰富，不仅可以表达出数据的分布状况，而且能够展示出所有原始数据的信息。

频数	茎 & 叶
4	19 . 1349
9	20 . 023345689
16	21 . 0011233455567888
27	22 . 011222223344555566778889994
20	23 . 00122345667777888999
17	24 . 00124455666667788
10	25 . 0123356789
8	26 . 00113458
4	27 . 3568
4	28 . 3344
1	极端值　（≥287）

图 15-33　某市居民上月网购水果家庭人均消费金额茎叶图

但当原始数据规模较大时茎叶图就会显得比较繁重而笨拙，不如直方图简洁。实践中，对大规模数值型数据展示常考虑用直方图，对小规模数据展示常考虑使用茎叶图。需要提醒的是 Excel 中没有绘制茎叶图的功能。

前面介绍过，在 SPSS22 绘制茎叶图时可以同时制作简单箱线图，但在实践中常常会利用箱线图对不同对象的同类数据进行比较分析，这就要用到 SPSS22 绘制多批数据箱线图的功能。下面说明具体的操作方法：

第一步　选择"图形"菜单中的"旧对话框（L）"，单击"箱图"，弹出"箱图"对话框；

第二步　在"箱图"对话框中选择"简单"，然后在"图表中的数据为"中选中"各个变量的摘要"，单击"定义"后弹出"定义简单箱图：各个变量的摘要"；

第三步　在"定义简单箱图：各个变量的摘要"对话框中将所有变量选入"框的表征"，单击"确定"，即完成多批数据箱线图的绘制。

3. 多变量数据的图示

（1）散点图。

散点图（scatter diagram）是以点的分布反映变量之间相关关系的可视化方法，最常用的是在二维坐标系中展示两个变量之间是否存在某种关系。手工作图方法为：将两个变量 x 与 y 分别表示为坐标系的横轴和纵轴，将变量 x 和 y 的每对观测数据 (x, y) 在坐标系中描点，即可得散点图。利用 SPSS 绘制散点图的步骤参见汽泡图的绘制步骤。

（2）气泡图。

气泡图（bubble chart）与散点图类似，但它可以借助于 (x, y) 点的大小展示与之相关的第三个变量 z 的值。气泡图适用展示三个变量之间的关系。手工绘制方法为：将一个变量 x 放在横轴，另一个变量 y 放在纵轴，第三个变量 z 则在对应变量 (x, y) 位置上用气泡的大小来表示。实践中，要根据具体项目中变量的关系确定这三个变量之间的相关或因果关系。

|例 15-7|

通过调查得到在某段时间内某水果店苹果月销量、温度与价格数据，如表 15-10 所示。

表 15-10 某水果店苹果月销量、温度与价格数据统计表

月平均气温（摄氏度）	月平均价格（元/公斤）	苹果月销量（公斤）	月平均气温（摄氏度）	月平均价格（元/公斤）	苹果月销量（公斤）
6.5	26	1 300	14.5	54	4 760
8.0	41	2 600	16.0	63	5 660
10.5	45	4 560	21.5	42	6 330
13.0	52	3 955	18.0	66	5 000

利用 SPSS22 绘制直方图和气泡图。具体步骤如下：

第一步 打开"图形"中的"图形画板模板选择程序"，在弹出的对话框中的"基本"选项卡变量框内，同时选中月平均气温、月平均价格和苹果月销量三个连续数值变量作为气泡图三个坐标轴的数据源。

第二步 在"图形画板模板选择程序"对话框中切换到"详细"选项卡，将"月平均气温"作为 X 轴，"月平均价格"作为 Y 轴，"苹果月销量"作为气泡的大小。然后单击对话框下方的"确定"按钮，命令软件制作气泡图（如图 15-34 a 所示）。如果要绘制散点图的话，只需要在"基本"选项中选择两个变量，在"详细"选项中选择作为 X 轴和 Y 轴的变量，如本例中分别选择月平均价格和苹果月平均销量，则可获得对应的散点图（如图 15-34 b 所示）。

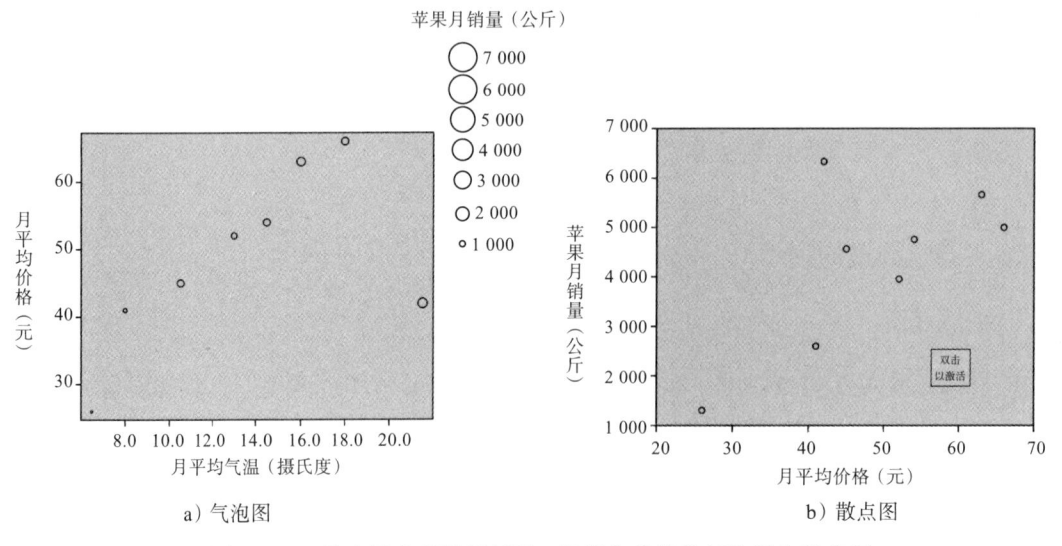

a）气泡图   b）散点图

图 15-34 某水果店苹果月销量、温度与价格的气泡图和散点图

第三步 如果希望对气泡图或散点图进行美化，则可双击它们，在弹出的"图形画板编辑程序"中进行编辑设计；如果觉得默认的配色不好看的话，可以重新打开"图形画板模板选择器"，在"选项"选项卡"样式表"中调整配色方案，以提高统计图的视角效果。

（3）雷达图。

雷达图（radar chart），形似蜘蛛，故也称为蜘蛛图（spider chart），比较适用于具有多个相同变量的不同对象之间的比较展示。设有 n 组样本 $S_1, S_2, \cdots, S_n$，每个样本测得 p 个变量 $X_1, X_2, \cdots, X_p$。要手工绘制这 p 个变量的雷达图，绘制步骤如下：

第一步　作一圆，按变量的个数 p 将圆周分为 p 等份。

第二步　连接圆心和各等分点，将这 p 条半径连线依次定义为各变量的坐标轴，并标以适当的刻度，每个变量值的大小由半径上的点到圆心的距离表示。

第三步　对给定的一个样本（或一次观测值），将它的 p 个变量值分别按其大小标示在相应的坐标轴的某个位置上，再用直线把 p 个点相连，形成了一个 p 边形。

第四步　依照第三步分别画出其他 $n-1$ 个样本形成的 p 边形，n 个样本就会有 n 个 p 边形，这 n 个多边形就构成一张雷达图。

雷达图可以利用 Excel 来绘制，具体操作比较简单："插入"统计图，选择"雷达图"并进行设计。雷达图在展示、对比多个研究对象或样本在各变量的数值总和时有明显优势。特别是当各变量的取值具有相同的正负号时，图形所围成的区域与各变量的总和效应的绝对值成正比。因此，可以对各研究对象或样本在总体上进行比较。此外，还可以利用雷达图的形状研究多个研究对象或样本之间在各变量间结构的相似程度。

（4）轮廓图。

当多个研究对象或样本单位具有相同的多元变量，且多元变量的计量单位相同时，可以将每个研究对象或样本单位的多元变量值以折线的方式表示在平面中，这些折线就形成了轮廓图。轮廓图适用于多个对象的比较研究。手工作图的步骤如下：

第一步　画出坐标系，在横轴上取 p 个点，分别表示这 p 个变量，纵轴表示变量取值。

第二步　针对每一个研究对象或样本，在坐标系中找出 p 个变量取值的点，将这 p 个点连接成一条折线。一个这样的折线构成简单轮廓图；当画出多个研究对象或样本的折线后构成了多变量轮廓图。

综上所述，定量数据的图表展示具有"丰富多彩"的特色，同样的数据可以有多种展示的方式可供选择，但在"丰富多彩"的形式背后分析者要具备科学和规范的数据分析和表达能力，至少应该掌握不同测量层次数据所能够适用的图表类型及其意义解释的知识、熟练运用相关统计软件帮助完成统计分析并绘制出美观清晰的统计图表的技能。在实践中，分析者还要对市场调查项目所在的行业领域及其专门知识有较好的把握，能够利用统计图表对专业领域的现象或问题作出深刻且精准的展示和分析。

15.2　数据的描述性统计

统计图表可以形象直观地展示数据的分布特征，但要全面精准地把握数据的分布特征还需要应用反映数据分布的各类代表性度量，包括集中趋势的度量、离散程度的度量及偏度峰度的度量等。集中趋势的度量是测度所有数据与中心值聚集和程度；离散程度的度量是测度所有数据远离中心值的趋势；偏度峰度的度量是反映数据分布是否对称、偏斜和偏平程度。对于不同测量层次的数据而言，因其所能进行的算术运算不同，决定了它们在这三类概括性度量上的具体方法存在差异，但它们同样遵循适用于低测量层次数据的度量方法肯定适用于高测量层次数据的规则。数据的描述性统计除了这三类概括性度量外还有相对程度分析、动态分析等。这里我们会概括说明各类描述性统计的具体方法及适用情形，并介绍如何运用统计软件进行计算。

15.2.1 集中趋势的度量

数据的集中趋势分析主要有众数、中位数、分位数和平均数。在实践中，具体选择哪种测度值为好要考虑数据的测量层次和研究需求。

1. 定类数据：众数

众数（mode），顾名思义，是指所有数据中出现次数最多的数，用 M_o 表示。定类数据的集中趋势主要用众数进行测度，众数是一个位置代表值，它对应于所有最高峰对应的数值，不受极端值的影响。如果一组数据的分布比较均衡，就可能不存在众数；如果存在两个或多个最高峰，则可以存在两个或多个众数。具体如图 15-35 所示。因此可见，一组数据可能众数是不唯一的，也可能不存在的众数。众数只有在数据规模较大时才有意义，当数据较少时不宜用众数。

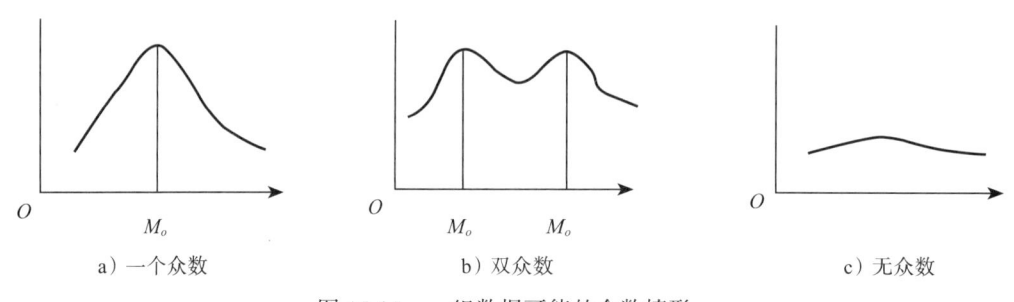

a) 一个众数　　b) 双众数　　c) 无众数

图 15-35　一组数据可能的众数情形

众数的计算可能针对的是原始数据，这时候需要计算各数值的频数，找出频数最大者对应的数值，此数值即为众数；众数的计算也可能针对的是分组数据，这时候可以找出频数最大的组并将这组的组中值作为众数，如果需要非常精确地计算出众数，这时可将分组数据各组由小到大排列，然后向上累积频数，在众数所在组用插值法计算众数。

2. 定序数据：中位数和分位数

中位数和分位数中的"位"指的是位置，也就是将数据按某种方式排列后位于中间的数和某个分位上的数，数据通常的排序方式是由小到大，下面的分析以此为假设。分位数通常有中位数（median）、四分位数（quartile）、十分位数（decile）和百分位数

(percentile)等，它们分别是将排序后的数据用 1 个点、3 个点、9 个点和 99 个点等分为 2 份、4 份、10 份和 100 份后各分位点上的数。这些分位数的特点是不受极端值的影响。比较常用的分位数是中位数和四分位数。

中位数的具体确定方法要根据掌握的数据特点而定，主要有两种情况，一是未分组数据，二是已分组数据。根据未分组的资料确定中位数时，应先对数据进行排序，然后确定中位数的位置，其公式为

$$中位数的位置 = \frac{n+1}{2}$$

根据分组资料计算中位数时，首先根据公式确定中位数所在位置，并确定中位数所在的组，然后采用插值公式计算估算中位数，插值公式有两种，一是利用中位数所在组的下限进行估算，二是利用中位数所在组的上限进行估算。具体计算公式如下：

$$下限公式 \quad M_e = L + \frac{\frac{\sum f}{2} - S_{m-1}}{f_m} \times h$$

$$上限公式 \quad M_e = U - \frac{\frac{\sum f}{2} - S_{m+1}}{f_m} \times h$$

式中：M_e 表示中位数；L 和 U 分别表示中位数所在组的下限和上限；f_m 表示中位数所在组的频数；$\sum f$ 表示全部组的频数之和，即全部数据的个数；h 表示中位数所在组的组距；S_{m-1} 表示中位数所在组以下的累计频数；S_{m+1} 表示中位数所在组以上的累计次数。

四分位数有两种：下四分位数和上四分位数，分别是一组排序后的数据中处于 25% 和 75% 位置上的值，具体计算方法与中位数的计算方法类似。中位数与四分位数通常会结合起来用于数据分析，如图 15-36 所示。

图 15-36 中位数与四分位数

由图 15-36 可见，中位数和四分位数都是位置代表数，其优点是不受极端值的影响。在研究收入或消费能力等问题时可以更加准确地反映数据的集中趋势。实践中，对中位数和四分位数含义的解读非常重要。中位数主要用于测度定序数据的集中趋势，但不适用于定类数据。中位数的含义是这组数据中有 50% 的数据值比它大，有 50% 的数据值比它小。下四分位数的含义是至少 25% 的数据小于或等于它，至少 75% 的数据大于或等于它；上四分位数的含义是至少 75% 的数据小于或等于它，至少 25% 的数据大于或等于它；上下四分位数之间包含了 50% 的数据。

3. 数值型数据：平均数

由于数值型数据可以进行加减运算，因此可以用全部数据之和除以其个数得到的结

果作为集中趋势的代表，这就是最常见的平均数（mean）。平均数利用了全部数据的信息，是应用最广泛的集中趋势度量值。由于数据的具体含义不同，因而平均数的计算方法会有所不同，常见的平均数有算术平均数、几何平均数、调和平均数等。

算术平均数有简单算术平均数（simple mean）和加权算术平均数（weighted mean）两种。简单算术平均数主要适用于未分组的原始数据，而加权算术平均数主要适用于已分组数据。计算公式如下：

简单算术平均数的计算公式：

$$\bar{x} = \frac{x_1 + x_2 + \cdots + x_n}{n} = \frac{\sum x_i}{n}$$

加权算术平均数的计算公式：

$$\bar{x} = \frac{M_1 f_1 + M_2 f_2 + \cdots + M_n f_n}{\sum f_i} = \frac{\sum M_i f_i}{\sum f_i} = \frac{\sum M_i f_i}{n}$$

式中：x_1，x_2，$\cdots$，x_n 是给定的样本或总体数据；M_1，M_2，$\cdots$，M_n 是已经分组的 n 个组的组中值；f_1，f_2，$\cdots$，f_n 是对应组的频数。

几何平均数（geometric mean）是 n 个数据乘积的 n 次方根，用 G 表示。主要用于计算平均比率。当给定数据是以比率的形式出现时，采用几何平均计算平均比率更加合理。实践中，计算现象的平均增长率常用几何平均法。

4. 三种集中趋势度量的比较

先要弄清楚三种集中趋势度量的适用条件，理解最主要的区别在于所要分析的数据类型，由表 15-11 作概括说明。

表 15-11　众数、中位数和平均数适用数据类型比较

数据类型	所能进行运算			集中趋势度量		
	类别区分（=，≠）	次序区分（≤，≥）	距离区分（+，−）	众数	中位数	平均数
定类数据	✓			✓		
定序数据	✓	✓		✓	✓	
数值型数据	✓	✓	✓	✓	✓	✓

另外，还要弄清楚众数、中位数和平均数三者的关系，进而在具体的数据分析中选择合理的集中趋势度量方法。从分布角度看，众数始终是一组数据的最高峰值，中位数居于中间位置，平均数是全部数据的算术平均。对于具有单峰分布的数据来说，这三者之间的关系反映在分布上主要有三种情形：对称分布、右偏分布和左偏分布（如图 15-37 所示）。

因此，可以根据众数、中位数与算术平均数之间的关系判断数据分布的特征，从而为选择合理的集中趋势度量值提供依据。当三者相等时，意味着频数分布呈对称分布，这时宜选平均数作为集中趋势的代表，因为它汲取了全部数据的信息；而当三者不相等时，意味着极端数值对三种度量的影响程度不同，频数分布呈右偏或左偏的非对称分

布，这时平均数的代表性较差，应该考虑选择众数或中位数作为集中趋势的度量。

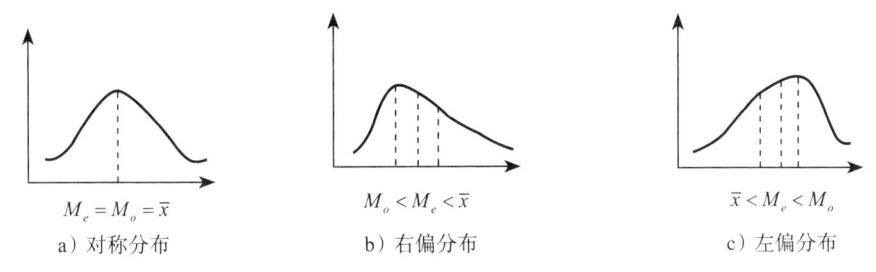

a) 对称分布 $M_e = M_o = \bar{x}$

b) 右偏分布 $M_o < M_e < \bar{x}$

c) 左偏分布 $\bar{x} < M_e < M_o$

图 15-37 不同分布的众数、中位数和平均数的关系

15.2.2 离散程度的度量

数据的离散程度反映一组数据中各数据值远离其中心值的程度，是衡量集中趋势度量值的代表性程度的重要依据。数据离散程度越大，说明集中趋势度量值对这组数据的代表性越差，反之亦然。数据离散程度的度量方法众多，如异众比率、极差、四分位差、标准差和方差等。离散程度度量方法的选择与数据类型及集中趋势度量方法密不可分，它们之间的关系可以概括为表 15-12。

表 15-12 离散程度度量与集中趋势度量之间的关系

集中趋势度量	离散程度度量
众数	异众比率
中位数	极差、四分位差
平均数	标准差、方差、变异系数

（1）异众比率（variation ratio）是指不等于众数值的所有数据的频数占总频数的比例，用 V_r 表示。

（2）全距（range），也称为极差，用全部数据的最大值与最小值的差额表示，公式为 $R = x_{\max} - x_{\min}$。

（3）方差（variance）是所有数据与其平均数离差平方的平均数，通常用 σ^2 表示。方差因能较好地反映数据的离散程度而得到广泛的应用。

（4）标准差（standard deviation）是方差的算术平方根，它与平均数具有相同等级的计量单位。因而，得到广泛的应用。标准差的计算需要根据数据的具体形态而定，主要有两种情况，一是未分组的原始资料，二已分组的数据资料，具体如下：

①在资料未分组的情况下，可采用简单平均法计算标准差，计算公式为

$$\sigma = \sqrt{\frac{\sum_{i=1}^{n}(x_i - \bar{x})^2}{n}}$$

②在资料分组的情况下，可采用加权平均法计算标准差，计算公式为

$$\sigma = \sqrt{\frac{\sum_{i=1}^{n}(x_i - \bar{x})^2 f_i}{\sum_{i=1}^{n} f_i}}$$

（5）变异系数（coefficient of variance），也称离散系数或标准差系数，是一组数据的标准差与其对应的平均数之比。变异系数克服了因平均数差异而难以用标准差在不同对象或样本之间直接比较的问题，能够适用于不同对象或样本之间离散程度的比较。计算公式为

$$V_\sigma = \frac{\sigma}{\bar{x}} \times 100\%$$

15.2.3 偏态和峰态的度量

偏态和峰态是对数据分布形状的测度。偏态（skewness）是对数据分布对称性的测度，具体使用偏态系数（coefficient of skewness，简记为 SK）表示。峰态（kurtosis）是对数据分布平坦或尖峭程度的测度，具体用峰态系数（coefficient of kurtosis，简记为 K）。由于偏态系数和峰态系数的计算方法很多且比较复杂，因此很少有分析者采用这种手工计算，这里只是列出计算公式，说明如何使用这两个系数及如何解释和判断。

对偏态系数 SK 的解释：根据 SK 是否为零判断数据分布的对称性，如果 SK=0 则表明是对称分布，如果 SK＞0 则说明是右偏分布，如果 SK＜0 则说明是左偏分布；SK 的绝对值越大，说明偏斜的程度越大。

对峰态系数 K 的解释：通常以正态分布的峰态系数为 0 来确定 K 的计算公式，所以可以根据 K 的正负性来判断数据分布是尖峰还是扁平。$K＞0$ 说明是尖峰分布，表明数据的分布比较集中；$K＜0$ 说明是扁平分布，数据分布比较分散。

15.2.4 数据的相对程度分析

数据分析还可以通过对不同部分或不同总体的比较来反映。常见的相对程度分析有结构相对分析、比例相对分析、比较相对分析、强度相对分析和计划完成程度分析等，具体计算方法如下：

（1）结构相对数

$$结构相对数 = \frac{总体中某一部分的数值}{总体的全部数值} \times 100\%$$

（2）比例相对数

$$比例相对数 = \frac{总体中某一部分数值}{总体中另一部分数值} \times 100\%$$

（3）比较相对数

$$比较相对数 = \frac{某地区(或单位)某一指标数值}{另一地区(或单位)同类指标数值}$$

（4）强度相对数

$$强度相对数 = \frac{某一总量指标数值}{另一有联系而性质不同的总量指标数值}$$

（5）计划完成相对数

$$计划完成相对数 = \frac{实际完成数}{计划数} \times 100\%$$

15.2.5 数据的动态分析

动态分析主要是针对时间序列数据的分析，在市场调查中进行动态分析的数据来源主要是二手资料或纵向实地调查获得的数据资料。动态分析常用的方法有水平分析和速度分析。用于水平分析的指标主要有发展水平、平均发展水平、增长量和平均增长量。由于计算增长量时采用的基期不同，故增长量有逐期增长量和累积增长量之分。平均增长量按下式计算：

$$平均增长量 = \frac{逐期增长量之和}{逐期增长量个数} = \frac{累计增长量}{时间数列项数 - 1}$$

用于速度分析的指标主要有发展速度、平均发展速度、增长速度和平均增长速度。由于采用的基期不同，发展速度可分为环比发展速度和定基发展速度。平均发展速度可以采用几何平均法或方程法计算。增长速度因采用的基期不同可分为环比增长速度和定基增长速度两种。平均增长速度等于平均发展速度减去 1。

15.2.6 数据概括性度量的软件操作

数据的概括性度量是数据分析最基本的分析内容之一，因此在统计软件中都有相关的功能，如 Excel 中可以通过"数据分析"工具中的"描述统计"命令得到结果。在 SPSS22 中可能通过"分析"工具中的"描述统计"下的"频率"对话框选择相应的数据概括性度量，具体选项如图 15-38 所示。其他的数据概括性度量也可以根据实际需要利用一些功能轻松得出结果。

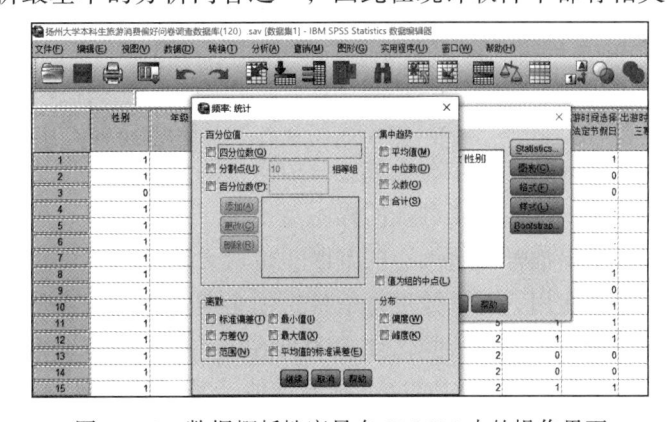

图 15-38　数据概括性度量在 SPSS22 中的操作界面

15.3 数据的推断统计

描述性统计主要是根据市场调查的数据对样本进行描述分析，但这通常不是调查研究的根本目的，分析者往往更加关心能不能由调查获得的数据得出关于总体特征的结论，这就是推断统计的主要任务。

需要强调的是，并非所有的调查定量数据都可以用作统计推断分析，推断统计只适用于根据随机原则抽样调查的数据，也就是说，随机抽样是推断统计的前提条件。推断统计与确定性推论有很大的不同，以样本数据来推断总体情况的推断统计只能得出"或然"的结论，不能确定"必然"的结果。简而言之，推断统计并不能肯定百分之百的准确，只能得出在很大程度上这个结论是成立的，并且可以求出推断统计时所犯错误的可能性大小。推论统计根据涉及变量的多少可以分为单变量推断统计、双变量推断统计和多变量推断统计。

15.3.1 单变量的推断统计

单变量的推断统计主要包括参数估计和假设检验。参数估计（parameter estimation）和假设检验（hypothesis testing）都是利用样本的统计值对总体的参数值进行估计的方法，但两者推断的角度不同。参数估计的基本思路是利用样本统计量估计总体的未知参数；而假设检验的基本思路是先提出有关总体的参数等于某个数或在某个具体范围内的假设，然后利用样本数据去检验小概率事件是否发生从而得出这个假设是否成立的结论。

参数估计（parameter estimate）有点估计（point estimate）和区间估计（interval estimate）两种方式。点估计（point estimate）利用样本统计量的某个值直接作为总体参数的估计值。如样本均值 $\bar{x}$ 直接作为总体均值 μ 的估计量，样本方差 S^2 作为总体方差 σ^2 的估计量，样本均值 $\bar{x}$ 和样本方差 S^2 的计算公式如下：

$$\bar{x} = \frac{\sum_{i=1}^{n} x_i}{n}$$

$$S^2 = \frac{\sum_{i=1}^{n}(x_i - \bar{x})^2}{n-1}$$

总体而言，样本量越大，抽样方法满足随机原则越好，点估计的结果越可信。但无论怎样，只要市场调查的样本量不等于总体规模，就无法避免抽样误差的存在，点估计无法给出抽样误差大小的判断，也就无法给出点估计的可靠性程度。因此，我们一般很少会直接用它对参数进行估计，而会通过构造以点估计值为中心的一个区间作为参数估计范围，这就是区间估计。区间估计是指在一定置信度下用样本统计值的某个范围来估计总体参数。例如通过市场调查估计某种新产品消费者在置信度为95%的水平下愿意接受的价格区间为800—960元，某项有关某市老年人服装消费偏好的调查得出"在置信度为 95% 的水平下，老年消费者的收入区间为 2800—6800 元"等，区间估计的可靠性通过置信度 $1-\alpha$ 来表达。置信区间的大小反映估计区间的精确度水平，置信水平反映对应置信区间估计的可靠性程度，通常置信水平选择 90%、95% 和 99%。因此，两者是成对出现的，在解释意义时也应该相互约束。通常的意义解释为"参数值以置信水平的可能性落在该置信区间范围内"。区间估计根据涉及的总体多少进行分类，主要有一个总体的参数估计（包括总体均值、方差、比例等）和两个总体的参数估计（包括总体均值之差、比例之差、方差之比等）。评估估计量的质量主要有三个标准：无偏性、有效性和一致性。无偏性要求估计量抽样分布的数学期望等于被估计的总体参数。有效性要求是指在具有无偏性的估计量中方差最小的估计量最有效。一致性则是要求估计量的值会随着样本量的增大而越来越接近被估计的总体参数。

假设检验（hypothesis testing）是利用小概率原理，基于样本数据对所提出的假设进行检验和判断。假设检验的一般流程如下：

第一步，提出原假设（null hypothesis）H_0 和备择假设（alternative hypothesis）H_1，通常把希望证明的命题放在备择假设上，把原有的、传统的假设或结论放在原假设上。

第二步，确定适当的检验统计量，计算其数值。检验统计量的选择需要考虑样本规模、总体分布和方差是否已知等。常用的检验统计量有 z 统计量、t 统计量、χ^2 统计量和 F 统计量。

第三步，根据检验统计量的分布和显著性水平确定拒绝域。

第四步，进行检验判断，得出结论。

如果第二步计算得到的统计值在拒绝域中，则拒绝原假设，认为备择假设成立；反之，则认为原假设成立。第四步的检验判断还可以用 P 值检验，假设检验得出的结论是在一定显著性水平下的，不是十分肯定的结论；假设检验可能会犯"弃真"和"取伪"两类错误，其中犯弃真错误的概率大小等于显著性水平。常见的参数检验也可根据涉及的总体多少进行分类，主要有一个总体的假设检验（包括总体均值、方差、比例等）和两个总体的假设检验（包括总体均值之差、比例之差、方差之比等）。

15.3.2　多变量的推断统计

在市场调查定量数据分析时，除了通过描述统计和单变量的统计推断来对市场问题或现象进行最基本的描述分析外，应更加关注现象发生和变化的原因探寻，重视发现和揭示现象之间关系的分析，也就是要对市场问题或现象进行解释和预测研究，这是很多市场调查项目研究的主要目的，其中涉及多变量之间关系的分析。例如，在一项探寻网上书店运营中哪些因素对顾客（网络用户）影响较大的市场调查中，研究者利用问卷调查收集了影响用户使用行为的外部变量，其包括网站基本功能、书目资讯功能、个性服务功能、配送服务功能、图书质量、价格以及交易安全性，试图通过所获数据验证上述指标与感知有用性之间的相关性，进而证明感知有用性与使用行为之间存在相关关系，统计分析涉及的变量及其之间的关系如图 15-39 所示。

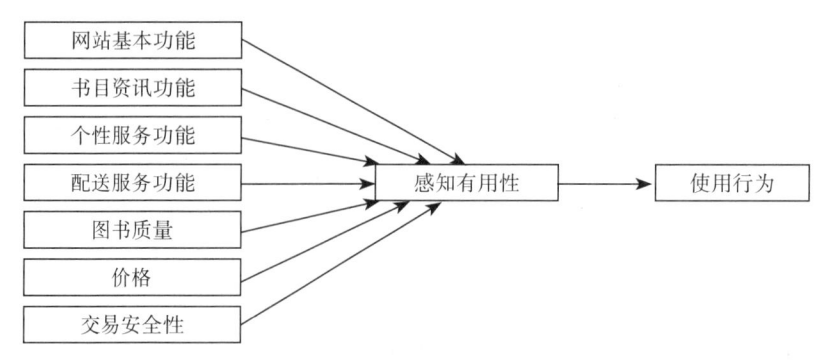

图 15-39　网上书店运营中影响用户使用行为因素

多变量的推断统计主要关注变量之间关系的推断，可以根据涉及变量的数量分为双变量的推断统计和三个及三个以上变量的推断统计。大多数情况下多变量之间的关系可以分解为多个双变量之间的关系，也有些情况多个变量之间的关系并不是多个双变量关系的简单加总，在调查分析实践中要具体问题具体对待。多变量的推断统计还可以根据涉及的统计方法的难易或高级程度分为基本推断统计和高级推断统计（参见本章数据整理任务书中的相关内容）。在市场调查实践中常用的基本多变量推断统计方法，其包括列联表分析、方差分析和回归分析等。这三类方法实质上都是研究变量之间相关或因果关系推断的统计方法，主要区别在于适用的变量类别不同。列联表分析主要适用于分类型自变量与分类型因变量之间的相关或因果关系，分类型变量包括定类变量和定序变量；方差分析主要适用于一个或多个分类型自变量与一个数值型因变量之间的相关或因果关系；回归分析主要适用于自变量和因变量都是数值型变量时的相关或因果关系，这是回归分析的基本条件。现有研究已找到不少突破这些条件的回归分析方法，但其基本原理都基本一致，分析者只需要弄清具体回归分析方法的适用前提和使用方法，即可得到合理的结果。下面简要分析各种基本多变量推断统计方法的基本原理，只有分析者正确选择和应用推断统计方法并对结果的意义进行正确的解读，才能准确地操作统计软件实现高效率高质量的数据分析。

1. 相关测量法与显著性检验

（1）相关关系。

市场调查定量数据分析中有关两个变量关系的研究最基本的是相关关系的分析。所谓相关关系（correlation）是指一个变量数值的变化与另一个变量数值的变化有比较紧密的关系，但这两个数值的变化关系并不完全确定。例如，消费行为和收入水平具有相关关系，因为一个人的消费行为和收入水平是两个变量，一般情况下如果收入水平不同，那么消费方式可能也不一样；消费方式不同可能也反映不同的收入水平。如果两个变量存在相关关系，那么通常要考虑两个方面，一是相关关系的强度，二是相关关系的方向。

相关关系的强度通常用相关系数来反映。相关系数是利用某种统计法测量变量间相

关关系的统计结果。计算相关系数适合选择什么样的统计方法最主要考虑的因素是变量的测量层次，变量测量层次不同会导致相关系数的测量方法也会有所不同（见表15-13）。通常，相关系数的取值范围在 [-1,+1]。大多数的相关测量法用 0 表示不相关，用 1 表示完全相关，介于 0 与 1 之间时，数值越大就表示相关的程度越强。根据经验可将相关程度分为强相关 ($|r|\geqslant 0.8$)、中相关 ($0.5\leqslant |r|<0.8$)、弱相关 ($0.3\leqslant |r|<0.5$) 和极弱或不相关 ($|r|<0.3$)。相关系数只是表示变量间相关程度的指标，而不是相关量的等单位度量。也就是说，相关系数本质上属于定序测量层级，只能用以反映变量间相关关系的强弱，而不具备做 "+、-" 或 "×、÷" 运算的特性。

表 15-13　变量类型与常用相关测量法对应关系

变量类型	相关测量法（相关系数）	假设检验法
定类 – 定类变量	λ, tau-y, φ, c, V	χ^2 检验
定类 – 定序变量	θ, λ, tau-y, φ, c, V	
定序 – 定序变量	Gamma, d_y, tau-a, tau-b, tau-c, rho	z- 检验或 t- 检验
定类 – 数值型变量 （定序 – 数值型变量）	相关比率 E^2	F- 检验或 t- 检验
数值型 – 数值型变量	r	

并非所有的相关关系都能够分析其方向。只有定序以上测量层次的变量才有相关关系的方向问题，因为这些变量的值有高低、大小或多少之分。变量间的相关关系有正向和负向两个方向，简称为正相关和负相关。正相关是指一个变量的值的变化与另一个变量的值的变化同向，即两个变量的值基本上是同时增加或同时减少的。例如，通常一个产品的销售量和促销水平之间存在着正相关关系。负相关是指一个变量的值的变化与另一个变量的值的变化反向。例如，通常一种产品的销量与价格之间存在着负相关关系。相关关系的方向通过相关系数前的符号 "+、-" 来表示。实践中，有些分析者可能 "不经意间" 对定类变量间相关关系进行正负方向分析，这是错误的。

根据变量之间的影响关系，相关关系有两种类型，一是对称的相关关系，二是非对称相关关系。对于两个变量 x 和 y，在 x 变化的时候 y 随之发生变化，如果反过来，当 y 变化的时候 x 也随之发生变化，这意味着这两个变量之间是对称的相关关系，但如果当 y 变化的时候 x 并不随之发生变化，这意味着它们的相关关系是非对称的。

（2）因果关系。

有些市场调查项目侧重于解释性研究，这时变量间关系的分析并不只是进行相关分析就够了，还需要进行因果关系的分析。因果关系是一种特殊的相关关系，属于非对称相关关系。如果想要证明两个变量存在因果关系，要先证明如下关系的存在。第一，要证明它们之间有较强的相关关系，而且要区分它们哪一个是 "因"，哪一个是 "果"，即确定自变量（independent variables）和因变量（dependent variables）。自变量通常用 x 表示，因变量通常用 y 来表示。自变量 x 与因变量 y 的关系可以表示为 "$x \rightarrow y$"。第二，变量 x 与变量 y 在发生的顺序上有先后之别，必须满足 "前因后果" 条件。实践中如果认为两个变量的变化同时发生，也认为它们可能存在因果关系，理由是 x 对 y 的影响非常之快。第三，要能证明变量 x 与 y 之间的关系是真实存在的，而不是虚假关系（spurious relationship）。由于一些其他变量的影响或干扰，使得两个并不存在因果关系的变量表现为"两个变量有所联系"的假象，识别这样的虚假关系通常要依赖更加深入和系统的推理分析。例如，一项调查的结果显示，住房拥挤与夫妻间的冲突成正比。这就是一个虚假关系，因为进一步的研究发现，矛盾冲突可能是"家庭经济水平"这个第三变量导致的。如果排除"家庭经济水平"变量的影响，住房拥挤与夫妻冲突可能是不相关的，不能因此得出这两个变量存在因果关系。

（3）相关测量法。

通常选用统计量来测量变量与变量之间的相关关系，这一类方法统称为相关测量法。不同测量层次的变量因其特性和运算能力的差异需要借助不同的统计量进行测度，变量之间的影响是不是双向的也需要考虑用不同的统计量测量其相关性。在市场调查的预测和解释性研究中，希望选用的相关测量法往往不仅要能测量变量之间的相关性及其强度和方向，而且要能够通过两个变量之间相关关系的测量值，较好地预测和解释利用一个变量解释或预测另一个变量比没有相关分析时的结果准确性提高的程度。削减误差比例（proportionate reduction in error，简称 PRE）是指，当研究市场现象 y 时，如果只用 y 的统计值来预测其变化，通常会存在误差，用 E_1 表示；假设另一种市场现象 x 与 y 有关系，如果利用 x 的值来预测 y 时可以减少若干误差，用 E_1-E_2 表示减少的误差，那么减少的误差 E_1-E_2 与原误差 E_1 的比值就是削减误差比例，计算公式为

$$\text{PRE} = \frac{E_1 - E_2}{E_1}$$

式中，PRE 的值域为 [0, 1]。如果 $E_1=E_2$，则 PRE=0，说明用 x 预测 y 时误差没有减少，x 与 y 不相关；如果 E_2 等于 0，则 PRE=1，说明用 x 预测 y 时削减了全部的误差，即用 x 能够准确地预测 y，两者完全相关；如果 PRE 的值在 0 与 1 之间，说明 x 与 y 是相关的，PRE 的值的大小反映两者之间相关程度的大小。例如 PRE 的值是 0.86，则表示用 x 预测 y 时可以减少 86% 的误差，说明两者高度相关。例如 PRE 的值是 0.1，则表示用 x 预测 y 时可以减少 10% 的误差，两者是极弱的相关关系。由此可见，削减误差比例的意义就是对用一个变量 x 来预测另一变量 y 时削减误差的量化表示。在测量两个变量之间的相关关系时，应尽可能选择有削减误差比例意义的测量方法。

市场调查实践中大多采用抽样调查，其目的是希望获得有关总体的准确信息。就相关测量而言，需要通过样本信息证明在总体中是否也真实存在两个变量间的相关关系，这就需要推断统计——通过假设检验，用样本信息推论总体的情况。不同测量层次的变量适用的检验方法也不一定相同。在两个变量的假设检验中，常用的检验方法有 χ^2 检验、Z 检验、T 检验和 F 检验。这些检验方法遵循假设检验的一般程序：将两个变量不相关作为原假设 H_0，将两个变量相关作为备择假设 H_1，构造相应的统计量，并根据其抽样分布和设定的显著性水平，判定假设是否可以接受。如果判定接受原假设，则认为两个变量不相关；如果判定拒绝原假设，则可以认为两个变量相关。关于这些检验方法

将在后面的列联表分析、方差分析和回归分析中进行相应的介绍。

总而言之，选择相关测量法主要依据的准则有三个：一是主要考虑变量的测量层次，这是最重要的考虑因素；二是要考虑变量之间的相互影响是单向还是双向的；三是尽可能选择有削减误差比例意义的相关测量法，这条虽不强求但建议最好遵守。

市场调查研究中最常出现的两个变量的类别组合有六种情况：定类 – 定类变量、定类 – 定序变量、定类 – 数值型变量、定序 – 定序变量、定序 – 数值型变量和数值 – 数值型变量。下面分别介绍适用于这几种组合的相关测量法。

① 适用于定类 – 定类变量的相关测量法。

如果两个变量都是定类变量，在计算相关系数的时候可以选择 λ, tau-y, φ, c, V 等五种相关系数，其中 λ 和 tau-y 两种相关系数测量法具有削减误差比例的作用，φ, c, V 三种相关系数没有削减误差比例的作用，它们都是基于 χ^2 构造出来的相关系数。

λ 相关系数，又称为葛特曼预测系数（guttuman's coefficient of predictability），是指当测度两个定类变量相关性时，利用众数构建削减误差在全部误差中的比重作为测量结果的方法。λ 的值域是 [0, 1]，数值越大说明相关程度越强。λ 相关系数有对称相关测量法和非对称相关测量法两种。对称相关测量法是指两个变量不分自变量和因变量，是双向影响的，通常以符号 λ 表示。计算公式为

$$\lambda = \frac{\sum m_x + \sum m_y - (M_x + M_y)}{2n - (M_x + M_y)}$$

非对称相关测量法是指两个变量的影响是单向的，自变量 x 和因变量 y，用自变量 x 来预测因变量 y 时可以削减的误差比例即为相关系数，通常以符号 λ_{yx} 表示，计算公式为

$$\lambda_{yx} = \frac{\sum m_y - M_y}{n - M_y}$$

式中：M_x 表示 x 变量的众数；M_y 表示 y 变量的众数；m_x 表示 y 变量每个取值（类别）下 x 变量的众数；m_y 表示 x 变量每个取值（类别）下 y 变量的众数；n 表示全部个案数。

tau-y 系数用于非对称测量，要求能够区分的两个定类变量分别是自变量 x 和因变量 y，计算相关系数时考虑了交互分析表中所有的边缘次数和条件次数，是按照削减误差比例构建的相关统计量。计算公式为

$$\text{tau-}y = \frac{E_1 - E_2}{E_1} = \frac{\sum \frac{(n - F_y)F_y}{n} - \sum \frac{(F_x - f)f}{F_x}}{\sum \frac{(n - F_y)F_y}{n}}$$

式中：n 表示全部个案数；f 表示交互分析表中某个条件次数；F_y 表示 y 变量的某个边缘次数；F_x 表示 x 变量的某个边缘次数；$\frac{n - F_y}{n}$ 表示在不知道 x 的条件下每次预测 y 变量时的错误概率；$\frac{(n - F_y)F_y}{n}$ 表示用这一取值（类别）来预测 y 值时的错误总

数；$\sum \frac{(n-F_y)F_y}{n}$ 就是 y 变量所有取值的错误总数，即总误差是 E_1；如果知道 x 变量，则用 x 来预测 y 值时的错误概率是 $\frac{F_x-f}{F_x}$，每个 x 下 y 各个值的预测错误之和就是 $E_2 = \sum \frac{(F_x-f)f}{F_x}$。

φ, c, V 相关系数还分别称为 PHI 相关系数、列联相关系数和 V 相关系数，它们都假定两个定类变量间的关系是对称的，基于 χ^2 构造出来的测量法，它们的统计值都没有削减误差比例的意义。φ 相关系数主要适用于 2×2 交互表，因为当交互分类表类别增多时无法保证其取值在 [0, 1] 中。其计算公式为

$$\varphi = \sqrt{\chi^2/n}$$

为了克服 φ 相关系数在变量类别增多情况下超出 [0, 1] 就有了 c 相关系数的，其计算公式为

$$c = \sqrt{\frac{\chi^2}{\chi^2+n}}$$

显然 c 相关系数的取值会落在 0 和 1 之间，但无论怎样都无法达到 1。c 相关系数可能的最大值依赖于变量类别的多少，并且随着变量类别的增多而增大。因此，变量类别数量不同情形下不能用 c 相关系数进行比较。基于 φ 相关系数值没有上限，c 相关系数值小于 1 且比较分析条件苛刻，出现了 V 相关系数，计算公式为

$$V = \sqrt{\frac{\chi^2}{n \times \min[(r-1)(c-1)]}}$$

式中，r 和 c 分别表示两个定类变量的类别数量。V 系数的取值为（0，1），不受两个变量类别数量的影响。

②适用于定类－定序变量的相关测量法。

最适合定类－定序变量的相关测量法是维尔科森的区分系数，即 θ 系数，是以定类变量为自变量，定序变量为因变量的非对称测量法，没有削减误差比例的意义。θ 系数的原理是根据各个个案在定类变量上所属的类别来估计它们在定序变量上的相对等级，取值范围是（0，1）。

实践中，大部分分析者在研究定类－定序变量的相关关系时，会将定序变量视为定类变量，从而选择使用 λ 或 tau-y 相关系数测量法，有时也会选择 φ, c, V 等三种相关系数，这样做虽会损失定序变量的一些数学特质，但统计起来较为方便。

③适用于定类－数值型变量和定序－数值型变量的相关测量法。

定类－数值型变量与定序－数值型变量的相关性测量都可以采用相关比率。相关比率（correlation ratio，简写为 E^2）也称 ETA 平方系数，是假定定类变量是自变量、数值型变量是因变量的条件下，根据自变量的每一个值来预测因变量的均值。计算公式为

$$E^2 = \frac{\sum(y-\bar{y})^2 - \sum(y-\bar{y}_i)^2}{\sum(y-\bar{y})^2}, \quad E = \sqrt{E^2}$$

式中，y 表示因变量的数值；$\bar{y}$ 表示因变量的均值；$\bar{y}_i$ 表示每个自变量 x_i 上的各因变量的均值。E^2 取值范围是（0，1），具有削减误差比例的意义。相关比率开方即为相关系数，没有负值，因为其中一个为定类变量。

④适用于定序-定序变量的相关测量法。

定序变量是能够测量出等级和次序的变量，所以定序-定序变量间关系的测量法也被称为级序相关测量法。这类方法的基本思路是，根据任何两个个案在某变量上的等级来预测它们在另一变量上的等级时，可以减少的误差是多少是以每对个案取值的等级作为预测准则的。适合定序-定序变量的相关测量法中最常用的是古德曼和古鲁斯卡的Gamma系数（通常用 G 表示）和萨默斯的 d_y 系数，另外还有肯德尔的三种tau相关系数和斯皮尔曼的rho相关系数。G 系数、三种tau系数和rho系数都适用于对称关系，d_y 系数适用于非对称关系。两者的取值范围都是 [−1, −1]，既反映相关的方向也反映其强度，除tau−c系数外都具有削减误差比例的意义。

因为级序相关测量法要成对考虑个案之间的关系，所以对"对"的概念的理解就非常重要，其中主要的概念有同序对（same-order pair）、异序对（Different-ordered Pair）、x 同分对（Same Graded Pair on x）和 y 同分对（same graded pair on y）。同序对是指某对个案在两个变量上的相对等级是相同的，通常用 N_s 表示同序对的数量；异序对指某对个案在两个变量上的相对等级是不相同的，通常用 N_d 表示异序对的数量；x 同分对指的是两个个案在 x 变量上的等级是相同的，区分不出高低，通常用 T_x 表示；y 同分对指的是两个个案在 y 变量上的等级是相同的，通常用 T_y 表示。

Gamma系数是同序对数与异序对数之差与同序对数与异序对数之和之比。计算公式为

$$G = \frac{N_s - N_d}{N_s + N_d}$$

式中，Gamma系数并不考虑 x 或 y 同分对，只是对同序对和异序对作比较。当 $N_s > N_d$ 时，G 是正数，说明正相关；当 $N_s < N_d$ 时，G 是负数，说明负相关；当 $N_d = 0$ 时，G 等于1；当 $N_s = 0$ 时，G 等于 −1；当 $N_s = N_d$ 时，G 等于0。

d_y 系数测量法适用于非对称关系的相关关系测量，计算公式为

$$d_y = \frac{N_s - N_d}{N_s + N_d + T_y}$$

式中，d_y 系数不仅考虑了同序对和异序对，还考虑了因变量 y 的同分对。实践中，在变量间非对称相关即区分自变量和因变量的情况下，也会选用Gamma系数测量法。虽然从理论上讲这并不十分严谨，但还是可以接受的，因为选择相关测量法的首要准则是变

量的测量层次,是否对称关系只是次要考虑因素。

肯德尔的三种 tau 相关系数 tau-a、tau-b 和 tau-c 都适用于对称相关关系分析。tau 相关系数都用同序对数和异序对数之差在全部可能对数中所占的比例来表示。它们区别和特点见表 15-14。

表 15-14 三种 tau 相关系数的计算公式和特点比较

tau 系数类型	计算公式	是否是 PRE	适用情形	值域
tau-a	$\dfrac{N_s - N_d}{n(n-1)/2}$	✓	没有同分对	没有同分对时值域 [-1, +1],否则值域不确定
tau-b	$\dfrac{N_s - N_d}{\sqrt{N_s + N_d + T_x} \times \sqrt{N_s + N_d + T_y}}$	✓	同分对多	只有两个变量类别数相同时值域 [-1, +1],否则值域不确定
tau-c	$\dfrac{2m(N_s - N_d)}{n^2(m-1)}$	×	同分对多	值域都 [-1, +1]

注:m 为两个变量类别数的最小值。

rho 相关系数通常用 γ 表示,适用于对称相关关系且同分情况不多的情形。rho 相关系数统计量不仅考虑每个个案在两个变量上的等级差异,而且考虑两者等级差异的大小。γ 相关系数用实际的等级差异占最大可能的等级差异总值的比例来表示。计算公式为

$$\gamma = 1 - \frac{6\sum_{i=1}^{n} D_i^2}{n(n^2 - 1)}$$

式中,D_i 表示每个个案在两个变量上的等级之差,即它不仅反映了每个个案在两个变量上的等级有高低之别且表示了它们等级差别的大小。例如,某个案在 x 和 y 变量上的等级分别是 3 和 2,则 $D_i = 3 - 2 = 1$。D_i^2 是数学处理的技巧,目的是避免 D 可能有正值和负值相消导致结果的错误。γ 系数的值域是 [-1, +1],γ^2 具有削减误差比例的意义。

⑤适用于数值-数值型变量的相关测量法。

数值型变量包括定距变量和定比变量,具有较高的测量层次和运算特性。因此,在实践中对两个数值型变量关系的分析通常并不仅仅限于相关性测量,还会进一步分析两个变量之间的线性或非关系来构建模型。关于如何通过线性回归分析两个数值型变量间的关系将会在后面进行介绍,这里主要介绍常用的皮尔逊(pearson)积矩相关系数,用 r 表示,可以测量两个变量的相关程度和方向,值域为 [-1, +1]。积矩相关系数 r 适用于对称性相关关系,假定两个变量之间是直线关系。计算公式为

$$r = \frac{\sum(x_i - \bar{x})(y_i - \bar{y})}{\sqrt{\sum(x_i - \bar{x})^2} \times \sqrt{\sum(y_i - \bar{y})^2}}$$

式中,x_i 与 y_i 分别代表两个变量的一组观察值,$\bar{x}$ 和 $\bar{y}$ 分别是与它们的均值。r^2 具有削减误差比例的意义,实际上就是线性回归方程的判定系数(coefficient of determination),

反映了用自变量来预测因变量时所能削减的误差比例。

实践中，数值-数值型变量的相关性可以通过画散点图进行直观的分析，也可以通过皮尔逊积矩相关系数 r 来进行准确描述。虽然积矩相关系数 r 适用于对称相关测量法，如果变量间关系并不对称，只要符合测量层次要求就可以使用。

2. 列联表分析

对于多个分类变量之间关系的分析通常利用列联表，列联表（contingency table）是由两个以上的变量交叉分类的频数分布表。利用列联表对多个分类变量关系的分析称为独立性检验，也就是通过构造统计量分析变量是否相互独立。实践中比较常用的是二维列联表，即分别用行变量和列变量交叉排列并列出相应的频数，其一般结构如表 15-15 所示。

表 15-15　二维列联表的一般结构

y 变量	x 变量				合计
	x_1	x_2	$\cdots$	x_c	
y_1	f_{11}	f_{12}	$\cdots$	f_{1c}	$f_{1.}$
y_2	f_{21}	f_{22}	$\cdots$	f_{2c}	$f_{2.}$
$\vdots$	$\vdots$	$\vdots$	$\vdots$	$\vdots$	$\vdots$
y_r	f_{r1}	f_{r2}	$\cdots$	f_{rc}	$f_{c.}$
合计	$f_{.1}$	$f_{.2}$	$\cdots$	$f_{.r}$	n

表 15-15 中的两个变量 x 和 y 分别排在行和列的位置上，行变量 x 的类别有 c 种，分别用 $x_1, x_2, \cdots, x_c$ 表示；列变量 y 的类别有 r 种，分别用 $y_1, y_2, \cdots, y_r$ 表示；f_{ij} 表示列变量 y 第 i 个类别 y_i 与行变量 x 的第 j 个类别 x_j 对应的观察频数。表中列出了行变量和列变量的所有可能的组合，所以称为列联表；因有 r 行 c 列，故称为 $r \times c$ 列联表。列联表中两个变量类别交叉位置上的频数称为条件频数；两个"合计"分别表示相应变量类别下的合计频数，被称为边缘频数。

可测定列联表中变量之间的相关程度。若用 f_o 表示观察值频数（observed frequency），用 f_e 表示期望值频数（expected frequency），期望频数是指按照两个变量各类别在样本总量中的比重应该分得的频数，具体计算公式为

$$f_{eij} = \frac{f_{i.} \times f_{.j}}{n}$$

如果两个变量之间彼此独立，互不依赖，则所有的观察值频数应该与期望值频数没有差别或差别很小；反之，则差别会比较大。因此 χ^2 统计量为

$$\chi^2 = \sum_{i=1}^{r}\sum_{j=1}^{c} \frac{(f_{oij} - f_{eij})^2}{f_{eij}}$$

χ^2 可以较好地反映观察值与期望值的接近程度，因而成为列联表中变量之间独立性检验的统计量。χ^2 统计量的自由度为 $(r-1)(c-1)$。χ^2 独立性检验的一般步骤为

第一步　提出假设。

H₀：变量 x 和 y 之间是独立的（不存在依赖关系）；

H₁：变量 x 和 y 之间是不独立的（不存在依赖关系）；

第二步　计算 χ^2 的值和自由度。

第三步　根据给定的显著性水平 α 找出临界值 χ_α^2。

第四步　做出判断，得出结论。若 $\chi^2 > \chi_\alpha^2$，则拒绝原假设 H₀，认为变量 x 和 y 之间存在依赖关系；反之，则接受 H₀，认为变量 x 和 y 之间是独立的，不存在依赖关系。

下面基于"扬州大学本科生旅游消费偏好问卷调查"数据，介绍利用 SPSS22 建立列联表和进行独立性检验的具体操作。操作如下：

第一步　选择"分析"下拉菜单，再选择"描述统计"下拉菜单，最后选择"交叉表格"选项进入交叉表格对话框。在该对话框中将"月生活费"选入"行"，"每年非本地旅游次数"选入"列"（如图 15-40 所示）。如果分析者需要深度考察两个变量之间关系的真伪，可以将第三个变量选择进"层 1 的 1"下方方框内，就可以得到相应的数据，以帮助分析者辨别真假。

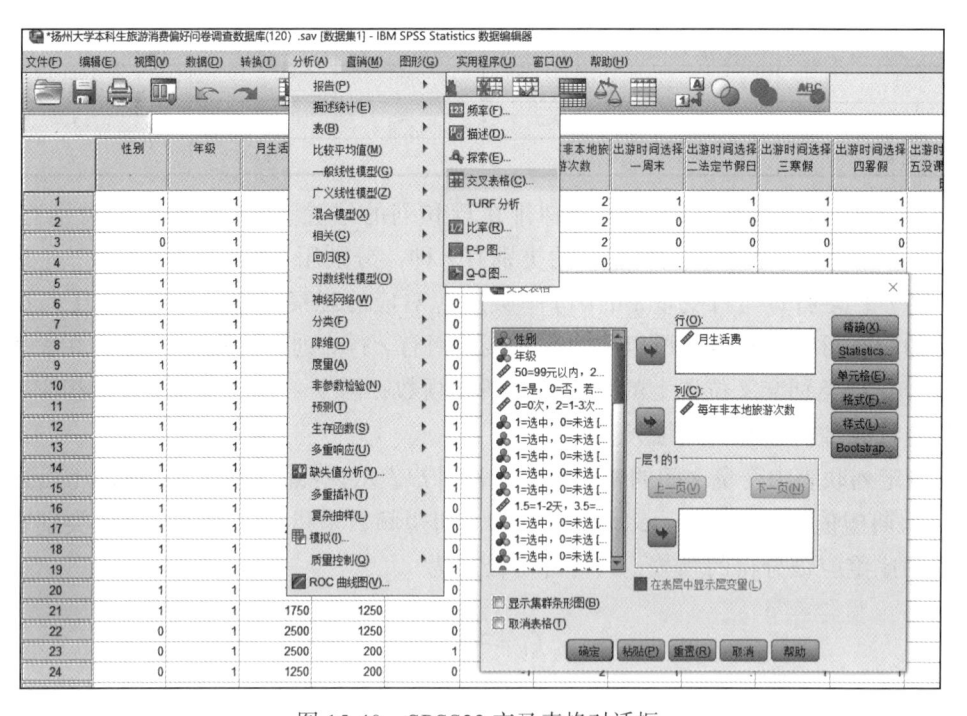

图 15-40　SPSS22 交叉表格对话框

第二步　在"统计量"下选择"卡方"；

单击"单元格"，在"计数"下选择"观察值"和"期望值"；

在"百分比"下选择"行"和"总计"，这里选"列"；

在"残差"下选择"未标准化"和"标准化"，如图 15-41 所示；

单击"继续"，最后单击"确定"。

图 15-41　SPSS22 交叉表格"统计"和"单元格"设置

第三步　输出结果（见表 15-16—表 15-19），根据其中的"卡方"进行独立性检验，也可根据 P 值进行检验。

表 15-16　月生活费与每年非本地旅游次数的交叉列表

			每年非本地旅游次数						总计
			0 次	1 次	2—3 次	4—6 次	7—9 次	10 次以上	
月生活费	999 元以下	计数	1	0	0	0	0	0	1
		预期计数	0.1	0.0	0.7	0.2	0.0	0.0	1.0
		每年非本地旅游次数内的百分比	12.5%	0.0%	0.0%	0.0%	0.0%	0.0%	0.8%
		占总计的百分比	0.8%	0.0%	0.0%	0.0%	0.0%	0.0%	0.8%
		残差	0.9	0.0	−0.7	−0.2	0.0	0.0	
		标准残差	3.6	−0.1	−0.9	−0.4	−0.1	−0.1	
	1 000—1 499 元	计数	3	1	39	4	0	1	48
		预期计数	3.2	0.4	35.2	8.0	0.4	0.8	48.0
		每年非本地旅游次数内的百分比	37.5%	100.0%	44.3%	20.0%	0.0%	50.0%	40.0%
		占总计的百分比	2.5%	0.8%	32.5%	3.3%	0.0%	0.8%	40.0%
		残差	−0.2	0.6	3.8	−4.0	−0.4	0.2	
		标准残差	−0.1	0.9	0.6	−1.4	−0.6	0.2	
	1 500—1 999 元	计数	4	0	32	5	0	0	41
		预期计数	2.7	0.3	30.1	6.8	0.3	0.7	41.0
		每年非本地旅游次数内的百分比	50.0%	0.0%	36.4%	25.0%	0.0%	0.0%	34.2%
		占总计的百分比	3.3%	0.0%	26.7%	4.2%	0.0%	0.0%	34.2%
		残差	1.3	−0.3	1.9	−1.8	−0.3	−0.7	
		标准残差	0.8	−0.6	0.4	−0.7	−0.6	−0.8	
	2 000—2 999 元	计数	0	0	15	10	0	1	26
		预期计数	1.7	0.2	19.1	4.3	0.2	0.4	26.0

（续）

			每年非本地旅游次数						总计
			0次	1次	2—3次	4—6次	7—9次	10次以上	
月生活费	2 000—2 999元	每年非本地旅游次数内的百分比	0.0%	0.0%	17.0%	50.0%	0.0%	50.0%	21.7%
		占总计的百分比	0.0%	0.0%	12.5%	8.3%	0.0%	0.8%	21.7%
		残差	−1.7	−0.2	−4.1	5.7	−0.2	0.6	
		标准残差	−1.3	−0.5	−0.9	2.7	−0.5	0.9	
	3 000元以上	计数	0	0	1	1	1	0	3
		预期计数	0.2	0.0	2.2	0.5	0.0	0.1	3.0
		每年非本地旅游次数内的百分比	0.0%	0.0%	1.1%	5.0%	100.0%	0.0%	2.5%
		占总计的百分比	0.0%	0.0%	0.8%	0.8%	0.8%	0.0%	2.5%
		残差	−0.2	0.0	−1.2	0.5	1.0	−0.1	
		标准残差	−0.4	−0.2	−0.8	0.7	6.2	−0.2	
总计		计数	8	1	88	20	1	2	120
		预期计数	8.0	1.0	88.0	20.0	1.0	2.0	120.0
		每年非本地旅游次数内的百分比	100%	100.0%	100.0%	100.0%	100.0%	100.0%	100.0%
		占总计的百分比	6.7%	0.8%	73.3%	16.7%	0.8%	1.7%	100.0%

表15-17　卡方测试

	数值	df	渐近显著性（2端）		数值	df	渐近显著性（2端）
皮尔森卡方	71.346①	25	0.000	线性对线性关联	13.880	1	0.000
概似比	32.678	25	0.139	有效观察值个数	120		

① 31 数据格（86.1%）预期计数小于5。预期的计数下限为0.01。

表15-18　有方向性（相关关系）的测量

			数值	渐近标准错误①	大约 T ②	大约显著性
名义变量对名义变量	Lambda (λ)	对称	0.087	0.043	1.905	0.057
		月生活费　相依项	0.111	0.061	1.727	0.084
		每年非本地旅游次数　相依项	0.031	0.031	1.004	0.315
	Goodman 及 Kruskal tau	月生活费　相依项	0.073	0.025		0.013③
		每年非本地旅游次数　相依项	0.103	0.042		0.000

① 未使用虚无假设。
② 正在使用具有虚无假设的渐近标准误。
③ 基于卡方近似值。

第四步　根据输出结果和调查研究需要，设计出较好的图表展示方式和得出可靠的结论。从这里展示的四张输出结果表格可以得到以下资料：一是列联表及相关数据，可以帮助分析者直观分析变量之间的关系；二是 χ^2 检验的结果，可以帮助分析者依据 χ^2 检验得出两个变量是否相关的可靠结论；三是可以得出各类相关系数帮助分析者分析变量之间相关关系的强度，如果是定序以上变量之间的相关系数还能反映相关关系的方向。

表 15-19 对称（相关关系）的测量

		数值	大约显著性
名义变量对名义变量	PHI	0.771	0.000
	克瑞玛 V	0.345	0.000
	列联系数	0.611	0.000
有效观察值个数		120	

对于列联表分析，需要注意：①列联表的行列布置。通常将自变量放在列的位置，因变量放在行的位置，条件百分表多按自变量的方向计算。也就是说，对于统计软件输出的数据并不都要展示在统计图表中，而是要根据实际需要进行选择和设计。如果因变量在样本内的分布与总体的分布不一致，差别较大，应将自变量放在列的位置并按列的方向计算条件百分表，这样更加合理有效。② χ^2 检验要求样本量足够大，每个条件频数对应的期望值频数不能太小，才能确保 χ^2 检验得出结果是可靠的。确保 χ^2 检验得出结论可靠的准则有两种情况：一是如果条件频数只有两个，则所有对应的期望值频数都必须大于或等于 5；二是如果条件频数超过两个，则大于或等于 5 的期望值频数必须超过 80%。如果出现以上两种情况，可以通过合并较小期望值频数来满足条件。

3. 方差分析

方差分析（analysis of variance，简称 ANOVA）是研究一个或多个分类型自变量对数值型因变量的影响的统计方法。这种方法表面看是借助于对数据误差来源的分析检验多个总体均值是否相等，实质上是由此来确定变量之间的相关关系。根据分类型自变量数量的多少可以将方差分析分为单因素方差分析和多因素方差分析。涉及一个分类型自变量的方差分析是单因素方差分析，涉及两个分类型自变量的方差分析是双因素方差分析，涉及两个及以上分类型自变量的方差分析是多因素方差分析。

（1）方差分析的原理。

方差分析中的因素或因子（factor）是指所要检验的对象，水平或处理（treatment）是指因子的不同表现，观察值是指在每个因素水平下得到的样本数据。试验是包含因素及其水平的全部信息，因素的每一个水平可以看作一个总体，每个水平下的所有观察值可以看作从这个水平总体中抽取的样本数据。

〖例 15-8〗

希望集团通过在 30 个销售部中随机抽查 4 个销售部在近几个月中某种设备的销售量情况（见表 15-20），希望了解近期销售部门对整个销售工作有没有明显的影响。

表 15-20　4 个销售部门近几个月设备销售量统计表（台）

月份	销售部			
	1	2	3	4
6	57	68	31	44
7	66	39	49	51
8	49	29	21	65
9	40	45	34	77
10	34	56	40	58
11	53	51	—	—
12	44	—	—	—

下面借助于这个例题介绍方差分析的基本思想和原理。先画出四部门近几个月设备销量比较散点图（如图 15-42 所示）。从散点图上可以看出：一是在不同水平下（销售部门）的（设备销量）观察值之间是否有明显差异，由图中可以看出 1 和 2 两个销售部门销售均值几乎相等，而 3 部门销量均值较低，4 部门销量均值较高；二是在同一水平下各观察值是否有明显不同，由图可以看出 4 个部门各月销量还是比较分散的；三是因素（销售部门）与因变量（设备销量）观察值之间是否有一定的关系，这是基于前两点基础上的思考，如果两者之间没有关系，那么它们的观察值差不多，在散点图上所呈现的部门销量也就很接近。

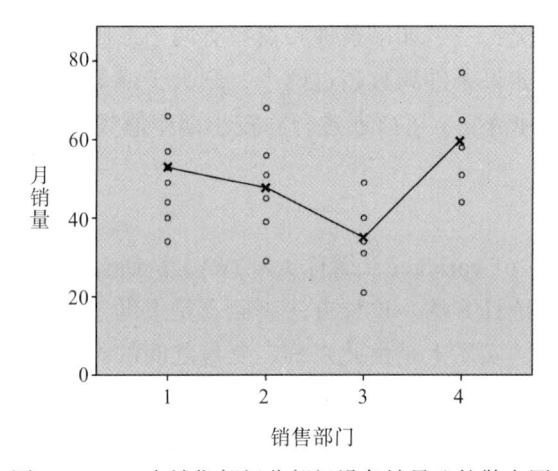

图 15-42　4 个销售部门分部门设备销量比较散点图

借助散点图可以进行直观分析，但不能提供充分的证据证明在不同水平下总体观察值之间是否有显著差异，因为这种差异可能是抽样的随机性所造成的，所以需要有更准确的方法来检验这种差异是否显著，也就是进行方差分析。之所以叫方差分析，是因为虽然我们感兴趣的是均值，但在判断均值之间是否有差异时则需要借助于方差，它是通过对数据误差来源的分析判断不同总体的均值是否相等。因此，进行方差分析时，需要考察数据误差的来源。数据误差主要有两大类：一是随机误差，来源于因素的同一水平（总体）下样本各观察值之间的差异，这种差异可以看成随机因素的影响；二是系统误差，来源于因素不同水平（不同总体）之间观察值的差异。这种差异可能是抽样的随机性所造成的，也可能是因素本身所造成的，后者所形成的误差是系统性因素造成的，被称为系统误差。

可以通过推导得出：方差分析中数据的总离差平方和（sum of squares for total，简称

SST）由组间平方和（sum of squares for fact A，简称 SSA）和组内平方和（sum of squares for error，简称 SSE）组成。组内（within groups）平方和是指因素在同一水平下数据误差的平方和，只包含随机误差；组间（between groups）平方和是指因素的不同水平之间数据误差的平方和，既包括随机误差，也包括系统误差。总离差平方和（SST）、组内平方和（SSE）、组间平方和（SSA）之间的关系为 SST = SSA + SSE。

在以上误差来源分析的基础上需要构造统计量进行统计推断分析。为此，方差分析有三个基本假设：一是每个总体都应服从正态分布。对于因素的每一个水平，其观察值是来自服从正态分布总体的简单随机样本。二是各个总体的方差必须相同。各组观察数据是从具有相同方差的总体中抽取的。三是观察值是独立的。每个水平的观察值与其他水平的观察值相互独立。在上述假定条件下，判断自变量对因变量是否有显著影响，实际上也就是检验具有同方差的各个正态总体的均值是否相等。如果各个总体的均值相等，可以期望各个样本的均值也会很接近。各个样本的均值越接近，推断各个总体均值相等的证据也就越充分；样本均值越不同，推断总体均值不同的证据就越充分。

在满足方差三个基本假设的条件下，SST、SSA 和 SSE 的抽样分布都是 χ^2。均方（mean square，简称 MS）等于平方和除以相应的自由度，因此有三个均方：总均方（MST）、组间均方（MSA）和组内均方（MSE），这些均方也称为方差。

方差分析的基本步骤为三步，即提出假设、构造 F- 统计量和进行决策。假设的基本表达如下：

H_0: $\mu_1 = \mu_2 = \cdots = \mu_k$（自变量对因变量没有显著影响）。

H_1: $\mu_i (i=1, 2, \cdots, k)$ 不全等（自变量对因变量有显著影响）。

构造 F- 统计量的基本思路是：若原假设成立，组间均方与组内均方的数值就应该很接近，它们的比值就会接近 1；若原假设不成立，组间均方会大于组内均方，它们之间的比值就会大于 1。当这个比值大到某种程度时，就可以说不同水平之间存在着显著差异，即自变量对因变量有影响。需要注意的是：拒绝原假设，只表明至少有两个总体的均值不相等，并不意味着所有的均值都不相等。

（2）单因素方差分析。

①单因素方差分析的操作步骤。

单因素方差分析（one-way analysis of variance）的数据结构如表 15-21 所示，通常每个水平下的观察值数量不一定相等。单因素方差分析遵循方差分析的一般流程：提出假设、构造 F- 统计量和进行决策。

表 15-21　单因素方差分析数据结构

观察值 (j)	因素 (A) (i)			
	水平 A_1	水平 A_2	$\cdots$	水平 A_k
1	x_{11}	x_{21}	$\cdots$	x_{k1}
2	x_{12}	x_{22}	$\cdots$	x_{k2}
$\vdots$	$\vdots$	$\vdots$	$\vdots$	$\vdots$
n	x_{1n}	x_{2n}	$\cdots$	x_{kn}

第一步 提出假设。设因素 A 有 k 个水平，每个水平的均值分别为 μ_i ($i=1, 2, \cdots, k$)，要检验 k 个水平（总体）的均值是否相等，需要提出如下假设：

H_0：$\mu_1 = \mu_2 = \cdots = \mu_k$。

H_1：μ_i ($i=1, 2, \cdots, k$) 不全等。

单因素方差分析也要满足三个基本假设。这意味着如果原假设 H_0：$\mu_1 = \mu_2 = \cdots = \mu_k$ 成立，则各个水平观察值的均值都相等，每个样本都来自均值为 μ、方差为 σ^2 的同一正态总体（如图 15-43 所示）。

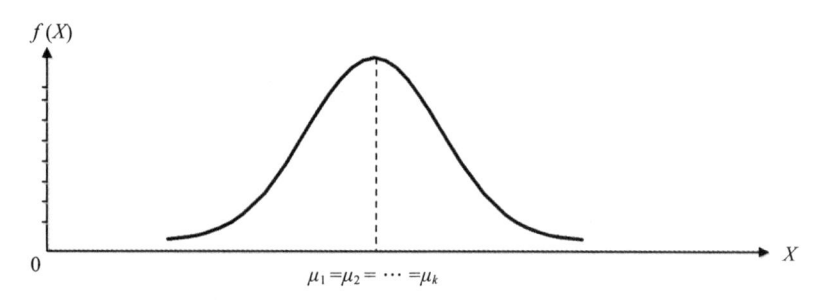

图 15-43 单因素各水平下的样本都来自相同的正态分布

若备择假设 H_1：μ_i ($i=1, 2, \cdots, k$) 不全等成立，则至少有一个总体的均值是不同的，意味着各个样本分别来自均值不同的多个正态总体（如图 15-44 所示）。

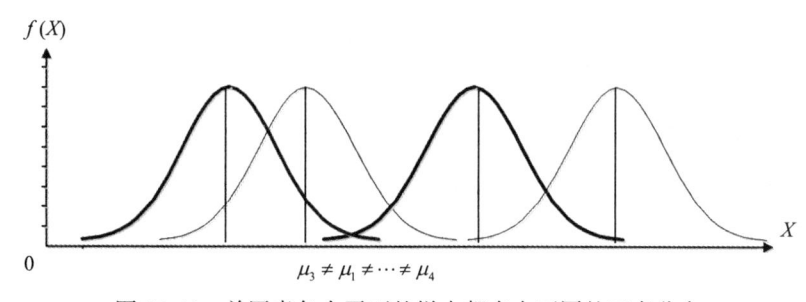

图 15-44 单因素各水平下的样本都来自不同的正态分布

第二步 构造统计量需要计算水平的均值、全部观察值的总均值、误差平方和和均方（MS）。假定从第 i 个总体（水平）中抽取一个容量为 n_i 的简单随机样本，第 i 个水平的样本均值为该样本的全部观察值的算术平均数，计算公式如下：

$$\bar{x}_i = \frac{\sum_{j=1}^{n_i} x_{ij}}{n_i} \quad (i=1, 2, \cdots, k)$$

式中，n_i 为第 i 个总体的样本观察值个数，x_{ij} 为第 i 个总体的第 j 个观察值。全部观察值的总均值则是用全部观察值的总和除以观察值的总个数。计算公式为

$$\bar{\bar{x}} = \frac{\sum_{i=1}^{k} \sum_{j=1}^{n_i} x_{ij}}{n} = \frac{\sum_{i=1}^{k} n_i \bar{x}_i}{n}$$

式中，$n = n_1 + n_2 + \cdots + n_k$。总离差平方和 SST 等于全部观察值 x_{ij} 与总平均值 $\bar{\bar{x}}$ 的离差平方和，反映全部观察值的离散状况。其计算公式为

$$\text{SST} = \sum_{i=1}^{k}\sum_{j=1}^{n_i}(x_{ij} - \bar{\bar{x}})^2$$

组间平方和 SSA 是各组平均值 $\bar{x}_i(i=1,2,\cdots,k)$ 与总平均值 $\bar{\bar{x}}$ 的离差平方和，反映各总体的样本均值之间的差异程度。该平方和既包括随机误差，也包括系统误差。计算公式为

$$\text{SSA} = \sum_{i=1}^{k}\sum_{j=1}^{n_i}(\bar{x}_i - \bar{\bar{x}})^2 = \sum_{i=1}^{k}n_i(\bar{x}_i - \bar{\bar{x}})^2$$

组内平方和 SSE 是每个水平各样本数据与其水平平均值的离差平方和，反映每个样本各观察值的离散状况。该平方和反映的是随机误差的大小，计算公式为

$$\text{SSE} = \sum_{i=1}^{k}\sum_{j=1}^{n_i}(x_{ij} - \bar{x}_i)^2$$

以上总离差平方和（SST）、组内平方和（SSE）、组间平方和（SSA）满足以下等式关系：

$$\sum_{i=1}^{k}\sum_{j=1}^{n_i}(x_{ij} - \bar{\bar{x}})^2 = \sum_{i=1}^{k}n_i(\bar{x}_i - \bar{\bar{x}})^2 + \sum_{i=1}^{k}\sum_{j=1}^{n_i}(x_{ij} - \bar{x}_i)^2$$

各误差平方和的大小与观察值的多少有关，为较好消除观察值对误差平方和大小的影响，需要均方（MS），由误差平方和除以相应的自由度求得。三个平方和对应的自由度分别是：

SST 的自由度为 $n-1$，其中 n 为全部观察值的个数；

SSA 的自由度为 $k-1$，其中 k 为因素水平（总体）的个数；

SSE 的自由度为 $n-k$。

组间方差 SSA 的均方，记为 MSA，计算公式为

$$\text{MSA} = \frac{\text{SSA}}{k-1}$$

组内方差 SSE 的均方，记为 MSE，计算公式为

$$\text{MSE} = \frac{\text{SSE}}{n-k}$$

将 MSA 和 MSE 进行对比，即得到所需要的检验统计量 F。当 H_0 为真时，二者的比值服从分子自由度为 $k-1$、分母自由度为 $n-k$ 的 F 分布，即

$$F = \frac{\text{MSA}}{\text{MSE}} \sim F(k-1, n-k)$$

第三步　统计决策。 根据给定的显著性水平 α，在 F 分布表中查找与第一自由度 $df_1=k-1$、第二自由度 $df_2=n-k$ 相应的临界值 F_α。将统计量的值 F 与给定的显著性水平 α 的临界值 F_α 进行比较，作出对原假设 H_0 的决策：若 $F>F_\alpha$，则拒绝原假设 H_0，表明

均值之间的差异是显著的,所检验的因素对观察值有显著影响;若 $F<F_\alpha$,则不拒绝原假设 H_0,无证据表明所检验的因素对观察值有显著影响(如图 15-45 所示 F 分布与拒绝域)。统计决策还可以用 P 值进行决策,统计软件中一般也会提供相应的信息。

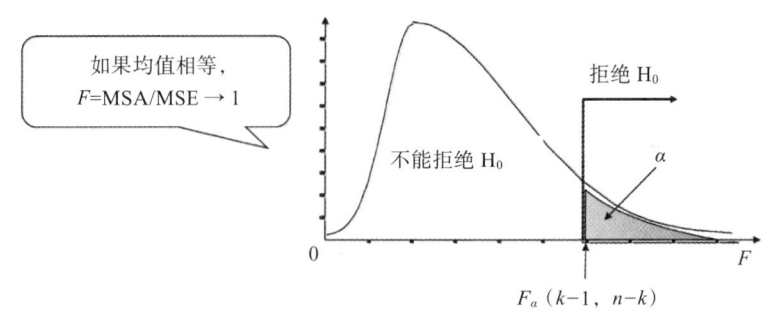

图 15-45 F 分布与拒绝域

以上有关单因素方差分析的基本过程可以用单因素方差分析表进行概括(见表 15-22)。

表 15-22 单因素方差分析表

误差来源	平方和(SS)	自由度(df)	均方(MS)	F 值	P 值	F 临界值
组间(因素影响)	SSA	$k-1$	MSA	$\dfrac{\text{MSA}}{\text{MSE}}$		
组内(误差)	SSE	$n-k$	MSE			
总和	SST	$n-1$				

②变量间的关系强度。

变量间关系的强度用自变量(即组间)平方和(SSA)占总离差平方和(SST)的比例大小来反映。自变量平方和占总平方和的比例记为 R^2,即

$$R^2 = \frac{\text{SSA(组间平方和)}}{\text{SST(总离差平方和)}}$$

R^2 的意义解释为自变量对因变量的影响效应占总效应的百分比。其平方根 R 可以用来测量两个变量之间的关系强度。

③多重比较。

方差分析中的多重比较(multiple comparison procedures)是指通过对总体均值之间的配对比较来进一步检验到底哪些均值之间存在差异。通常采用 Fisher 提出的最小显著差异方法,简写为 LSD。多重比较的步骤:

第一步 提出假设

$H_0: \mu_i = \mu_j$(第 i 个总体的均值等于第 j 个总体的均值)。

$H_1: \mu_i \neq \mu_j$(第 i 个总体的均值不等于第 j 个总体的均值)。

第二步 计算检验的统计量 $\bar{x}_i - \bar{x}_j$。

第三步 计算 LSD,公式为

$$\text{LSD} = t_{\alpha/2} \sqrt{\text{MSE} \left(\frac{1}{n_i} + \frac{1}{n_j} \right)}$$

第四步　统计决策：若 $|\bar{x}_i - \bar{x}_j| >$ LSD，则拒绝 H_0；若 $|\bar{x}_i - \bar{x}_j| >$ LSD，则不拒绝 H_0。

（3）双因素方差分析。

双因素方差分析（two-way analysis of variance）用于分析两个因素（行因素 row 和列因素 column）对试验结果的影响。根据两个因素对试验结果的影响是否独立分为无交互作用和有交互作用两种双因素方差分析。如果两个因素对试验结果的影响是相互独立的，分别判断行因素和列因素对试验数据的影响，称为无交互作用的双因素方差分析或无重复双因素方差分析（two-factor without replication）。如果除了行因素和列因素对试验数据的单独影响外，两个因素的搭配还会对结果产生一种新的影响，这时的双因素方差分析称为有交互作用的双因素方差分析或可重复双因素方差分析（two-factor with replication）。双因素方差分析的基本思路与单因素方差分析相仿，都是基于总离差平方和的分解构造 F 统计量进行统计检验。下面简要说明两种双因素方差分析的主要操作方法和步骤。

①无交互作用的双因素方差分析。

无交互作用的双因素方差分析（无重复双因素分析）中总离差平方和（SST）、行因素平方和（SSR）、列因素平方和（SSC）与误差项平方和（SSE）满足以下等式：

$$\sum_{i=1}^{k}\sum_{j=1}^{r}(x_{ij}-\bar{\bar{x}})^2 = \sum_{i=1}^{k}\sum_{j=1}^{r}(\bar{x}_{i.}-\bar{\bar{x}})^2 + \sum_{i=1}^{k}\sum_{j=1}^{r}(\bar{x}_{.j}-\bar{\bar{x}})^2 + \sum_{i=1}^{k}\sum_{j=1}^{r}(x_{ij}-\bar{x}_{i.}-\bar{x}_{.j}+\bar{\bar{x}})^2$$

即它们之间的关系为 SST=SSR+SSC+SSE。由此可以得到无交互作用的双因素方差分析表（见表 15-23）。

表 15-23　无交互作用的双因素方差分析表

误差来源	平方和（SS）	自由度（df）	均方（MS）	F 值	P 值	F 临界值
行因素	SSR	$k-1$	MSR	$\dfrac{\text{MSR}}{\text{MSE}}$		
列因素	SSC	$r-1$	MSC	$\dfrac{\text{MSC}}{\text{MSE}}$		
误差	SSE	$(k-1)(r-1)$	MSE			
总和	SST	$kr-1$				

关系强度的测量：行平方和（SSR）度量了行自变量对因变量的影响效应；列平方和（SSC）度量了列自变量对因变量的影响效应；这两个平方和加在一起度量了两个自变量对因变量的联合效应。联合效应与总平方和的比值定义为 R^2：

$$R^2 = \frac{\text{SSR} + \text{SSC}}{\text{SST}} = \frac{联合效应}{总效应}$$

其平方根 R 反映了这两个自变量合起来与因变量之间的关系强度。

②有交互作用的双因素方差分析。

有交互作用的双因素方差分析（可重复双因素分析）表，见表 15-24。

表 15-24 有交互作用的双因素方差分析表

误差来源	平方和（SS）	自由度（df）	均方（MS）	F 值	P 值	F 临界值
行因素	SSR	$k-1$	MSR	$F_R = \dfrac{MSR}{MSE}$		
列因素	SSC	$r-1$	MSC	$F_C = \dfrac{MSC}{MSE}$		
交互作用	SSRC	$(k-1)(r-1)$	MSRC	$F_{RC} = \dfrac{MSRC}{MSE}$		
误差	SSE	$kr(m-1)$	MSE			
总和	SST	$n-1$				

注：m 为观察值的重复次数，也称为每一样本的行数。

（4）方差分析的统计软件操作。

① Excel 进行方差分析。

用 Excel 进行方差分析的步骤：

第一步 选择"数据"下拉菜单，并单击"数据分析"选项，出现相应的对话框（如图 15-46 所示）。

第二步 在"数据分析：分析工具"对话框中根据分析需要选择"方差分析：单因素方差分析"或"方差分析：可重复因素方差分析"或"方差分析：无重复双因素方差分析"（如图 15-46 所示），然后单击"确定"。

第三步 当对话框出现时，在"输入区域"方框内键入数据单元格区域，在空白方框内键入 0.05（可根据需要确定）在"输出选项"中选择输出区域，即得分析结果（如图 15-47 所示）。

图 15-46 数据分析 分析工具对话框

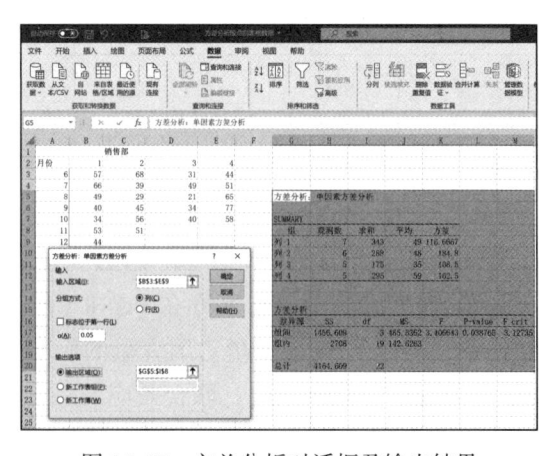

图 15-47 方差分析对话框及输出结果

图 15-47 右侧是单因素方差分析例题的输出结果。其中：第一张表格是针对各水平

进行的描述性统计数据：频数、总和、算术平均数和方差。第二张表格是单因素方差分析表，从中发现 $F=3.4066$，$F_{0.05}=3.1273$，因此 $F>F_{0.05}$，则拒绝原假设 H_0，表明均值之间的差异是显著的，销售部门（自变量）因素对销售量（因变量）有显著影响。也可以根据表中 $P=0.038$ 得出，在显著性水平为 0.05 的情况下原假设不成立，应该接受备择假设，结论相同。

② SPSS22 进行方差分析。

下面我们介绍 SPSS22 的操作步骤：

第一步 在工具栏"分析"中选择"比较平均值（M）"，再在其下拉菜单中选择"单因素 ANOVA"，出现对话框"单因素方差分析"，将销售部和销售量分别拖入"因子"和"因变量列表"下的方框中（如图 15-48 所示）。

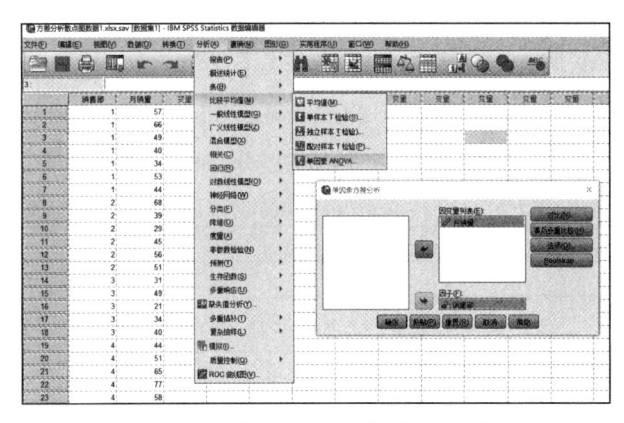

图 15-48 单因素方差分析主对话框

第二步 在"单因素方差分析"主对话框中，单击"选项（O）"后在对话框中选择"方差同质性检验（H）"（见图 15-49），单击"继续"返回主对话框。

"方差同质性检验（H）"，即方差齐性检验（即 levene 检验），实际上是对方差分析基本假设的检验。一般情况下，只要 sig 值（P）大于 0.05 就可以认为方差齐性的假设成立，因此方差分析的结果应该值得信赖；如果 sig 值小于或等于 0.05，方差齐性的假设就值得怀疑，这导致方差分析的结果也值得怀疑。

第三步 在"单因素方差分析"主对话框中，单击"事后多种比较（H）"，在弹出的对话框中根据需要在"假定方差齐性"和"未假定方差齐性"下的多种方法进行选择。这里选择"LSD"（如图 15-50 所示）。单击"继续"返回主对话框。

在上面对话框中有两组不同假设下的方法可供选择，上方为方差齐性前提下（equal variances assumed）的方法，下方为没有假定方差齐性时（equal variances not assumed）的多重比较方法选择。单因素方差分析中事后多重比较的方法在方差齐性的假设条件下常用的主要检验法有 LSD（最小显著差法），Duncan（duncan 多范围检验），S-N-K（student-newman-keuls 检验，也称 q 检验），Tukey（honestly 显著差异检验），Tukey's-b（tukey 的另一种检验方法），Bonferroni（bonferroni 检验），Scheffe（scheffe 检验）等，不同检验方法所依据的检验准则稍有差异，检验结果也不完全相同，感兴趣的读者可以参考有关文献。

图 15-49 方差同质性检验对话框

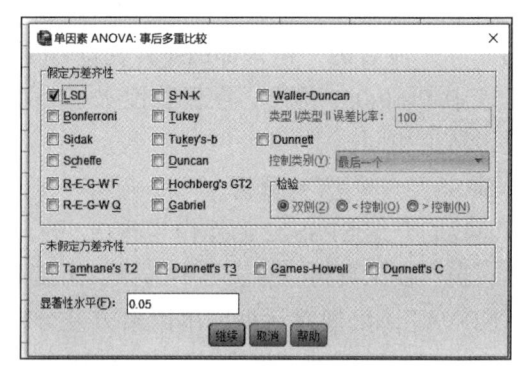

图 15-50 方差分析中多重比较对话框

第四步 单击"单因素方差分析"主对话框的"确定",输出结果"变异数同构型测试""变异数分析"和"多重比较"三张表(见表 15-25 a、表 15-25 b 和表 15-25 c)。

表 15-25 SPSS22 方差分析输出结果

表 a) 变异数同构型测试月销量

Levene 统计资料	df_1	df_2	显著性
0.195	3	19	0.898

表 b) 变异数分析月销量

	平方和	df	平均值平方	F	显著性
群组之间	1 456.609	3	485.536	3.407	0.039
在群组内	2 708.000	19	142.526		
总计	4 164.609	22			

表 c) 多重比较因变数:月销量
LSD

(I) 销售部	(J) 销售部	平均差异 (I-J)	标准错误	显著性	95% 信赖区间 下限	95% 信赖区间 上限
1	2	1.000	6.642	0.882	−12.90	14.90
1	3	14.000	6.990	0.060	−0.63	28.63
1	4	−10.000	6.990	0.169	−24.63	4.63
2	1	−1.000	6.642	0.882	−14.90	12.90
2	3	13.000	7.229	0.088	−2.13	28.13
2	4	−11.000	7.229	0.145	−26.13	4.13
3	1	−14.000	6.990	0.060	−28.63	0.63
3	2	−13.000	7.229	0.088	−28.13	2.13
3	4	−24.000[①]	7.551	0.005	−39.80	−8.20
4	1	10.000	6.990	0.169	−4.63	24.63
4	2	11.000	7.229	0.145	−4.13	26.13
4	3	24.000*	7.551	0.005	8.20	39.80

①平均值差异在 0.05 层级显著。

对输出结果的解释。表 15-25 a 中方差齐性检验(即 levene 检验)的显著性为

0.898，大于 0.05，说明方差齐性假设成立，可以进行方差分析。表 15-25 b 第一列依次给出了 SSA、SSE 和 SST 分别为 1 456.609、2 708.000 和 4 164.609，显著性为 0.039，小于 0.05，说明自变量（销售部门）对因变量（销售量）有显著影响。表 15-25 c 是分别将销售部门 1、2、3 和 4 分别两两比较其均值是否相等，观察显著性，发现只有 3 和 4 的显著性最小且等于 0.05，说明两个销售部门中只有 3 和 4 两个部门的均值有显著差异，其他的都可以认为是相同的。

4. 线性回归分析

回归分析（regression）是从一组样本数据出发，确定变量之间数学关系式的统计方法。回归分析不仅要构建数学模型，还要对它的可信程度进行统计检验，从诸多变量中找出那些对因变量影响显著的变量，进而利用模型进行预测并控制其精确程度。回归分析可以有不同的分类。根据涉及的自变量个数分为一元回归和多元回归，根据变量之间是否线性关系可以分为线性回归和非线性回归。其中最基本的是一元线性回归，下面我们简要介绍一元线性回归的基本原理和分析技术，为准确使用统计软件提供条件。

（1）一元线性回归模型及其拟合优度。

顾名思义，一元线性回归分析是探讨一个自变量 x 和一个因变量 y 之间线性关系的回归分析。因变量（dependent variable）是响应变量和被解释的变量，用 y 表示；自变量（independent variable）是用来解释因变量的变量，用 x 表示。在经典的回归模型中要求因变量是数值型变量，自变量是数值型或分类型变量。回归模型（regression model）是描述因变量 y 如何依赖于自变量 x 和误差项 ε 的方程。一元线性回归模型可表示为

$$y = \beta_0 + \beta_1 x + \varepsilon$$

式中，ε 是随机误差项，反映了除 x 和 y 之间的线性关系之外的随机因素对 y 的影响，即不能由 x 和 y 之间的线性关系所解释的变异性。β_0 和 β_1 是两个待定的参数。

一元线性回归模型建立在以下基本假定之上：

①因变量 x 与自变量 y 之间具有线性关系；

②在重复抽样中，自变量 x 的取值是固定的，即假定 x 是非随机的；

③误差项 ε 是一个期望值为 0 的随机变量，即 $E(\varepsilon) = 0$。对于一个给定的 x 值，y 的期望值为 $E(y) = \beta_0 + \beta_1 x$；

④对于所有的 x 值，ε 的方差 σ^2 都相同；

⑤误差项 ε 是一个服从正态分布的随机变量，且相互独立。即 $\varepsilon \sim N(0, \sigma^2)$。独立性意味着对于一个特定的 x 值，它所对应的 ε 与其他 x 值所对应的 ε 不相关，它所对应的 y 值与其他 x 所对应的 y 值也不相关。

回归方程（regression equation）是描述 y 的期望值如何依赖于 x 的方程。一元线性回归方程的形式如下：

$$E(y) = \beta_0 + \beta_1 x$$

实践中，总体回归参数 β_0 和 β_1 是未知的，必须利用样本统计量 $\hat{\beta}_0$ 和 $\hat{\beta}_1$ 替代，这就得到估计的回归方程（estimated regression equation）。估计的一元线性回归方程为

$$\hat{y} = \hat{\beta}_0 + \hat{\beta}_1 x$$

为了确定 β_0 和 β_1，可以运用最小二乘估计（method of least squares）求出使因变量的观察值与估计值之间的误差平方和达到最小的参数值，这样拟合的直线与实际数据的误差比其他任何直线都小（如图 15-51 所示）。即要找出使下式成立的 $\hat{\beta}_0$ 和 $\hat{\beta}_1$ 的值：

$$\sum_{i=1}^{n}(y_i - \hat{y})^2 = \sum_{i=1}^{n}(y_i - \hat{\beta}_0 - \hat{\beta}_1 x_i)^2 = 最小$$

为此，$\hat{\beta}_0$ 和 $\hat{\beta}_1$ 应该满足下面的条件：

$$\begin{cases} \dfrac{\partial Q}{\partial \beta_0} \Big|_{\beta_0 = \hat{\beta}_0} = -2\sum_{i=1}^{n}(y_i - \hat{\beta}_0 - \hat{\beta}_1 x_i) = 0 \\ \dfrac{\partial Q}{\partial \beta_1} \Big|_{\beta_1 = \hat{\beta}_1} = -2\sum_{i=1}^{n} x_i(y_i - \hat{\beta}_0 - \hat{\beta}_1 x_i) = 0 \end{cases}$$

求解可得 $\hat{\beta}_0$ 和 $\hat{\beta}_1$ 的计算公式如下：

$$\hat{\beta}_1 = \frac{n\sum_{i=1}^{n} x_i y_i - \left(\sum_{i=1}^{n} x_i\right)\left(\sum_{i=1}^{n} y_i\right)}{n\sum_{i=1}^{n} x_i^2 - \left(\sum_{i=1}^{n} x_i\right)^2}$$

$$\hat{\beta}_0 = \overline{y} - \hat{\beta}_1 \overline{x}$$

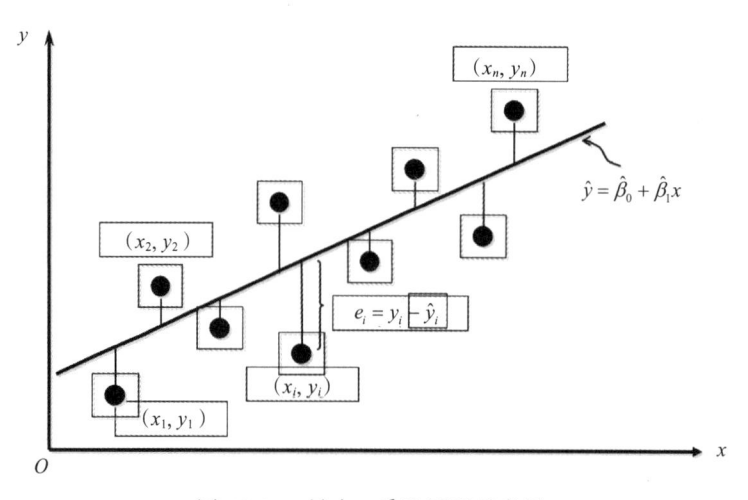

图 15-51 最小二乘法原理示意图

一元线性回归方程的拟合优度可以用判定系数和估计标准误差等统计量来反映，这些统计量都需要用到变差及其平方和。在一元线性回归模型中，因变量 y 是随机变量，用变差表示 y 取值的波动。变差来源于两个方面：一是自变量 x 的取值不同造成的，二是除 x 以外的其他因素（如测量误差等）的影响。对一个具体的观测值来说，变差的大小可以通过该实际观测值与其均值之差来表示。为避免变差正负相消的问题，运用变差平方和进行计算，可以得到总变差平方和 SST、回归平方和 SSR 及残差平方和 SSE 等三类平方和（如图 15-52 所示），总变差平方和 SST 可以分解为回归平方和 SSR 与残差平方和 SSE 两个部分，计算式如下：

$$\sum_{i=1}^{n}(y_i-\overline{y})^2 = \sum_{i=1}^{n}(\hat{y}_i-\overline{y})^2 + \sum_{i=1}^{n}(y_i-\hat{y})^2$$

总平方和 SST = 回归平方和 SSR + SSE 残差平方和

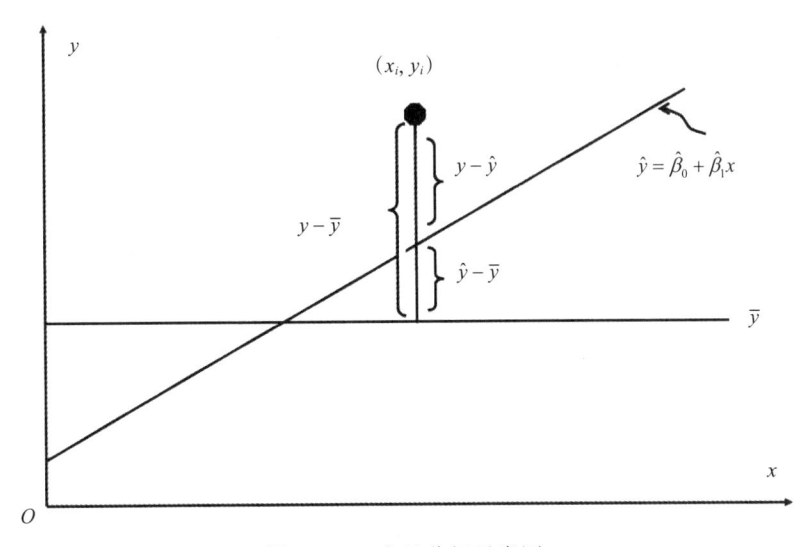

图 15-52 变差分解示意图

判定系数 R^2（coefficient of determination）等于回归平方和占总变差平方和的比例，值域为 [0, 1] 之间。反映回归直线的拟合程度，$R^2 \to 1$，说明回归方程拟合得越好；$R^2 \to 0$，说明回归方程拟合得越差。判定系数等于相关系数的平方，即 $R^2 = r^2$。

$$R^2 = \frac{\text{SSR}}{\text{SST}} = \frac{\sum_{i=1}^{n}(\hat{y}_i-\overline{y})^2}{\sum_{i=1}^{n}(y_i-\overline{y})^2} = 1 - \frac{\sum_{i=1}^{n}(y_i-\hat{y})^2}{\sum_{i=1}^{n}(\hat{y}_i-\overline{y})^2}$$

估计标准误差（standard error of estimate）是实际观察值与回归估计值误差平方和的均方根，反映实际观察值在回归直线周围的分散状况。对误差项 ε 的标准差 σ 的估计，是在排除了 x 对 y 的线性影响后，y 随机波动大小的一个估计量，反映用估计的回归方程预测 y 时预测误差的大小，计算公式为

$$s_e = \sqrt{\frac{\sum_{i=1}^{n}(y_i - \hat{y}_i)^2}{n-2}} = \sqrt{\frac{\text{SSE}}{n-2}} = \sqrt{\text{MSE}}$$

（2）一元线性回归模型的显著性检验。

一元线性回归模型的显著性检验包括线性关系检验和回归系数检验两类。线性关系的检验是指检验自变量与因变量之间的线性关系是否显著。具体思路为：比较回归均方（MSR）和残差均方（MSE），应用 F 统计量检验二者之间的差别是否显著。回归均方是回归平方和 SSR 除以相应的自由度（自变量的个数 $k=1$）；残差均方指残差平方和 SSE 除以相应的自由度（$n-k-1=n-2$）。具体操作步骤如下：

第一步　提出假设：

$H_0: \beta_1 = 0$　线性关系不显著。

$H_1: \beta_1 \neq 0$　线性关系显著。

第二步　计算检验统计量 F：

$$F = \frac{\text{SSR}/1}{\text{SSE}/(n-2)} = \frac{\text{MSR}}{\text{MSE}} \sim F(1, n-2)$$

第三步　确定显著性水平 α（通常取 0.05），并根据分子自由度 1 和分母自由度 $n-2$ 找出临界值 F_α。

第四步　作出决策：若 $F > F_\alpha$，则拒绝 H_0；若 $F < F_\alpha$，则接受 H_0。

回归系数的检验是指检验 x 与 y 之间是否具有线性关系。理论基础是回归系数 $\hat{\beta}_1$ 的抽样分布。在一元线性回归中，等价于线性关系的显著性检验。采用 t 检验，具体操作步骤如下：

第一步　提出假设：

$H_0: \beta_1 = 0$（没有线性关系）。

$H_1: \beta_1 \neq 0$（有线性关系）。

第二步　计算检验统计量 t：

$$t = \frac{\hat{\beta}_1}{s_{\hat{\beta}_1}} \sim t(n-2)$$

第三步　确定显著性水平 α，并进行决策。若 $|t| > t_{\alpha/2}$，则拒绝 H_0；若 $|t| < t_{\alpha/2}$，则接受 H_0。

（3）一元线性回归模型评估。

对回归模型的评估为后续应用这个模型做深入的研究提供依据。对回归模型的评估通常需要回答以下问题：一是建立的模型是否合适？二是模型的拟合程度如何？三是模型建立的假设条件是否成立？因此，评估通常包括以下几个方面：

一是所估计的回归系数 $\hat{\beta}_1$ 的符号是否与理论或事先预期相一致。在进行回归分析之前需要进行系统的文献调研，弄清楚回归分析中所研究的变量关系。如果理论上认为 x 与 y 之间的关系不仅是正的，而且是统计上显著的，那么所建立的回归方程也应该如此。简而言之，回归模型应该建立在科学理论和市场规律基础之上。

二是考察模型的解释能力。通常利用判定系数 R^2 说明回归模型在多大程度上解释了因变量 y 取值的差异。只有当判定系数比较大的时候才能说明回归模型具有较好的解释力，一般要求 $R^2 > 0.7$。

三是考察误差项 ε 的正态性假定是否成立。因为我们在对线性关系进行 F 检验和回归系数进行 t 检验时，都要求误差项 ε 服从正态分布，否则，我们所用的检验程序将是无效的。ε 正态性检验的简单方法是画出残差的散点图、直方图或正态概率图。残差（residual）等于因变量的观测值与预测值之差额，根据残差散点图的形态进行判别（具体如图 15-53 所示）。也可以通过标准化残差（standardized residual）进行判别。标准化残差等于残差除以它的标准差，也称 Pearson 残差或半学生化残差（semi-studentized residuals）。计算公式为

$$z_{e_i} = \frac{e_i}{s_e} = \frac{y_i - \hat{y}_i}{s_e}$$

在标准化残差图中，若有 95% 左右的标准化残差在 −2 到 +2 之间就可以判断误差项服从正态分布假定成立。

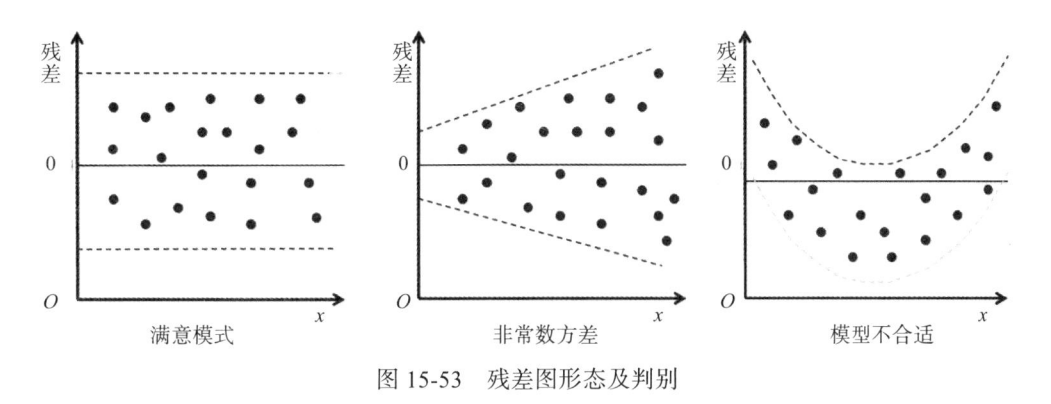

图 15-53 残差图形态及判别

（4）利用一元线性回归模型进行预测。

根据回归模型预测自变量为 x 时因变量 y 的取值，有点估计和区间估计两种方法。点估计无法给出结果的可靠性判断，因而在市场调查中使用比较少。区间估计可以给出结果的置信水平，但要明确是因变量 y 平均值的置信区间（confidence interval estimate）还是个别值的预测区间（prediction interval estimate）。$E(y_0)$ 在 $1-\alpha$ 置信水平下的置信区间为

$$\hat{y}_0 \pm t_{\alpha/2}(n-2)s_e \sqrt{\frac{1}{n} + \frac{(x_0 - \bar{x})^2}{\sum_{i=1}^{n}(x_i - \bar{x})^2}}$$

y_0 在 $1-\alpha$ 置信水平下的预测区间为

$$\hat{y}_0 \pm t_{\alpha/2}(n-2)s_e\sqrt{1+\frac{1}{n}+\frac{(x_0-\bar{x})^2}{\sum_{i=1}^{n}(x_i-\bar{x})^2}}$$

式中，s_e 为估计标准误差。

（5）多元线性回归模型。

多元线性回归模型（multiple regression model）用于研究一个因变量与两个及两个以上自变量的线性回归，可以用描述因变量 y 依赖于自变量 $x_1, x_2, \cdots, x_k$ 和误差项 ε 的方程表示：

$$y = \beta_0 + \beta_1 x_1 + \beta_2 x_2 + \cdots + \beta_k x_k + \varepsilon$$

式中：$\beta_i (i = 0, 1, \cdots, k)$ 是参数；ε 是误差项的随机变量，是包含在 y 中但不能被 k 个自变量的线性关系所解释的变异性。

多元回归模型的基本假定：一是误差项 ε 是一个期望值为 0 的随机变量，即 $E(\varepsilon) = 0$；二是对于自变量 $x_1, x_2, \cdots, x_k$ 的所有值，ε 的方差 σ^2 都相同；三是误差项 ε 是一个服从正态分布的随机变量，即 $\varepsilon \sim N(0, \sigma^2)$，且相互独立。

多元线性回归模型参数估计的基本原理与一元线性回归模型相同，都是运用最小二乘法。估计的多元回归的方程（estimated multiple regression equation）一般形式为

$$\hat{y} = \hat{\beta}_0 + \hat{\beta}_1 x_1 + \hat{\beta}_2 x_2 + \cdots + \hat{\beta}_k x_k$$

式中，$\hat{\beta}_0, \hat{\beta}_1, \hat{\beta}_2, \cdots, \hat{\beta}_k$ 是 $\beta_0, \beta_1, \beta_2, \cdots, \beta_k$ 的估计值，$\hat{y}$ 是 y 的估计值。多元线性回归的显著性检验也是包括线性关系检验和回归系数的检验，分别采用 F 检验和 t 检验，检验思路和步骤与一元类似，这里不再赘述。

多重判定系数（multiple coefficient of determination）等于回归平方和占总平方和的比例，用 R^2 表示，其意义是因变量取值的变差中能被估计的多元回归方程所解释的比例。由于 R^2 会因自变量增多而被高估，因此通常用样本量 n 和自变量的个数 k 去进行修正，得到修正多重判定系数 R_a^2（adjusted multiple coefficient of determination），计算公式为

$$R_a^2 = 1-(1-R^2)\times\frac{n-1}{n-k-1}$$

R_a^2 数值小于 R^2，意义与 R^2 类似。

多元线性回归模型可能会遇到两类问题需要处理，一是多重共线性问题，二是变量的选择问题。

多重共线性（multicollinearity）是指回归模型中存在两个或两个以上的自变量彼此相关。多重共线性可能导致参数估计值的正负号偏差，也可能会使回归结果混乱，甚至会把分析引入歧途。最简单的检测办法是计算模型中各对自变量的相关系数，并对

各相关系数进行显著性检验，若有一个或多个相关系数显著，就表示模型存在着多重共线性。还有一种常用检测方法是利用容忍度（tolerance）与方差扩大因子（variance inflation factor，VIF）。某个自变量的容忍度等于 1 减去该自变量为因变量而其他 $k-1$ 个自变量为预测变量时所得到的线性回归模型的判定系数，即 $1-R_i^2$。容忍度越小，多重共线性越严重。通常认为，容忍度小于 0.1 时，存在严重的多重共线性。方差扩大因子为容忍度的倒数，即 $\dfrac{1}{1-R_i^2}$。显然，VIF 越大多重共线性就越严重。一般认为 VIF 大于 10 则存在严重的多重共线性。对多重共线性问题的主要处理方法是将相关的自变量从模型中剔除，使保留的自变量尽可能不相关；如果要在模型中保留所有的自变量，则分析和估计应限定在自变量样本值的范围内。

变量选择过程。在建立回归模型时，选择自变量的原则是对统计量进行显著性检验。将一个或一个以上的自变量引入回归模型时，使用 F 统计量的值作为标准判断是否因此使得残差平方和（SSE）有显著的减少。如果增加一个自变量使 SSE 的减少是显著的，则说明有必要将这个自变量引入回归模型，否则，就没有必要将这个自变量引入回归模型。变量选择的方法主要有向前选择、向后剔除、逐步回归和最优子集等。

在市场调查数据收集实践中，大多数数据是非试验性质的。因此，利用这些数据资料来构建多元线性回归模型进行分析时，得到的结果并不总是令人满意的。但很多情况下这种并不理想的结果并不意味着模型选择不合理，而是数据资料质量不高或者前期理论分析或变量关系预设不够准确而使用了并不合适的自变量所导致的。因此，在多元线性回归分析时要重视前期的定性研究，为变量之间关系的构建提供可靠的基础。在数据分析时不要试图引入更多的自变量，除非确实有必要。

（6）线性回归分析的统计软件操作。

① Excel 进行回归分析。

用 Excel 进行回归分析的具体操作步骤：

第一步　在"数据"菜单中单击"数据分析"选项，在"数据分析: 分析工具"中选择"回归"（如图 15-54 所示），单击"确定"；

图 15-54　Excel 数据分析 – 分析工具 – 回归操作示意图

第二步　在"回归"对话框中的"Y 值输入区域"设置框内键入 Y 的数据区域，在"X 值输入区域"设置框内键入 X 的数据区域，在"置信度"选项中给出所需的数值（默认为 95%），在"输出选项"中选择输出区域，在"残差"分析选项中选择所需的选项（参见图 15-55）。最后单击"确定"。注意：Excel 给出的标准残差实际上是学生化删除残差（studentized deleted residuals），计算公式为

$$z_{e_i} = \dfrac{y_i - \hat{y}_i}{s_e\sqrt{1-\left(\dfrac{1}{n} + \dfrac{(x_i-\bar{x})^2}{\sum(x_i-\bar{x})^2}\right)}}$$

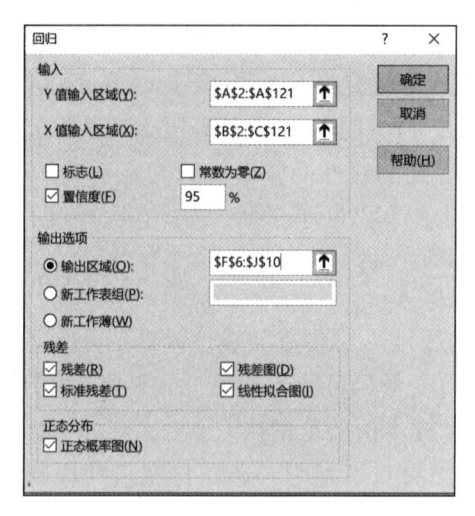

图 15-55 Excel 数据分析 – 分析工具 – 回归对话框

第三步 对输出结果进行分析和解释。根据在回归对话框中的选择和设置可以得到回归统计结果、方差分析、残差和标准残差数据及图示和预测结果等。据此可以对模型进行评估和完善。

② SPSS22 进行回归分析。

运用 SPSS22 进行回归分析的具体操作：

第一步 选择"分析"→"回归"→"线性"，进入"线性回归"主对话框（如图 15-56 a 所示）。

第二步 在对话框中将因变量选入"因变量"框中，将所有自变量选入"自变量"框中。如果是进行多元线性回归分析，则单击"方法（M）"下拉菜单，从中选择相应的变量选择方法（如图 15-56 b 所示）。

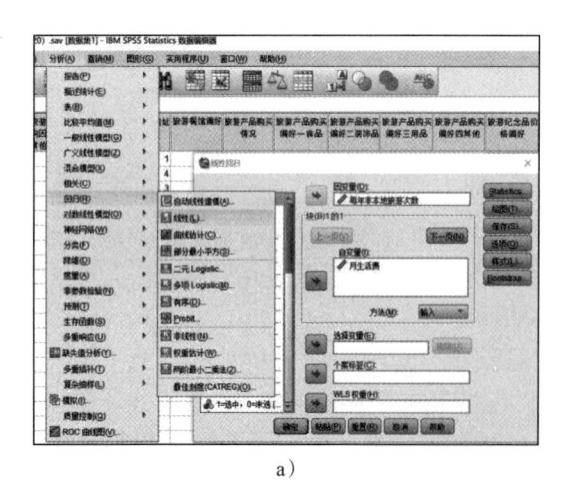

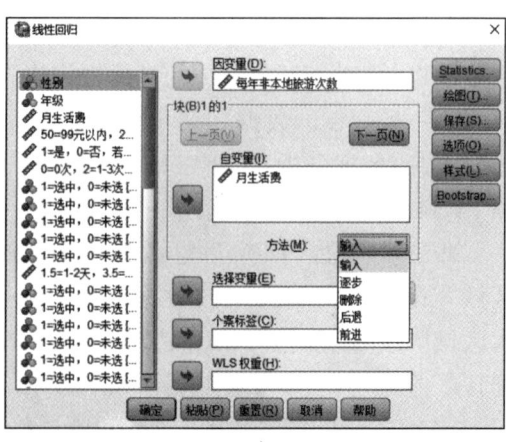

a)
b)

图 15-56 SPSS22 回归操作及"线性回归"主对话框

第三步 在"线性回归"主对话框中，单击"选项"，在"选项对话框"中进行设置。如在多元线性回归分析中需要在"步进法标准"下选中"使用 F 的概率"，并在"进入"框中输入增加变量所要求的显著性水平（隐含值为 0.05，一般不用改变）；在"删除"框中输入剔除变量所要求的显著性水平（隐含值为 0.10，一般不用改变）。单击"继续"回到主对话框（如图 15-57 所示）。如果不需要其他分析结果就可以单击"确定"，得到输出结果。

第四步 需要预测时，单击"保存"并在其对话框中进行设置（如图 15-58 所示）。如在"预测值"下选中"未标准化"（输出点预测值）；在"预测区间"下选中"均值"和"单值"（输出置信区间和预测区间）；在"置信区间"中选择所要求的置信水平（隐含值为 95%，一般不用改变）等。

第五步 需要残差分析时，在"线性回归：保存"对话框中的"残差"下选中所需的残差（如图 15-58 a 所示）。需要输出标准化残差的直方图和正态概率图时，单击"绘制"，在"标准化残差图"下选中"直方图"和"正态概率图"（如图 15-58 b 所示）。单击"继续"，返回主对话框，单击"确定"，即可等到所需结果。

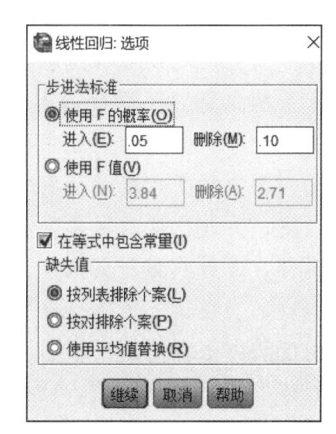

图 15-57 SPSS22"线性回归：选项"对话框

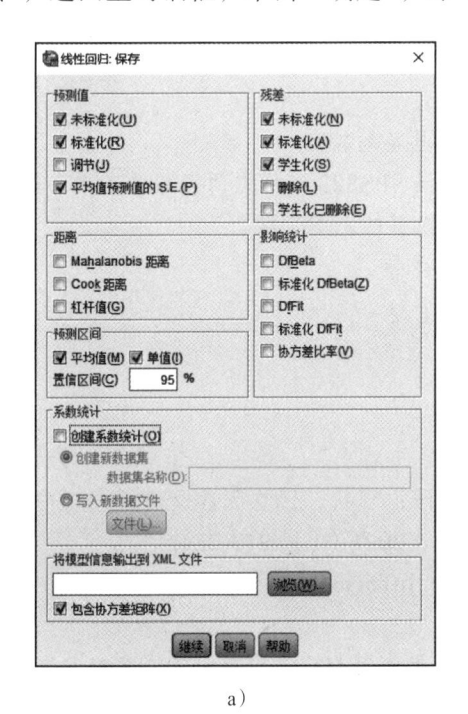

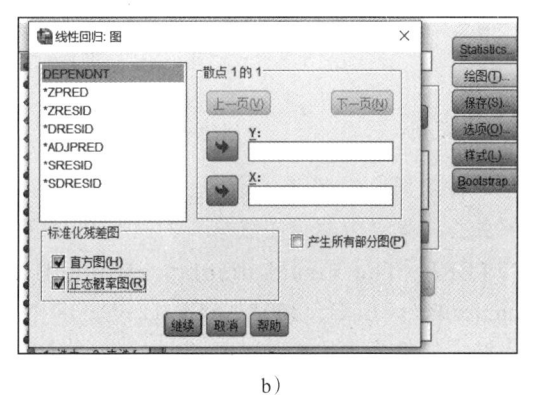

a)　　　　　　　　　　　　　　　b)

图 15-58 SPSS22 线性回归"保存"和"图"对话框

本章小结

统计图或统计表可以把大量杂乱的数据有条理地组织起来，较好的统计图表通常简单明了、直观有趣，只有熟悉并掌握统计图表设计的基本原理和方法与各类统计图表编制的条件、要点和规范才能准确并且规范地表达分析者所想。数据测量层次不同所能适用的统计图表也不相同。统计图至少要有图和标题两部分构成，标题是对统计图核心信息的高度概括。规范而又美观的统计图应满足"优图原则"：最短的时间、最少的墨水、最小的篇幅传达最大量的信息。不同数据类型可以选择的统计图类型和范围不同，可以运用 Excel 或 SPSS22 进行设计。描述性统计主要是根据市场调查的数据对样本进行描述分析，包括集中趋势的度量、离散程度的度量及偏度峰度的度量等。集中趋势的度量是测度所有数据与中心值聚集和程度；离散程度的度量是测度所有数据远离中心值的趋势；偏度峰度的度量是反映数据分布对称、偏斜和偏平的程度。对于不同测量层次的数据而言，因其所能进行的算术运算不同，决定它们在这三类概括性度量上的具体方法存在差异，但同样遵循"适用于低测量层次数据的度量方法肯定适用于高测量层次数据"的规则。数据的描述性统计除了这三类概括性度量外还有相对程度分析、动态分析等。推断统计由调查获得的数据得出关于总体特征的结论，推断统计只适用于根据随机原则抽样调查的数据。推断统计与确定性推论有很大的不同，以样本数据来推断总体情况只能得出"或然"的结论，不能确定"必然"的结果。推断统计根据涉及变量的多少可以分为单变量推断统计、双变量和多变量推断统计。

◆ 复习思考题

1. 简述统计表的基本结构和设计要求，并举例说明。
2. 列表说明不同变量类型适用的常见统计图形式类型。
3. 什么是优图原则？请详细说明一个较好的统计图应具备的特征。
4. 比较直方图与条形图的异同，分别写出运用 Excel 或 SPSS22 制作这两类图的基本步骤。
5. 简述箱线图的基本原理，写出运用 SPSS22 制作箱线图的基本步骤。
6. 简述画茎叶图的基本步骤，比较茎叶图与条形图的差异。
7. 数据集中趋势的统计量有哪些？它们各有什么特点？
8. 什么是削减误差比例？选择相关测量法依据的主要准则有哪些？

◆ 参考文献

1. 李兰，仲为国，彭泗清，等.企业家精神与事业传承：现状、影响因素及建议——中国企业家成长与发展专题调查报告［J］.南开管理评论，2021（1）：213-224.
2. TUFTEER. The visual display of quantitative information（second edition）[J]. Graphics Press LLC，2001：51.
3. 李海荣.因果关系的或然性探究——以几种虚假因果为例[J].中共青岛市委党校·青岛行政学院学报，2014（4）：5-8.

第 16 章
CHAPTER 16

市场调查报告

§ 学习目标

1. 了解调查报告的意义;
2. 掌握调查报告的写作步骤,并能独立完成调查报告的写作;
3. 理解书面调查报告的基本框架与撰写要点,并能指导别人撰写调查报告;
4. 掌握口头报告的特点、成功的基本要素及使用技巧。

§ 本章导图

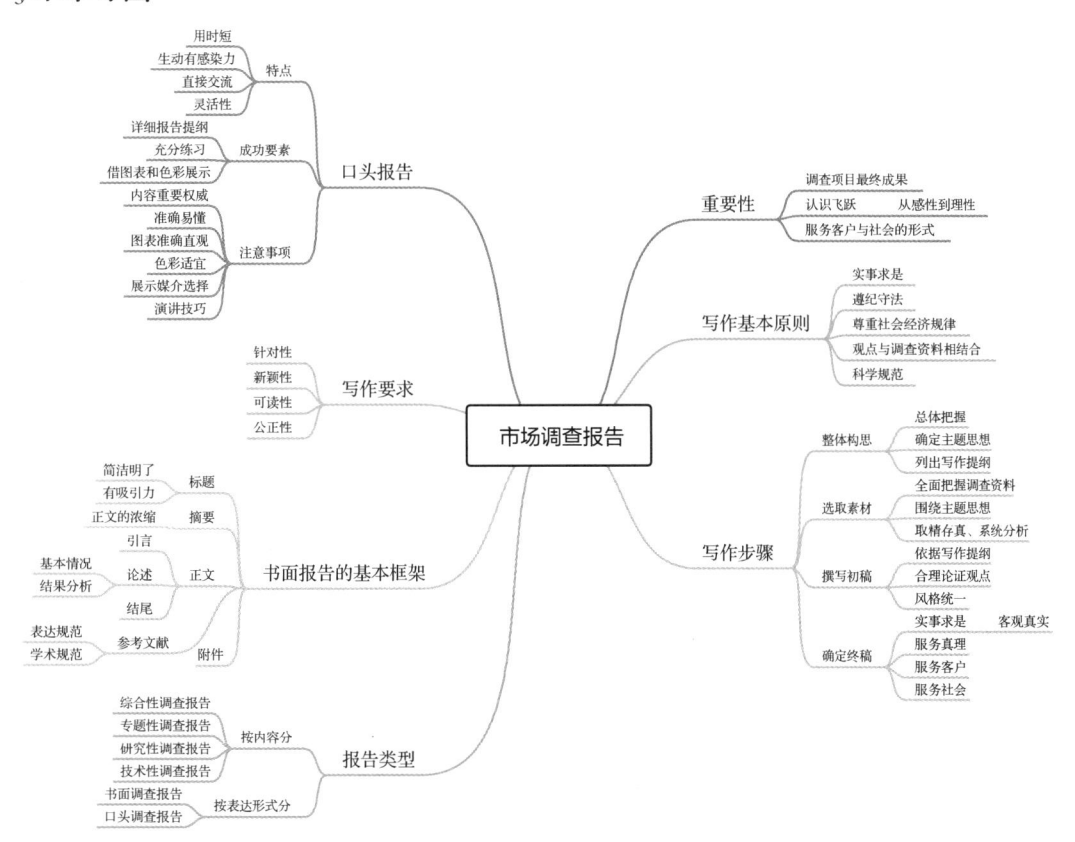

```
                                        用时短
                              生动有感染力
                              直接交流      特点
                                  灵活性
                              详细报告提纲
                                充分练习    成功要素
                              借图表和色彩展示
                              内容重要权威
                                准确易懂              口头报告
                                图表准确直观  注意事项
                                  色彩适宜
                                展示媒介选择
                                  演讲技巧
                                                                调查项目最终成果
                                                    重要性    认识飞跃    从感性到理性
                                                                服务客户与社会的形式

                                  针对性
                                  新颖性    写作要求
                                  可读性
                                  公正性                                                        实事求是
                                                                                    遵纪守法
                                                                写作基本原则    尊重社会经济规律
                                                                                    观点与调查资料相结合
                                                                                    科学规范
                                                    市场调查报告
                        简洁明了
                        有吸引力    标题                                                            总体把握
                        正文的浓缩  摘要                                              整体构思    确定主题思想
                              引言                                                              列出写作提纲
                基本情况                                                                            全面把握调查资料
                结果分析    论述    正文        书面报告的基本框架                    选取素材    围绕主题思想
                        结尾                                                                        取精存真、系统分析
                                                                                                    依据写作提纲
                表达规范  参考文献                                                    撰写初稿    合理论证观点
                学术规范          附件                                                              风格统一
                                                                                                    实事求是    客观真实
                                                                                    确定终稿    服务真理
                                                                                                    服务客户
                              综合性调查报告                                                        服务社会
                              专题性调查报告
                              研究性调查报告    按内容分
                              技术性调查报告            报告类型
                              书面调查报告
                              口头调查报告    按表达形式分
```

§引例

2020·中国企业家成长与发展专题调查报告微缩版

企业家精神、企业创新与传承是我国经济未来持续高质量发展的重要保证。为了解我国企业家对企业传承和创新的认识，把握现状及其影响因素，找到应对相应困难与挑战的政策，中国企业家调查系统组织实施了2019·中国企业经营者问卷跟踪调查。

一、调查设计与数据来源

中国企业家调查系统自1993年开始全国性企业家年度跟踪调查，2019年是第27次。调查对象都是以企业法人代表为主的企业家群体，采用分层随机抽样，邮寄调查问卷收集资料的方式分层标准参考了我国经济结构的行业划分。2019年调查实施时间为8月10日至10月16日，收回1 381份问卷，其中有效问卷1 125份。通过对部分未回答和已完成问卷企业的信息比较，未发现存在系统偏差。为更加全面深入地分析，本报告还使用了中国企业家调查系统往年的调查数据。

二、调查结果与分析

1. 企业传承的现状

通过调查分析总结了中国企业传承的特点，发现了企业传承面临的挑战，厘清了企业传承与创新的关系。主要发现有：①大多数企业家都重视企业传承，低于20%的企业传承还未进行。②企业家最希望传承的是诚信、敬业、创新等企业家精神和企业文化。③有些类型的企业传承面临较大挑战，如民营企业、处于成长期的企业以及中西部企业等。

2. 影响企业传承的因素

主要调查结果为：①企业传承的外部环境亟需改善。政策环境更有利于成长期企业的传承，文化环境对成熟期企业的传承并不有利。②企业内部影响企业传承的主要因素是文化价值观、治理结构及传承机制等。③女企业家、年轻企业家及高学历企业家更愿意引入外部市场竞争机制促进企业传承。④民营企业普遍过于依赖一把手，家族企业传承进度和安排主要取决于一把手的意愿和内部传承机制。⑤企业是否经历过重大危机及其危机时间对企业传承意识、经验与现实安排产生较大影响。早期重大危机经历会对企业传承进度产生正向影响。⑥企业盈利水平、战略长期导向与高管团队创新管理都对企业传承进度有正向影响。⑦企业领导人的信心与积极乐观精神会正向促进企业传承。

三、政策建议：企业传承的解决之道

基于调查发现，提出以下政策建议：①政府要进一步改善营商环境，加强产权保护，提高政府工作效率；②贯彻创新驱动发展战略，积极促进经济转型；③保持企业创新连续性，努力采取自主创新战略，坚持在创新中传承；④企业家要优化接班人培养、选拔和传承方式，加强与高管团队的沟通，尤其是通过增加非正式活动加强沟通，培养企业传承班子力量。

资料来源：李兰，仲为国，彭泗清，等. 企业家精神与事业传承：现状、影响因素及建议：2020·中国企业家成长与发展专题调查报告[R]. 南开管理评论，2021（1）：213-224.

16.1 调查报告的重要性与撰写步骤

16.1.1 调查报告的重要性

调查报告是研究者在对某个事件或某个现象或问题进行深入细致的调查后，经过认真分析研究而形成的一种报告形式。调查报告的重要性至少体现在以下三个方面：

1. 调查报告是市场调查工作的最终成果

无论是综合性调查报告，还是专业性调查报告都是对整个市场调查工作全面或局部工作的总结，是市场调查项目完成质量和水平的体现，也是对达成市场调查项目目标的一种回应。

2. 调查报告是从感性认识到理性认识飞跃过程的反映

调查报告绝非调查资料的堆砌，是在整理与分析市场调查项目所收集资料的基础上凝练和升华的，是以调查过程中对所研究对象具体表现的感性认识为基础而产生的思维创新，是透过表层信息看到事物本质的理性认识的体现。

3. 调查报告是为管理者、为社会、为企业服务的一种重要形式

市场调查及其报告撰写都是专业性很强的工作，调查报告是市场调查专业人员为客户提供专业服务的重要结果，有时也会为其他社会成员或组织提供有价值的发现。

16.1.2 撰写调查报告的基本原则与步骤

1. 市场调查报告写作的基本原则

（1）实事求是。实事求是原则是贯穿市场调查全过程的基本原则。无论是在收集资料时，还是在撰写调查报告时都要遵循实事求是原则，要尊重客观实际，用事实说话。

（2）遵纪守法，符合经济规律。市场调查活动和调查报告撰写都必须遵纪守法，遵守党和国家的方针政策和有关规定，这是底线。调查报告应符合经济规律，符合经济规律是市场调查报告科学性和专业性的体现。

（3）观点与数据资料要结合运用。调查报告的独特风格就是以调查资料为依据，总结出的观点都应该以数据资料为依据和支撑，得出的结论都是基于对调查获得的数据资料的分析和研究，具有很强的概括力和表现力。

（4）科学规范。调查报告属于科技写作范畴，必须做到主题突出、结构严谨、论证有据、逻辑性强、条理清楚和文字简洁，切忌花里胡哨、主观臆断、资料堆砌等不科学的写作方式。

2. 调查报告的写作步骤

撰写调查报告与一般文章写作最大的不同在于其"素材"主要来源于市场调查，研究者是在对这些调查所获得的资料进行整理和分析后进行的再加工。有些调查报告的撰写还要充分考虑市场调查方案中所提出的理论依据和研究假设，通过获得的资料进行对应的深入分析来找出结果，得出结论。通常，调查报告的撰写步骤如下：

（1）整体构思。构思是在对收集到的资料进行充分阅读和分析基础上形成总体认识和分析框架，并以写作提纲的形式呈现构思的成果。通常需要经过三个阶段：①对市场调查收集到的资料进行充分的研究和分析，对研究问题形成准确客观的认识；②在对研究问题形成客观认识的基础上，经过反复琢磨和判断推理，确立主题思想；③围绕主题思想，基于调查资料分析列出每个观点及其论点和论据，写出调查报告提纲。

（2）选取素材。调查报告的撰写必须根据调查的数据资料进行分析和展开，选取素材就是要围绕主题分析和选取调查数据资料。这种"选取"必须是基于对调查资料的全面把握和科学分析，不能是先入为主的或有某种倾向性的人为选择，也不能是把资料堆砌在一起的累加，而应该是分析基础上的应用，需要对调查资料进行去粗取精、去伪存真、由此及彼、由表及里的系统分析、判断和加工。挑选出的素材应该能够满足主题研究的需要，能很好地反映研究问题的本质特征，能作为论据形成客观科学的观点。

（3）撰写初稿。根据调查报告的写作提纲，将选取的素材合理地应用于形成观点及其论证中，撰写完成调查报告初稿。调查报告撰写要符合一般文章写作的语言表达规范、结构合理和逻辑性强等基本要求，同时还要根据调查报告的类型设计合适的题目和语言风格。报告各部分的写作格式、字数、图表和数据要协调，全篇写作风格要统一。

（4）确定终稿。理论上讲，调查报告应该是对市场调查研究问题或现象的客观反映，无论是研究过程，还是研究结论都必须遵循实事求是的原则。但在实践中，因为市场调查得到的结论可能会对不同的人或组织产生不同的影响，很可能涉及利益问题。因此，在调查报告定稿阶段，研究者一定要坚持公正客观和服务真理的态度，不能屈服于权威、权力和金钱，确保最终完成的调查报告能准确地反映社会经济活动的客观规律。

16.2　调查报告的类型与基本框架

16.2.1　调查报告的类型

1. 按调查报告涉及的主要内容划分

（1）综合性调查报告。综合性调查报告是对整个市场调查研究活动的全貌及得到的调查结果进行详尽说明的报告。通常主要包括调研设计和实施情况的概述、样本特征、基本结果、对不同层次调查对象的分析、主要项目间的关联性分析和主要发现等内容。

（2）专题性调查报告。专题性调查报告是针对市场调查项目中的某个问题或某个层面而开展的分析研究形成的报告。

（3）研究性调查报告。研究性调查报告学术性较强，是进行非常深入分析研究的结果。这类调查报告不仅要试图回答市场调查项目所涉及的市场问题，而且要试图进行深度的科学研究去发现新的理论或知识，从而为市场调查成果的应用和推广提供科学依据。

（4）技术性调查报告。技术性调查报告是针对市场调查全过程中所使用的某个或某类调查方法或技术进行专门性研究的报告，如对一些抽样方法、资料收集方法或资料分析方法等方面问题的说明和分析，以保证调查结果的客观性和可靠性。

2. 按调查报告呈现的形式划分

（1）书面市场调查报告。书面市场调查报告是以书面形式呈现的调查报告，通常在市场调查项目中都要提供，是市场调查项目形成结果和结论的重要形式。

（2）口头市场调查报告。口头市场调查报告是以口头形式呈现的调查报告，通常是将市场调查项目发现的结果和结论向更大范围受众介绍或发布的重要形式，呈现的方式更加通俗易懂、直观明了。

16.2.2 调查报告的基本框架

一篇完整的市场调查报告通常由标题、摘要、正文和附件等部分组成。标题是对全文的高度概括，正文是全文的核心部分，篇幅占比很大。如果调查报告较长，则需要增加目录，让读者能更轻松地把握全文的结构和内容。

1. 标题

调查报告的标题要简单明了，高度概括，具有较强吸引力。

（1）标题的表达方式。

标题的表达方式一般有两种：单标题和双标题。单标题就是只用一句话作为调查报告标题；双标题就是采用正副两个标题构成调查报告的标题。通常，双标题中的正标题更醒目，容易吸引读者注意，副标题应比较具体，明确调查主题；如"相伴宠物情缘，享受美的生活——北京市宠物电器产品需求研究""'本草迎风长，国药当自强'——中医药品牌价值及其影响因素研究"和"银色年华智能化，老年再复少年欢——基于扬州市老年人智能手机 App 使用的用户体验及需求"。

（2）标题的设计思路。

①"直叙式"标题，是指在题目中直接反映调查意向或透出调查地点、调查项目的标题设计思路，如"中医药品牌价值及其影响因素研究"。

②"表明观点式"标题，是指在题目中直接阐明作者的观点或看法，或做出的判断

和评价的标题设计思路，如"本草迎风长，国药当自强"。

③"提出问题式"标题，是指以设问或反问等形式，突出问题的焦点和尖锐性，吸引读者阅读，促使读者思考的标题设计思路，如"'蛋壳'梦碎，何以家为？——北上广长租市场现状评估及影响因素分析"和"'医'心'医'意，何时满意？——来自江苏农村医疗服务质量的调查与分析"。

2. 摘要

摘要是指市场调查报告的内容摘要，是对整个调查报告正文内容的概括和浓缩。摘要可以让读者快速地了解调查报告的主要内容、结构和主要发现。通常包括：

（1）简要说明调查背景和调查目的；
（2）简要介绍调查对象和调查内容；
（3）简要介绍调研方法和调查执行的结果；
（4）简要说明调查结果和结论。

3. 正文

正文是调查报告的主体部分，需要阐明问题研究的意义、调查方法的科学性、研究结果和相关论据以及结论等内容。正文的结构通常包括引言、论述和结尾。

（1）引言。

引言即开头，主要内容包括调查课题研究背景，如客户所在行业及其现状趋势分析、主要竞争对手及行业竞争情况、调查目的和意义、研究思路等。引言的目的是让读者明白调研的价值和主要思路。通常的写作方式有：

- 开门见山，揭示主题。
- 结论先行，逐步论证。
- 交待情况，逐层分析。
- 提出问题，引入正题。

（2）论述。

论述是调查报告正文的核心部分，决定整个调查报告的质量和价值。论述部分需要对调查过程和方法的科学性规范性进行阐述，需要用调查中获得的准确数据资料论证调研结果和结论。论述要用客观、中性的语言阐述和分析调查到的客观事实，说明分析单位发生、发展和变化的过程，明确调查结果及存在的问题。论述部分主要分为基本情况和结果分析两部分：

①基本情况部分是对调查设计及其实施情况的技术说明，并通过样本特征和量表信度效度等调查分析资料证明数据的可靠性和准确性，为结果分析提供基础和条件。

②结果分析部分基于真实准确的市场调查数据资料，从中分析和提炼出调查结果，并用收集到的客观事实和资料来论证结果的可靠性和准确性。需要注意的是，结果分析

不是对事实的简单罗列，而应该是对所有资料的系统分析基础上得出的结论。在调查结果分析基础上通常还可以对以下三类问题进行分析：原因分析、利弊分析和预测分析。

从写作角度看，调查报告论述部分的层次段落通常有四种形式的表达方式：
- 层层深入形式。
- 先后顺序形式。
- 综合展开形式。
- 并列形式。

（3）结尾。

调查报告正文的结尾部分通常写结论与建议，主要有四种形式的写作方法：
- 概括全文，提炼结论。
- 形成结论，提出建议。
- 总结经验和教训，提出看法和建议。
- 展望未来。

4. 参考文献与附件

在调查报告撰写中参考或引用过的文献资料都要在参考文献中用规范的方式表达出来，一方面反映研究者对研究问题相关文献的掌握情况，另一方面也是对参考文献作者的尊敬和致谢，是学术规范的要求。附件中主要列示调查报告正文包含不了或没有提及，但与正文有关必须附加说明的部分，一般包括数据汇总表及原始资料、背景材料和必要的工作技术报告等。

16.2.3　撰写调查报告的注意事项

1. 调查报告的针对性

调查报告的针对性有两方面：一是针对主题进行写作。撰写调查报告时必须弄清楚调查目的和调查报告的主题，必须做到目的明确、有的放矢、紧紧围绕主题展开论述。二是针对阅读对象进行写作。撰写调查报告时必须明确阅读对象，选择针对特定阅读对象的文体和语言风格进行写作。如：对于普通读者，调查报告就要简洁明了，用通俗易懂的语言进行表达；对于专业读者，调查报告写作就要更注重逻辑、规范，语言也要严谨、朴素。

2. 调查报告的新颖性

调查报告的新颖性是调查报告价值的体现。如果缺乏新颖性，没有新的发现和新的观点，那么这样的调查报告就没有撰写的必要了。因此，调查报告要能够抓住社会经济活动的新动向或新问题，通过对市场调查数据资料的分析获得新发现，得出新观点，形成新结论。

3. 调查报告的可读性

调查报告的可读性是指调查报告要让读者读起来比较轻松，并能准确地获取作者发出的信息。因此，调查报告应该观点鲜明突出，组织安排有序，行文流畅、通俗易懂。

4. 调查报告的公正性

调查报告的公正性是指调查报告要遵循实事求是的原则，要以客观的态度、科学的方法准确地表达客观事实。任何主观性的表述、带有倾向性的分析都可能使调查报告缺乏公正性。

16.3　市场调查结果的口头报告

16.3.1　口头报告的特点

口头报告是以口头方式向客户及其他受众讲述调查成果的报告，某种程度上具有演讲的特点，不仅需要考虑要向受众传递怎样的信息，还要考虑以怎样的形式和方式向受众传递这些信息才是最有效的。因此，市场调查口头报告具有以下特点：

（1）口头报告能用较短的时间说明调查研究的问题及其调查研究的成果。口头调查报告的时间通常在 2 小时之内，要将调查相关的核心问题及其调查成果告知受众并得到他们的理解和反馈。

（2）口头报告要生动，具有感染力，容易给受众留下深刻印象。相较书面调查报告，口头报告在信息传播的形式上更加丰富和立体，增加了报告人的语调、语气、表情、动作和其他方式的信息；另外，口头报告通常还会配以图文并茂、色彩丰富的演示 PPT 等。

（3）口头报告便于与受众直接交流，利于增强双方的沟通。相对于书面调查报告，口头报告的报告人在现场直接面对受众，可以感受受众的情绪等反应，也可以直接进行交流与答疑。

（4）口头报告具有一定的灵活性，通常可根据具体情况对报告内容、时间做出必要的调整。口头报告的内容通常因受众的不同可以有所侧重，因此报告的内容场地和时间长短等都可以因地制宜。

16.3.2　口头报告成功的基本要素

1. 成功的基本要素

（1）按照书面调查报告的格式准备好详细的演讲提纲。虽然口头报告的形式有别于书面报告，但本质上是一致的，所以在准备口头报告时也要按书面报告的要求写出详细的演讲提纲，准确展示出演讲内容的内在逻辑。

（2）报告者要进行充分的演练，确保对报告内容正确理解并作生动讲解。正所谓"台上十分钟，台下十年功"，即使报告人对所讲内容非常熟悉，也需要反复演练去感受面对受众时的感觉，从而从容面对。

（3）尽量借助图表和色彩等表达形式增加演示效果。从信息接受的角度，受众更喜欢色彩丰富、形式生动的图表。因此，在口头报告演示 PPT 等展示形式中多用色彩丰富、形式简洁明了的图表会增色很多。

2. 需要注意的事项

（1）制作图表在口头报告中十分重要。口头报告要将调查获得的重要发现和结果传递给受众，因此，报告的内容要有权威性和说服力，并且要将这样的信息通过图表等多种形式准确表达并传递给受众。

（2）必须保证图表都是准确、清晰、易懂的。图表有助于直观明了地展示口头报告中的重要信息，高质量的图表往往给人留下深刻的印象。

（3）图表要有选择性。调查报告中多用统计图表，其种类和形式多样，但都各有利弊和适用范围。因此，切不可随意选用，选择图表既需要科学规范，也要考虑其形式的美观简洁。

（4）可用不同的图表颜色来帮助自己与受众沟通。色彩在演示中具有重要的作用，不同的颜色给人的感觉会有所不同，报告者可以借用颜色传递信息与情感，更有效地与受众交流。

（5）图表可借助黑板、录像和 PPT 等可视媒介物加以表现。科技的发展为口头报告演示提供了多样化的选择，报告人可以根据报告场地、条件和受众的情况选择适宜的图表展示媒介。

（6）报告人在报告过程中的演讲技巧：

- 作报告时要充满自信，只有自信才能让受众相信。
- 要使受众"易听、易懂"，报告人要想方设法让即使很专业的内容也可以生动准确地表达清楚。
- 要与受众保持目光接触，报告人要关注受众目光的变化，感知受众接收的效果，并做出积极的回应。
- 回答问题时机的把握，这是通过释疑交流更准确地传递信息的好时机。
- 在规定的时间内结束报告，报告人要有能力把握好演讲的节奏，有效地控制时间。
- 口头报告结束后，还要提醒受众阅读书面报告，特别要请用户或有关专家仔细阅读。

本章小结

调查报告是从感性认识到理性认识飞跃过程的反映，是市场调查工作的最终成果，是为管理者、社会和企业服务的一种重要形式。市场调查报告写作要满足实事求是、遵纪守法、符合经济规律、科学规范、观点与数据资料要结合运用等基本要求。调查报告的写作步骤：①整体构思；②选取素材；③撰写初稿；④确实终稿。调查报告按涉及的主要内容分为综合性调查报告、专题性调查报告、研究性调查报告和技术性调查报告；按呈现的形式划分为书面市场调查报告和口头市场调查报告。一篇完整的书面市场调查报告通常由标题、摘要、正文和附件等部分组成。标题是对全文的高度概括，正文是全文的核心部分。书面调查报告要具有针对性、新颖性、可读性和公正性。口头报告要借鉴演讲的技巧，准备好详细的演讲提纲，充分演练，尽量借助图表和色彩等表达形式增加演示效果等。口头报告具有如下特点：能用较短的时间传播调查研究的成果；生动、具有感染力；便于与受众直接交流；具有一定的灵活性等。

实训项目

1. 实训项目：个人或小组分别完成调查报告的撰写。
2. 实训目标：通过个人或小组撰写调查报告，让学生能够亲身体验调查分析与报告撰写的全过程，掌握调查报告写作的基本框架和表达技巧，理解定性和定量分析方法与结果表达等的重要性，并能在写作中提高相应的思维能力与技能。
3. 实训内容：组织个人或小组撰写调查报告。
4. 实训组织：全班个人或小组学生分工合作。
5. 实训考核：要求个人或小组完成调查报告；完成的调查报告将作为考核依据。

复习思考题

1. 提供市场调查书面报告有何现实意义？
2. 市场调查报告标题通常采用哪几种形式？各有何特点？
3. 书面市场调查报告的一般结构是怎样的？
4. 撰写调查报告要遵循的基本原则有哪些？为什么？
5. 口头调查报告有哪些特点？如何能体现这些特点？
6. 口头报告时可以应用哪些技巧？

第六篇
PART 6

市场预测技术

第 17 章　定性市场预测方法
第 18 章　定量市场预测方法

第 17 章
CHAPTER 17

定性市场预测方法

§学习目标

1. 了解定性市场预测方法的概念和特点；
2. 理解定性市场预测与定量市场预测的区别和联系；
3. 掌握常用定性市场预测方法的理论和操作技能。

§本章导图

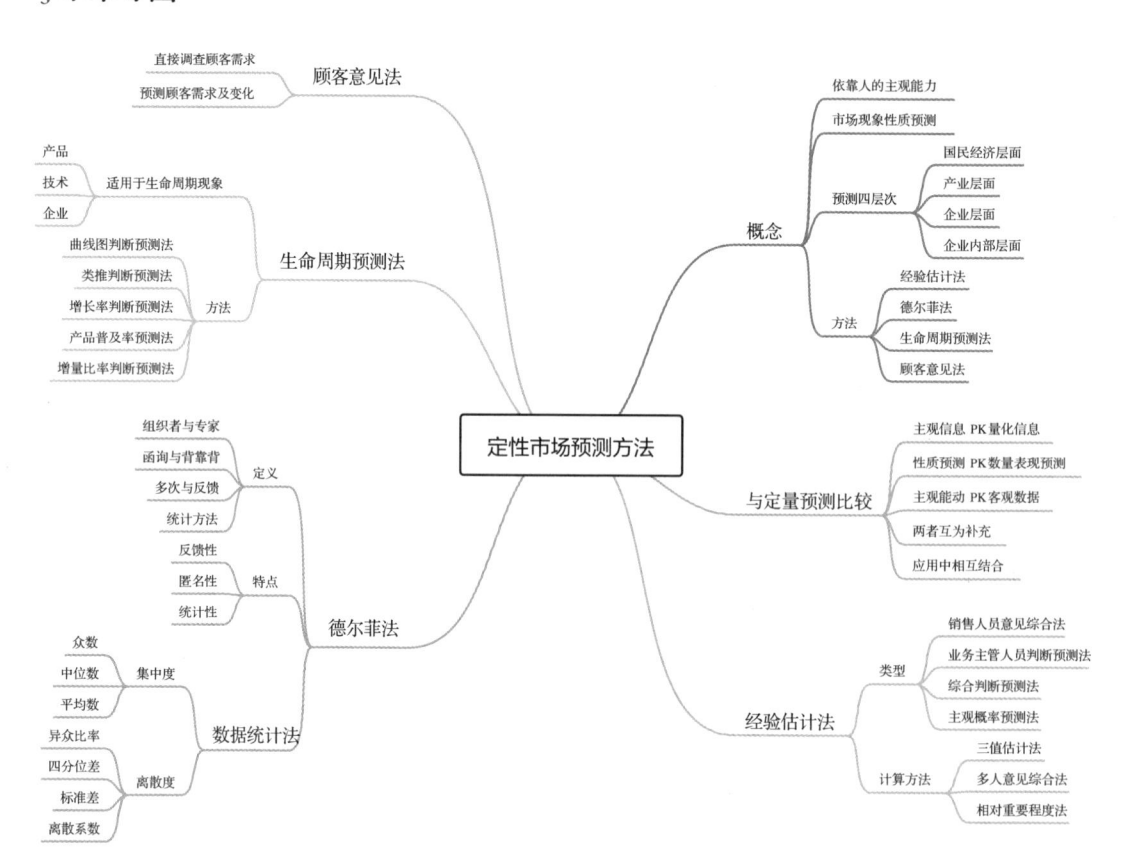

- 定性市场预测方法
  - 顾客意见法
    - 直接调查顾客需求
    - 预测顾客需求及变化
  - 生命周期预测法
    - 适用于生命周期现象
      - 产品
      - 技术
      - 企业
    - 方法
      - 曲线图判断预测法
      - 类推判断预测法
      - 增长率判断预测法
      - 产品普及率预测法
      - 增量比率判断预测法
  - 概念
    - 依靠人的主观能力
    - 市场现象性质预测
    - 预测四层次
      - 国民经济层面
      - 产业层面
      - 企业层面
      - 企业内部层面
    - 方法
      - 经验估计法
      - 德尔菲法
      - 生命周期预测法
      - 顾客意见法
  - 与定量预测比较
    - 主观信息 PK 量化信息
    - 性质预测 PK 数量表现预测
    - 主观能动 PK 客观数据
    - 两者互为补充
    - 应用中相互结合
  - 德尔菲法
    - 定义
      - 组织者与专家
      - 函询与背靠背
      - 多次与反馈
      - 统计方法
    - 特点
      - 反馈性
      - 匿名性
      - 统计性
  - 数据统计法
    - 集中度
      - 众数
      - 中位数
      - 平均数
    - 离散度
      - 异众比率
      - 四分位差
      - 标准差
      - 离散系数
  - 经验估计法
    - 类型
      - 销售人员意见综合法
      - 业务主管人员判断预测法
      - 综合判断预测法
      - 主观概率预测法
    - 计算方法
      - 三值估计法
      - 多人意见综合法
      - 相对重要程度法

§引例

面向2035中国公共卫生数字技术预见的德尔菲调查

对公共卫生领域未来数字技术发展方向的判断和关键技术的选择将关系到我国防控重大突发公共卫生事件的能力。德尔菲法是有利于汇聚专家智慧、促进各方交流和找准未来方向的专家调查法，是国家层面技术预见应用最广泛的方法。因此，研究组织者选择德尔菲法来进行两轮技术预见调查。

首先，组织和资料准备，主要包括以下工作：

（1）前期研究工作。包括确定技术选择需求和目标、建立工作组、制定工作路线图和准备相关技术预见资料。

（2）成立专家组。专家组的职责是遴选审定技术课题，为问卷设计等提供咨询和建议。专家组组长需具备极高的专业知识和素养，熟悉德尔菲法，有高度的责任感与使命感等条件。

（3）技术领域的确定。总结国内外相关成果，开展多轮专家会议研讨，将生命健康领域划分为12个子领域。

（4）技术课题的提出和遴选。针对中国生命健康领域技术发展水平和未来战略发展需求，经各子领域专家研讨提出初步的技术课题清单，再经项目组与子领域专家交流确定。

（5）筛选技术课题，编写调查问卷。召开专家组会议审核技术课题清单，讨论确定第一轮调查备选技术课题清单。调查问卷结合生命健康领域的技术特点，对"中国未来20年技术预见研究"项目问卷进行微调，主要调查专家对备选技术课题的判断，包括实现时间、重要程度、研发水平、领先国家、制约因素等。

（6）选择被调查专家。制定遴选被调查专家的原则：一是数量必须达到一定规模；二是专家构成要全面；三是专家水平要高等。按原则采用"专家推荐制"确定被调查专家。

然后，开展第一轮调查。采用在线问卷形式发放问卷1 219份，有效问卷486份，来自高校、科研院所、企业、政府部门和其他的比例分别为36.9%、37.1%、6.3%、4.3%和15.3%[⊖]；工作组对第一轮调查结果进行汇总和分析后，向专家组汇报，经讨论修订确定第二轮调查的备选技术课题清单共162项技术课题，并设计新一轮调查问卷。

最后，开展第二轮调查。发放第二轮调查问卷1 206份，有效回收492份，其中来自高等院校、科研院所、企业、政府部门和其他的比例分别为43.7%、32.5%、4.5%、4.1%和15.2%。对第二轮调查结果进行分析后向专家组汇报，经过讨论最终得出中国2035生命健康领域最重要的技术课题清单，发现制约其发展的最重要的三个因素是研发投入、人力资源和基础设施。

资料来源：王婷，池康伟，蔺洁. 面向2035中国公共卫生数字技术选择与布局研究——基于德尔菲调查的技术预见研究[J]. 科学学与科学技术管理，2021.

⊖ 四舍五入后只保留了一位小数。

17.1 定性市场预测方法概述

17.1.1 概念和特点

定性市场预测方法（qualitative market prediction method）是指预测者依靠那些对所需市场预测的业务领域及相关知识非常熟悉、具有丰富经验和综合分析能力的人员与专家，请他们根据已掌握的资料，运用个人的经验和分析判断能力对市场相关现象或事物的未来发展做出性质和程度上的判断，最后预测者通过一定方式综合各方面的意见来对市场现象进行分析和预测的方法。常用定性市场预测方法有经验估计法、德尔菲法、生命周期预测方法和顾客意见法。总体而言，定性市场预测有如下特点：

（1）着重对事物发展的性质进行预测；
（2）主要凭借主观能力，即人的经验和分析能力；
（3）着重对事物发展的趋势、方向和重大转折点进行预测。

按所要进行预测市场问题的层级可以分为国民经济层面、产业层面、企业及其内部层面的市场预测。对企业或产业而言，可能只是对最高层面国民经济的某些具体组成部分的市场预测感兴趣，如建筑行业企业可能对未来建筑技术的发展和环境保护要求更关心，餐饮企业可能对所在区域或某些拟投资地区个人可支配收入及餐饮消费方式更感兴趣。企业及其内部层面的预测可能涉及生产经理、营销经理、财务经理和行政管理经理等，这些职能部门的预测往往会为企业层面预测提供资料。

17.1.2 定性市场预测和定量市场预测之间的关系

根据预测信息及其预测方法的特点，市场预测分为定性市场预测和定量市场预测。作这样的划分，主要是因为预测条件的差异导致在预测方法上有很大的不同，预测得到的结果形式也有明显差异（详见表17-1），通常理论上会将两者分开研究。实践中，这两者并不是相互排斥的，可以根据市场调查资料的占有情况结合使用，从而对市场做出更加可靠的预测。

表 17-1 定性市场预测和定量市场预测比较

比较内容	定性市场预测	定量市场预测
信息特征	经验、知识和思考等主观信息	统计资料等量化信息
预测结果	事物发展在性质方面的预测	事物发展变化及其程度的数量表现
优势	具有较大的灵活性； 充分发挥人的主观能动作用； 操作简单、迅速，省时省钱	着重事物发展在数量方面的分析； 更多地依据历史统计资料，较少受主观因素的影响
不足	易受人的知识、经验和能力等主观因素的束缚和影响； 缺乏对事物做数量上的精确预测	比较机械，不易处理有较大波动的资料； 难以预测事物质的变化
相互关系	定性市场预测和定量市场预测并不是相互排斥的，而是可以相互补充的，在实际预测过程中应该把两者正确地结合起来使用	

17.2 经验估计法

17.2.1 定义和类型

1. 定义

经验估计法，顾名思义，就是依靠和预测内容有关的经营管理人员、业务人员以及专家，凭借他们所拥有的知识、经验、信息与综合判断能力进行市场预测的一类方法。这类方法的优点非常明显，即利用专家个人的见解和创造能力进行预测，操作简单易行，省钱省时。缺点也是明显的，因为依靠人的经验等进行主观分析，容易出现预测偏差，预测结果可能带有一定的片面性。

综上分析，经验估计法是在无法获得其他客观资料的情况下所选择的市场预测方法。因此，这类方法比较适用于对资料缺乏或影响因素复杂的中长期市场现象的预测，例如对石油、黄金和天然气等易受全球市场影响的商品的价格的中长期变动趋势预测，再如对各类新兴技术发展趋势的预测等。

2. 类型

根据提供预测判断信息的人的不同，经验估计法可以分为多种方法，常见的方法有4种：

（1）销售人员意见综合法。
（2）业务主管人员评判预测法。
（3）综合判断预测法。
（4）主观概率预测法。

下面我们对这些方法进行一一介绍。

17.2.2 经验估计法的常用方法

1. 销售人员意见综合法

（1）定义与操作程序。

销售人员意见综合法是指通过从销售人员那里收集相关问题预测的想法和判断等资料，并加以归纳、分析和判断，确定市场现象或事件预测结果的一种预测方法。这种预测方法比较适用于对短期市场现象或问题的预测。基本操作步骤如下：

1）由企业决策者或相关职能部门根据企业经营管理的需要确定预测问题和预测期限，向全部销售人员介绍预测问题及其相关市场信息，并提供有关书面资料要求他们在预测期限内给出预测结果；

2）销售人员根据企业要求提出各自的预测方案；

3）研究者利用一些综合方法对销售人员的预测结果进行综合分析和判断，确定综合预测结果。

（2）具体预测方法。

1）三值估计法。

三值估计法要求预测人员提供三种可能的预测结果，即最高值、最低值和最可能值，将三个值的加权平均值作为预测结果，其计算公式为

$$E = \frac{a + 4b + c}{6}$$

式中，a 是最低估计值；b 是最可能估计值；c 是最高估计值；E 是三点估计值，即预测值。显然，应该满足 $a < b < c$。

|例 17-1|

某农业合作社社长对今年小麦总产量进行了估计，最低值为 630 万公斤，最高值为 690 万公斤，最可能值为 650 万公斤，则使用三值估计法预测今年小麦的总产量为

$$E = \frac{630 + 4 \times 650 + 690}{6} = 653.3 \text{（万公斤）}$$

2）多人意见综合法。

多人意见综合法主要解决如何将多个预测人员的预测值进行综合得出预测值的问题，基本思路是根据每个预测人员对预测的重要程度进行赋权，然后进行加权平均得出预测值。其计算公式为

$$E = x_1 \times \omega_1 + x_2 \times \omega_2 + \cdots + x_n \times \omega_n$$

式中，$x_i (i = 1, 2, \cdots, n)$ 是这 n 个预测人员给出的预测值，$\omega_i (i = 1, 2, \cdots, n)$ 是对这 n 个预测人员重要程度的估计而给定的权重，E 为对多人意见综合加权平均后的预测值。

下面我们通过一个案例说明在实践中如何应用销售人员意见综合法。

|例 17-2|

某新能源汽车有限公司希望预测下半年 Ⅱ 型汽车的销售量，于是请三位资深销售人员 A、B 和 C 提供他们关于下半年市场前景乐观、一般和悲观的概率及 Ⅱ 型汽车的销售量的预测意见，他们的意见见表 17-2，其中预测销量的计量单位为百万辆。研究者认为销售员 A 比 B、C 对市场更了解，所以认为 A 提供的预测意见更重要，给予较大的权重为 0.4，B 和 C 意见的重要程度相同。

表 17-2 销售人员销售额预测及意见综合法示例

销售人员	乐观		一般		悲观		期望值（百万辆）	销售人员权重	预测值（百万辆）
	预测（百万辆）	概率	预测（百万辆）	概率	预测（百万辆）	概率			
A	38	0.2	36	0.5	34	0.3	35.8	0.4	36.22
B	41	0.3	37	0.6	35	0.1	38.0	0.3	
C	37	0.2	15	0.6	33	0.2	35.0	0.3	

具体的计算过程：①根据每个销售人员对下半年市场前景乐观、一般和悲观的概率及Π型汽车的销售量的预测结果计算期望值，如：A的预测期望值=38×0.2+36×0.5+34×0.3=35.8（百万辆）；②将销售人员A、B和C的预测期望值按他们的权重进行综合，得出预测值：综合预测结果=35.8×0.4+38.0×0.3+35.0×0.3=36.22（百万辆）。

根据以上预测过程可以得出结论：该公司下半年Π型汽车的预期销售量为3 622万辆。

2. 业务主管人员评判预测法

业务主管人员评判预测法就是针对企业面临某个假定的市场环境和既定市场策略下一定时期内的市场情况进行预测，邀请企业内包括供应、销售、生产、财务与市场研究等部门的业务主管人员参加预测，综合这些业务主管人员的预测，得出该市场情况的预测方法。除了参与预测的人员不同以外，业务主管人员评判预测法的操作过程与销售人员意见综合法相同。业务主管人员评判预测法比较适用于统计资料缺乏或者不完全的短期或中期市场预测。

|例17-3|

某新能源汽车有限公司需要采购大量的Ψ型配件，希望预测明年Ψ型配件的价格。研究者请供应、销售和生产三位业务主管人员提供他们对明年Ψ型配件最高、最可能和最低价格及其概率的预测意见，他们的意见见表17-3，其中预测价格的计量单位为元。研究者认为供应业务主管比销售、生产业务主管对市场更了解，所以认为他提供的预测意见更重要，给予较大的权重为0.4，销售和生产业务主管意见的重要程度相同。计算过程可参考表17-2，最终按业务主管人员评判预测法得出：明年Ψ型配件的预测价格为77.08元。

表17-3　业务主管人员评判预测法示例

业务主管人员	最高 预测价格（元）	概率	最可能 预测价格（元）	概率	最低 预测价格（元）	概率	期望价格（元）	预测人员权重	预测价格（元）
供应	100	0.3	70	0.5	40	0.2	73.0	0.4	77.08
销售	96	0.2	80	0.6	60	0.2	79.2	0.3	
生产	90	0.2	84	0.5	68	0.3	80.4	0.3	

3. 综合判断预测法

综合判断预测法是指在市场预测中将高层管理者、业务主管和其他业务人员的预测意见加以分析和综合判断，从而确定市场预测结果的方法。实践中，研究者会邀请高层管理者，如经理或厂长，以及市场部门、新产品研发部门、产品生产部门和财务管理部门的负责人或业务人员等多方面的人员参与预测，综合他们的预测结果得出结论。在综合判断预测法中通常需要对各类参与预测人员的重要性进行区分，因此需要运用相对重要度法进行综合，具体操作方法为：针对参加预测人员的不同经验水平，确定各自预测结果的重要度，并以此为依据对不同预测者的预测结果予以平均，计算公式如下：

$$E = \frac{x_1 \times \omega_1 + x_2 \times \omega_2 + \cdots + x_n \times \omega_n}{\omega_1 + \omega_2 + \cdots + \omega_n} = \frac{\sum x_i \omega_i}{\sum \omega_i}$$

式中：$x_i (i=1,2,\cdots,n)$ 是第 i 个预测人员给出的预测值；$\omega_i (i=1,2,\cdots,n)$ 表示第 i 个预测人员的重要程度；E 为对多人意见综合加权平均后的预测值。如果 $\sum \omega_i = 1$，那么 $E = \sum x_i \omega_i$。

例 17-4

某玩具厂希望对明年某区域玩具市场上某类玩具需求量进行预测。研究者请销售副总、销售主管和两名资深销售人员参与预测，他们分别对这类玩具需求量做了如下估计：62 万件、48 万件、59 万件和 54 万件，研究者给出四个人相对重要程度为 2.5：1.5：1：1，则明年这类玩具的需求量预测值为

$$E = \frac{62 \times 2.5 + 48 \times 1.5 + 59 \times 1 + 54 \times 1}{2.5 + 1.5 + 1 + 1} = 56.67 \text{（万件）}$$

4. 主观概率预测法

主观概率是人们凭经验或预感而估算事件发生的可能性大小。与它相对应的概念是客观概率，两者有很大的不同。客观概率是根据事件发展的客观性统计出来的一种概率，如抛一个均质硬币出现正面的概率为 50%，这个数字是通过多次重复实验得到的，是可以被证明的。现实中有很多社会经济现象的情境无法计算出事情发生的客观概率，因而往往用主观概率来描述事件发生的概率。主观概率预测法就是通过人们的经验或感觉给出事件发生的可能性大小的预测，由多人参与预测时需要将不同预测人员预测的主观概率进行综合的一类方法。基本操作步骤如下：

（1）确定参与预测的专家人选，并根据所选择专家的影响力分别确定各专家的权重。

（2）编制主观概率调查表（如表 17-4 所示），主观概率 P 应符合概率论的基本公理（即 $0 \leq P \leq 1$），并发给预测专家，请他们根据自己的经验判断所要预测事件发生概率的大小，并在调查表相应的位置打钩，提醒每个专业每人只能选择一项。

表 17-4　主观概率调查表

事件概率 P	0.0	0.1	0.2	0.3	0.4	0.5	0.6	0.7	0.8	0.9	1.0
您的预测											

（3）将专家们的预测调查表进行统计，得出的统计汇总表见表 17-5。

表 17-5　主观概率调查结果汇总表

事件概率 P	0.0	0.1	0.2	0.3	0.4	0.5	0.6	0.7	0.8	0.9	1.0
预测人数			1	3	2	3	4	4	3		

（4）根据统计汇总表计算专家预测的主观概率加权平均值，即为该事件主观概率的预测值。具体计算公式如下：

$$\overline{P} = \frac{\sum P_i}{n}$$

式中，$\overline{P}$ 为该事件发生的平均概率，即主观概率预测值；P_i 是第 i 个专家预测的主观概率值；n 是参加预测的总人数。

|例 17-5|

杰扬农机制造公司拟开发一种新型水稻收割加工一体机，为了预测公司开发这种新型机器在技术上成功的可能性，研究者提前准备了这项研究计划、目标及研发背景等信息资料，并随主观概率调查表一起发给每个预测人员。为提高预测的准确性，选择参与预测人为公司职能部门和生产车间的主要负责人共 10 位，请他们在调查表上勾选一个反映这个新产品研发成功可能性的数字。收回的答案为：成功概率 0.9 的 1 人；0.8 的 3 人；0.7 的 2 人；0.6 的 2 人；0.5 的 2 人。则据此判断该项新型机器研发成功的主观概率为

$$E = \frac{0.9 \times 1 + 0.8 \times 3 + 0.7 \times 2 + 0.6 \times 2 + 0.5 \times 2}{10} = 0.69$$

主观概率预测法还可以进行更加具体更加复杂的预测，可以得出预测结果在某个范围内的主观概率预测。下面举例说明。

|例 17-6|

某房地产销售公司打算预测 A 市明年商品房需求量，研究者选择了 12 位专家请他们填写调查表（如表 17-6 所示）。要求每位专家在调查表给定的累计概率下方对应的空格上填上一个预测数字，含义是他认为明年商品房需求量小于这个数值的概率为对应的累计概率。

表 17-6　A 市商品房需求量主观概率调查表

专家编号	累计概率									
	0.010（1）	0.125（2）	0.250（3）	0.375（4）	0.500（5）	0.625（6）	0.750（7）	0.875（8）	0.990（9）

最终收到 10 位专家的回复，具体结果见表 17-7。下面根据专家提供的信息预测 A 市明年商品房需求量预测误差不超过 ±66 套的主观概率。

表 17-7　A 市商品房需求量专家预测资料汇总表

被调查人编号	累计概率									
	0.010（1）	0.125（2）	0.250（3）	0.375（4）	0.500（5）	0.625（6）	0.750（7）	0.875（8）	0.990（9）
	房产需求量（套）									
1	1 145	1 178	1 190	1 234	1 256	1 278	1 301	1 312	1 345
2	1 012	1 134	1 167	1 190	1 234	1 256	1 301	1 312	1 534

（续）

被调查人编号	累计概率								
	0.010（1）	0.125（2）	0.250（3）	0.375（4）	0.500（5）	0.625（6）	0.750（7）	0.875（8）	0.990（9）
	房产需求量（套）								
3	1 078	1 134	1 167	1 178	1 278	1 301	1 323	1 345	1 478
4	1 190	1 201	1 212	1 223	1 234	1 245	1 256	1 267	1 278
5	1 234	1 245	1 256	1 278	1 312	1 345	1 367	1 390	1 434
6	901	1 023	1 034	1 078	1 145	1 167	1 190	1 212	1 234
7	1 190	1 234	1 256	1 323	1 345	1 390	1 434	1 467	1 523
8	1 034	1 090	1 101	1 134	1 167	1 201	1 234	1 256	1 312
9	1 123	1 134	1 145	1 156	1 167	1 178	1 190	1 201	1 212
10	1 256	1 278	1 278	1 312	1 334	1 356	1 390	1 401	1 478
平均数	1 116.3	1 165.1	1 180.6	1 210.6	1 247.2	1 271.7	1 298.6	1 316.3	1 382.8

A 市商品房需求量和主观概率的预测过程如下：

（1）综合考虑每位专家的预测结果。具体做法：在每个累计概率上计算商品房需求量的算术平均值，得到各累计概率水平下的预测值，具体计算结果见表 17-7 的最后一行。如表中的数字 1 116.3 表示明年商品房需求量预测最低可到 1 117 套，小于这个数值的可能性只有 1%。

（2）A 市明年商品房最高需求量为 1 383 套（对应表中数字 1 382.8），大于这个数值的可能性只有 1%。

（3）可以用累计概率为 50% 对应的平均预测值 1 247 套作为商品房需求量的预测值，是最大值与最小值之间的中间值，是需求量期望值的估计数。

（4）取预测误差为 66 套，则 A 市商品房需求量预测区间为（1 247-66）-（1 247+66），即商品房需求量的预测值在 1 181 套—1 313 套之间。

（5）需求量预测值在 1 181 套和 1 313 套之间，即落在第（3）栏到第（8）栏的范围之内，其发生概率约为 0.875-0.250=0.625，即 A 市商品房需求量在 1 181 套—1 313 套之间的可能性约为 62.5%。

17.3 德尔菲法

17.3.1 定义与操作流程

德尔菲法是一种具有反馈性、匿名性和统计性等特点的专家调查法，通过匿名函询的方式向专家们征求对某一预测问题的意见，然后将预测意见加以综合、整理和归纳，并将得出的结果反馈给各个专家，为他们再次分析和判断提供新的论证。如此往返多次，预测意见逐步趋于一致。将最后一轮预测者给出的预测结果进行统计处理就得到最终的预测结果。德尔菲法的基本操作程序如图 17-1 所示。

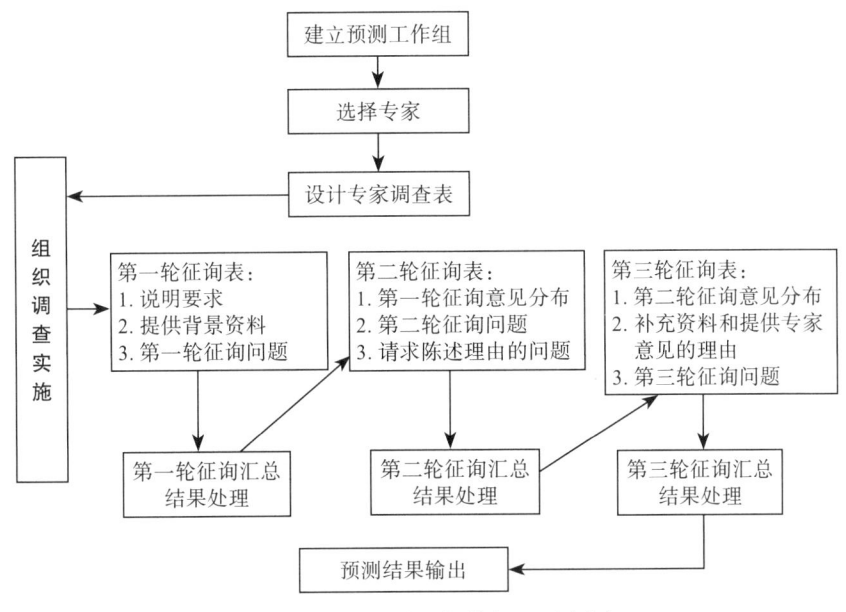

图 17-1 德尔菲法操作规程示意图

17.3.2 特点与策略

德尔菲法的特点可以概括为匿名性、反馈性和统计性三个方面。匿名性是德尔菲法的特色，在整个调查过程中只有组织者知道有哪些专家参与了预测，专家之间没有任何联系减少专家间的相互干扰；反馈性是指预测结果是通过组织者与专家之间的多次信息交流得来的；统计性是指组织者运用统计方法对专家们的意见进行综合后作为新信息提供给各位专家，让他们在拥有新的信息后再提出预测意见。正是由于德尔菲法具有这些特点，让它在新领域、新市场等没有先例的领域进行预测具有很大的优势，应用比较广泛。

德尔菲法也有一定的局限性，表现在以下三个方面：第一，调查结果主要凭专家的经验和能力得出，缺乏客观标准。第二，虽然采用匿名方式，但调查组织者在每轮调查汇总后反馈的资料也会给有些专家带来压力，他们可能会对自己的水平有所怀疑，或因不理解其他专家所提供调查资料的依据而做出趋近中位数或算术平均数的新预测。第三，反馈次数较多、反馈时间较长，很可能在调查过程中流失一些专家，如专家可能因工作忙或其他原因而中途退出，将影响调查的准确性。

为了克服德尔菲法的局限性，调查组织者可以采取如下策略：一是向专家说明德尔菲法的原理，使他们更清楚地了解这种方法的特点，减少压力，更愿意配合调查。二是对预测问题搜集尽可能多的资料，给专家提供更详尽的与调查项目有关的背景材料。三是请专家根据自己的分析提供最高值、一般值和最低值等不同程度的判断结果，并给出相应的估计概率，以保证整个判断的可靠性，减少轮回次数。四是每次反馈时不反馈中位数或算术平均数之类的集中趋势度量值，只给出专家们综合意见的离散程度的度量值，从而避免发生简单求同的现象。

17.3.3 数据统计汇总方法

应用德尔菲法进行预测调查时，组织者每轮都需要对专家们的意见进行综合分析。在这个环节所用的统计方法主要是统计数据的集中趋势度量和离散程度度量方法。统计数据的集中趋势度量主要有众数、中位数和平均数等方法；离散程度度量主要有异众比率、极差、四分位差、标准差、方差和离散系数等方法。下面通过例子介绍具体应用。

|例 17-7|

G 公司研制出一种目前市面上还没有相似产品的新型风力发电新设备，公司需要对这种新设备的销售量做出预测，以决定产量。因为没有历史数据可以借鉴，研究者决定采用德尔菲法进行预测。于是聘请公司业务经理、市场专家和销售人员以及公司外专家等 8 人参与预测这种新设备未来全年最高、最可能和最低的销售量。8 位专家各自进行分析判断后分别将结果通过邮件发给组织者，经过三轮反馈得到结果见表 17-8。

表 17-8　8 位专家三轮预测信息反馈综合表

专家编号	第一轮预测销量（台） 最低	最可能	最高	第二轮预测销量（台） 最低	最可能	最高	第三轮预测销量（台） 最低	最可能	最高
1	250	375	450	300	375	450	275	375	450
2	100	225	300	150	250	325	200	250	325
3	200	300	400	250	350	400	250	350	400
4	375	450	750	300	375	750	250	300	625
5	50	100	175	110	200	250	150	250	300
6	150	250	375	150	250	375	150	300	375
7	125	150	200	125	200	250	200	250	300
8	130	150	250	175	200	300	185	205	305
平均数	172.5	250	362.5	195	275	387.5	207.5	285	385

下面主要针对第三轮调查数据进行预测分析，选择的方法及其相应计算过程如下：

（1）简单算术平均值预测。首先分别计算出 8 位专家每轮三种情况预测销量的平均值，计算结果见表 17-8 的最后一行。根据第三次预测的平均值进行简单算术平均，作为这种新设备最终的预测销售量为

$$\frac{207.5+285+385}{3}=292.5\approx 293（台）$$

（2）加权平均预测。首先给出三种情况出现的主观概率，每个主观概率的数值大小在 0 与 1 之间，且总和为 1。如确定最可能销售量、最低销售量和最高销售量的主观概率分别为 0.50、0.20 和 0.30。然后根据给定概率对三种情况预测销量进行加权平均，则得到最终预测的销售量为。

$$207.5\times 0.2+285\times 0.5+385\times 0.3=299.5\approx 300（台）$$

（3）中位数预测。首先找出第三次每种情况下专家预测销量的中位数，具体操作方

法是：将最可能销售量、最低销售量和最高销售量分别按从小到大顺序排列，然后找出中间位置的数，如果中间位置有两个数则取这两个数的平均数作为中位数。第三轮专家预测值高低排列如下：

最低销售量（台）：
　　150　150　185　200　200　250　250　275

最可能销售量（台）：
　　205　250　250　250　300　300　350　375

最高销售量（台）：
　　300　300　305　325　375　400　450　625

由于有 8 位专家的预测数据，因此中间项都有 2 个，取它们的平均数为中位数。最低、最可能和最高销售量的中位数都为第三项和第四项的平均数，即 200、275 和 350。

然后，确定三种情况的主观概率，如销量最低、最可能和最高的主观概率分别为 0.20、0.50 和 0.30，则用加权平均法计算出预测的销售量为

$$200 \times 0.2 + 275 \times 0.5 + 350 \times 0.3 = 282.5 \approx 283（台）$$

前面三种方法预测的最终数值虽然相近，但并不相同。这说明，组织者在对专家给出的预测意见进行综合的时候，汇总统计方法对综合结果是会产生影响的，组织者要根据具体情况选择最合适的方法。另外，在需要应用主观概率时，所假设的主观概率对结果也会产生显著影响，组织者要尽量利用各种途径寻找信息以准确反映实际情况。

17.4　生命周期预测法

17.4.1　定义

生命周期预测法，顾名思义就是利用所要预测对象的生命周期规律和特征来进行预测的方法。在市场现象中很多事物，如产品、技术和组织等都符合从产生、成长、成熟到衰亡这一随时间变动的演化规律（如图 17-2 所示）。生命周期预测法就是根据这些市场现象或事物的这一特征来预测它们所处的不同发展阶段以及未来的变化趋势。

图 17-2　产品、技术和组织生命曲线图

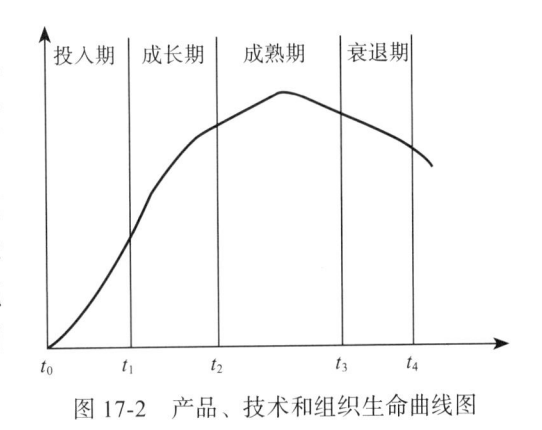

17.4.2　具体方法

下面主要针对产品具体介绍生命周期预测法，这些方法的预测思路同样适用于其他

如技术和企业等具有生命周期规律现象的预测。对于产品而言，可以用销售量、利润额或产品普及率等指标来反映这个产品生命周期不同阶段的特征；从画图的角度看，就是将这些指标作为纵轴，时间作为横轴，从曲线的变化特征来判断和预测产品所处的阶段和发展趋势。其中，产品普及率指标可以根据产品的特性和使用情况选择按人口数或家庭户数进行计算，具体计算方法如下：

$$按人口数计算的产品平均普及率=\frac{某区域范围内该产品的社会拥有量}{该区域内的人口总量}\times 100\%$$

$$按家庭户数计算的产品平均普及率=\frac{某区域范围内该产品的社会拥有量}{该区域内的家庭户数}\times 100\%$$

1. 曲线图判断预测法

曲线图判断预测法是将所要预测产品的主要生命周期特征指标，如销量、利润和普及率等数据分别绘制成曲线图，将它们分别与产品生命周期的标准曲线图相比较，由此判断产品正处于生命周期的哪个阶段及其未来的走向。

2. 类推判断预测法

与曲线图判断预测法将产品生命周期标准曲线图作为参照比较对象不同的是，类推判断预测法是以市场上同类产品的生命周期规律和趋势作为对比参照对象，通过类推的方式判断本产品所处生命周期的阶段。通常类推参照的指标可以是销售量、利润额和普及率等。

3. 增长率判断预测法

增长率判断预测法是指根据产品生命周期的主要特征指标的实际增长率与相应指标增长率理论值或经验值进行对比，以此来判断该种产品所处的生命周期阶段。实践中，通常选择的增长率指标主要有销售量增长率和利润额增长率等，它们在产品生命周期各阶段的理论值或经验值见表 17-9。

表 17-9　产品生命周期各阶段的理论值或经验值

判断指标	投入期	成长期	成熟期	衰退期
销量增长率	$0 < S < 10\%$	$S > 10\%$	$0 \leq S \leq 10\%$	$S < 0$
利润增长率	亏损	扭亏为盈	赢利最大且稳定	赢利锐减至无利可图
产品普及率	0—15%	15%—50%	$>15\%$	基本满足需要
增量比率	$0 < k < 10\%$	$k > 10\%$	$0 \leq k \leq 10\%$	$k < 0$

4. 产品普及率预测法

产品普及率预测法就是将所要预测产品的普及率与理论值或经验值进行对比，以判断该产品处于生命周期的哪个阶段。产品普及率在产品生命周期各阶段的理论值或经验值见表 17-9。

5. 增量比率判断预测法

增量比率是指销售量增量除以时间增量的比率。增量比率判断预测法是将所要预测产品的实际增量比率与增量比率理论（或经验）值进行比较，以此判断该产品所处生命周期的阶段。增量比率在产品生命周期各阶段的理论值或经验值见表17-9。

17.5 顾客意见法

顾客意见法是通过对使用本企业产品的顾客直接进行购买意向、购买意见等方面的调查，以此调查结果为基础预测顾客需求及其变化趋势的预测方法。

|例17-8|

预测明年某城市18—70周岁居民对健身私人教练训练的需求量。针对该城市中18—70周岁居民，随机抽取1 000个人调查，调查问题是"您明年是否打算请健身私人教练锻炼身体？"，然后进行实地调查，回答打算请私人教练的人数为30人。假设该城市中有100万名18—70周岁居民，则可预测该城市明年对健身私人教练的需求量为：100×30/1000=3（万人）。

本章小结

根据预测信息及其预测方法的特点，市场预测分为定性市场预测和定量市场预测。定性市场预测主要凭借主观能力，即人的经验和分析能力，着重对事物发展的性质进行预测，主要有经验估计法、德尔菲法、生命周期预测法和顾客意见法等。这类方法比较适用于对资料缺乏或影响因素复杂的市场现象的预测。实践中，定性市场预测和定量市场预测并不是分割开的，可以根据市场调查资料的占有情况结合使用，获得更加可靠的预测。

经验估计法是依靠相关经营管理人员、业务人员以及专家的知识、经验、信息与综合判断能力进行市场预测的一类方法，常见有销售人员意见综合法、业务主管人员评判预测法、综合判断预测法和主观概率预测法等4种方法。其中涉及的具体计算方法有三值估计法、多人意见综合法和相对重要度法。主观概率是人们凭经验或预感而估算事件发生的可能性大小，主观概率预测法就是通过人们的经验或感觉给出事件发生可能性大小的预测。德尔菲法是一种具有反馈性、匿名性和统计性等特点的专家调查法，应用德尔菲法进行预测调查时，组织者每轮都需要对专家们的意见进行综合分析。通常统计数据的集中趋势度量主要用众数、中位数和平均数等方法；离散程度度量主要用异众比率、极差、四分位差、标准差、方差和离散系数等方法。德尔菲法也有一定的局限性，可以采取如下策略完善：一是向专家说明德尔菲法的原理；二是给专家提供更详尽的与调查项目有关的背景材料；三是请专家提供最高值、最可能值和最低值等不同程度的判断结果及其概率；四是每次反馈时不反馈中位数或算术平均数之类的集中趋势度量值。生命周期预测法是利用所要预测对象的生命周期规律和特征来进行预测的方法，如对产品、技术和组织等的预测，常用方法有曲线图判断预测法、类推判断预测法、增长率判断预测法、产品普及率预测法和增量比率判断预测法等。顾客意见法是通过直接进行购买意向和意见等方面的调查来预测顾客需求及其变化趋势的预测方法。

◆ 实训项目

1. 实训项目：个人或按小组来完成预测分析。
2. 实训目标：通过个人或小组在调查课题基础上确定预测问题并进行预测分析，强化对定性和定量预测分析方法的理解和应用。
3. 实训内容：组织个人或小组开展预测分析。
4. 实训组织：个人或小组学生分工合作。
5. 实训考核：要求所有学生或按小组完成预测分析报告；制作成 PPT 在全班进行分享和交流，进行同学或小组互评。

◆ 复习思考题

1. 简述定性市场预测的概念及其与定量市场预测的异同。
2. 请简述三值估计法、多人意见综合法和相对重要度法的定义，写出计算公式。
3. 阐述德尔菲法的操作步骤与特点。
4. 简述产品生命周期预测法的基本思路。
5. 什么是顾客意见法？请举例说明。

第 18 章
CHAPTER 18

定量市场预测方法

§学习目标

1. 了解定量市场预测方法的概念、类型和特点；
2. 掌握时间序列预测方法的理论与方法，并能具体应用；
3. 掌握回归分析与预测的理论和方法，并能具体应用；
4. 了解经济计量分析法和投入产出分析法的基本原理和分析过程。

§本章导图

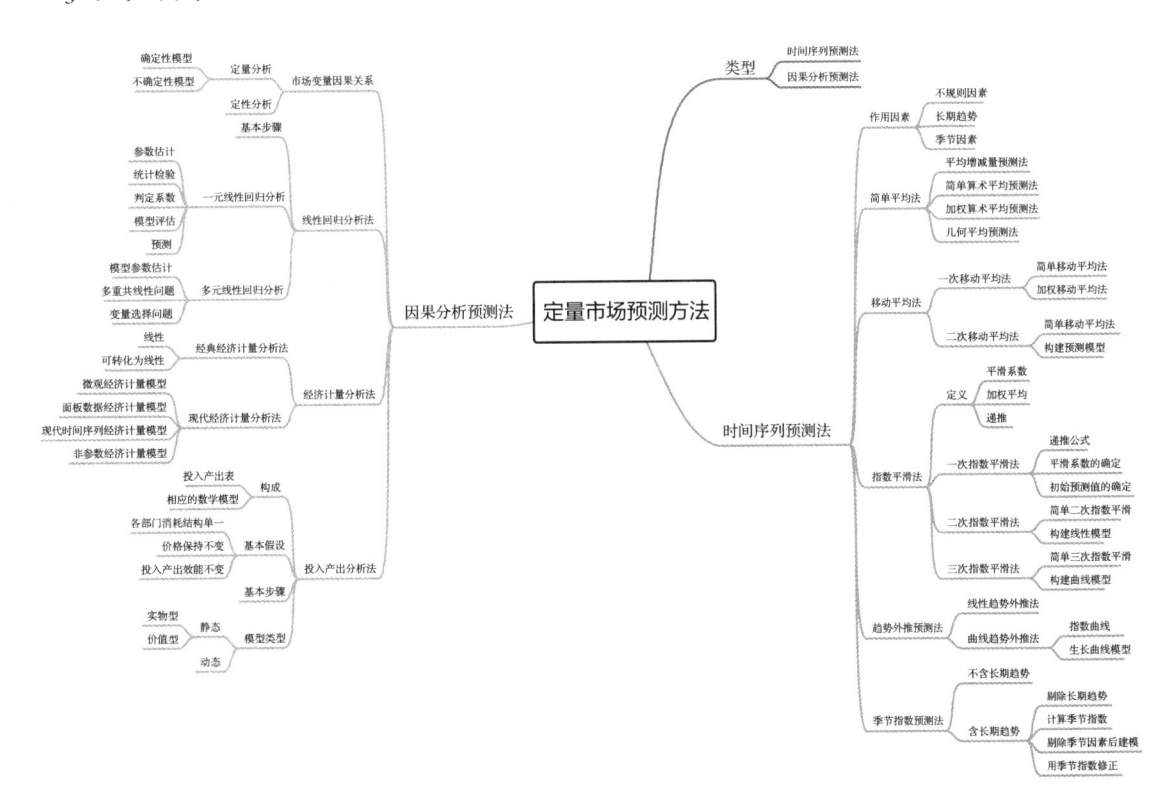

§引例

引入互联网大数据的中国钢铁出口预测方法构建

通过对钢铁行业预测相关文献研究发现，目前较多钢铁行业预测采用针对单一时间序列的预测模型，这类方法能够较充分地利用历史数据信息对未来进行预测，但对面临未知突变点的预测效果不佳。支持向量回归预测模型（SVM）能够最大程度利用样本信息，特别是在小样本情况下推断出未来突变点的优势明显。基于目前钢铁行业相关研究，从阐述互联网大数据对中国钢铁出口值预测作用机制出发，选择百度搜索数据和中国钢铁出口值的月度数据进行预测，构建引入互联网大数据的 SVR[①] 回归预测模型。通过与传统预测模型比较钢铁出口预测的效果发现，引入互联网大数据的 SVR 模型预测效果能更好地逼近真实值的波动，更加准确地对钢铁出口值进行预测。

资料来源：张坤，惠亮. 中国钢铁出口预测方法研究——基于互联网大数据技术对钢铁市场预测的应用分析 [J]. 价格理论与实践，2020（7）：89-92.

18.1 定量市场预测方法概述

定量市场预测方法（quantitative market prediction method）是指在对某个市场现象或问题预测时已经拥有较充分的历史统计数据或因素变量资料，运用数学方法或数学模型对这些数据资料进行科学的加工整理，揭示市场现象或问题随时间变化的规律或与有关变量之间联系的规律，从而据此预测这个市场现象或问题在未来的数量表现、变化方向或趋势的一类预测方法。

定量市场预测方法主要有两大类：一类是时间序列预测法。这类方法是从时间序列数据的变化中寻找市场现象的演变规律，依据历史的规律进行预测。时间序列预测法的基本逻辑是所要预测的市场现象在未来仍然遵循过去的演化规律，未来是历史的延伸。时间序列预测法主要包括平均平滑法、趋势外推预测法和季节指数预测法。另一类是因果分析预测方法，这类方法是从所要预测的市场现象与其他变量的历史数据中探寻它们之间的规律性联系，依据它们之间关系的规律进行预测。因果分析预测方法主要包括回归分析法、经济计量分析法和投入产出分析法。

关于定量市场预测的优缺点在第17章中已有涉及，这里进行概括介绍。定量市场预测的优点主要有：①能对预测对象的变化程度进行数量上的准确描述；②受人的主观因素影响较小，主要依靠数学方法对客观历史数据进行分析和预测；③可以较好地利用现代计算技术处理大量的数据计算工作以提高预测的准确性。它的主要缺点有：①对信息资料质量要求较高，需要积累和掌握客观历史数据；②对预测者的要求比较高，因为正确应用定量预测方法需要有一定的数学功底；③比较机械不够灵活，这是因为影响所要预测市场现象的因素很多，其中有些是无法量化的。实践中，定量市场预测需要与定性市场预测相结合才能进行可靠的预测。

[①] SVR 是基于 SVM 改进的更好的预测方法。

18.2 时间序列趋势预测方法

将某个反映市场现象的统计指标的数值按时间先后顺序排列起来就形成了时间序列，它可以反映这个统计指标随时间变化的特征和规律。时间序列趋势预测方法，简称时间序列预测法，就是利用时间序列的这个特点来预测所对应的市场现象的未来数量表现和趋势。时间序列中的每个数值都是受相应时期诸多因素共同作用的反映。通常关注以下三大类因素。

第一是不规则变动，也称随机变动，是由偶然因素或事件引起的，有严格的随机变动和不规则的突发性重大因素产生的变动两种类型。

第二是长期趋势，是时间序列反映出的在较长时间内连续不断地增长或下降的总变动趋势。这种变动趋势可能表现为持续向上发展，如 GDP 的持续增长；也可能表现为持续向下发展，如单位碳排放量的降低；还可能表现为由向上转为向下发展或者相反的变化，如物价的变化。通常，长期趋势是市场现象变化在数量上的反映，是进行分析和预测的重点。

第三是季节变动，这是指时间序列中反映出的每年在不同时间所呈现的周期性变化。

对时间序列中不同因素的关注产生了多种具体的时间序列预测方法，最常用的是简单平均法、移动平均法、指数平滑法、趋势外推预测法和季节指数预测法。

18.2.1 简单平均法

1. 平均增减量预测法

平均增减量预测法就是用时间序列每一期的指标值加上整个时间序列每期平均变化量作为下一期的预测值。具体地讲，假设时间序列为 X_1，X_2，$\cdots$，X_n，则这 n 期数值的平均变化量为

$$\Delta \overline{X}_t = \frac{X_n - X_1}{n-1}$$

那么，第 $t+1$ 期的预测值 $\hat{X}_{t+1}$ 就可以用第 t 期的数值 X_t 加上平均变化量 $\Delta \overline{X}_t$ 而得，公式如下：

$$\hat{X}_{t+1} = X_t + \Delta \overline{X}_t$$

│例 18-1│

杰扬科技有限公司 2009—2020 年每年利润如表 18-1 所示，请用平均增减量预测法预测该公司 2021 年的利润。

表 18-1　2009—2020 年杰扬科技有限公司年利润统计表

年度	2009	2010	2011	2012	2013	2014	2015	2016	2017	2018	2019	2020
利润（万元）	445	486	518	515	541	580	625	665	716	741	796	830
平均增减量预测值	—	480	521	553	550	576	615	660	700	751	776	831

解：年平均增量 =（830-445）÷（12-1）=35（万元），则 2021 年利润预测值 =831+35=866（万元）。

2020—2021 年的年利润也可以用相同的方法计算预测值，详见表 18-1，由此可以算出预测误差。

2. 简单算术平均预测法

简单算术平均预测法就是计算观察期内预测目标时间序列数值的算术平均数，将它作为下期预测值，这种预测方法较适合于短期或近期预测。计算公式为

$$\hat{X} = \frac{X_1 + X_2 + \cdots + X_n}{n} = \frac{\sum_{n=1}^{n} X_i}{n}$$

显然，按简单算术平均预测法计算的预测值与观察期长短有关。通常，当时间序列的数据波动较小时，观察期可以短一些；反之，则长些。

⋮ 例 18-2 ⋮

根据表 18-1 给出的年利润时间序列，运用简单算术平均预测法预测 2021 年利润为

$$\hat{X}_{2021} = \frac{445 + 486 + \cdots + 830}{12} = \frac{7\ 458}{12} = 621.5（万元）$$

显然，这个预测值偏小，是什么原因？仔细观察表 18-1 的年利润时间序列后我们可以发现，年利润随时间有增长趋势，而用简单算术平均数作为预测值存在显著的滞后，说明当时间序列存在长期趋势时使用简单算术平均数预测的误差较大。

3. 加权算术平均预测法

简单算术平均预测法进行预测时将时间序列中的每个数据视为同等重要，但事实上并非如此。理论上讲，距离预测期越近的数据应该越重要。加权算术平均预测法就是对观察期内的每一个数据确定一个权重，计算出该时间序列的加权算术平均数，作为下期预测值。具体计算公式如下：

$$\hat{X} = \frac{\omega_1 X_1 + \omega_2 X_2 + \cdots + \omega_n X_n}{\omega_1 + \omega_2 + \cdots + \omega_n} = \frac{\sum_{i=1}^{n} \omega_i X_i}{\sum_{i=1}^{n} \omega_i}$$

式中，$\omega_i (i=1,2,\cdots,n)$ 为时间序列中对应数据的权重。

实践中，权数确定的基本思路是：近期大、远期小。权重的确定还会考虑时间序列数据波动的大小，但没有固定的标准，通常的做法是：数据波动大，则设置等比数列权数；如果数据波动小，则设置等差数列权数。

4. 几何平均预测法

几何平均预测法就是计算观察期内时间序列预测目标数值的几何平均数，将它作为下期预测值，这种预测方法主要适用于时间序列数据呈现等比数列变化的特征。计算公式为

$$\bar{G} = \sqrt[n-1]{\frac{X_2}{X_1} \cdot \frac{X_3}{X_2} \cdots \frac{X_n}{X_{n-1}}} = \sqrt[n-1]{G_1 \cdot G_2 \cdots G_n} = \sqrt[n-1]{\prod_{i=1}^{n} G_i}$$

$$\hat{X} = X_t \cdot \bar{G}$$

┊例 18-3┊

对表 18-1 的年利润时间序列运用几何平均预测法预测 2021 年的利润预测值：

$$\bar{G} = \sqrt[12-1]{\frac{X_2}{X_1} \cdot \frac{X_3}{X_2} \cdots \frac{X_n}{X_{n-1}}} = \sqrt[12-1]{\frac{830}{445}} = 1.058$$

$$\hat{X}_{2021} = X_{2020} \cdot \bar{G} = 830 \times 1.058 = 878.39 \text{（万元）}$$

18.2.2 移动平均法

移动平均法是基于平均数随时间推移而逐渐向后移动的预测方法。具体地讲，就是根据时间序列中预测期以前的不同资料从最初开始不断向后期移动，确定分段数后，分别求出每段中多个数据的平均值来进行预测的方法。

1. 一次移动平均法

一次移动平均法就是对时间序列进行分段平均，逐步推移，将最后一个平均值作为预测值。这种方法操作比较简单可行，适用于具有线性趋势的时间序列数据的预测。一次移动平均法的平均方法有两种：简单移动平均法和加权移动平均法。

（1）简单移动平均法。

简单移动平均法是通过对时间序列分段，计算每段内的预测目标数值的移动平均数，作为下一期的预测值。假设将时间序列的 k 个数分为一段，则第 t 期的移动平均值即为第 $t+1$ 期的预测值，计算公式为

$$M_{t+1} = \bar{X}_t = \frac{X_t + X_{t-1} + \cdots + X_{t-k+1}}{k} = \frac{\sum_{i=t-k+1}^{t} X_i}{k}$$

式中：k 为每段的数据个数；$\bar{X}_t$ 表示第 t 期的简单移动平均数，作为下期，即第 $t+1$ 期的预测值 M_{t+1}。

（2）加权移动平均法。

加权移动平均法是通过对时间序列分段，计算段内各个观察值的加权平均数，将每段的加权移动平均数作为下一期的预测值。计算公式如下：

$$M_{t+1} = \bar{X}_t = \frac{\omega_t X_t + \omega_{t-1} X_{t-1} + \cdots + \omega_{t-k+1} X_{t-k+1}}{k} = \frac{\sum_{i=t-k+1}^{t} \omega_i X_i}{k}$$

式中，k 为每段的数据个数；$\bar{X}_t$ 表示第 t 期的加权移动平均数，作为下期，即第 $t+1$ 期的预测值 M_{t+1}。

虽然一次移动平均法操作简单，但当时间序列存在长期趋势时其预测结果会出现滞后现象。为了减少这种滞后现象造成的预测误差，可以进行二次移动平均，也可在两次移动平均的基础上建立数学模型进行预测。

2. 二次移动平均法

二次移动平均法就是将一次移动平均得到的数列作为新时间序列，并对新时间序列再进行一次移动平均，在两次移动平均值的基础上建立预测模型进行预测的方法。这里以简单移动平均法为例，介绍具体的操作方法和程序如下：

（1）对一次移动平均得到的新时间序列（记为 $M_t^{(1)}$）进行简单移动平均，计算式如下：

$$M_t^{(2)} = \frac{1}{k} \sum_{i=t-k+1}^{t} M_i^{(1)}$$

式中，$M_t^{(2)}$ 是到第 t 期的二次移动平均值；$\sum_{i=t-k+1}^{t} M_i^{(1)}$ 是一次移动平均值移动期数内 k 个数之和。

（2）利用两次移动平均值构建预测模型如下：

$$F_{t+T} = \alpha_t + \beta_t T$$

式中，t 为本期；T 为本期到预测期的时期数；F_{t+T} 为第 $t+T$ 期的预测值；α_t，β_t 为参数值，计算公式分别为

$$\alpha_t = 2M_t^{(1)} - M_t^{(2)}$$
$$\beta_t = \frac{2}{k-1}[M_t^{(1)} - M_t^{(2)}]$$

k 为每段移动平均的数据数，其大小对平滑效果影响很大。若 k 值较小，平滑灵敏度不高，但抗随机干扰的性能差；若 k 值较大，抗随机干扰的性能好，但灵敏度低，对

新的变化趋势不敏感。因此，选择合理的 k 值对运用移动平均法进行预测很关键。实际运用中，我们应根据预测对象时间序列数据点的多少和预测周期的长短确定 k 值。通常 k 的取值范围为 3—20。

| 例 18-4 |

针对表 18-1 的利润时间序列，请用二次移动平均法预测该企业 2021 年和 2022 年的利润，假设分段数 $k=3$，两次简单移动平均计算结果汇总表如表 18-2 所示。

表 18-2　2009—2022 年杰扬科技有限公司年利润两次简单移动平均计算结果汇总表

年度	利润/万元	一次移动平均值	二次移动平均值	α_t	β_t	F_{t+1}
2009	445	—	—	—	—	—
2010	486	—	—	—	—	—
2011	518	483.0	—	—	—	—
2012	515	506.3	—	—	—	—
2013	541	524.7	504.7	544.7	20.0	—
2014	580	545.3	525.4	565.2	19.9	564.7
2015	625	582.0	550.7	613.3	31.3	585.1
2016	665	623.3	583.6	663.1	39.8	644.7
2017	716	668.7	624.7	712.7	44.0	702.9
2018	741	707.3	666.4	748.2	40.9	756.7
2019	796	751.0	709.0	793.0	42.0	789.1
2020	830	789.0	749.1	828.9	39.9	835.0
2021		—	—	—	—	868.8
2022						908.7

求解步骤如下：

（1）按 $k=3$ 依次计算一次移动平均值，并将所得的平均值依次放于每段最后一期对应的行中。例如第一个一次移动平均值 483.0 是原始时间序列中 2009—2011 年的利润的平均值（$k=3$），放在该段最后一期，即 2011 年的行中。具体计算举例说明如下：

$$M^{(1)}_{2011} = \frac{445+486+518}{3} = 483.0$$

$$M^{(1)}_{2012} = \frac{486+518+515}{3} = 506.3$$

（2）在一次移动平均数的基础上再进行移动平均，得到二次移动平均值，同样地，其平均值放于平均期的最后一期。举例说明二次移动平均值的计算过程如下：

$$M^{(2)}_{2013} = \frac{483.0+506.3+524.7}{3} = 504.7$$

$$M^{(2)}_{2014} = \frac{506.3+524.7+545.3}{3} = 525.4$$

（3）计算预测模型中的参数值 α_t 和 β_t。根据表 18-2 可以分别算出 2013—2020 各年的参

数值 α_t 和 β_t，具体计算结果已在表中列出。2020 年参数值的具体计算过程如下：

$$\alpha_{2020} = 2M^{(1)}_{2020} - M^{(2)}_{2020} = 2 \times 789.0 - 749.1 = 828.9$$

$$\beta_{2020} = \frac{2}{k-1}[M^{(1)}_{2020} - M^{(2)}_{2020}] = \frac{2}{3-1}[789.0 - 749.1] = 39.9$$

（4）建立预测模型，具体为

$$F_{2020+T} = 828.9 + 39.9T$$

（5）利用模型进行预测。2021 年和 2022 年的利润预测值分别为

$$F_{2021} = 828.9 + 39.9 \times 1 = 868.8（万元）$$

$$F_{2022} = 828.9 + 39.9 \times 2 = 908.7（万元）$$

根据两次平均移动法的预测，杰扬科技有限公司 2021 年的利润预测值为 868.8 万元，2022 年为 908.7 万元。

18.2.3　指数平滑法

指数平滑法本质上是一种加权平均预测方法，比较适用于中短期预测。它采用平滑系数 α 对时间序列不同时期的数据作加权处理，以减少偶然因素对时间序列的影响，更好地找出预测对象的变化特征和趋势来进行预测。常用的具体方法有一次指数平滑法、二次指数平滑法和三次指数平滑法等。

1. 一次指数平滑法

一次指数平滑法是利用平滑系数对原始时间序列进行加权处理后，将最后一期的平滑值作为下期的预测值。一次指数平滑的递推公式为

$$S_t^{(1)} = \alpha X_t + (1-\alpha) S_{t-1}^{(1)}$$

式中，X_t 为时间序列中第 t 期的实际值；$S_t^{(1)}$ 为第 t 期的一次指数平滑值，也为第 $t+1$ 期的预测值；α 为平滑系数。α 的取值大小反映了时间序列不同时间的数据在预测中所起的作用的大小。α 的值越大反映近期数据对预测的影响越大，反之，则意味着过去数据的影响越大。目前，α 的取值主要靠经验确定。

指数平滑计算需要设置初始预测值，即 $S_0^{(1)}$。实践中，通常用第一期实际值或者前几期实际值的平均值作为 $S_0^{(1)}$。如果用初始预测值和时间序列的实际值表示每一个指数平滑值，就会发现它们的系数会以平滑系数 α 的指数形式变化，指数平滑法也因此而得名。

2. 二次指数平滑法

二次指数平滑法是指在一次指数平滑的基础上再进行一次指数平滑，将最后一期的

二次指数平滑值作为下期的预测值，也可以在两次指数平滑的基础上建立数学模型进行预测。

二次指数平滑值的计算需要先确定初始值，通常直接取 $S_0^{(2)} = S_0^{(1)}$，也可以取前几个一次指数平滑值的平均值作为二次指数平滑的初始值。二次指数平滑值的计算与一次指数平滑值相似，计算公式如下：

$$S_t^{(2)} = \alpha S_t^{(1)} + (1-\alpha) S_{t-1}^{(2)}$$

式中，$S_t^{(2)}$ 第 t 期二次指数平滑值；$S_{t-1}^{(2)}$ 第 $t-1$ 期二次指数平滑值；α 为平滑系数。

对于存在直线趋势的时间序列可以用两次指数平滑值构建线性模型，模型如下：

$$F_{t+T} = a_t + b_t T$$

式中，t 为本期；T 为本期到预测期的时期数；F_{t+T} 为第 $t+T$ 期的预测值；a_t，b_t 为参数值，计算公式分别为

$$a_t = 2S_t^{(1)} - S_t^{(2)}$$

$$b_t = \frac{\alpha}{1-\alpha}[S_t^{(1)} - S_t^{(2)}]$$

模型建立后，可以根据公式 $F_{t+T} = a_t + b_t T$ 和所要预测的时间，计算出相应的预测值。

3. 三次指数平滑法

如果时间序列的实际数据呈非线性增长趋势，则不宜用二次指数平滑法，需要采用三次指数平滑法。三次指数平滑法就是对二次指数平滑值序列再次进行指数平滑，并利用三次的指数平滑值建立非线性预测模型进行预测。

三次指数平滑值的计算是针对二次指数平滑值形成的时间序列进行的，计算方法与一次和二次的相似，具体计算公式为

$$S_t^{(3)} = \alpha S_t^{(2)} + (1-\alpha) S_{t-1}^{(3)}$$

与二次指数平滑的初始值类似，可以直接取 $S_0^{(3)} = S_0^{(2)}$，或者取前几个二次指数平滑值的平均值。

预测模型为

$$F_{t+T} = a_t + b_t T + c_t T^2$$

模型中的参数 a_t，b_t 和 c_t 的计算公式为

$$a_t = 3S_t^{(1)} - 3S_t^{(2)} + S_t^{(3)}$$

$$b_t = \frac{\alpha}{2(1-\alpha)^2}[(6-5\alpha)S_t^{(1)} - 2(5-4\alpha)S_t^{(2)} + (4-3\alpha)S_t^{(3)}]$$

$$c_t = \frac{\alpha^2}{2(1-\alpha)^2}[S_t^{(1)} - 2S_t^{(2)} + S_t^{(3)}]$$

模型建立后，可以根据公式 $F_{t+T} = a_t + b_t T + c_t T^2$ 和所要预测的时间，计算出相应的预测值。

18.2.4 趋势外推预测法

1. 定义与步骤

趋势外推法是根据所要预测变量的时间序列揭示其变动趋势，通过外推来预测未来，以确定预测值的一种预测方法。趋势外推法适用于预测对象呈现渐进式的发展变化特征，没有明显的季节波动，并且能够找到一个合适的函数曲线反映其变化规律。实践中，最常采用的是直线趋势模型和能够转化为直线趋势的曲线趋势模型，主要有线性模型、指数曲线和生长曲线等。构建这些趋势模型的方法是最小二乘法。

趋势外推法主要包括以下 6 个步骤：①确定要预测的变量；②收集有关变量的时间序列数据；③选择恰当的拟合曲线模型；④趋势外推进行预测；⑤对预测结果进行说明和解释；⑥将预测结果应用于实践。

2. 线性趋势外推法

线性趋势外推法用于对那些随时间按相对固定增长率变化的市场现象的预测，是最简单的趋势外推法。应用线性趋势外推法的具体步骤为：首先，收集所要预测变量的时间数列；其次，画时间序列的散点图，即以时间为横坐标，所要预测变量的值为纵坐标画出坐标图并描点，如果散点构成的曲线近似于直线，就可以按直线规律外推；然后，运用最小二乘法求出线性模型的斜率和截距等两个参数值，具体的求解方法请参考本书后面回归分析模型参数的计算；最后，写出线性模型 $y_t = a + bt$，根据所要预测的时间和线性模型进行外推，获得相应的预测值，推断预测对象未来的变化。

3. 曲线趋势外推法

曲线趋势外推法是指时间序列可以用某种曲线进行拟合并据此进行外推预测的一类市场预测方法，最常见的是指数曲线外推法（exponential curve trend extrapolation）和生长曲线模型外推法（growth curve trend extrapolation）。

时间序列预测中，指数曲线的一般形式为 $y = a \times b^t$（$b>0$ 且 $b \neq 1$）。指数曲线外推法用于研究对象所要预测变量的时间序列散点图形似指数曲线或近似指数曲线，可以找出时间序列对应或近似对应的指数规律，通过该指数曲线进行外推预测。实践中，技术和一些市场经济现象的发展通常要经过发生、发展和成熟等阶段，指数曲线能较好地反映处于发生和发展阶段的技术和市场现象的发展趋势，所以指数曲线外推法比较适合对处于发生和发展阶段的技术和市场经济的预测。

生长曲线模型，也称为 Logistic 函数模型，因为形似 S，所以又称为 S 曲线模型，可以描述市场现象发生、发展和成熟的全过程。就时间序列而言，生长曲线模型可以表

达为

$$y = \frac{1}{\frac{1}{k} + ab^t}$$

式中，t 为时间；y 为所要预测的变量；k、a、b 是需要确定的参数（k，$a>0$，$b\neq 1$）。生长曲线呈现"S"形，可划分为初期、中期和末期三个阶段：

（1）初期：随着时间的推移，y 的增长较为缓慢，曲线呈现较为平缓的上升趋势；

（2）中期：随着时间的推移，y 的增长速度逐渐加快，曲线呈现快速上升的态势；

（3）末期：达到拐点 (X^*, Y^*) 后，随着时间的推移，y 的增长放缓，增长速度趋近于0，曲线几乎呈水平状发展。

生长曲线趋势外推法是指利用所要预测变量的时间序列数据具有生长曲线的特征，确定生长曲线模型进行外推的预测方法。这种预测方法几乎能用于每个技术领域的预测，也能用于那些符合或近似符合生长曲线变化规律的市场和经济领域的预测。

18.2.5 季节指数预测法

季节指数预测法就是对于时间序列中存在明显的季节变化特征时，找出各季或各月的变化指数进行预测的方法。如果时间数列没有明显的长期变动趋势，就直接利用季节指数来预测。如果时间序列不仅有季节因素，而且存在长期趋势，就需要先剔除长期趋势后求出季节指数，最后再用季节指数进行修正得出更加准确的预测结果。判断时间序列是否存在长期趋势的主要方法是对整个时间序列进行观察，也可以用年度折叠时间序列图进行分析。譬如说，如果后面年度的折线高于前面年度的折线，并且没有明显的交叉现象，则说明时间序列中存在长期增长的趋势。下面我们举例说明季节指数预测法的具体操作。

例 18-5

特色农产品超市过去 5 年富硒特色农产品销售量（单位：吨）的分季节数据见表 18-3，请完成以下预测：

（1）假设第六年第一季度的销售量为 19 吨，请预测第二季度的销售量；
（2）假设第六年上半年的销售量为 56 吨，请预测第三季度的销售量；
（3）假设第六年全年的计划销售量为 118 吨，请预测各季度的销售量。

表 18-3　过去 5 年超市富硒特色农产品销售量统计表　　　　单位：吨

年度	第一年	第二年	第三年	第四年	第五年
季度	一 二 三 四	一 二 三 四	一 二 三 四	一 二 三 四	一 二 三 四
销量	— — 26 36	10 16 28 36	12 20 32 44	16 24 38 50	30 34 — —

解：如果假定该时间数列没有明显的长期变动趋势，可以考虑直接计算季节指数进行预测。季节指数计算过程为

第一步，将表 18-3 按年份和季度交叉排列成表 18-4；第二步，按季度分别计算同季合计总销量和 5 年合计销量；第三步，计算各季平均数和 5 年销量季平均数，同季平均数等于同季合计除以同季数据个数 4，全部销量季平均数等于全年合计数除以全部季节数据个数 16；第四步，计算各季的季节指数，季节指数等于该季平均销量除以全部销量季平均数，例如一季度指数等于 17/28.25=60.18%。具体计算过程和结果见表 18-4。

表 18-4　过去 5 年超市富硒特色农产品销售量季节指数计算表

	一季度	二季度	三季度	四季度	全年合计
第一年	—	—	26	36	62
第二年	10	16	28	36	90
第三年	12	20	32	44	108
第四年	16	24	38	50	128
第五年	30	34	—	—	64
同季合计	68	94	124	166	452
同季平均数	17	23.5	31	41.5	28.25
季节指数（%）	60.18	83.19	109.73	146.90	400

下面利用表 18-4 中的季节指数进行预测。

（1）预测第六年第二季度的销售量。

首先，根据假设，第六年第一季度销售量为 19 吨，利用表中一季度的季节指数，求得第六年的季平均数 =19/60.18%=31.57（吨）；

再根据第六年的季平均数和第二季度的季节指数，得出第二季度的销售量预测值 =31.57×83.19%=26.26（吨）。

（2）预测第六年第三季度的销售量。

首先，根据假设，第六年上半年的销量为 56 吨，利用表中一季度和二季度的季节指数，得出第六年的季平均数 =56/（60.18%+83.19%）=39.06（吨）；

再根据第六年的季平均数和第三季度的季节指数，得出第六年第三季度的销售量预测值 =39.06×109.73%=42.86（吨）。

（3）预测第六年各季度的销售量。

先计算出第六年的季平均数 =118/4=29.5（吨）。

再根据第六年的季平均数和各季度的季节指数，得出第六年各季度的预测值如下：

第一季度的销售量 =29.5×60.18%=17.75（吨）

第二季度的销售量 =29.5×83.19%=24.54（吨）

第三季度的销售量 =29.5×109.73%=32.37（吨）

第四季度的销售量 =29.5×146.90%=43.34（吨）

事实上，例 18-5 给出的时间序列可能是存在上升趋势的。那么应该如何预测呢？这里主要介绍一般的预测操作过程，具体的求解请读者自行完成。如果时间序列含有长期变动趋势，那么季节指数预测法的基本思路是先将时间序列中的长期趋势剔除后计算出季节指数，再利用季节指数剔除原始时间序列中的季节因素并据此得出长期趋势模型进行预测，最后利用季节指数修正后得到预测值。基本预测步骤如下：

（1）利用移动平均法减少不规则因素的影响，计算出相应时间的移动平均值。例如，给定时间序列是有关四个季度的数据，则要进行两次移动平均，第一次分段依次取4个数计算一次移动平均值，得到的数据应放在每四个数的中间位置，然后对第一次移动平均形成的时间序列进行二次移动平均，依次将相邻的每两个数的平均数放在它们中间的位置上。

（2）剔除长期趋势形成计算季节指数的新时间序列。具体方法：将原始时间序列的每个数据除以相应的二次移动平均值，得到每年每个季度的新时间序列。

（3）计算季节指数。具体方法是将步骤（2）得到的新时间序列按每年四个季度交叉排列的形式（见表18-4），计算出每个季节的季节指数。

（4）将原始时间序列值剔除季节变动因素后，构建拟合长期趋势的模型。具体方法是将原始时间序列的每个数据分别除以相应的季节指数形成剔除季节因素的时间序列，据此建立长期趋势模型，如线性模型或曲线模型。

（5）进行预测。根据长期趋势模型计算所要预测各期的数值，将这些数值乘以对应季度的季节指数就得到所要预测时间的预测值。

18.3 因果分析预测方法

18.3.1 因果分析预测方法概述

1. 市场变量因果关系之定性分析 vs 定量分析

市场变量的因果关系是指市场经济活动中不同现象之间彼此关联而构成的依存关系。研究目标和影响因素都可以是市场变量，两者可能分别是因变量和自变量。例如，"消费者商品购买决策"变量受到该商品及其相关商品诸如质量、价格、款式等因素的影响；"消费者需求的多样性"变量往往决定了企业应用新技术或开发新产品的行为；产品的质量、促销方式、价格水平等会影响市场需求量的大小等。有关市场变量因果关系的分析有定量与定性之分，对它们的比较见表18-5。

表 18-5 市场变量因果关系定性分析 vs 定量分析

比较内容	定性分析	定量分析
分析结果	从质的方面说明市场变量之间因果关系的规律性	从量的方面说明市场变量之间因果关系的数量变化关系形态
表现形式	通常表现为理论模型	通常表现为数学模型
分析形态	市场变量因果关系的形态有两种： 简单的因果关系：预测目标与各影响因素，主要因素，次要因素 复杂的因果关系：预测目标与各影响因素；各影响因素之间的关系	定量分析可分为两类： 确定性因果关系的数学模型； 非确定性因果关系的数学模型

2. 市场变量定量因果关系之确定性模型 vs 非确定性模型

（1）确定性因果关系的数学模型表现为一个或多个变量能完全决定另一个变量的变化，这种决定是具有确定性的，不会随时空的变化而变化。实践中，市场经济活动中不同现象之间客观存在的确定关系常常可以用变量之间的函数关系式来表达。例如，一种产品的销售额 y 等于产品价格 p 与产品销量 x 的乘积，表达为 $y = px$，总销售额等于多个商品价格与销量乘积之和，表达为 $y = \sum_{i=1}^{n} p_i x_i$。

（2）非确定性因果关系的数学模型指变量之间存在因果关系，但并不能达到由一个或多个变量完全决定另一个变量的程度，也就是说，一个变量在很大程度上受一个或多个变量的影响，具有随机性和偶然性，所以我们可以估计出一个合理的取值范围。非确定性因果分析数学模型的建立有三种方法：回归分析法、经济计量法和投入产出法。

3. 因果分析预测法的基本思路和步骤

因果分析预测法的基本思路就是通过对预测对象的理论研究和实践观察确定变量之间可能存在因果关系的假设，通过收集的变量观察值构建合适的因果模型，对模型进行检验和解释，在确认可靠的基础上进行预测。基本操作步骤如下：

（1）市场现象之间因果关系的定性分析，建立理论模型，这是建立定量模型的基础；

（2）根据理论模型中的变量确定要收集的数据，设计并实施数据收集方案；

（3）选择能满足理论模型的恰当函数形式，利用已有数据确定数学模型；

（4）对构建的数学模型进行质量评估，主要有两个方面：一是从数学意义上估计模型的质量和解释能力，二是从专业理论和现实意义上解释模型的合理性和可靠性。

（5）利用模型进行预测并解读。

18.3.2 线性回归分析法

1. 定义和步骤

回归分析侧重于通过一定的数学表达式将变量间的数量关系描述出来，由此确定一个或多个自变量的变化对因变量的影响程度。变量间的回归分析有多种类型。从所要处理的变量数量来划分，有一元回归分析和多元回归分析，一元回归分析和多元回归分析分别对应自变量的个数为一个和多个；从变量间的关系形态来划分，有线性回归分析和非线性回归分析，线性回归分析是回归分析中比较成熟、实际应用广泛的类型，这是因为作为依赖于其未知参数的线性模型比非线性模型更容易拟合，产生的估计的统计特性也更容易确定。这里主要介绍利用线性回归分析进行市场预测的基本原理和方法。

线性回归分析法（linear regression analysis method）常用最小二乘法来拟合线性回归方程，建立一个或多个自变量和因变量之间的线性关系模型，在模型统计检验和解释力分析的基础上进行预测分析。线性回归分析法进行预测的基本步骤如下：

（1）对所要研究变量关系进行理论和现实意义上的定性分析，只有符合理论和实践意义的回归关系才能够进行进一步的定量分析。

（2）从研究变量的一组样本数据出发，观察研究变量间是否存在线性关系，如果确定存在比较可靠的线性关系，则计算出线性回归模型的参数值并建立相应的数学回归模型。

（3）对线性回归模型进行统计检验，确定变量影响的显著程度和模型解释能力。利用各种统计检验方法对线性回归模型及其参数进行可信程度检验，从诸多变量中找出哪些变量影响显著，哪些不显著，计算出相关可决系数来判断线性回归模型的解释能力。

（4）利用线性回归模型进行预测和分析。根据给定条件来进行估计和预测，还要对这种估计和预测的结果可靠程度进行评估。

2. 一元线性回归分析及预测

首先，建立一元线性回归模型。假设我们研究的预测目标为因变量 y，影响它变化的只有一个因素自变量 x；根据给定的一组观察样本 (x_i, y_i)，$i=1, 2, \cdots, n$ 在二维坐标系中画出散点图发现，可以用一条直线模拟两者的关系；通过这组观察样本值找出一个直线回归方程：$\hat{y} = a + bx$，确定参数 a、b 最常用的方法是最小二乘法。具体地，根据最小二乘法得到如下两个等式：

$$\sum y = na + b\sum x$$
$$\sum xy = a\sum x + b\sum x^2$$

由此解出参数 a、b 分别为

$$a = \bar{y} - b\bar{x}, \quad b = \frac{n\sum xy - \sum x \sum y}{n\sum x^2 - (\sum x)^2}$$

其次，从统计上检验模型的解释力和显著性。直线回归模型 $\hat{y} = a + bx$ 对观察数据的拟合程度可以利用判定系数（coefficient of determination）R^2 来确定，R^2 的计算公式为

$$R^2 = \frac{回归离差平方和}{总离差平方和} = \frac{\sum(\hat{y}_i - \bar{y})^2}{\sum(y_i - \bar{y})^2}$$

判定系数 R^2 的取值范围为 [0, 1]，测度了直线回归模型的拟合优度。若 $R^2 = 1$，则所有观察值都落在直线上，完全拟合；若 $R^2 = 0$，则因变量 y 的变化与自变量 x 完全无关；R^2 越接近 1，表明回归模型与各观察值越接近。R^2 的实际意义是在因变量取值的离差中有多大比例可以由自变量 x 与因变量 y 之间的线性关系来解释。

线性回归模型的显著性检验主要包括两方面，即线性关系的检验和回归系数的检验。线性关系检验实质上是检查变量之间是否存在显著线性关系、能否用这个线性模型来表示，是对整个线性回归模型的检验，应采用 F 检验；回归系数检验实质上是检验自变量对因变量的影响是否显著，应采用 t 检验。

然后，评估回归结果。主要从三个方面评估，一是线性回归模型与定性分析的预期是否一致，如回归系数的正负号是否与定性分析的一样，回归系数的显著性检验是否符合预期等；二是线性回归模型能在多大程度上解释 y 取值的差异，应用判定系数来判定；三是对线性回归模型假设前提的检验，如误差项是否符合正态分布假设等。关于线性回归模型有五个主要假设前提，感兴趣的读者可以参考统计学。

最后，利用线性回归模型进行预测。线性回归模型通过各种检验和评估后就可以用来预测了。对于因变量 y 可以进行点估计和区间估计。点估计比较简单，只要将给定的自变量代入直线回归模型计算出因变量的值即可。区间估计有两种：一种是置信区间估计（confidence interval estimate），是与自变量的给定值对应的因变量 y 平均值的区间估计；另一种是预测区间估计（prediction interval estimate），是与自变量的给定值对应的因变量 y 的一个个别值的区间估计。对同一个自变量值，两种估计区间的宽度并不相同，预测区间比置信区间要宽。

例 18-6

假定有一家连锁饭店专门供应龙虾晚餐。随机选择 25 个地区的连锁分店作为样本，搜集了每个样本去年全年广告支出和销售额的数据资料，具体数据见表 18-6。

表 18-6 连锁饭店去年广告支出与销售额统计表

地区编号	销售额（万元）	广告支出（万元）	地区编号	销售额（万元）	广告支出（万元）	地区编号	销售额（万元）	广告支出（万元）
1	144	7	10	78	7	19	30	2
2	33	11	11	9	6	20	204	14
3	144	17	12	120	13	21	348	37
4	96	8	13	24	6	22	48	10
5	234	20	14	105	17	23	36	11
6	81	2	15	306	26	24	216	20
7	48	11	16	90	8	25	96	10
8	375	19	17	6	1			
9	30	10	18	12	7			

对上述资料进行回归分析及预测的过程如下：

（1）定性分析明确变量间存在回归关系。从经济理论和市场实践两个方面都可以得出广告支出与销售额之间存在依存关系，可以考虑用回归分析进行预测。

（2）画散点图确定回归模型的具体类型。根据表 18-6 画出散点图，如图 18-1 所示，由此判断可以用直线回归方程拟合。

（3）建立一元线性回归模型，并进行统计检验。利用 Excel 进行回归分析，具体操作步骤和方法如下：

第一步 单击 Excel 工具栏的"数据"，对"数据分析"双击后出现对话框，在其中找到"回归"，单击"确定"（见图 18-2）。

第二步 当出现对话框后，进行如下设置：

在"Y值输入区域"方框内输入因变量Y的数据区域，如B2：B26，
在"X值输入区域"方框内输入自变量X的数据区域，如C2：C26，
在"置信度"选项中给出设定的置信度数值，本题使用了默认值95%，
在"输出选项"中选择输出区域，也可以选择新工作表或新工作簿，
在"残差"中选择需要的项，本题没有选项。

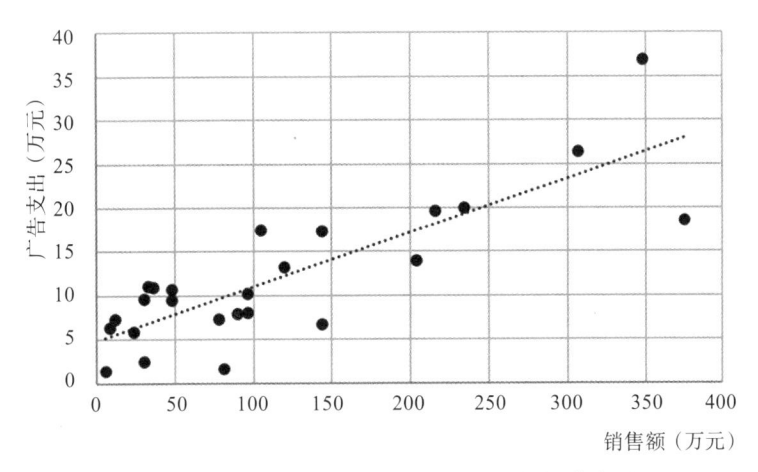

图 18-1　连锁饭店去年广告支出与销售额散点图

第三步　对输出结果进行分析，确定回归模型并进行检验。设置好以上内容以后，单击"确定"，得到输出结果，如图 18-3 所示。Excel输出的回归分析结果包括三部分：一是回归统计，给出了一些常用统计量的计算结果，如本题判定系数 R^2 约为 0.68，说明得到的直线回归模型对 Y 的变化的解释力达 68%。二是回归分析的"方差分析"表，如给出了 F 检验统计量的值为 48.56，F 检验的显著性水平远小于 5%，说明销售额与广告支出的线性关系显著，直线回归模型通过检验。三是回归参数估计的结果，如 $a=-15.4$，$b=11.0$，从而可以写出本题的一元线性回归模型为 $y=-15.4+11.0x$；给出的 t 统计量的值可以

图 18-2　Excel"回归"对话框设置示意图

进行 t 检验，也可根据自变量 x 的 P 值远小于 5% 检验自变量对应的系数是显著的。另外，如果设置了"残差"，还会有"残差分析"。

（4）利用建立的线性回归模型进行预测。根据线性回归模型直接代入即可进行点估计，而置信区间估计和预测区间估计则需要通过线性回归模型和相应估计区间计算公式得出。SPSS22 软件的回归分析可以给出置信区间估计和预测区间估计。

SUMMARY OUTPUT					
回归统计					
Multiple R	0.823773				
R Square	0.678603				
Adjusted R Square	0.664629				
标准误差	61.95355				
观测值	25				

方差分析					
	df	SS	MS	F	Significance F
回归分析	1	186394.7	186394.7	48.56251	4.20375E-07
残差	23	88279.56	3838.242		
总计	24	274674.2			

	Coefficients	标准误差	t Stat	P-value	Lower 95%	Upper 95%	下限 95.0%	上限 95.0%
Intercept	-15.395	22.62439	-0.68046	0.503007	-62.19707347	31.40714	-62.1971	31.40714
X Variable 1	10.96842	1.573959	6.968681	4.2E-07	7.712435532	14.2244	7.712436	14.2244

图 18-3　Excel 输出的回归分析结果示意图

3. 多元线性回归分析及预测

当预测目标的变量会受到多种因素影响时我们就要考虑应用多元线性回归分析了。多元线性回归预测就是研究两个或两个以上自变量与因变量之间的线性因果关系，通过建立多元线性回归模型进行预测。多元线性回归分析的基本原理与一元线性回归分析相同，都是应用最小二乘法使回归预测值与实际观察值之间的总离差平方和最小，由此确定多元线性回归模型的参数，使多元线性回归方程与实际观察数据最佳拟合。多元线性回归模型的基本形式为

$$\hat{y} = a_0 + a_1 x_1 + a_2 x_2 + \cdots + a_m x_m$$

多元线性回归模型的建立、检验和分析可以通过 Excel 或 SPSS22 软件输出的回归结果来进行，具体方法和步骤不再赘述。多元线性回归分析预测中有两个特殊的问题需要面对和处理，一是多重共线性问题，二是自变量的选择问题。多重共线性（multicollinearity）是指多元线性回归模型中两个或两个以上的自变量之间彼此相关，由此带来的问题是有可能会使回归结果和模型分析混乱。如果出现下列情况，就很可能存在多重共线性：①模型中有自变量之间显著相关；②模型的线性关系检验显著，而几乎所有回归系数检验却不显著；③回归系数的正负号与理论预期相反；④容忍度（tolerance）小于 0.1 或方差扩大因子（variance inflation factor，VIF）大于 10。方差扩大因子等于容忍度的倒数，某个自变量的容忍度等于 1 减去该自变量为因变量而其他 k-1 个自变量为预测变量时所得到的线性回归模型的判定系数，即 $1-R^2$。解决多重共线性的主要办法是从模型中剔除一些自变量使留下的自变量不相关或相关性不显著，或者重新进行定性分析准确界定变量及其关系。在建立多元线性回归模型时并非自变量越多越好，特别是在市场预测研究中所能获得的数据大多是非试验性质的，往往质量并不很好。因此，除非确有必要，一般不要选择过多的变量，这样不仅会使建立模型更具操作性，也更容易解释。在建立回归模型时可以应用逐步回归技术，如向前选择、向后剔除和逐步回归等以用最少的变量来建立最有解释力的模型。

18.3.3 经济计量分析法

经济计量分析法是以经济理论和实际统计资料为基础，运用数学、统计学和计量学技术，构建计量经济模型来分析经济现象中具有随机特性的变量定量关系，从而进行预测的方法，是主流实证经济研究方法在预测领域的应用。对经济理论的深刻理解和对现实经济现象的透彻认识是预测研究者确定或选择样本数据收集并应用经济计量模型开展预测活动的条件和基础。经济计量分析法主要有经典经济计量分析和现代经济计量分析两大类方法。经典经济计量分析模型主要针对以时间序列或截面为数据样本、被解释变量服从正态分布的连续性随机变量，变量间的关系表现为线性或可以转化为线性，具有明确的形式和参数的经济计量模型。现代经济计量分析模型是以问题为导向，在经典经济计量分析模型基础上的发展和完善，有若干分枝，如有关注家庭和个体等微观主体决策问题的微观经济计量模型，有充分利用时间和空间两维度经验信息的面板数据经济计量模型，有关注时间序列非平稳性及其协整检验的现代时间序列经济计量模型，还有基于非设定模型结构的非参数经济计量模型等。经济计量分析模型不只具有检验功能，还有发现功能。面对纷繁复杂的市场和经济现象及其数据信息，选择正确的模型类型并进行设定是最重要的，这需要系统地学习和掌握经济计量分析模型和方法。

经济计量分析法可以用来预测单一经济现象，也可用来预测经济系统。如果可以用单一方程描述被解释变量与影响该变量的一个或多个解释变量之间的数量关系（如图18-4a 所示），那就用单方程经济计量模型揭示其中的单方向因果关系。如果经济系统中各部分各因素之间有多种复杂的影响关系（如图 18-4b 所示），对于被解释变量及其解释变量之间的数量关系需要用多个方程才能描绘清楚，那就需要用联立方程经济计量模型。以图 18-4 为例，图 a 表示单方向因果关系，即三个解释变量共同影响被解释变量，可以通过建立单一方程经济计量模型 $y = a + bx_1 + cx_2 + dx_3$，采用前面类似回归分析的操作过程和方法进行预测。图 b 表示较为复杂、含有互为因果的关系，需要建立联立方程经济计量模型，具体的操作和分析方法则较为复杂，这里就不展开了。图 b 对应的联立方程经济计量模型如下所示：

$$S_t = a_0 + a_1 V_t + a_2 I_{t-1}$$
$$I_t = b_0 + b_1 P_t + b_2 S_{t-1}$$
$$C_t = c_0 + c_1 I_t + c_2 S_t$$
$$P_t = d_0 + d_1 S_t + d_2 C_t$$

应用经济计量分析法进行预测的一般步骤如下：

（1）经济计量模型的设定。经济计量模型设定的基础是对所要研究的社会经济现象的深刻理解和透彻认识，根据研究目的和预测要求确定反映"因"和"果"的因素，并根据因素的可观测性和数据的可得性选择或设计恰当的被解释和解释变量。设定恰当的经济计量模型来表达变量之间的关系，即理论模型。在此，还要弄清理论模型中各参数的经济含义，明确各参数的正负性和取值范围之类的特性。

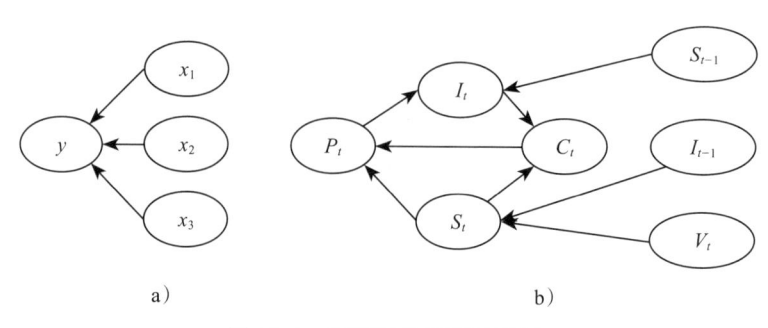

图 18-4　变量因果关系示意图

（2）样本数据的收集。常见的样本数据类型有时间序列数据、横截面数据和虚拟变量。经济计量模型中的虚拟变量通常取 0 或 1，以表征条件或政策等因素。样本数据的收集方法主要有文案调查法和实地调查法，最终收集的样本数据要满足完整性、准确性、可比性和一致性。

（3）估计待定参数。根据经济计量模型中相关变量的样本数据，选择合适的方法对模型的参数进行估计，构建估计模型。模型中待定参数的估计是技术要求很高的工作，主要包括对模型及其类别的识别、估计方法的选择和相关软件的操作等。

（4）模型相关检验。通常需要对经济计量模型进行 4 个方面的检验：一是经济意义的检验，即检验经济计量模型是否符合经济理论和实践经验的预期；二是统计推断检验，即从模型整体和参数等方面检验模型是否统计显著，证明模型能够由观察样本推断到总体上；三是计量经济学检验，即检验模型的随机干扰项的序列相关性、异方差性和多重共线性等计量经济学性质；四是模型预测检验，主要检验参数估计量的稳定性和相对样本规模变化的灵敏性问题，确定所构建的计量模型是否可以推广到样本以外。

（5）进行预测。根据研究目的和预测要求，利用通过检验的经济计量模型进行经济预测。

18.3.4　投入产出分析法

投入产出分析法，也称部门平衡分析法，或产业联系分析法，是从数量方面考虑国民经济或企业内各部门之间生产与分配的数量依存关系，通过编制投入产出平衡表及建立相应的数学模型来反映这些关系，进行经济分析、预测和计划综合平衡工作的方法。投入产出分析法最早应用于国家经济预测和计划工作。企业投入产出模型是用投入产出表描述企业系统内部各部门和各种产品间的物资供应、生产联系、技术、设备和人力资源的使用情况，进行经济预测和产供销间的综合计划工作。投入产出模型中的投入是指开展一项活动的消耗，如生产过程的投入包括"最初投入"（指初始投入要素的消耗）和"中间投入"（指系统内各部门产品的消耗）。产出是指开展一项活动的结果，如生产活动的产出是系统内各部门生产的产品，包括物质产品和服务。

投入产出分析法的模型构建有三个基本假设：一是各部门消耗结构单一，二是价格保持不变，三是投入产出效能不变。分析的前提条件是所研究的经济系统中产业结构、设备和技术水平等保持不变。研究和预测的基本问题通常可以概括为以下两个：①在技术、设备和产业结构等保持不变的条件下，如果需要增加最终产品，那么总产值应增加到多少？②在技术、设备和产业结构等保持不变的条件下，如果需要增加总产值，那么最终产品能增加多少？

投入产出分析是通过建立投入产出模型来实现的。从时间角度看，投入产出模型分为静态投入产出模型和动态投入产出模型。静态投入产出模型针对所要研究的经济系统的某一个特定时期，根据所选择的计量单位是实物还是货币，可分为实物型投入产出模型和价值型投入产出模型两种。动态投入产出模型针对所要研究的经济系统的多个时期，研究再生产过程中系统内各个部门之间的相互联系，其基本原理与静态分析相同。下面以静态实物型投入产出模型为例，简单介绍投入产出分析法预测的基本原理和操作流程。

第一步，编制实物型投入产出表。实物型投入产出表以各种产品为对象，投入和产出分别按行和列展示，采用不同的实物计量单位。表18-7是一个简化的实物型投入产出表，表中 q_{ij} 表示生产 j 类产品需要消耗的 i 类产品的数量，q_{0j} 表示生产 j 类产品需要消耗的劳动数量。

表 18-7　实物型投入产出表

投入	产出			最终产品	总产品
	中间产品				
	1	2	⋯　n		
1	q_{11}	q_{12}	⋯　q_{1n}	y_1	q_1
2	q_{21}	q_{22}	⋯　q_{2n}	y_2	q_2
⋮	⋮	⋮	⋮	⋮	⋮
n	q_{n1}	q_{n2}	⋯　q_{nn}	y_n	q_n
劳动	q_{01}	q_{02}	⋯　q_{0n}	—	L

第二步，建立与投入产出表对应的数学模型，按每一行建立一个方程，可以得到如下的方程组：

$$q_{11}+q_{12}+\cdots+q_{1n}+y_1=q_1$$
$$q_{21}+q_{22}+\cdots+q_{2n}+y_2=q_2$$
$$\cdots\cdots$$
$$q_{n1}+q_{n2}+\cdots+q_{nn}+y_n=q_n$$
$$q_{01}+q_{02}+\cdots+q_{0n}=L$$

用 a_{ij} 表示生产单位数量的 j 类产品需要消耗 i 类产品的数量，并称之为产品的直接消耗系数；类似地，用 a_{0j} 表示劳动的直接消耗系数。用公式表示为

$$a_{ij}=\frac{q_{ij}}{q_j}\ (i,j=1,2,\cdots,n)\quad a_{0j}=\frac{q_{0j}}{q_j}\ (j=1,2,\cdots,n)$$

那么行对应的方程组就可以表示为如下简洁的形式：

$$\sum a_{ij}q_j + y_j = q_j\ (i=1, 2, \cdots, n)\ \sum q_{0j} = L$$

还可用矩阵形式表示为 $AQ+Y=Q$，即 $(I-A)Q=Y$，其中：

$$(I-A) = \begin{pmatrix} 1-a_{11} & -a_{12} & \cdots & -a_{1n} \\ -a_{21} & 1-a_{22} & \cdots & -a_{2n} \\ \vdots & \vdots & & \vdots \\ -a_{n1} & -a_{n2} & \cdots & 1-a_{nn} \end{pmatrix}$$

$$Q = [q_1,\ q_2,\ \cdots,\ q_n]^{\mathrm{T}},\ Y = [y_1,\ y_2,\ \cdots,\ y_n]^{\mathrm{T}}$$

最后，利用模型进行预测。实物型投入产出模型中各种变量和系数都具有特定的经济含义，可以帮助研究者更加深入地理解所研究的经济现象并进行预测。模型中的矩阵 A 称为直接消耗系数矩阵，它反映了生产过程的技术结构。矩阵 $(I-A)$ 被称为列昂捷夫矩阵，反映了总产品与最终产品之间的数量关系。如果已知总产量 Q，可以利用 $Y=(I-A)Q$ 预测最终产品产量；如果已知最终产品产量 Y，可以利用 $Q=(I-A)^{-1}Y$ 预测总产量等。

◆ 本章小结

定量市场预测方法是运用数学方法或数学模型对反映经济现象的数据资料进行科学的加工整理，揭示市场现象或问题随时间变化的规律或与有关变量之间联系的规律，从而预测未来的数量表现、变化方向或趋势的一类预测方法，主要有时间序列预测法和因果分析预测法两大类。时间序列预测法主要包括平均平滑法、趋势外推预测法和季节指数预测法。因果分析预测法主要包括回归分析法、经济计量分析法和投入产出分析法。

简单平均法有平均增减量预测法、简单算术平均预测法、加权算术平均预测法和几何平均预测法等。一次移动平均法是分段平均，逐步推移，将最后一个平均值作为预测值。二次移动平均法是在两次移动平均值的基础上建立预测模型进行预测的方法。指数平滑法采用平滑系数 α 对时间序列不同时期的数据作加权处理，从而更好地找出预测对象的变化特征和趋势来进行预测，常用方法有一次指数平滑法、二次指数平滑法和三次指数平滑法等。趋势外推法是根据所要预测变量的时间序列揭示其变动趋势，通过外推来预测未来，常用的有线性模型、指数曲线和生长曲线等。季节指数预测法就是从存在季节特征的时间序列找出季节指数进行预测的方法。如果时间序列还存在长期趋势，就需要先剔除长期趋势后求出季节指数，再用季节指数进行修正得出预测结果。

因果分析预测法是基于经济理论和市场行为分析对收集到的变量观察值构建合适的因果模型，利用经过检验的模型进行预测，主要有回归分析法、经济计量分析法和投入产出分析法。线性回归分析法常用最小二乘法来拟合线性回归模型，在模型统计检验和解释力分析基础上进行预测分析。经济计量分析法是以经济理论和实际统计资料为基础，运用数学、统计学和计量学技术，构建计量经济模型来分析经济现象中具有随机特性的变量定量关系，从而进行预测的方法，主要有经典经济计量分析和现代经济计量分析两大类方法。投入产出分析法是通过编制投入产出表及建立相应的数学模型来反映经济系统内各部门之间生产与分配的数量依存关系，进行经济分析、预测和计划综合平衡工作的方法。从时间角度看，投入产出模型分为静态投入产出模型和动态投入产出模型。静态投入产出模型可分为实物型投入产出模型和价值型投入产出模型两种。动态投入产出模型针对所要研究的经济系统的多个时期，其基本原理与静态分析相同。

复习思考题

1. 简述定量市场预测方法的含义和优缺点。
2. 比较二次移动平均法和直线趋势外推预测法的异同。
3. 蒋王公司2016—2020年各季度的销售额（单位：万元）资料见表18-8，已知2021年第二季度的销售额为23.9万元，试用季节指数法预测2021年第三、第四季度的销售额。

表 18-8　蒋王公司 2016—2020 年各季度销售额　　　单位：万元

年份	一季度	二季度	三季度	四季度	合计
2016	12.8	16.7	25.5	16.5	71.5
2017	14.3	18.8	26.5	18.4	78.0
2018	15.1	19.4	27.8	17.0	79.3
2019	16.7	21.0	28.3	19.4	85.4
2020	17.0	22.4	29.6	22.5	91.5
合计	75.9	98.3	137.7	93.8	405.7

4. 杰扬科技有限公司2009—2020年每年利润见表18-1，请用指数平滑法预测该公司2021年的利润（提示：可以根据时间序列的特征考虑选择一次指数平滑法、二次指数平滑法或三次指数平滑法，选择的主要依据是哪种方法预测误差最小）。
5. 阐述回归分析法与经济计量分析法的关系和区别。
6. 论述经济计量分析法与经济理论的关系，概述经济计量分析法的一般操作程序。
7. 简述一元线性回归分析模型检验的主要内容及其常用检验方法。
8. 简述投入产出分析表的基本结构。

参考文献

1. 张坤，惠亮.中国钢铁出口预测方法研究——基于互联网大数据技术对钢铁市场预测的应用分析 [J].价格理论与实践，2020（7）：89-92.
2. 李子奈，潘文卿.计量经济学 [M].北京：高等教育出版社，2020.
3. 李子奈，叶阿忠.应用计量经济学 [M].北京：清华大学出版社，2012.
4. 刘起运，陈璋，苏汝劢.投入产出分析 [M].北京：中国人民大学出版社，2011.
5. 米勒，布莱尔.投入产出分析：基础与扩展（第二版）[M].北京：中国人民大学出版社，2019.